XINNENGYUAN
QICHE

第二版

U0957801

新能源汽车

吴兴敏 金 玲 主编

化学工业出版社
·北京·

内 容 简 介

《新能源汽车》详细介绍了纯电动汽车、混合动力汽车、燃料电池汽车、气体燃料汽车、液体代用燃料汽车、压缩空气动力汽车、太阳能汽车、二甲醚汽车的发展情况、基本结构与工作原理。书中列举了大量案例，图文对照讲解，反映新技术。为便于学习，每节前面有学习能力要求，后面有小结。

本书可作为新能源汽车使用与维修人员的参考资料，也可作为行业培训用书，并可供高职高专院校、中等职业学校汽车类专业用作教材。

图书在版编目（CIP）数据

新能源汽车/吴兴敏，金玲主编．—2版．—北京：化学工业出版社，2021.1

ISBN 978-7-122-37911-5

Ⅰ.①新… Ⅱ.①吴… ②金… Ⅲ.①新能源-汽车 Ⅳ.①U469.7

中国版本图书馆CIP数据核字（2020）第198776号

责任编辑：韩庆利　　文字编辑：张　宇　袁　宁　陈小滔
责任校对：边　涛　　装帧设计：刘丽华

出版发行：化学工业出版社（北京市东城区青年湖南街13号　邮政编码100011）
印　　装：大厂聚鑫印刷有限责任公司
787mm×1092mm　1/16　印张12¾　字数337千字　2021年3月北京第2版第1次印刷

购书咨询：010-64518888　　售后服务：010-64518899
网　　址：http://www.cip.com.cn
凡购买本书，如有缺损质量问题，本社销售中心负责调换。

定　　价：58.00元

第二版前言

当今关于节能和环保的问题备受关注，生产和使用节能环保型汽车成为解决这些问题的重要途径之一。目前，节能环保型汽车可分为两大类，一类是电动汽车，另一类为新燃料汽车。新燃料汽车主要指使用非石油燃料的汽车。

新能源汽车是革命性的，它是在传统汽车基础上进行改进和革新，比如新型变速系统、电驱动系统、储能系统等，这些系统总成之间存在复杂的耦合关系，使得整车集成优化、控制、安全设计等诸多方面都面临巨大的挑战。新能源汽车又是具有多样性的，它包含混合动力汽车、纯电动汽车、燃料电池汽车、液体代用燃料汽车以及其他新能源汽车等。庞大的新能源汽车家庭是人类对能源与环境危机的集体智慧结晶。

本书第一版发行以来，深受广大读者的喜爱，并收到良好的社会效益。随着新能源汽车的普及应用，越来越多的人关注新能源汽车，更想通过书籍掌握有关新能源汽车的知识。所以编者在进行充分的社会调研、查阅大量技术资料的基础上，完成了本书的第二版编写工作。

本书共分 3 章，以图文结合的方式，详细介绍了纯电动汽车、混合动力汽车、燃料电池汽车、气体燃料汽车、液体代用燃料汽车、太阳能汽车、压缩空气动力汽车及二甲醚汽车的发展情况、基本结构与工作原理。

本书可作为新能源汽车使用与维修人员的参考资料，也可作为汽车新技术培训教材和新能源汽车爱好者自学参考用书，并可作为职业院校汽车类专业教材。

本书由辽宁省交通高等专科学校吴兴敏、抚顺市第二中等职业技术专业学校金玲主编，参与本书编写工作的其他人员有：张成利、孙连伟、金雷、孙永晶、吴相位、金艳秋、郭大民、任佳君、黄艳玲等，在此对他们为本书编写工作所付出的努力深表感谢。

为方便学习，本书配套电子课件，可登录 www.cipedu.com.cn 下载。

新能源汽车技术的飞速发展，导致各车厂生产的新能源汽车技术设计差异很大，技术含量不尽相同，书中难免会有不足之处，希望读者不吝指正。

编　者

目录

绪论 / 001

一、新能源汽车发展背景 ······ 001
二、新能源汽车种类 ······ 001

第一章 纯电动汽车 / 004

第一节 纯电动汽车总体认识 ······ 004
一、纯电动汽车的种类 ······ 004
二、纯电动汽车的特点 ······ 008
三、纯电动汽车的基本组成与工作原理 ······ 009
第二节 纯电动汽车典型技术 ······ 014
一、动力电池及其管理系统 ······ 015
二、其他储能装置 ······ 025
三、驱动电机及其控制器 ······ 027
四、功率变换器 ······ 035
五、充电系统 ······ 037
六、变速器 ······ 040
七、制动助力与再生制动 ······ 041
八、电动空调系统 ······ 043
九、信息显示系统 ······ 045
十、冷却系统 ······ 046
十一、整车控制器 ······ 047
第三节 电动汽车高压安全 ······ 050
一、高电压与人体伤害 ······ 051
二、电动汽车安全隐患与措施 ······ 053
三、高压安全防护 ······ 061
四、维修车间高压作业安全 ······ 063
五、高压系统终止与检验 ······ 066
六、急救与应急处理 ······ 069
第四节 典型纯电动汽车 ······ 072
一、比亚迪 e6 纯电动轿车简介 ······ 072
二、比亚迪 e6 纯电动轿车配置与功能 ······ 076
三、雪佛兰 Volt 增程式电动汽车 ······ 089

第二章 混合动力汽车 / 094

第一节 混合动力汽车类型 ······ 094

一、混合动力汽车的定义和特点 …… 094
二、混合动力汽车的组成 …… 095
三、混合动力汽车的分类 …… 096
第二节　混合动力汽车工作模式 …… 100
一、串联式混合动力汽车 …… 100
二、并联式混合动力汽车 …… 103
三、混联式混合动力汽车 …… 106
四、插电式混合动力汽车 …… 109
第三节　BAS 和 ISG 混合动力系统 …… 111
一、混合动力系统的工作阶段 …… 112
二、 BAS 混合动力系统 …… 112
三、 ISG 混合动力系统 …… 118
第四节　典型的混合动力汽车 …… 120
一、丰田普锐斯混合动力汽车 …… 121
二、比亚迪 F3DM 混合动力汽车 …… 142

第三章　其他新能源汽车 / 145

第一节　燃料电池汽车 …… 145
一、燃料电池汽车发展状况简介 …… 145
二、燃料电池分类及特点 …… 147
三、燃料电池发电系统结构原理 …… 153
四、车载氢气系统安全措施 …… 157
五、典型的氢燃料电池汽车 …… 159
第二节　气体燃料汽车 …… 164
一、天然气汽车 …… 165
二、氢发动机汽车 …… 173
第三节　液体代用燃料汽车 …… 178
一、甲醇混合燃料汽车 …… 178
二、乙醇混合燃料汽车 …… 182
三、生物柴油汽车 …… 183
第四节　其他清洁能源汽车 …… 186
一、压缩空气动力汽车 …… 186
二、太阳能汽车 …… 189
三、二甲醚汽车 …… 191

参考文献 / 196

绪　论

一、新能源汽车发展背景

汽车是现代社会的重要交通工具，为人们出行提供了便捷与舒适。然而传统内燃机汽车在使用过程中会产生大量的有害废气，并加剧了人们对不可再生的石油资源的依赖。为缓解原油资源的紧张形势，开发新型的汽车能源势在必行。

汽车产业技术未来发展趋势是低碳化，如图 0-1 所示。实现汽车低碳化的技术除了动力技术、传动技术、制造技术等之外，新能源技术也是关键技术之一，对汽车低碳化发展起着不可或缺的作用。

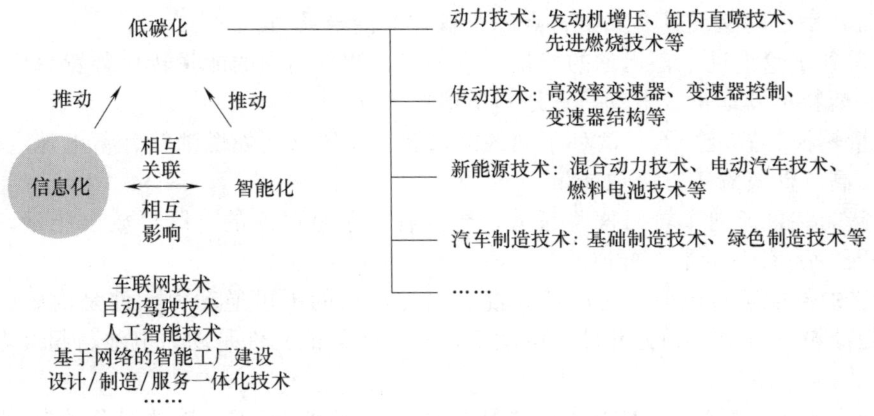

图 0-1　汽车产业技术未来发展趋势

二、新能源汽车种类

我国于 2009 年 7 月 1 日正式实施了《新能源汽车生产企业及产品准入管理规则》，明确指出：新能源汽车是指采用非常规的车用燃料作为动力来源（或使用常规的车用燃料，采用新型车载动力装置），综合车辆的动力控制和驱动方面的先进技术，形成的技术原理先进，具有新技术、新结构的汽车。《新能源汽车生产企业及产品准入管理规则》中述及的新能源汽车包括混合动力汽车、纯电动汽车（BEV，包括太阳能汽车）、燃料电池电动汽车（FCEV）、氢发动机汽车、其他新能源（如高效储能器、二甲醚）汽车等各类别产品。

2012年，我国《节能与新能源汽车产业发展规划（2012—2020年）》指出，新能源汽车包括纯电动汽车、插电式混合动力汽车和燃料电池汽车。其主要特征是采用新型动力系统，完全或主要依靠新能源驱动。

2017年1月6日，工信部颁布的《新能源汽车生产企业及产品准入管理规定》中所指的新能源汽车，是指采用新型动力系统，完全或者主要依靠新型能源驱动的汽车，包括插电式混合动力（含增程式）汽车、纯电动汽车和燃料电池汽车等。

1. 纯电动汽车

纯电动汽车（EV）是以车载电源为动力，用电动机驱动车轮行驶，符合道路交通安全法规各项要求的车辆。由于纯电动汽车多数车载电源为动力电池，所以其英文缩写也用BEV表示。纯电动汽车与传统汽车相比具有以下典型特征。

① 取消了内燃机，改用动力电池加电动机的方式来驱动汽车。

② 不再需要加注燃油，需要外部电网对车辆充电来维持车辆行驶的能量。

③ 延续使用传统汽车的大部分系统或部件，如转向系统、车身电器等。

2. 混合动力汽车

混合动力汽车是指能够从下述两类车载储存的能源中获得动力的汽车：一是可消耗的燃料，二是可再充电能/能量储存装置。

2003年，联合国对混合动力汽车的定义是：为了推动车辆的革新，至少拥有两个能量变换器和两个能量储存系统（车载状态）的车辆。

国际电工委员会电动汽车技术委员会对混合动力汽车的定义为：有多于一种的能量转换器提供驱动力的混合型电动汽车，即使用蓄电池和副能量单元的电动汽车。副能量单元指的就是以某种燃料作为能源的原动机或者电动机组。燃料主要包括柴油、汽油或者液化石油气、液化天然气、乙醇等。原动机主要是内燃机及其他热机。

综合上述对混合动力汽车定义的描述，参考国际能源署（IEA）有关文献，业内普遍认为，能量与功率传动路线具有如下特点的车辆称为混合动力。

① 传送到车轮推进车辆运动的能量，至少来自两种不同的能量转化装置（例如内燃机、燃气涡轮、斯特林发动机、电动机、燃料电池等）。

② 能量转换装置至少要从两种不同的能量储存装置（例如燃油箱、蓄电池、高速飞轮、超级电容、高压储氢罐等）吸取能量。

③ 从储能装置流向车轮的这些通道，至少有一条是可逆的（既可放出能量，也可吸收能量），并至少还有一条是不可逆的。

④ 可逆的储能装置供应的是电能。混合动力汽车的不可逆动力元件是内燃机，对应的储能元件是油箱；可逆的动力元件是电动机，对应的储能元件是动力电池、超级电容、燃料电池等。

混合动力汽车包括汽油HEV（汽油混合动力）、柴油HEV（柴油混合动力），目前国内市场上混合动力车辆的主流是汽油混合动力，而国际市场上柴油混合动力车型发展也较快。

3. 燃料电池汽车

燃料电池汽车是以燃料电池作为动力电源的汽车。

4. 太阳能汽车

太阳能汽车是利用太阳能电池，将太阳能转化成电能以驱动车辆行驶的汽车。

5. 超级电容汽车

超级电容汽车是以超级电容为主要储能装置，必要时提供给动力电池，再由动力电池将电能提供给驱动电机以驱动车辆行驶的汽车。

6. 气体燃料汽车

气体燃料汽车是指燃用代用气体燃料的汽车。

汽车的代用气体燃料种类很多，常见的有天然气和液化石油气。

气体燃料汽车包括专用气体燃料汽车、两用燃料汽车和双燃料汽车 3 种。

（1）专用气体燃料汽车

专用气体燃料汽车是以液化石油气、天然气或煤气等气体为发动机燃料的汽车，如天然气汽车、液化石油气汽车等。这种汽车可充分发挥气体燃料的特点，价格低，污染少。

（2）两用燃料汽车

两用燃料汽车是指具有两套相对独立的燃料供给系统，一套供给代用气体燃料，另一套供给常规燃料（主要指汽油、柴油），两套燃料供给系统可分别但不可共同向气缸供给燃料的汽车，如汽油/压缩天然气两用燃料汽车等。

（3）双燃料汽车

双燃料汽车是指具有两套燃料供给系统，一套供给代用气体燃料，另一套供给常规燃料，两套燃料供给系统按预定的配比向气缸供给燃料，在气缸内混合燃烧的汽车，如柴油-液化石油气双燃料汽车等。

气体燃料汽车包括：点燃式 CNGV（压缩天然气汽车）、压燃式 CNGV，点燃式 LNGV（液化天然气汽车）和压燃式 LNGV。

7. 生物燃料汽车

生物燃料汽车是指燃用生物燃料或燃用掺有生物燃料燃油的汽车，包括乙醇燃料汽车和生物柴油汽车等。

8. 氢气汽车

氢气汽车是以氢气为燃料的汽车。

氢气汽车以氢内燃机作为动力源。氢内燃机在汽车上的应用方式有 3 种：纯氢内燃机、氢-汽油双燃料内燃机、氢/汽油混合燃料内燃机。

9. 煤制新能源汽车

煤制新能源汽车是指使用以煤提取的燃料的汽车。主要包括装有点燃式 M85 甲醇汽油发动机、M15 甲醇汽油发动机（部分新能源）、压燃式二甲醚（DME）发动机、煤制汽油发动机、煤制柴油发动机的车辆。

经过多年讨论和探索，国内外对于汽车工业未来发展比较一致的看法是：二十一世纪是一个面临能源和环境巨大挑战的世纪，传统内燃机汽车将向高效低排放的电动汽车方向发展。我国虽然在传统汽车领域落后于发达国家，但在电动汽车领域，与国外的技术水平和产业化程度差距相对较小，基本处在同一起跑线上。

第一章 纯电动汽车

第一节 纯电动汽车总体认识

纯电动汽车有多种类型，每种类型的纯电动汽车各具特点。纯电动汽车相比内燃机汽车而言，主要差别体现在四大部件上，即驱动电机、调速控制器、动力电池及车载充电机。纯电动汽车的品质差异取决于这四大部件的品质，其价格高低也取决于这四大部件，纯电动汽车的用途也与四大部件的选用配置直接相关。

纯电动汽车使用者及从事汽车维修的技术人员应该做到能够通过阅读纯电动汽车用户手册（或维修手册），并借助对实车的观察分析，掌握所使用、维修的纯电动汽车类型、特点及总体结构，以便正确使用、维护或制订与实施之后的维修计划。

通过本节的学习，应该具备以下能力：

① 能够正确描述纯电动汽车的种类及各类型纯电动汽车的特点；

② 能够正确描述纯电动汽车的整体结构组成及各组成部分的功能；

③ 能够正确描述纯电动汽车的驱动原理；

④ 能够简单介绍纯电动汽车的发展历史；

⑤ 能够简单介绍国内外知名的纯电动汽车品牌；

⑥ 能够针对具体纯电动汽车，说明其类型、结构特点与工作原理；

⑦ 能够注意培养劳动保护、安全与环保和团队协作意识。

一、纯电动汽车的种类

1. 按驱动系统组成和布置形式分类

按照驱动系统的组成和布置形式，纯电动汽车分为机械传动型、无变速器型、无差速器型和电动轮型四种，如图 1-1 所示。

（1）机械传动型 机械传动型纯电动汽车的结构如图 1-1（a）所示，它是以内燃机汽车发动机前置、后轮驱动的结构为基础发展而来的，保留了内燃机汽车的传动系统，不同之处是把内燃机换成了电动机。这种结构可以确保纯电动汽车的启动转矩及低速时的后备功率，对驱动电机要求低，因此，可选择功率较小的电动机。

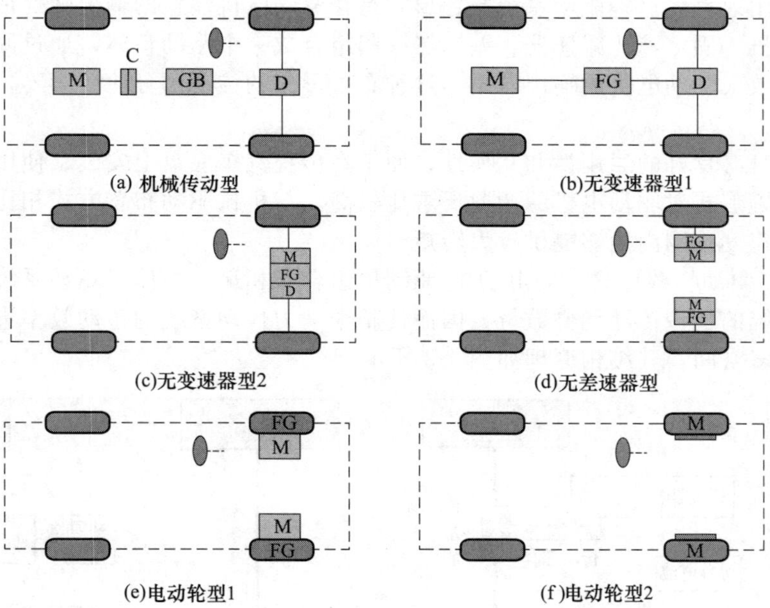

图 1-1　纯电动汽车驱动系统布置形式

C—离合器；D—差速器；FG—固定速比减速器；GB—变速器；M—电动机

电动机输出的转矩经过离合器传递到变速器，利用变速器进行减速增扭后，经传动轴传递到主减速器，然后经过差速器的差速作用后，由半轴将动力传输至驱动轮驱动汽车行驶。

机械传动布置形式的工作原理类似于传统汽车，离合器用来接通或在必要时切断驱动电机到车轮之间的动力传递；变速器是一套能够提供不同速比的齿轮机构，驾驶人按照驾驶需要来选择不同的挡位而达到不同的减速增扭作用，使车辆在低速时获得大转矩，而高速时获得小转矩；驱动桥内的机械式差速器可以实现汽车转弯时左右车轮以不同的转速行驶，这一点与传统汽车相同。

这种结构形式的纯电动汽车的变速器可相应简化，挡位数一般有 2 个就够了，不需要像传统汽车变速器那样需设置多个挡位，并且无需设置倒挡，而是利用驱动电机的反转实现倒退行驶，因此其变速器相对简单。这种结构形式保留了传统汽车的变速器、传动轴、后桥和半轴等传动部件，省去了较多的设计工作，控制也相对容易，适于在原有传统汽车上进行改造。但是，由于电动机至驱动轮之间的传动链较长，所以它的传动效率也相对较低。所以早期的纯电动汽车开发常采用这种布置方式。

（2）无变速器型　无变速器型纯电动汽车的一种结构如图 1-1（b）所示，该结构的最大特点是取消了离合器和变速器，采用固定速比减速器，通过控制电动机来实现变速功能。这种结构的优点是机械传动装置的质量小、体积小，但对电动机的要求比较高，不仅要求电动机具有较高的启动转矩，而且要求电动机具有较大的后备功率，以保证纯电动汽车的起步、爬坡、加速等动力性能。

无变速器型纯电动汽车的另外一种结构如图 1-1（c）所示，称为电机驱动桥型。其电动机和驱动桥有两种组合方式，即电动机-驱动桥组合式和电动机-驱动桥整体式。

① 电动机-驱动桥组合式。电动机-驱动桥组合式如图 1-2 所示，这也是目前纯电动汽车广泛采用的驱动系统布置方式。

同机械驱动布置方式相比，这一构型省掉了离合器和变速器，采用一个固定速比的减速器，使传动系统更加简化，传动效率得到提高，同时还缩小了整车机械系统的质量和体积，有利于整车布置。另外，减速器的使用还能够改善车辆行驶时电动机工作点的分布，从而提高电动机的利用效率。这种驱动系统布置形式是在驱动电机端盖的输出轴处加装减速器和差速器等，电动机、固定速比减速器、差速器一起组合成一个驱动整体，通过固定速比减速器的减速作用来放大驱动电机的输出转矩。这种布置形式的传动部分比较紧凑，效率较高，而且便于安装。

此构型还具有良好的通用性和互换性，便于在传统汽车底盘上安装、使用，维修也较方便。但这种布置形式对驱动电机的调速要求比较高，与机械驱动布置方式相比，此构型要求电动机在较窄速度范围内能够提供较大转矩。

② 电动机-驱动桥整体式。同电动机-驱动桥组合式相比，整体式驱动系统更进一步减少了动力传动系统的机械传动元件数量，因而使整个动力传动系统的传动效率进一步提高，同时可以节省很多空间，其结构原理如图 1-3 所示。

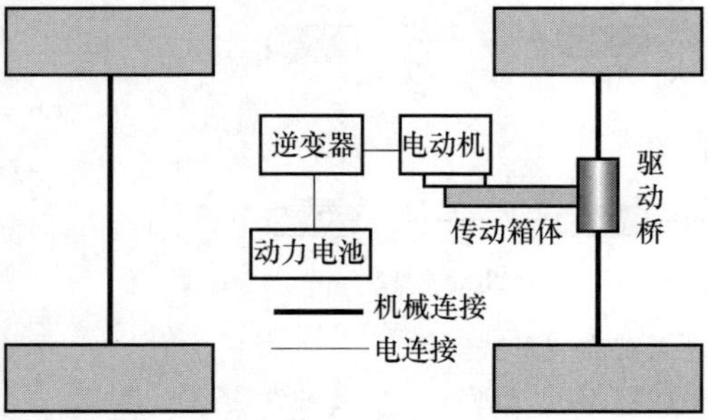

图 1-2　电动机-驱动桥组合式

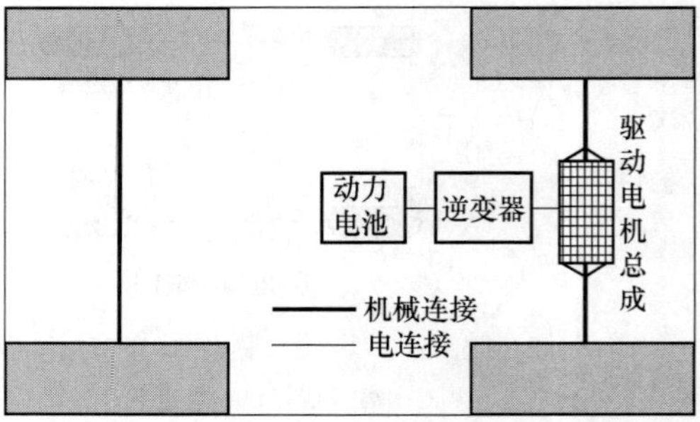

图 1-3　电动机-驱动桥整体式

电动机-驱动桥整体式构型，已不再是在传统汽车驱动系统上进行改动，其结构与传统汽车存在很大差异，已形成了纯电动汽车所独有的驱动系统布置形式。这一构型便于采用电子集中控制，使汽车网络化和自动化控制的逐步实现成为可能。

电动机-驱动桥整体式驱动系统把电动机、固定速比减速器和差速器集成为一个整体，通过两根半轴驱动车轮，和发动机横向前置、前轮驱动的传统内燃机汽车的布置方式类似。根据电动机同驱动半轴的连接方式不同，电动机-驱动桥整体式驱动系统布置形式有同轴式和双联式两种，如图 1-4 和图 1-5 所示。

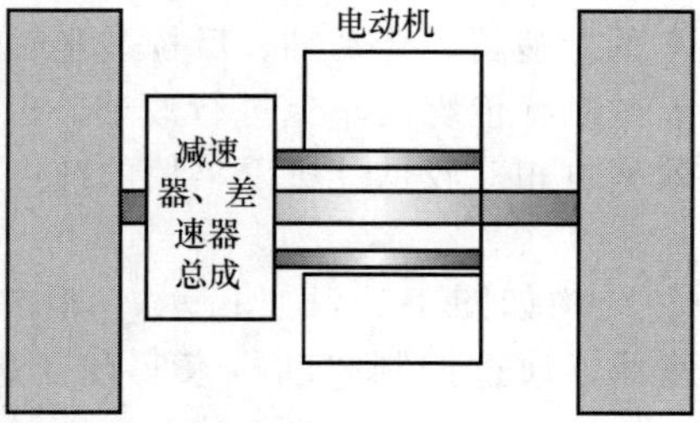

图 1-4　同轴整体式

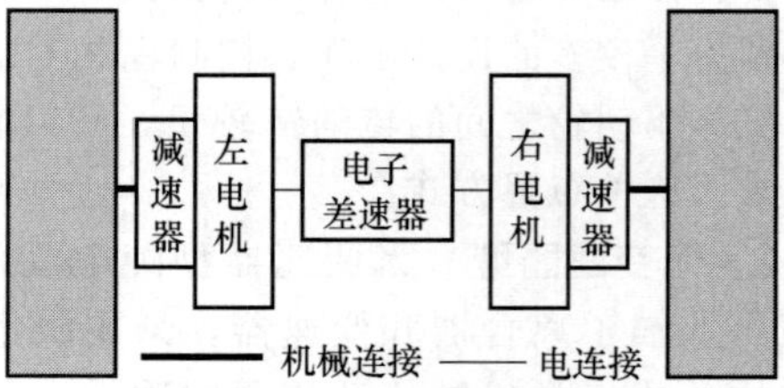

图 1-5　双联整体式

同轴式驱动系统的电动机轴是一种经过特殊制造的空心轴，在电动机一端输出轴处装有减速机构和差速器。半轴直接由差速器带动，其中一根半轴穿过电动机的空心轴驱动另一端的车轮。由于这一种构型采用机械式差速器，所以汽车转弯时和传统汽车类似，其控制比较简单。

双联式驱动系统也称双电动机驱动系统，这一构型的左右两侧车轮分别由两台电动机通过固定速比减速器直接驱动。这一结构取消了机械差速器，在左右两台电动机中间安装有电子差速器，利用电子差速实现汽车的转向，每台驱动电机的转速可以独立地调节控制。电子差速的一大突出优点是能使电动汽车具有更好的灵活性，而且可以方便地引入 ASR 控制，通过控制车轮的驱动转矩或驱动轮主动制动等措施提高汽车的通过性和在复杂路况上的动力性。另外，电子差速器还具有体积小、质量小的优点，在汽车转弯时可以通过精确的电子控制来提高纯电动汽车的性能。由于增加了驱动电机和功率转换器，双联式驱动系统使初始成本增加，结构也较为复杂。与同轴式驱动系统相比，在不同条件下对两台驱动电机进行精确控制的可靠性还需要进一步提高。这样的布置形式与前面的几种有着很大的不同，电动汽车的驱动系统布置形式发展到这一步时，才有可能把纯电动汽车的优势充分地体现出来。

电动机-驱动桥整体式驱动系统在汽车上的布局有电动机前置前驱（FF）和电动机后置后驱（RR）两种形式。整体式驱动系统具有结构紧凑、传动效率高、质量小、体积小、安装方便等优点，并具有良好的通用性和互换性，已在小型电动汽车上得到了应用。

（3）无差速器型 无差速器型纯电动汽车的结构如图 1-1（d）所示，这种结构采用了两台电动机，通过固定速比减速器来分别驱动两个车轮，可以实现对每个电动机转速的独立调节。因此，当汽车转向时，可以通过电动机的电子控制系统控制两个车轮的差速，从而达到转向的要求。但是，这种结构的电动机控制系统相对来说比较复杂。

（4）电动轮型 电动轮型纯电动汽车也称为轮毂电动机分散型纯电动汽车，其中一种结构如图 1-1（e）所示，这种结构是将电动机直接装在驱动轮内（也称轮毂电动机），可以进一步缩短电动机到驱动车轮之间的动力传递路径，减少能量在传动路径上的损失，但要实现纯电动汽车的正常工作，还需要添加一个速比较大的行星齿轮减速器，将电动机的转速降低到理想的转速以驱动车轮。

这种布置方式把电动机-驱动桥整体驱动布置方式中的半轴也取消掉了，其结构更为简洁、紧凑，整车质量更小。同传统汽车相比，轮毂电动机分散型纯电动汽车把传统汽车的机械动力传动系统所占空间完全释放出来，使动力电池、行李舱等有足够的布置空间。同时，它还可以对每台驱动电机进行独立控制，有利于提高车辆的转向灵活性和主动安全性，可以充分利用路面的附着力，便于引进电子控制技术。这种布置方式比上面介绍的各布置方式更能体现出电动汽车的优势。采用轮毂电动机分散型的动力系统必须要解决的问题就是如何保证车辆行驶方向的稳定性，同时，动力系统的驱动电机及其减速装置必须能够布置在有限的车轮空间内，这就要求该驱动电机体积较小。

电动轮型纯电动汽车的另一种结构如图 1-1（f）所示，这种结构将低速外转子电动机的外转子直接安装在车轮的轮缘上，去掉了减速机构，因此电动机和驱动车轮之间没有任何机械传动装置，没有机械传动损失，能量的传递效率高，空间的利用率大。但是这种结构对电动机的性能要求较高，要求其具有很高的启动转矩和较大的后备功率，以确保车辆的可靠工作。

电动轮型纯电动汽车是当前的一大研究热点，但是这一构型并不是近年才出现的。早在 1900 年，保时捷公司就研制了名为洛纳德的前轮驱动双座纯电动汽车，该车的两个前轮就装有轮毂电动机。后来，由于内燃机汽车在续驶里程、动力性等方面都明显优于纯电动汽车，所以内燃机汽车成为主流，而纯电动汽车则在很大程度上放缓了发展的脚步，轮毂电动机电动汽车也因此没有继续研发下去，没有走向产业化。

目前，国内外的众多汽车生产厂商、高校、研究院等，对电动轮型纯电动汽车进行了大量的研究。

2. 按车载电源数不同分类

按车载电源数不同，纯电动汽车可以分为单电源型纯电动汽车和多电源型纯电动汽车两种。

（1）单电源型 在单电源型纯电动汽车上，主要电源一般是动力电池，如铅酸电池、镍氢电池、锂离子电池等，其动力传输路线如图 1-6 所示。单电源型纯电动汽车的结构较为简单，控制也比较简单，其主要缺点是主电源的瞬时输出功率容易受动力电池性能的影响，车辆制动能量的回馈效率也会受制于动力电池的最大可接受电流及其荷电状态。

图 1-6　单电源型纯电动汽车动力传输路线图

（2）多电源型　多电源型纯电动汽车的电源一般由动力电池和储能装置联合构成，如图 1-7 所示。采用动力电池＋超级电容或动力电池＋飞轮电池的电源组合，可以降低对动力电池的容量、比能量、比功率等的要求。当汽车起步、加速、爬坡时，辅助储能装置（超级电容、飞轮电池）可短时间内输出大功率，协助动力电池供电，使汽车的动力性提高；当汽车制动时，则利用辅助储能装置接受大电流充电，提高制动能量回馈效率。

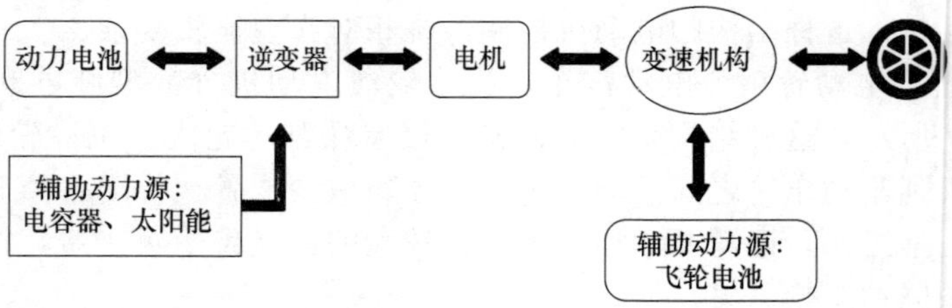

图 1-7　多电源型纯电动汽车动力传输路线图

3. 按用途不同分类

按照用途不同，纯电动汽车主要分为纯电动轿车、纯电动货车和纯电动客车等。

（1）纯电动轿车　纯电动轿车是目前最常见的纯电动汽车。除了一些概念车，纯电动轿车已经批量生产，并已经进入市场。

（2）纯电动货车　纯电动货车就是主要用来运送货物的纯电动汽车，用作公路运输的纯电动货车目前还比较少见，而在矿山、工地及一些特殊场地，则早已出现了一些大吨位的纯电动载货汽车。

（3）纯电动客车　纯电动客车是一种以载客为目的的纯电动汽车。纯电动大客车多用作公共汽车。

除上述三种外，纯电动汽车还有一种称为纯电动微型汽车。纯电动微型汽车有载客式、载货式及其他用途式。这类纯电动汽车的特点是体积小，车速低，一般最高车速在 50～60km/h，行驶里程较短，成本低。

二、纯电动汽车的特点

1. 优点

① 排放污染物少。纯电动汽车以清洁的电能作为能源，不会产生有害气体，也不会产生 CO_2 等温室气体，基本上可以实现“零排放”。即使按所耗电量换算为发电厂的排放，除硫和微粒外，其它污染物也显著减少。由于发电厂大多远离人口密集的城市，对人类伤害较少，而且电厂是固定不动的，废弃物集中排放，清除各种有害排放物较容易，也已有了相关技术。

② 噪声低。电动机工作过程中产生的噪声远小于传统汽车内燃机的噪声。

③ 能源利用率高。在城市工况下，汽车的平均行驶速度较低，时常处于走走停停的状态。对于传统内燃机汽车来说，这种工况下发动机效率不高，燃油消耗较大；而纯电动汽车

对这种工况的适应性较好，能源利用率明显提高。有关研究表明，同样的原油经过粗炼，送至电厂发电，电能充入电池，再由电池驱动汽车，其能量利用效率比经过精炼为汽油，再经汽油机驱动汽车高，因此有利于节约能源和减少 CO_2 的排放量。

纯电动汽车还可以充分利用晚间用电低谷时富余的电力充电，使发电设备日夜都能充分利用，大大提高其经济效益。

纯电动汽车可以实现制动能量回收，也会节省部分能源。

④ 能源来源广泛，对石油的依赖性低。由于电力可以从多种一次能源获得，如煤、核能、水能、风能、光能、地热能等，可以解除人们对石油资源日见枯竭的担心。

⑤ 制造与维修成本低。纯电动汽车相对内燃机汽车结构简单，运转部分少，使用与维修方便，维护工作量少。

2. 缺点

① 目前动力电池生产技术尚不完善。

② 整车价格高。纯电动汽车的动力电池较贵，又没形成经济规模，故购买价格较贵。

③ 高压安全技术有待提高。

三、纯电动汽车的基本组成与工作原理

1. 纯电动汽车的基本组成

纯电动汽车由车载电源、电池组管理系统、电源辅助设施、电动机、控制器、底盘、车身等七部分组成，沿用传统的汽车构造结构划分方式，也可将纯电动汽车分成电动机、底盘、车身和电气四部分。图 1-8 所示为典型的纯电动汽车主要总成布置图。

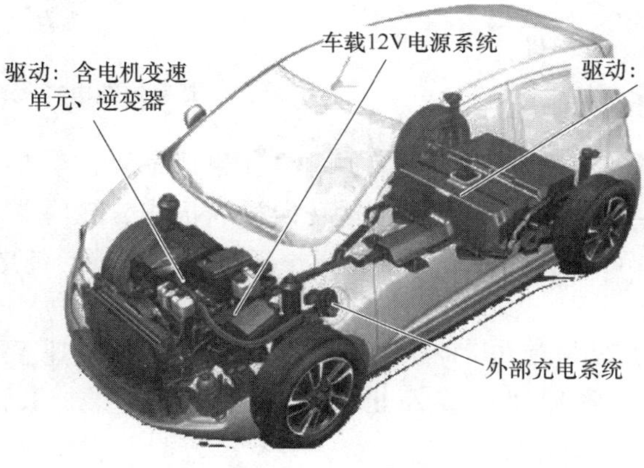

图 1-8 典型纯电动汽车的主要总成布置

（1）含电机变速单元、逆变器 变速单元是纯电动汽车的动力输出部分，内部主要包括电动机和减速齿轮机构，如果是前驱的车辆，该系统部件通常安装在前机舱内。

① 电动机。电动机是纯电动汽车的动力装置。它是根据电磁感应原理实现电能转换的一种电磁装置，在电路中用字母 M 表示。它的主要作用是产生旋转运动，作为用电设备或各种机械的动力源。

② 逆变器。逆变器是变速单元的主控部件，通常位于电机变速单元的上部。图 1-9 所示为典型纯电动汽车的逆变器安装位置。

逆变器一端连接来自动力电池的高压电，另一端连接驱动电机单元的三相交流电缆。主要用于将来自动力电池的直流电转换为可用于驱动电机的三相交流电，同时在制动能量回收时，也将电机产生的交流电转换成直流电，反馈给动力电池。

大多数车辆将逆变器与控制模块集成在一起，实现逆变器功能的同时，管理电机的

运转。

(2)发电机 发电机的主要作用是将机械能转化为电能，它在电路中用字母 G 表示。

(3)冷却系统 冷却系统一般由散热器、水泵、风扇、节温器、冷却液温度表等组成。纯电动汽车电动机采用两种冷却方式，即空气冷却和水冷却，一般纯电动汽车电动机多采用水冷却。

(4)传动系统 如图 1-10 所示，由于电动机具有良好的牵引特性，因此纯电动汽车的传动系统可不需要离合器和变速器。车速控制由控制器通过调速系统改变电动机的转速即可实现。

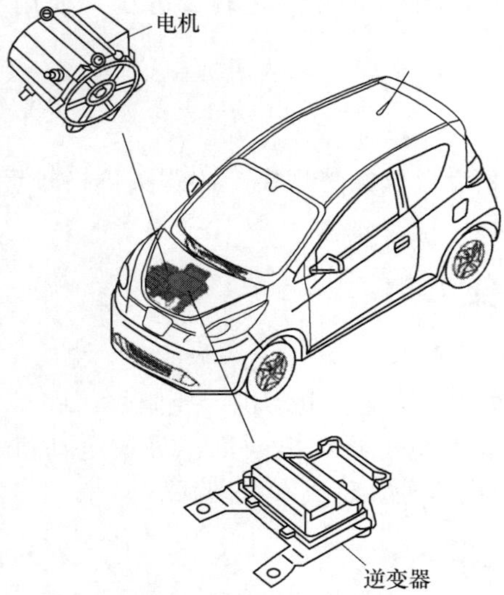

图 1-9 典型纯电动汽车逆变器安装位置

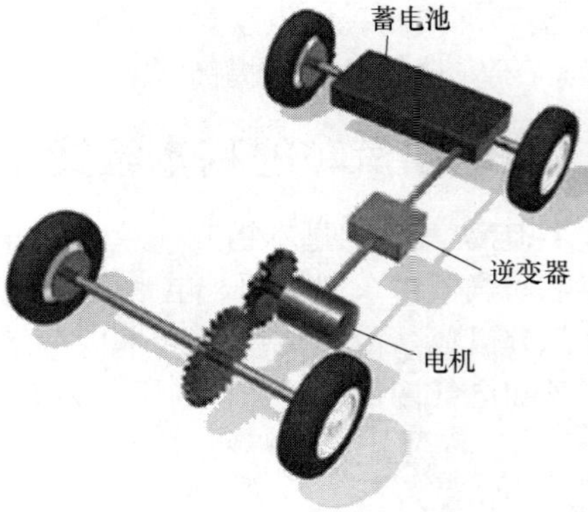

图 1-10 典型的纯电动汽车传动系统示意图

(5)行驶系统 行驶系统与内燃机汽车类似，主要包括车架、车桥、车轮和悬架等。

(6)转向系统 纯电动汽车的转向系统包括转向操纵机构、转向器、转向传动机构等，具体包括转向盘、转向器、转向节、转向节臂、横拉杆、直拉杆等。纯电动汽车的转向系统多采用电动转向助力装置。

(7)制动系统 制动系统是纯电动汽车装备的全部制动和减速系统的总称，它的作用是使行驶中的纯电动汽车降低速度或停止行驶，或使已停止行驶的纯电动汽车保持不动。

制动系统包括制动器、制动传动装置。现代纯电动汽车制动系统中，制动防抱死装置（ABS）已经成为标配。

与内燃机汽车相似，纯电动汽车的制动系统也由行车制动和驻车制动两套装置构成。

(8)电气设备 纯电动汽车电气设备主要由电池组、外部充电系统、辅助电源（车载 12V 电源系统）、发电机、照明灯具、仪表、音响装置、刮水器等组成。

① 电池组。电池组的作用是供给辅助电源及电动机用电。为了满足纯电动汽车对高电压的需要，纯电动汽车大多数是以由多个单体电池串、并联形成的动力电池组作为动力源。单体电池也称为电池单元，是构成动力电池的最小单元，一般由正极、负极、电解质及外壳等构成，即常说的一节电池。几个单体电池并联在一起构成一个电池单元组，其电压与单体电池相同，但容量为并联单体电池容量的和。单体电池串联或单体电池与电池单元组串联以及电池单元组串联则构成相对独立的电池模块，模块的大小及电压（包括容量）取决于串联的单体电池和电池单元组的数量，所以同一台纯电动汽车的各电池模块尺寸会有不同的规

格。几个电池模块串联构成一个动力电池组，图 1-11 所示的动力电池组即由 8 个电池模块组成，其总电压为各电池模块的电压之和，用周期性的充电来补充电能。动力电池组是纯电动汽车的关键装备，它储存的电能及其自身的质量和体积对纯电动汽车的性能起决定性影响。

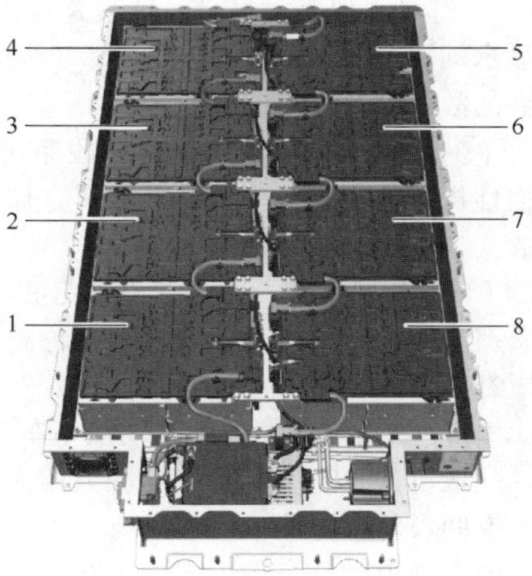

图 1-11　典型纯电动汽车动力电池组
1～8—电池模块

动力电池组在纯电动汽车上占据很大一部分有效的装载空间，在布置上有相当的难度，通常有集中布置和分散布置两种形式。通用公司的 EV-1 纯电动汽车配备的 AC Delco 电池组即采用集中式布置形式，动力电池组的支架为 T 形架，如图 1-12 所示。T 形架装在车辆的底板下面和行李舱下面的车架上，动力电池组固定在 T 形架上，有很好的稳定性，它从车辆的尾部安装。在 T 形架上装有动力电池组的通风系统、电线保护套等，用自动和手动断路器在车辆停车和车辆出现故障时切断电源，保证高压电路的安全。

日本丰田汽车公司的 RAV4 EV 是将动力电池组用支架固定在车架上，动力电池组由 24 节 12V 的镍氢电池组成，总电压为 288V。动力电池组分成若干个分组，呈分散式布置在车架上，然后串联起来，这样可以充分利用车辆底盘上的有效空间。典型的动力电池组的分散布置形式如图 1-13 所示。动力电池组布置在纯电动汽车底板下面是最常见的布置方法，这样方便安装和拆卸。

图 1-12　通用 EV-1 动力电池组的集中式布置方式

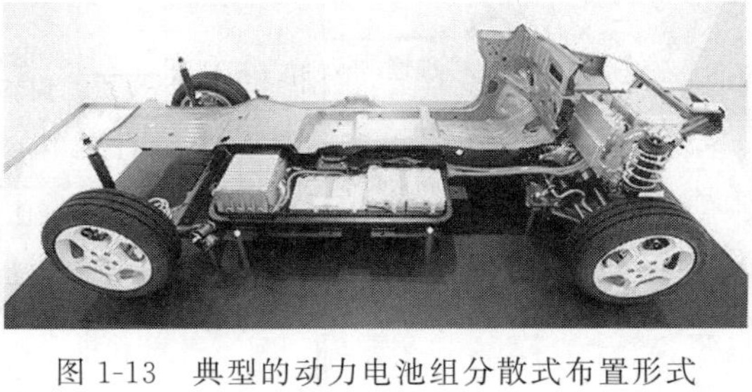
图 1-13　典型的动力电池组分散式布置形式

② 外部充电系统。主要包括车载充电器（图 1-14）和充电接口（图 1-15）。充电系统通常利用外接 220V 交流电源，通过充电接口进入车载充电器，车载充电器再通过交直流转换，使得 220V 交流电转变成动力电池组充电的直流电提供给动力电池。

图 1-14　车载充电器

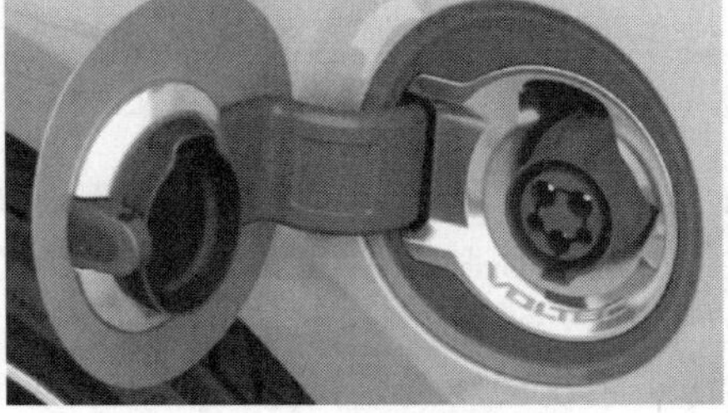
图 1-15　充电接口

第一章　纯电动汽车

③ 灯具、仪表。灯具、仪表是提供照明并显示电动汽车状态的部件组合。仪表一般能够显示动力电池电压、整车速度、行驶状态、灯具状态等，智能型仪表还能显示整车各电气部件的故障情况。

（9）能量回收系统 能量回收系统的作用是在纯电动汽车滑行或制动时，能够将车辆的惯性机械能转化为电能，并将其存储在电容器或为动力电池充电，在使用时可迅速将能量释放。

（10）散热系统 由于蓄电池组和驱动电机在车辆运行的过程中会产生大量的热量，因此，拥有一个良好的散热系统，无论是对纯电动汽车的安全还是对蓄电池、驱动电机的寿命长短都至关重要。

（11）车身 早期的纯电动汽车车身分为车头和车厢两个部分。车头是乘坐驾驶人的位置，一般可乘坐驾驶人和副驾驶人两人。车厢是根据客户需求改装而来，包括车厢配置、用料、空间设计等。

随着纯电动汽车的发展，现在多数纯电动汽车是以某种内燃机车型改型而成，所以其车身结构基本与内燃机车型相同。为了使乘客获得最大的舒适感，纯电动汽车一般采用单人座并排的方式，至于座椅的数量则根据具体车型而有所不同。随着纯电动汽车向 B 级车和 SUV 方向发展，乘客室空间尺寸有增大的趋势，座位数也增多。

（12）工业装置 工业装置是工业用纯电动汽车上用来完成作业要求而专门设置的装置，如电动叉车的起升装置、门架、货叉等。货叉的起升和门架的倾斜通常由电动机驱动的液压系统完成。

2. 纯电动汽车系统构成

纯电动汽车的系统结构包括三个子系统，即电力驱动子系统、能源子系统和辅助子系统，如图 1-16 所示。

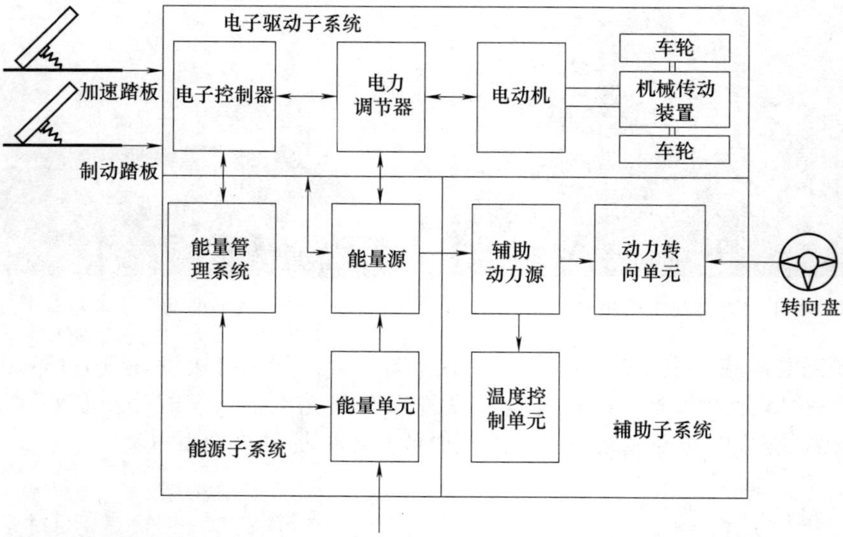

图 1-16 纯电动汽车的基本系统结构

电力驱动子系统的功能是通过控制器电路与制动踏板和加速踏板相连，将制动踏板和加速踏板信号输入控制器，以获得驾驶人的驾驶意图。通过控制电动机驱动车辆，并且进行制动能量回收。

能源子系统的功能是对电力驱动子系统及辅助子系统供能，保证汽车上各元件有稳定的能量来源。能源子系统能够实时监测动力电池剩余电量，当动力电池能量不足时，能够提示驾驶人对动力电池进行充电，以及时补充车辆的能量。

同传统汽车一样，纯电动汽车也配备助力转向、空调、音响等系统，不同的是这些系统完全利用存储在动力电池中的电能。辅助子系统的作用就是完成助力转向、车内空调温度调节及夜间照明等功能。

不同子系统又可分为不同的部分，就电力驱动子系统而言，又可分为电气和机械两大系统。其中电气系统包括电动机、功率变换器和电子控制器等子系统，机械系统的组成主要包括变速装置和车轮等。电力驱动子系统的电气与机械系统有着多种组合方式，如前文述及的机械传动型、无变速器型、无差速器型和电动轮型等。

3. 纯电动汽车的驱动原理

传统汽车是依靠内燃机做功，通过变速器改变输出动力的传动比、旋转方向，再通过传动轴和车轮实现车辆驱动。而纯电动汽车由电力驱动系统替代了传统汽车的内燃机和变速器，依靠动力电池、逆变器和电机变速单元实现车辆的驱动。

图 1-17 所示为纯电动汽车的基本驱动系统结构，当驾驶人踩下加速踏板时，车辆控制模块将控制动力电池输出电能，然后通过控制逆变器驱动电机运转，驱动电机输出的转矩经齿轮机构带动车轮转动，实现车辆的前进或后退。

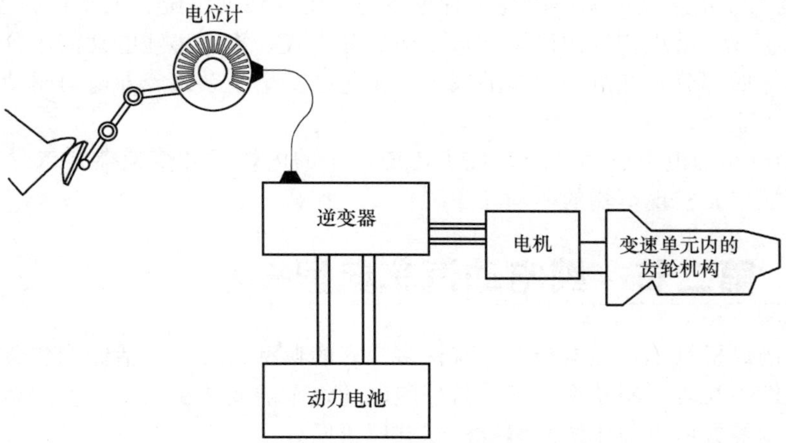

图 1-17　纯电动汽车基本驱动系统结构示意图

典型纯电动汽车工作原理如图 1-18 所示。电源接通汽车行驶时，主控 ECU 接收挡位控制器、加速踏板角度传感器等各方面信息，判断、计算后发出指令传递给电机控制器，以控制流向前驱动电机的电流。此时，电池组电流通过应急开关、配电箱/继电器之后，一路经

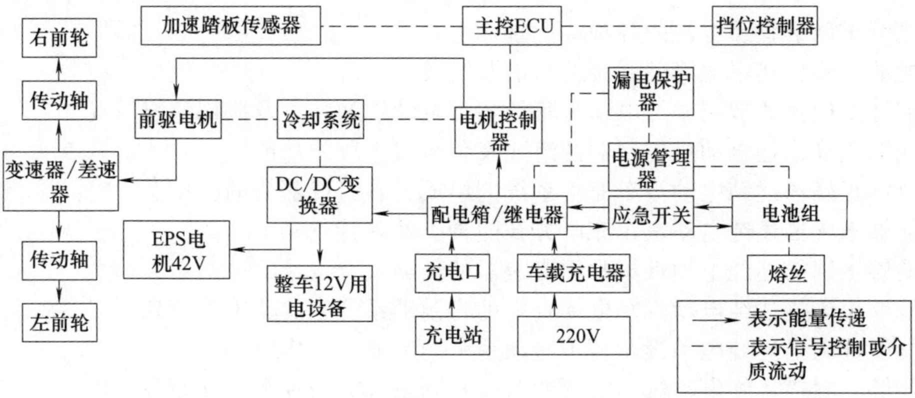

图 1-18　典型纯电动汽车工作原理

过电机控制器向前驱动电机供给需要的电流，另一路经过 DC/DC 变换器，将高压直流电（如 330V）转换为低压直流电（如 42V），提供给 EPS（电动转向系统）使用。同时，电池组接受电池管理系统管理，将电池组的瞬时电压、电流、温度、存电情况等信息传递给电池管理系统，以防止电池组过放电或温度过高而损坏。如果发生漏电情况，漏电保护器起作用。一旦发生短路等紧急情况，保护装置（熔丝）即可熔断。

小结

① 按照驱动系统的组成和布置形式，纯电动汽车分为机械传动型、无变速器型、无差速器型和电动轮型四种。

② 按车载电源数不同，纯电动汽车可以分为单电源型纯电动汽车和多电源型纯电动汽车两种。

③ 按照用途不同，纯电动汽车主要分为纯电动轿车、纯电动货车和纯电动客车等。

④ 纯电动汽车的优点主要有：排放污染物少、噪声低、能源利用率高、能源来源广泛、对石油的依赖性低、制造与维修成本低等。纯电动汽车的缺点主要是：目前动力电池生产技术尚不完善、整车价格高、高压安全技术有待提高。

⑤ 纯电动汽车由车载电源、电池组管理系统、电源辅助设施、电动机、控制器、底盘、车身等七部分组成，沿用传统的汽车构造结构划分方式，也可将纯电动汽车分成电动机、底盘、车身和电气四部分。纯电动汽车的系统结构包括三个子系统，即电力驱动子系统、能源子系统和辅助子系统。

⑥ 纯电动汽车的电力驱动系统替代了传统汽车的内燃机和变速器，依靠动力电池、逆变器和电机变速单元实现车辆的驱动。

第二节　纯电动汽车典型技术

相对传统内燃机汽车，纯电动汽车有许多特有的典型技术，包括储能装置、电动机、充电系统、制动助力与再生制动系统等，另外纯电动汽车的变速驱动桥、空调系统、信息显示系统、整车控制等方面也与传统内燃机汽车有所不同。

纯电动汽车使用与维修人员必须充分熟悉纯电动汽车各类典型技术应用情况，以便正确使用、维护及修理纯电动汽车。

通过本节的学习，应该具备以下能力：

① 能够正确描述应用于纯电动汽车的储能装置的种类、各类型动力电池的特点及应用情况。

② 能够正确解释蓄电池的各项性能指标。

③ 能够正确描述电池管理系统的功能及组成。

④ 能够正确描述应用于纯电动汽车的各类电动机的特点及应用情况。

⑤ 能够正确描述电动机控制器的组成及各组成部分的功能。

⑥ 能够正确描述纯电动汽车充电系统的组成、各组成部分的作用。

⑦ 能够正确描述纯电动汽车充电方式的种类及其特点。

⑧ 能够正确描述纯电动汽车常用变速器的种类及特点。

⑨ 能够正确描述纯电动汽车电动真空助力制动系统组成及工作原理。

⑩ 能够正确描述纯电动汽车再生制动系统的组成及工作原理。

⑪ 能够正确描述纯电动汽车空调的制冷和制热方式的种类及其原理。

⑫ 能够正确描述纯电动汽车新增仪表种类、功能、显示方式及控制原理。

⑬ 能够针对纯电动汽车，通过查阅技术资料和观察，了解其应用的各类典型技术。

⑭ 能够注意培养劳动保护、安全与环保意识和团队协作意识。

一、动力电池及其管理系统

1. 动力电池的主要性能指标

(1) 电压

① 电动势。电池正极和负极之间的电位差，通常用符号 E 表示。

② 开路电压。电池在开路时的端电压，一般开路电压与电池的电动势近似相等。

③ 额定电压。电池在标准规定条件下工作时应达到的电压。

④ 工作电压（负载电压、放电电压）。在电池两端接上负载后，在放电过程中显示出的电压。

⑤ 终止电压。电池在一定标准所规定的放电条件下放电时，电池的电压将逐渐降低，当电池不宜继续放电时，电池的最低工作电压称为终止电压。

放电条件也称为放电制度，即电池放电时规定的各种条件，主要包括放电电流、终止电压和温度等。放电曲线是指在一定的放电条件下连续放电时，电池的工作电压随时间的变化曲线，如图 1-19 所示。在曲线图上可以表征出电池放电过程的变化情况，同时也可通过放电曲线计算出放电时间和放电容量等。放电时率小者（放电电流大），其工作电压下降速度快，终止电压低，放电时间短，影响电池的实际使用效果。工作电压下降速度慢，往往能输出较多的能量。工作电压的变化速度有时也称作“放电曲线的平稳度”。

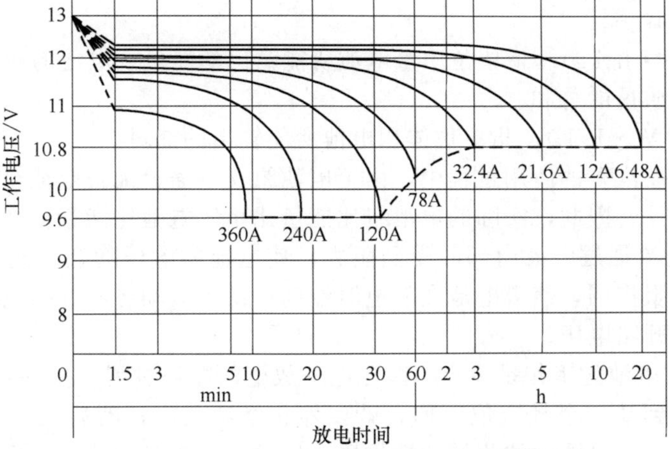

图 1-19　不同电流情况下的放电曲线

(2) 电池容量　电池在一定放电条件下所能放出的电量称为电池容量，以 C 表示，其单位常用 A·h 或 mA·h 来表示。电池的容量参数有以下几种。

① 理论容量。根据蓄电池活性物质的特性，按法拉第定律计算出的最高理论值，一般用质量容量 A·h/kg 或体积容量 A·h/L 来表示。

说明：这里所说法拉第定律指的是法拉第第一定律，即在电极界面上发生化学变化物质的质量与通入的电量成正比。

② 实际容量。在一定条件下所能输出的电量，等于放电电流与放电时间的乘积。

③ 标称容量（公称容量）。用来鉴别电池容量的适当的近似值，由于没有指定放电条件，因此，只标明电池的容量范围而没有确切值。

④ 额定容量（保证容量）。按一定标准所规定的放电条件，电池应该放出的最低限度的

容量。

⑤ 荷电状态（SOC）。荷电状态（SOC）是指电池容量的变化情况，是电池在一定放电条件下，剩余电量与相同条件下额定容量的比值。SOC＝1 即表示电池为充满状态。随着蓄电池放电，蓄电池的电荷逐渐减少，此时可以用 SOC 的百分数的相对量来表示蓄电池中电荷的变化状态。一般蓄电池放电高效率区为 50%～80%SOC。对 SOC 精确的实时辨识，是电池管理系统的一个关键技术。

⑥ 放电深度（DOD）。放电容量与额定容量的百分比，与 SOC 之间存在如下关系：

$$DOD = 1 - SOC$$

放电深度的高低对二次电池的使用寿命有很大影响，一般情况下，二次电池常用的放电深度越深，其使用寿命就越短，因此在电池使用过程中应尽量避免二次电池深度放电。

（3）功率　在一定的放电条件下，电池在单位时间内所输出的能量称为电池的功率（单位：W、kW）。电池的功率决定电动汽车的加速性能。电池的功率常用比功率和功率密度来表示。

① 比功率（W/kg）。指单位质量电池所能发出的电功率。

② 功率密度（W/L）。指单位体积电池所能发出的电功率。

（4）能量　电池在一定放电条件下所能释放出的能量称为电池的能量（单位：W·h、kW·h）。电池的能量决定电动汽车的行驶距离。蓄电池能量具体有以下指标：

① 标称能量。在标准规定放电条件下，电池能够输出的能量。电池的标称能量是电池的额定容量与额定电压的乘积。

② 实际能量。在一定条件下电池所能输出的能量。电池的实际能量是电池的实际容量与平均工作电压的乘积。

③ 比能量（W·h/kg）。指单位质量电池所能输出的能量。电池的质量包括电池本身结构件质量和电解质质量的总和。

④ 能量密度（W·h/L）。指单位体积电池所能输出的能量。

动力电池在电动汽车的应用过程中，由于电池组安装需要配备电池箱、连接线、电流电压保护装置等元器件，因此，实际的电池组比能量比单体电池比能量低 20%以上。

（5）内阻　电流通过电池内部时受到阻力，使电池的电压降低，此阻力称为电池的内阻。由于电池的内阻作用，使得电池在放电时端电压低于电动势和开路电压。在充电时的端电压高于电动势和开路电压。

（6）寿命　蓄电池的工作是一个不断充电→放电的循环过程。按一定的标准规定放电，当电池的容量降低到某一个规定值以前，就要停止继续放电，然后就需要充电才能继续使用。在每一个循环中，电池中的化学活性物质，要发生一次可逆的化学反应。随着充电和放电次数的增加，电池中的化学活性物质会发生老化变质，逐渐削弱其化学功能，使得电池的充电和放电的效率逐渐降低，最后电池丧失全部功能而报废。

电池的寿命即从开始使用到报废所经历的时间，常用循环次数和使用年限来表示。

① 循环次数。从蓄电池开始第一次充电到报废时所经历的充/放电次数称为循环次数，也称为循环寿命。蓄电池的循环次数与电池的充电和放电的形式、电池的温度和放电深度有关，放电深度浅时，有利于延长电池的寿命。特别是电池在电动汽车上的使用环境，包括电池组中各个电池的均衡性、安装方式、固定方式、所受的振动和线路的安装等，都会影响电池的工作循环次数。

② 使用年限。从蓄电池开始使用到报废所经历的年数。

（7）放电率（放电速率）　电池放电的快慢称为放电率。放电率有时率和倍率两种表示方法。

① 时率（也称小时率）。电池以某种电流强度放电直到电池的电压降低到终止电压时，所经过的放电时间。

② 倍率。电池以某种强度放电时的电流值与额定容量电流值的比值（倍数）。

当放电电流大于或等于额定容量电流值时，该放电电流值用倍率表示；若放电电流小于额定容量电流值时，该放电电流值用时率表示。蓄电池的额定容量常用“C”来表示，放电率用在 C 前加系数表示。例如：2 倍率，即 $2C$，其放电电流值为额定容量电流值的两倍，额定容量约半小时放完；2 小时率，即 $0.5C$，其放电电流值为额定容量电流值的 1/2，而额定容量约 2h 放完电。

（8）自放电率 自放电率指电池在存放时间内，在没有负载的条件下自身放电，使得电池容量损失的速度。自放电率用单位时间（月或年）内电池容量下降的百分数来表示。

（9）成本 电池的成本与电池的技术含量、材料、制作方法和生产规模有关，目前新开发的高比能量的电池成本较高，使得电动汽车的造价也较高，开发和研制高效、低成本的电池是电动汽车发展的关键。

除上述主要性能指标外，还要求电池无毒性，对周围环境不会造成污染或腐蚀，使用安全，有良好的充电性能和充电操作方便，耐振动，无记忆性，对环境温度变化不敏感，易于调整和维护等。

说明：电池记忆效应是指电池长期不彻底充电、放电，易在电池内留下痕迹，即电池对日常的充、放电幅度形成记忆，时间久了就很难改变这种模式，不能再做大幅度充电或放电，从而使电池的容量降低的现象。

目前电池技术的瓶颈在于如何造出容量大（满电可以连续行驶 400km 以上）、体积小、质量小、价格低的电池，以及如何实现快速充电。

2. 铅酸蓄电池

（1）概述 正极板活性物质为二氧化铅，负极板活性物质为铅，以酸溶液为电解质的蓄电池称为铅酸蓄电池。

铅酸蓄电池由正极板、负极板、隔板、电池盖、电解液、加液孔盖和电池外壳等组成，正、负极板浸入稀硫酸电解液中成为单格电池。每个单格电池的标称电压为 2V，因此，6 格串联起来成为 12V 蓄电池。

电动汽车使用的铅酸动力电池型号为××V-××Ah。例如 12V-120Ah，前面部分表示铅酸蓄电池的标称直流电压，后面部分表示铅酸蓄电池的标称容量。

（2）常用动力铅酸蓄电池 应用于电动汽车的动力铅酸蓄电池主要有阀控免维护铅酸蓄电池（VRLA）、胶体铅酸蓄电池、水平式蓄电池与双极式蓄电池四种。

① VRLA。免维护型蓄电池是指在使用寿命期限内，除要保持表面清洁外，不需其他维护的蓄电池。

② 胶体型蓄电池。胶体型蓄电池是指其电解液是由稀的硫酸钠溶液和硅酸溶液混合成胶状物质的蓄电池。这种蓄电池因为其电解液的流动性不强，所以在储存、保管、运输及使用过程中都比较安全，但其容量与普通蓄电池相比有所降低。

③ 水平式蓄电池与双极式蓄电池。所谓水平式蓄电池就是极板为水平安置的电池，其结构如图 1-20（a）和图 1-20（b）所示。

所谓双极式蓄电池是将原蓄电池的隔板去掉，正、负极板合一，一面涂正极板活性物质，另一面涂负极板活性物质，如图 1-20（c）所示。据报道，英国一家公司用钛化合物作电极制成的铅酸蓄电池比能量达到 60W·h/kg，几乎接近镍氢、锂电池的比能量。如果在技术上突破的话，价格低廉的铅酸蓄电池会大力推动电动汽车的推广和普及。

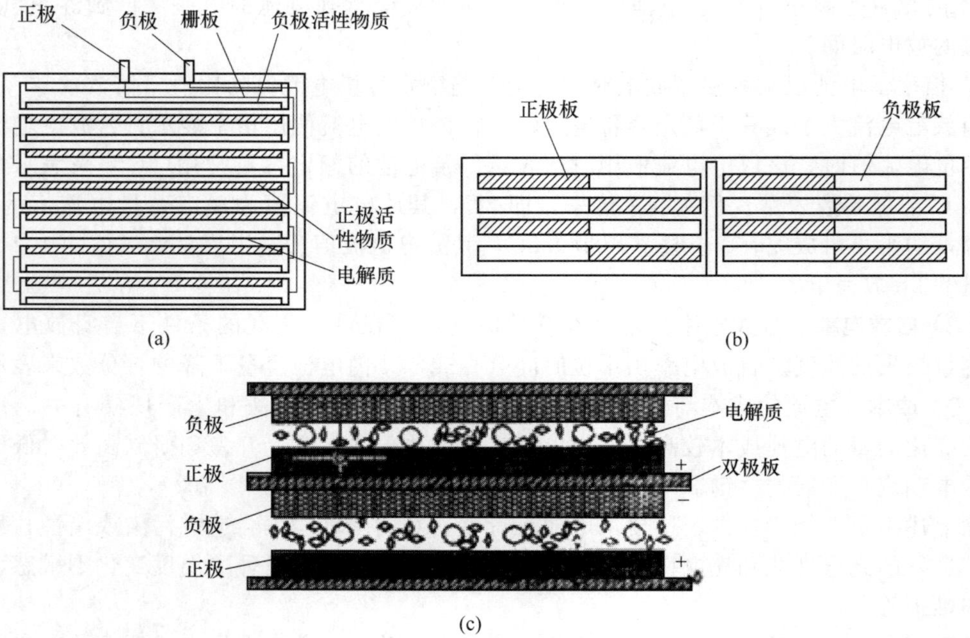

图 1-20　水平式蓄电池及双极式蓄电池的结构

（3）优点

① 电压高，单体电压为 2.0V。在常用蓄电池中，仅次于锂电池。

② 价格低廉。

③ 可制成小至 1A・h 大至几千安时的各种尺寸和结构的蓄电池。

④ 高倍率放电性能良好，可用于发动机启动。

⑤ 高低温性能良好，可在－40～60℃条件下工作。

⑥ 电能效率高，可达 60%。

⑦ 易于浮充使用，没有记忆效应。

⑧ 易于识别荷电状态。

（4）缺点

① 比能量低，在电动汽车中所占的质量和体积较大，一次充电行驶里程短。

② 使用寿命短，使用成本高。

③ 充电时间长。

④ 存在铅污染。

（5）应用　早期生产的电动汽车大多采用铅酸蓄电池，如五十铃 Eif Resort、大发 Hi-jet Van、铃木奥拓、富士 Samber EV 等。低速纯电动汽车多采用 VRLA，如山东时风电动汽车即采用 10 块 GD04B 铅酸动力电池串联成的电池组，额定电压为 60V。采用铅酸动力电池的典型纯电动乘用车代表是风靡一时的美国通用汽车公司的纯电动汽车 EV-1。我国株洲时代集团公司研发的 TEG6120EV-2 型电动大客车采用水平铅酸电池为动力电源，工作电压为 384V。

3. 镍氢（Ni-MH）电池

（1）概述　以镍化合物（通常为氢氧化镍）为正极板活性材料，以储氢合金为负极板材料（活性物质为氢），电解质是水溶性氢氧化钾和氢氧化锂的混合物的电池称为镍氢电池，属于碱性电池的一种。

镍氢电池的正极是球状氢氧化镍粉末与添加剂（钴等金属）、树脂和黏合剂等制成的涂膏，用自动涂膏机涂在正极板上，然后经过干燥，处理成发泡的氢氧化镍正极板。

镍氢电池的负极的关键技术是储氢合金，储氢合金是一种允许氢原子进入或分离的多金属合金的晶格基块，用钛-钒-锆-镍-铬（Ti-V-Zr-Ni-Cr）五种基本元素，并与钴、锰等金属元素烧结的合金，经过加氢、粉碎、成形和烧结制成负极板。

（2）特点 与铅酸蓄电池相比，镍氢电池具有以下特点。

① 比功率高。比功率可达到200W/kg，是铅酸电池的2倍，能够提高车辆的启动性能和加速性能。目前商业化的镍氢功率型电池已经达到1350W/kg。

② 比能量高。镍氢电池的标称电压为1.2V，比能量可达到70～80W·h/kg，有利于延长电动汽车的行驶里程。

③ 寿命长。在80%的放电深度下，循环寿命可达到1000次（或使用寿命10年）以上，是铅酸电池的3倍。100%放电深度循环寿命也在500次以上，在混合动力汽车中可使用5年以上。

④ 无重金属污染。镍氢电池中没有Pb和Cd等重金属元素，不会对环境造成污染。

⑤ 耐过充过放。有高倍率的放电特性，短时间可以以3*C*放电，瞬时脉冲放电率很大。镍氢电池的过充电和过放电性能好。

⑥ 可以快速充电。在15min内可充60%的电量，1h内可以完全充满，应急补充充电的时间短。

⑦ 无记忆效应。故可以随充随放。

⑧ 使用温度范围宽。正常使用温度范围为－30～55℃，存储温度范围为－40～70℃。

⑨ 安全性好。短路、挤压、针刺、安全阀工作能力、跌落、加热、耐振动等安全可靠性试验无爆炸、燃烧现象。采用全封闭外壳，可以在真空环境中正常工作。

镍氢电池的主要缺点是充电时发热量大，需采用有效的散热系统。

（3）应用 汽车动力电池组经常处于充电、放电状态，而且充电、放电是无规律地进行的，这对电池的寿命带来严重的影响。松下电池公司，通过模拟混合动力汽车行驶工况对镍氢电池进行仿真试验，证实镍氢电池的特性几乎不发生变化，镍氢电池用于混合动力汽车是比较合适的，但也有将其应用于纯电动汽车上的，如日本丰田汽车公司的RAV4 EV配置的动力电池组由24节12V的镍氢电池组成，总电压为288V。

4. 锌空气电池

（1）概述 如图1-21所示，锌空气电池以锌（Zn）为负极，空气电极为正极（活性物质为氧气），以KOH溶液为电解质。

锌空气电池的化学反应与普通碱性电池类似，在特殊催化剂的作用下，当电池放电时，炭块从空气中吸附到氧气，金属锌中电子输送到正极，锌和氧气发生电化学反应生成氧化锌（ZnO）。

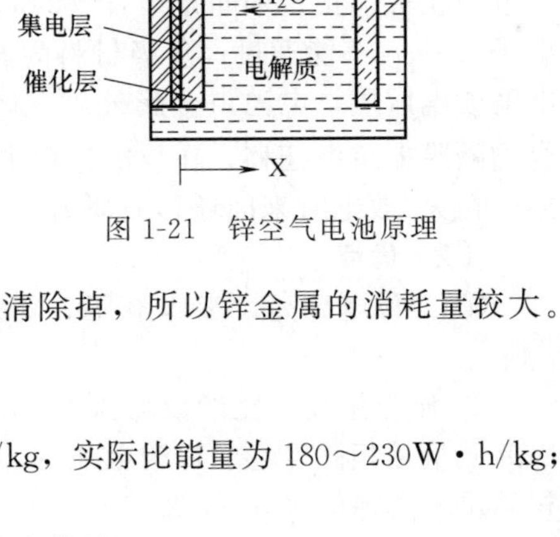

图1-21 锌空气电池原理

正、负极之间发生的化学反应是不可逆的，不像其他形式的碱性电池，没有充电过程，反应过的物质要清除掉，所以锌金属的消耗量较大。单体锌空气电池的工作电压为1.1～1.4V。

（2）优点

① 比能量大。锌空气电池的理论比能量为1350W·h/kg，实际比能量为180～230W·h/kg；能量密度为230W·h/L。

② 充电时间短。采用机械充电模式，充电时间只需几分钟。

③ 性能稳定。单电池有良好的一致性，可以深度放电，电池容量不受放电强度和温度的影响，可以在－20～80℃的环境条件下工作。放电时不产生压力，没有气体生成，可以实现密封免维护，便于电池组能量管理。

④ 安全性好。即使外部遇到明火、短路、穿刺、撞击等情况，都不会发生燃烧、爆炸。

⑤ 环保。电池正极采用活性炭、铜网，负极采用金属锌，没有使用有毒有害物质。

⑥ 可再生利用。锌电极使用完后，可通过再生还原使其可以再次使用。

⑦ 充电方便。由于锌空气电池的充电主要是更换极板，所以极板的再生可以集中进行。极板的分发可以像商店那样布点，不必建立专用的充电站。这不但可以节约大量先期投资，而且给用户带来很多方便。

（3）缺点 锌空气电池对水分、二氧化碳非常敏感，如果相对湿度发生变化，电池的特性也会发生相应变化。锌空气电池的临界相对湿度约为60%，如果偏离过高就会严重影响电池的使用效果。经研究，如果相对湿度小于60%，电池会失去水分；大于60%时，水分又会过多，电池可能出现泄漏。随空气进入的二氧化碳将会与电解质（KOH）发生化学反应，使电解液酸化，生成碳酸（或亚碳酸）盐在电极上结晶，阴极会受到损坏，并会有堵塞空气通路的危险。

（4）应用 锌空气电池多应用于纯电动商用车上，如德国研发的锌空气电池邮政车，采用了以色列电燃料有限公司开发的锌空气电池。美国 Dreisback Electromotive 公司开发的锌空气电池，已在公共汽车和总重9t的货车上使用。德国奔驰汽车公司的 MB410 型电动厢式车，标准总质量为4000kg，采用150kW·h的锌空气电池。瑞典斯德哥尔摩市的电动货车、电动客车和电动服务车上，采用的锌空气电池能量密度为180W·h/kg，功率密度为100W·h/L，续驶里程在350～425km。国内部分厂家已经在注入式锌空气电池方面开展了多年的研究工作，并且在部分电动车辆上进行了实验性装车测试。

5. 锂电池

（1）概述 以锂化合物为正极板活性材料，以石墨等为负极板材料，以无水有机物为电解质的电池称为锂离子蓄电池，简称锂电池。

根据锂电池所用电解质材料不同，锂电池可分为液态锂电池（LIB）和聚合物锂电池（LIP）两大类。上述两种锂电池的正负极材料是相同的，基本原理也相似。

锂离子电池的正极材料有很多种，主要有钴酸锂、锰酸锂、镍酸锂、三元材料（镍、钴、锰）、磷酸铁锂等，相应的名称为钴锂电池、锰锂电池等等，用三元材料为正极的锂电池则称为三元锂电池。

以磷酸铁锂电池为例（$LiFePO_4$）。如图1-22所示，$LiFePO_4$ 作为电池的正极，由铝箔与电池正极连接；中间是聚合物的隔膜，它把正极与负极隔开，锂离子（Li^+）可以通过而电子（e^-）不能通过；负极材料为石墨，由铜箔与电池的负极连接。电池的上下端之间是电池的电解质，电池由金属外壳密闭封装。$LiFePO_4$ 电池在充电时，正极中的 Li^+ 通过聚合物隔膜向负极迁移；在放电过程中，负极中的 Li^+ 通过隔膜向正极迁移。锂电池就是因锂离子在充/放电时来回迁移而命名的。

（2）优点

① 工作电压高。工作电压为3.6V，是镍镉电池、镍氢电池的3倍，是铅酸电池的近2倍。

② 比能量高。比能量高达150W·h·kg^{-1}，是镍氢电池的2倍，是铅酸电池的4倍，因此质量是相同能量的铅酸电池的1/4～1/3；体积小，能量密度高达400W·h·L^{-1}，体积是铅酸电池的1/3～1/2。

③ 循环寿命长。循环次数可达1000次（可使用10年以上或行驶20万公里）。以容量

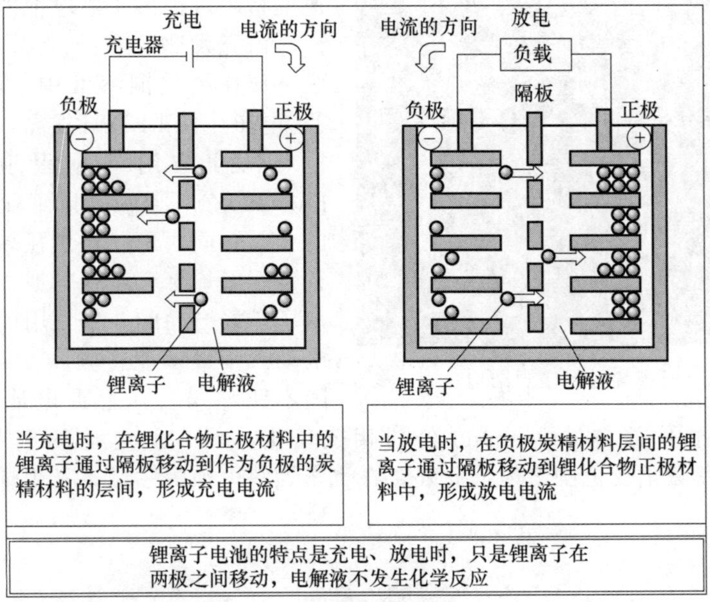

图 1-22 锂电池的结构示意图

保持 60%计，电池组 100%充/放电循环次数可以达到 600 次以上，使用年限可达 3～5 年，寿命约为铅酸电池的 2～3 倍。

④ 自放电率低。每月自放电仅为 6%～8%，远低于其他类型的动力电池。

⑤ 无记忆效应。可以随时随地进行充电。

⑥ 无污染。锂电池中不存在有毒物质，因此被称为“绿色电池”。

⑦ 质量小。提供了更合理的结构和更美观的外形的设计条件、设计空间和可能性。

（3）缺点

① 成本高。主要是正极材料的价格高，但按单位能量的价格来计算，只高于铅酸蓄电池。

② 必须有特殊的保护电路，以防止过充。

（4）应用 目前，全球汽车制造商应用的锂动力电池主要为三大代表种类，即以特斯拉为代表的镍钴铝酸锂电池（钴酸锂电池）、以比亚迪为代表的磷酸铁锂电池和以日本汽车为代表的锰酸锂电池。如日产的 Leaf 即采用 48 个电池单元组成层叠式紧凑型锂电池组，提供超过 90kW 的输出功率。另外，三菱的 i-M iEV、雪佛兰 Volt 等电动汽车均采用锂电池。

6. 石墨烯电池

（1）概述 石墨烯电池是利用锂离子在石墨烯表面和电极之间快速大量穿梭运动的特性，开发出的一种新能源电池。这种新的电池可把数小时的充电时间压缩至不到 1min。分析人士认为，未来 1min 快充石墨烯电池实现产业化后，将带来电池产业的变革，从而也促使新能源汽车产业的革新。

目前石墨烯的研究总体上分两块：一是在传统锂电池上进行应用，目的是改进、提升锂电池的性能，这类电池不会产生颠覆性的影响；二是依据石墨烯制造一个新体系的电池，它是一个崭新的系列，在性能上是颠覆性的，称作“超级电容”。因此可以认为，目前研发的石墨烯电池仍属于锂电池系列。

石墨烯的微观构造，是一个由碳原子所组成的网状结构（图 1-23）。因为具有极限的厚度（只有一层原子的厚度），所以阳离子的移动受到的限制很小。同时正因为具有网状结构，由石墨烯制成的电极材料也拥有充分的孔洞，使用石墨烯作为电池的阳极材料，其充/放电

图 1-23 石墨烯材料微观结构

速度将超过锂离子蓄电池的 10 倍。

研究发现，将 6 个石墨烯电路形成串联，放在氯化铜溶液中，就可产生所需的 2V 电压，使 LED 灯发亮，如图 1-24 所示。

（2）应用 据报道，西班牙 Graphenano 公司（一家以工业规模生产石墨烯的公司）同西班牙科尔瓦多大学合作研究出首例石墨烯聚合材料电池，其储电量是目前市场最好产品的 3 倍，用此电池提供电力的电动汽车最多能行驶 1000km，而其充电时间不到 8min。虽然此电池具有各种优良的性能，但其成本并不高。Graphenano 公司相关负责人称，此电池的成本将比锂电池低 77%，完全在消费者承受范围之内。此外，在汽车燃料电池等领域，石墨烯还有望带来革命性进步。

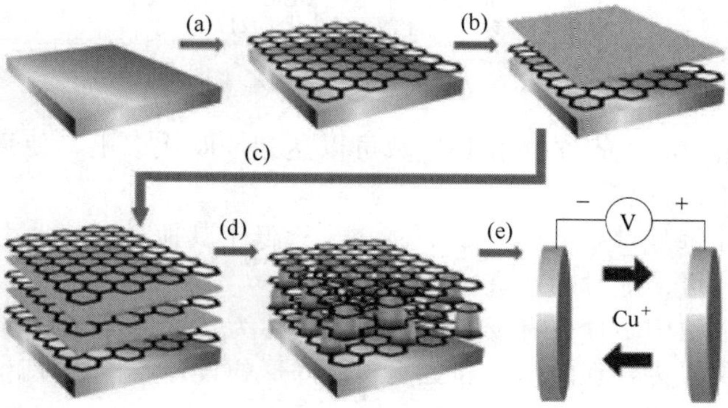

图 1-24 石墨烯电池原理

2014 年 12 月，美国电动汽车制造商特斯拉发布了第一代车型 Roadster 的升级版，续驶里程达到 644km，高出原版 60%。电池技术的进步提升了特斯拉产品的性能，此前 Roadster 的续驶里程是 393km。特斯拉 CEO 马斯克称，特斯拉的高性能石墨烯电池，相比目前的容量增长近 70%。

7. 蓄电池管理系统

（1）动力电池存在的问题

① 大容量单体电池容易产生过热。单体电池有一定的温度耐受范围，在实际应用中如果体积过大，会产生局部的过热，从而影响电池的安全和性能。因此，单体电池的大小受到限制。在苛刻的使用环境下，110mm×110mm×25mm 的 20A·h 锂电池，局部最高温度为 135℃；而 110mm×220mm×25mm 的 50A·h 锂电池，局部温度高达 188℃，更容易发生安全问题。所以有必要监测和控制温度。

② 电池的性能不完全一致。基于现有的极板材料和电池制造水平，单体电池之间尚不能达到性能的完全一致，在通过串并联方式组成大功率大容量动力电池组后，苛刻的使用条件也易诱发局部偏差，从而引发安全问题。

（2）电池成组后的主要问题

① 过充/过放。串联的电池组充/放电时，部分电池可能先于其他电池充满或放完，继续充/放电就会造成过充或过放。电池的内部副反应将导致电池容量下降、热失控或内部短路等问题。

② 过大电流。并联、老化、低温等情况，均会导致部分电池的电流超过其承受能力，降低电池的寿命。

③ 温度过高。局部温度过高，会使电池的各项性能下降，最终导致内部短路和热失控，产生安全问题。

④ 短路或者漏电。震动、湿热、灰尘等因素造成电池短路或漏电，威胁驾乘人员的人身安全。

（3）电池管理系统的作用 电池管理系统（Battery Management System，简称 BMS）的作用之一就在于避免电池组出现上述问题，需要动态监测动力电池组的工作状态，实时采集每块电池的端电压、温度、充/放电电流及电池组总电压，估算出各电池的 SOC、安全状态（State of Health，SOH）和电化学状态（State of Electro-formation，SOE）。然后通过控制相关器件，防止电池发生过充电或过放电现象，同时能够及时给出电池状况，找出有故障的电池所在箱号和箱内位号，挑选出有问题的电池，保持整组电池运行的可靠性和高效性。

此外，BMS 还需要设定面向用户端的显示，将估算的剩余电量换算成可行驶里程，同时，还需要有自动报警和故障诊断功能，方便驾驶人员操作和处理。因此，BMS 任务可归纳为：数据采集电路首先采集电池状态信息数据，再由电子控制单元（ECU）进行数据处理和分析，然后根据分析结果对系统内的相关功能模块发出控制指令，并向外界传递信息。

BMS 包含多个处理模块：数据采集模块、SOC 估算模块、电气控制模块、安全管控模块、热管理模块、数据通信和显示模块等。BMS 的主要任务、输入信号和执行元件见表 1-1。

表 1-1 BMS 的主要任务、输入信号和执行元件

BMS 的主要任务	输入的信号	执行元件
防止过充	电池电压、电流、温度	充电机
避免过放	电池电压、电流、温度	电动机功率转换器
温度控制	电池温度	冷热空调(风扇等)
电池组件电压和温度的平衡	电池电压和温度	平衡装置
预测电池的 SOC 和剩余行驶里程	电池电压、电流、温度	显示装置

充电站对储能装置性能的要求是大容量、长寿命、快速响应、可涓流充电，因此对 BMS 的要求方面有所不同，但总体功能仍与动力电池 BMS 类似，起到监控电池 SOC 和 SOH 状态、动态充/放电、智能管理和输出控制等功能。

（4）电池管理系统结构 电池管理系统最基本的作用是进行电池组管理，还包括电线线路管理、热（温度）管理和电压平衡控制。图 1-25 所示为 BMS 系统结构框图。

① 电池组管理系统。管理电池的工作情况，避免出现过放电、过充电、过热，对出现的故障应能及时报警，以便最大限度地利用电池的存储能力和循环寿命。包括电池组电压测试、电池组电流测试、电池组和单节电池的温度测试、SOC 计算及显示、电池组剩余电量显示、车辆在线可行驶里程显示、自动诊断系统和报警系统、安全防护系统。

② 电线线路管理系统。包括动力电池组分组及连接、动力电线束、手动或自动断电器、传感器、传感器线束。

③ 热（温度）管理系统。包括电池组组合方式、电池组分组和支架布置、通风管理系统和风扇、温度管理 ECU 及温度传感器、热能的管理与应用。

④ 电压平衡控制系统。平衡各电池的充电量，能延长电池寿命，并对更换后的新电池进行容量平衡。

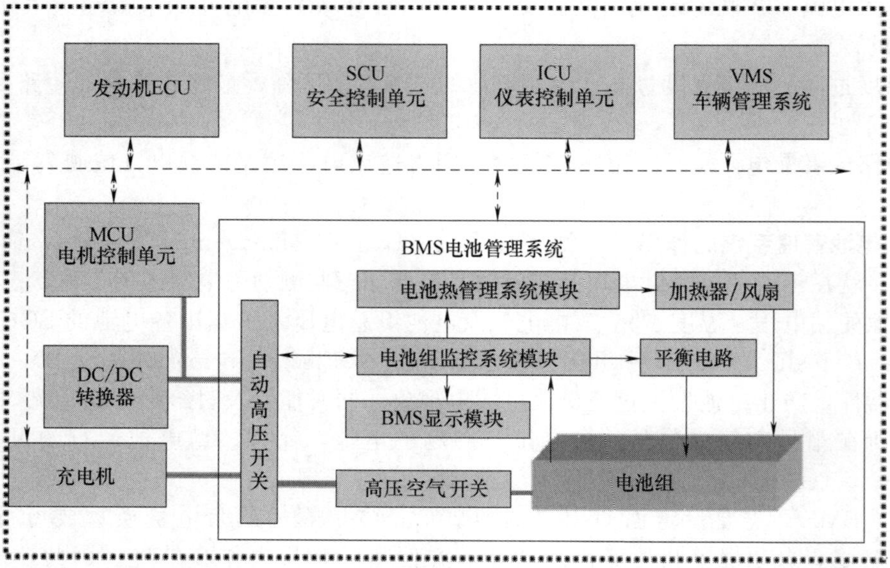

图 1-25　BMS 系统结构框图

8. 目前我国动力电池应用状况

（1）各类型动力电池性能比较　应用于纯电动汽车的各类型动力电池的性能比较，见表 1-2。

表 1-2　应用于纯电动汽车的各类型动力电池的性能比较

电池类型	比功率/(W/kg)	比能量/(W·h/kg)	充电时间	污染	循环寿命
铅酸	130	35	18～24h	有	500～900 次
镍氢	200	70～80	1h	无	1000 次以上
锌空气	100	1350	几分钟	无	100 次以上
锂	315	120	2～4h	无	1000 次
超级电容	5000	20	10s	无	50 万次
飞轮电池	150	10000	18min	无	25 年

（2）目前我国动力电池应用状况

① 以磷酸铁锂电池为主。

② 三元系锂离子电池市场份额快速提升。磷酸铁锂电池在电动汽车上的应用受限于其能量密度问题。三元锂电池（也称三元系锂电池）与磷酸铁锂电池相比造价较高，但能量密度高，低温性能好。三元锂电池采用的是陶瓷隔膜，当电池内部短路时，可隔开短路源，所以明显提高了三元锂电池的安全性能。全球范围内，三元锂电池的研发生产日益受到重视，材料性能得到不断提升，应用领域得到不断拓展。

表 1-3 列出了我国部分新能源汽车动力电池配备情况。

表 1-3　我国部分新能源汽车动力电池配备情况

车型名称	电池类型	电池容量/(kW·h)	工况续驶里程/km
北汽 EV150 二代	三元锂	30	200
北汽 EV200	三元锂	30.4	245
北汽 ES210	三元锂	38	210
奇瑞 eQ	三元锂	22.3	200
江淮 iEV4	磷酸铁锂	19.2	152

续表

车型名称	电池类型	电池容量/kW·h	工况续驶里程/km
江淮 iEV5	三元锂	23.3	200
上汽 E50	磷酸铁锂	18	120
比亚迪 e6 2015 款	磷酸铁锰锂	63.4	260
腾势 2014 款	磷酸铁锂	47.5	253
吉利知豆	三元锂	15.1	150
启辰晨风	锰酸锂	24	175
长安逸动 EV	三元锂	26	200
众泰芝麻 E30	三元锂	16	150
众泰云 100	三元锂	18	155

二、其他储能装置

1. 超级电容

超级电容属于物理电池。物理电池在储存能量、释放能量时不发生化学变化。

(1) 概述 超级电容也称为电化学电容器、双电层电容器，它依靠电解质与电极接触界面上形成的特有双电层结构储存能量，是一种新型储能装置。

超级电容的特点是：可以在大电流下快速充/放电，提供很大的瞬时充/放电功率，循环寿命长，工作电压和温度范围宽。

因为传统的蓄电池（如铅酸电池）功率密度偏低，不能满足车辆频繁起步、加速和制动工况的要求，而且加速时消耗了过多的能量，致使车辆的续驶里程不能满足要求。加装超级电容的车辆就可以有效地解决这一问题，既可以提供较大的驱动电流，满足车辆在特殊行驶工况时的要求，又可以节省动力电池的能量，延长车辆的续驶里程，同时减少了动力电池的频繁充/放电的工作状态，提高了动力电池的使用寿命。

(2) 使用方式 超级电容和 DC/DC 变换器系统搭配是常用的使用方式。超级电容和动力电池采用并联的连接方式。当用动力电池与超级电容进行组合时，所选的动力电池必须能提供高比能量，因为超级电容本身比动力电池具有更高的比功率和更高效回收制动能量的能力。由于用在电动汽车上的超级电容相对而言电压较低，所以需要在动力电池和超级电容之间加一个 DC/DC 功率转换器。图 1-26 所示为动力电池和超级电容复合的结构框图。

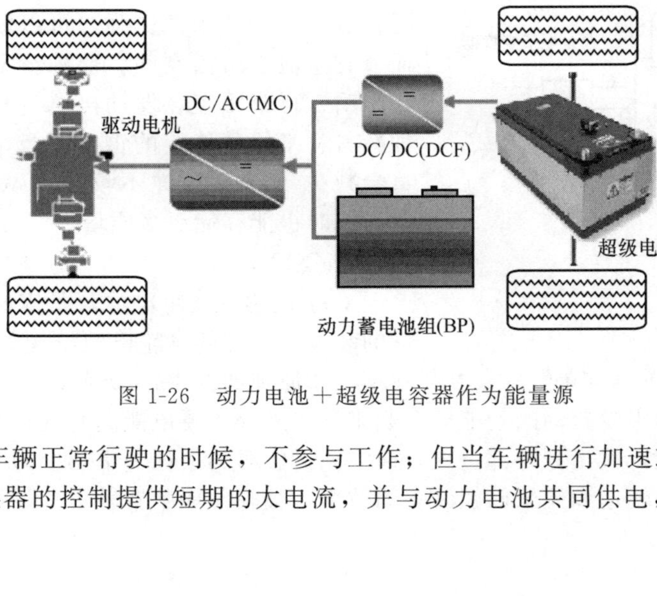

图 1-26 动力电池+超级电容器作为能量源

超级电容在车辆正常行驶的时候，不参与工作；但当车辆进行加速或上坡时，超级电容通过 DC/DC 变换器的控制提供短期的大电流，并与动力电池共同供电，两者再经过电动机控制器的调控，供给电动机驱动车辆。当超级电容的电压低于动力电池的端电压时，DC/DC 变换器通过工作电路降压，使得超级电容达到能量饱和状态。在动力电池急需能量时，通过控制电路对超级电容能量进行升压，输出到动力电池正负端。

（3）特点

① 充电速度快。充电 10s～10min 可达到其额定容量的 95%以上。

② 循环使用寿命长。深度充/放电循环使用次数可达 1 万～50 万次。

③ 没有记忆效应。

④ 大电流放电能力超强。

⑤ 能量转换效率高，过程损失小，大电流能量循环效率≥90%。

⑥ 功率密度高，可达 300～5000W/kg，相当于电池的 5～10 倍。能量密度可达 20W·h/kg。

⑦ 环保。产品原材料构成、生产、使用、储存以及拆解过程均没有污染，是理想的绿色环保电源。

⑧ 充/放电线路简单。无需充电电路，安全系数高，长期使用免维护。

⑨ 超低温特性好。温度范围宽，为－40～70℃。

⑩ 检测方便。剩余电量可直接读出。

⑪ 容量范围宽。通常为 0.1～1000F。

（4）应用　日本是将超级电容器应用于混合动力汽车的先驱，超级电容器是近年来日本电动汽车动力系统开发中的重要领域之一。

2004 年 7 月，我国首部“电容蓄能变频驱动式无轨电车”在上海张江投入试运行，该公交车利用超级电容比功率大和公共交通定点停车的特点，当电车停靠站时在 30s 内快速充电，充电后就可持续提供电能，速度可达 44km/h。哈尔滨工业大学和巨容集团研制的超级电容器电动公交车，可容纳 50 名乘客，最高速度 20km/h。2010 年上海世博会期间，在世博园内也运行了采用超级电容器驱动的电动客车。

在纯电动汽车和混合动力汽车上采用超级电容与动力电池复合电源系统被认为是解决未来电动汽车动力问题的最佳途径之一。随着对电动汽车用超级电容的进一步研究和开发，超级电容-动力电池复合电源系统在满足性能和成本要求上更具有实用性，其市场前景广阔。

英国伦敦大学帝国理工学院正在研发一种聚合树脂和碳化纤维的复合物，首先把纳米结构的碳纤维材料制成薄片，然后成型、烘干、硬化，再把超级电容植入其间。可以通过叠加的方式，将其做成电池模块，并做成车身面板的样子，布置在车身框架之上。研究显示，这种新型材料电池的充电速度比常规电池组更快，而且强度更好，适用性更强，可以取代车身面板，从而节省电池组所需空间。这种新型电池面板可以取代车门、行李箱盖、发动机罩、车顶等。如果用这种新材料来代替传统的钢板车身，整个汽车的质量将会减少 15%。这样不仅可以减小电动汽车的质量，同时也能存储更多质量。

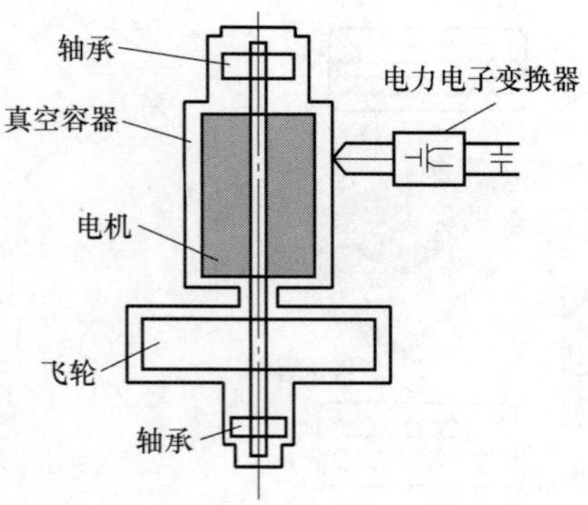

图 1-27　飞轮电池结构

2. 飞轮电池

（1）概述　飞轮电池就是以机械飞轮来存储能量的装置。典型的飞轮电池结构如图 1-27 所示，其基本工作原理如图 1-28 所示，将外界输送过来的电能通过电动机转化为飞轮转动的动能储存起来，当外界需要电能的时候，又通过发电机将飞轮的动能转化为电能，输出到外部负载，而空闲运转时的损耗非常小。为了减少空闲运转时的损耗，提高飞轮的转速和飞轮储能装置的效率，飞轮储能装置轴承的设计一般都使用非接触式的磁悬浮轴承技术，而且将电动机和飞轮密封在一个真空容器内以减少风阻。

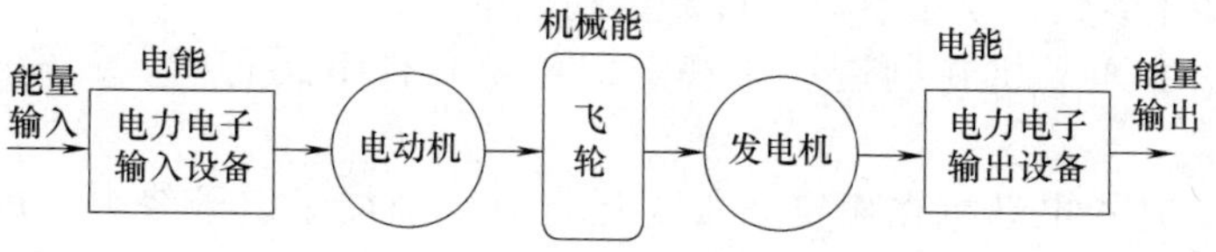

图 1-28　飞轮电池工作原理

发电/电动通常使用一台电动机来实现，通过轴承和飞轮连接在一起，这样，实际常用的飞轮储能装置主要包括飞轮、轴、轴承、电动机、真空容器和电力电子装置。

（2）特点

① 比能量高。飞轮电池比能量可达 150W·h/kg，比镍氢电池大 2～3 倍。

② 比功率高。飞轮电池比功率达 10000W/kg，高于一般化学动力电池和内燃机。

③ 充电迅速。其快速充电可在 18min 完成且能量储存时间长。

④ 寿命长。整个电池的使用寿命远长于各种化学动力电池，使用寿命长达 25 年，可供电动汽车行驶 500 万公里。

⑤ 环保。飞轮为纯机械结构，不会像内燃机一样产生排气污染，同时也没有化学动力电池的化学反应过程，不会引起腐蚀，也无废料的处理回收问题。

（3）使用方式　飞轮电池通常与动力蓄电池组成混合能源系统。高速飞轮与具有两种工作模式（电动机和发电机）的电动机转子相结合，能够将电能和机械能进行双向转换。图 1-29 显示了这种高速飞轮和动力电池作混合动力的结构，所选用的动力电池应能提供高比能量。飞轮最好与无刷交流电动机结合使用，因为这种电动机的效率比直流电动机高，因而应在动力电池和飞轮之间加一个 DC/AC 转换器。

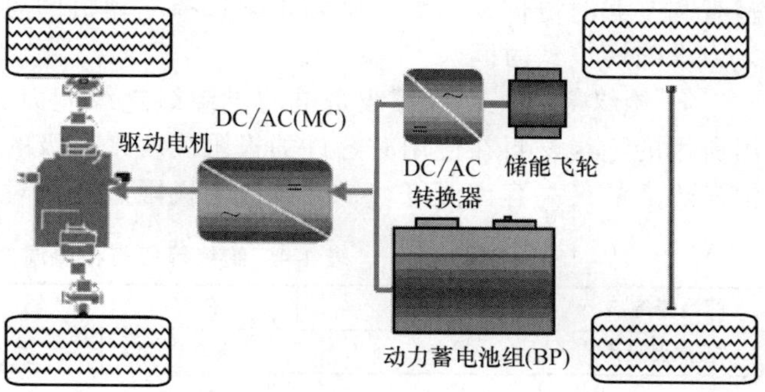

图 1-29　动力电池＋高速飞轮作为能量源

（4）应用　就目前的技术来看，飞轮电池电动汽车还不能广泛应用，由于飞轮储能装置本身的特点，它更加适用于复合动力汽车和混合动力汽车技术中。复合动力汽车是靠内燃机和电动机两种方式共同提供推动力的，在汽车正常行驶和制动的时候给电池充电，汽车爬坡和加速，需要功率大的时候让电池放电。

20 世纪 80 年代初，瑞士 Oerlikon Energy 公司研制成功了完全由飞轮电池供电的电动公交客车，飞轮直径 163mm，可载乘客 70 人。1992 年，美国飞轮系统公司（ASF）采用纤维复合材料制造飞轮，并开发了飞轮电池电动汽车，该车一次充电续驶里程达到 600km。

三、驱动电机及其控制器

1. 驱动电机

（1）驱动电机主要性能指标　驱动电机的作用是将电源的电能转化为机械能，直接或通过传动装置驱动车轮和工作装置。适用于电力驱动的电动机可分为直流电动机（将直流电能转换为机械能的电动机）和交流电动机（将交流电能转换为机械能的电动机）两大类。目前在电动汽车上已应用的和有应用前景的有直流电动机、交流感应电动机、永磁无刷电动机、开关磁阻电动机等。

驱动电机的主要性能参数有类型、额定功率、额定电压、额定电流、额定效率、机械特性、额定频率、尺寸参数、质量参数、可靠性和成本等。

① 额定功率。指电动机在制造厂所规定的额定条件下运行时，其输出端的机械功率，单位一般为 kW。

② 额定电压。是指电动机在额定条件下运行时，外加于定子绕组上的线电压，单位为 V。一般规定电动机的工作电压不应高于或低于额定值的 5%。当工作电压高于额定值时，电动机容易发热；当工作电压低于额定值时，会引起输出转矩减小，转速下降，电流增加，也会使绕组过热。

③ 额定电流。指电动机在额定电压和额定输出功率时定子绕组的线电流，单位为 A。

④ 额定频率。我国电力网的频率为 50Hz，因此除外销产品外，国内用的交流电动机额定频率均为 50Hz。

⑤ 额定转速。指电动机在额定电压、额定频率下，输出端有额定功率输出时转子的转速，单位为 r/min。电动汽车采用的感应电动机的额定转速一般为 8000～12000r/min。

⑥ 额定效率。指电动机在额定条件下运行时的效率，是额定输出功率与额定输入功率的比值。电动机在其他工况运行时的最大效率为峰值效率，整体效率越高越好。电动汽车还需要在车辆减速和制动时实现能量回收，再生制动回收能量一般可达到总能量的 10%～15%。

⑦ 额定功率因数。对于交流电动机，定子相电流比相电压滞后一个角 φ，$\cos\varphi$ 就是异步电动机的功率因数。三相感应电动机的功率因数较低，在额定负载时为 0.7～0.9，而在轻载和空载时更低。因此，必须正确选择电动机的容量，防止出现“大马拉小车”的现象，并力求缩短空载时间。

⑧ 绝缘等级。绝缘等级是电动机绕组绝缘能力达到的等级数。绝缘等级是按电动机绕组所用的绝缘材料在使用时容许的极限温度来分级的。所谓极限温度，是指电动机绝缘结构中最热点的最高容许温度。绝缘等级与极限温度的对应关系见表 1-4。

表 1-4　绝缘等级与极限温度的对应关系

绝缘等级	A	E	B	F	H
极限温度/℃	105	120	130	155	180

⑨ 功率密度。指单位质量电动机输出的功率，单位是 kW/kg，功率密度越大越好。

⑩ 过载能力。指电动机在超过额定载荷（功率、转矩、电流等）条件下工作的能力。电动汽车电动机应具有较大的启动转矩和较大的调速性能，可以使汽车有良好的启动性和加速性，以获得所需要的启动、加速、行驶、减速、制动等的功率与转矩。

图 1-30　直流电动机构造
1，5—轴承；2—转子；3—电刷总成；
4—端盖；6—风扇；7—定子

⑪ 其他指标。除了上面所述及的性能参数外，电动机还要求可靠性好，耐温和耐潮性好，运行噪声低，振动小，能够在较恶劣的环境下长期工作，结构简单，适合大批量生产，使用维修方便，性价比高，等。

（2）直流电动机　直流电动机是将直流电能转换为机械能的电动机。因其良好的调速性能而在电力驱动中得到广泛应用。

直流电动机主要由机座、电枢、主磁极、换向磁极、换向器、刷架、端盖、风扇、出线盒组成，如图 1-30 所示。

① 特点。

a. 调速性能好。直流电动机可以在重负载条件下，实现均匀、平滑的无级调速，而且调速范围较宽。

b. 启动转矩大。可以均匀而经济地实现转速调节，因此，凡是在重负载下启动或要求均匀调速的机械，如电动汽车都可用直流电动机驱动。

c. 控制比较简单。一般用斩波器控制，它具有高效率、控制灵活、质量小、体积小、响应快等优点。

d. 有易损件。由于存在电刷、换向器等易磨损器件，所以必须进行定期维护或更换。

② 分类。励磁直流电动机按励磁方式分为他励和自励两类，其中自励又分为并励、串励和复励 3 种。电动汽车上常用的有并励直流电动机和串励直流电动机。

③ 应用。并励直流电动机在早期电动汽车上应用较多，如五十铃 Eif/Resort、大发 Hijet Van、铃木奥拓等。

串励直流电动机是早期电动汽车上采用的电动机，低速时转矩较大，高速时励磁变弱，电动机仅采用电枢控制就可以进行转矩控制，十分简单。由于这种电动机的转矩特性与采用发动机的车辆的传动输出特性类似，故可得到近似等同的驾驶舒适性。但是由于其转速范围太小，因此必须具备传动装置。如斯巴鲁 Samber EV Classic 电动汽车即采用额定功率为 25kW 的恒转矩串励直流电动机作为驱动电机。

（3）三相感应电动机　三相感应电动机是靠同时接入 380V 三相交流电流（相位差 120°）供电，定子与转子之间靠电磁感应作用，在转子内形成感应电流以实现机电能量转换的电机，也称为三相异步电动机。

三相感应电动机的种类虽然很多，但各类三相感应电动机的基本结构是相同的，它们都由定子和转子这两大基本部分组成，在定子和转子之间具有一定的气隙。此外，还有端盖、轴承、风扇、风扇罩、接线盒、吊环等其他附件，如图 1-31 所示。

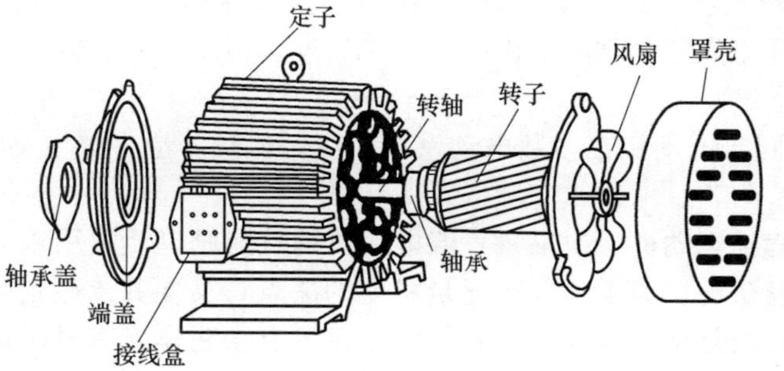

图 1-31　三相感应电动机的结构

① 特点。

a. 优点。转子结构简单、坚固，容易做到高速和小型轻量化。弱磁控制与最大效率控制的同时使用可以达到比较高的效率。价格低，可靠性好。

b. 缺点。由于励磁电流是必要的，因此会引起功率因数的恶化，特别是在低速区域，因数、效率恶化较为严重。另外，该种电动机进行转矩控制难度较大。

② 应用。作为汽车的驱动电机，小型轻量化很重要，而感应电动机的这一优点已经得到认可，故其在许多电动汽车中均有应用。如日产 March EV、福特 ETX-1、丰田 Town Ace EV、三菱 Rebel EV 等电动汽车均应用了感应电动机作为驱动电机。

（4）永磁同步电动机　励磁直流电动机的缺点是有机械换向器，当在高速、大负载下运行时，换向器表面会产生火花，所以电动机的运转速度不能太高。由于直流电动机的换向器需保养，又不适合高速运转，除小型车外，目前一般已不采用。

永磁电动机就是采用永磁材料来替代励磁电动机的励磁绕组（或转子绕组）的电动机。永磁电动机分为永磁交流同步电动机和永磁直流电动机两种。

对于三相感应电动机，若采用永磁体取代其笼式感应转子，则相应的电动机就称为永磁同步电动机（PMSM）。为了克服磁通量不变的缺点，又在其转子中嵌入了笼式电磁绕组，称为永磁复合式电动机，它的特点是既有永磁体又有笼式绕组。

永磁同步电动机主要是由转子、端盖及定子等各部件组成。永磁同步电动机的定子结构与普通的感应电动机的结构非常相似，转子结构与异步电动机的最大不同是在转子上放有高质量的永磁体磁极。根据在转子上安放永磁体的位置的不同，永磁同步电动机通常分为表面式转子结构和内置式转子结构。

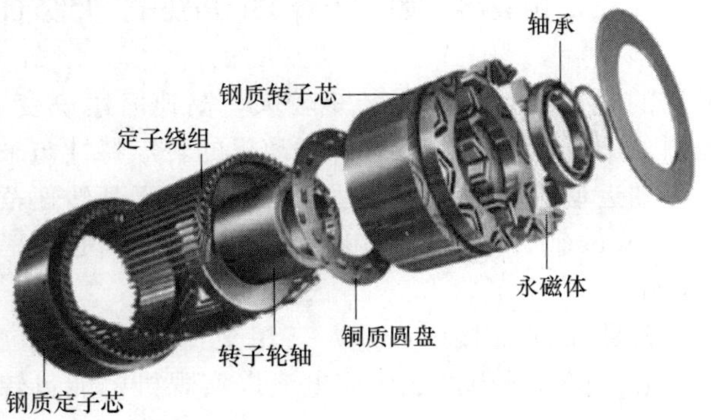

图 1-32　永磁同步电动机结构

永磁体的放置方式对电动机性能影响很大。表面式转子是永磁体位于转子铁芯的外表面，这种转子结构简单，仅适合于启动要求不高的场合，很少应用。内置式转子是永磁体位于鼠笼导条和转轴之间的铁芯中，启动性能好，目前绝大多数永磁同步电动机都采用这种结构。永磁同步电动机的结构如图 1-32 所示。

① 优点。永磁电动机具有较高的比功率，体积更小，质量更小，比其他类型电动机的输出转矩更大，电动机的极限转速和制动性能也比较优异，因此永磁同步电动机已成为现今电动汽车应用最多的电动机。

② 缺点。永磁材料在受到振动、高温和过载电流作用时，其导磁性能可能会下降，或发生退磁现象，有可能降低永磁电动机的性能。另外，稀土式永磁同步电动机要用到稀土材料，制造成本不太稳定。

③ 应用。永磁同步电动机在多数电动汽车中应用比较广泛，如宝马 i3、奔驰 Smart EV 和三菱 i MIEV 等。

（5）永磁无刷直流电动机　如果将直流电动机的直流励磁绕组用永久磁铁代替，该电动机就称为永磁直流电动机。为了克服磁通量不变的缺点，又在其永磁定子中嵌入了激励磁场的电磁绕组，称为永磁复合式电动机，它的特点是既有永磁体又有励磁绕组。

永磁直流电动机分永磁有刷直流电动机和永磁无刷直流电动机。永磁有刷直流电动机广泛应用于小型电器之中。由于电刷和换向器的存在，永磁有刷直流电动机在维修、制造等方面都比永磁无刷直流电动机复杂，在应用中的换向火花、机械噪声等也使它难以在恶劣的环境下使用。而永磁无刷直流电动机由于没有电刷，弥补了传统直流电动机的缺陷。因此永磁无刷直流电动机越来越多地被应用在伺服系统、数控机床、变频空调以及电动汽车中。

永磁无刷直流电动机的结构如图 1-33 所示。三相对称定子绕组固定在定子上，转子上的电枢绕组用稀土永磁材料（钐钴、钕铁硼）取代。对于高速永磁无刷直流电动机，还需要加装非磁性护环。

永磁无刷直流电动机定子绕组的主要电气参数、绕组形式与绕线式三相同步电动机的定子绕组一样，各线圈依次通电即产生旋转磁场，如图 1-34 所示。

① 优点。

a. 由于可以采用稀土磁铁等高性能永磁体，电动机可以实现较大的功率因数和较高的

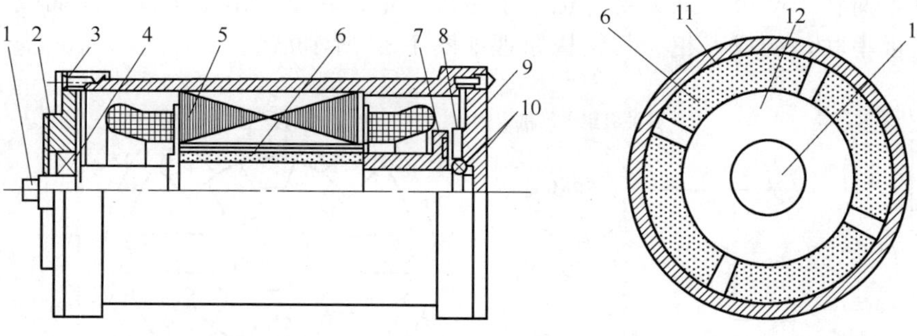

(a) 整体纵剖图　　(b) 转子横剖图

图 1-33　永磁无刷直流电动机的结构图

1—转轴；2—前端盖；3—螺钉；4—轴承；5—定子组件；6—永磁体；7—传感器转子；8—传感器定子；9—后端盖；10—轴承；11—护环；12—转子轭

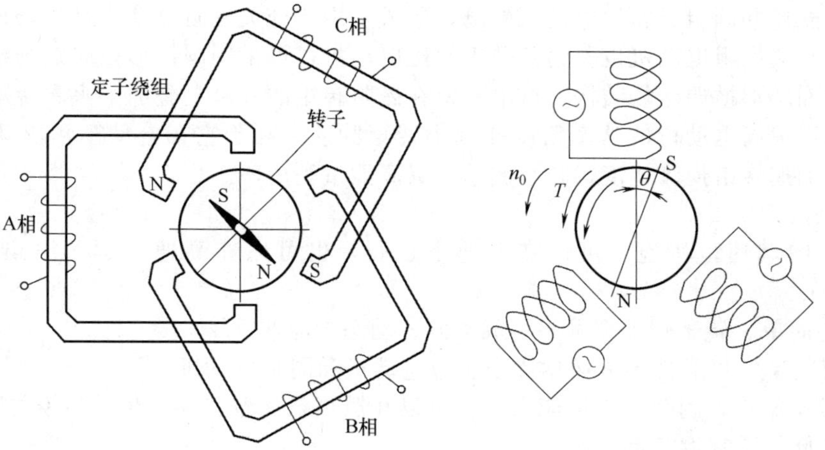

(a) 结构示意图　　(b) 原理图

图 1-34　永磁无刷直流电动机定子的电气结构原理

效率，特别是在低速时更明显。

b. 能得到较高的磁通密度，可以制成小型高速电动机。

c. 容易多极化，可以制成轮毂式电动机。

② 缺点。

a. 在一定输出区域内，当励磁较弱时效率会恶化。近年来随着嵌入式磁铁的采用，这种恶化正慢慢得以解决。

b. 磁铁材料价格较高，而且安装困难，永久磁铁在发热时容易产生减磁现象。

c. 逆变器遭短路破坏会造成电动机端子短路，产生很大的制动力。

③ 应用。目前，电动汽车中使用的电动机，大都向永磁电动机阶段过渡，如日本丰田 RAV4LV EV、本田 EV PLUS 等。

（6）开关磁阻电动机　开关磁阻电动机（SRM）是一种典型的机电一体化电动机，又称“开关磁阻电动机驱动系统（SRD）”，这种电动机主要由开关磁阻电动机本体、电力电子功率变换器（简称功率变换器）、转子位置传感器以及控制器四部分组成，如图 1-35 所示。

根据励磁方式，开关磁阻电动机分为励磁式和永磁式两种。

励磁式开关磁阻电动机本体采用定、转子双凸极结构，单边励磁，即仅定子凸极采用集中绕组励磁，而转子凸极上既无绕组也无永磁体。定、转子均由硅钢片叠压而成。定子绕组径向相对的极串联，构成一相。其结构原理如图 1-36 所示。

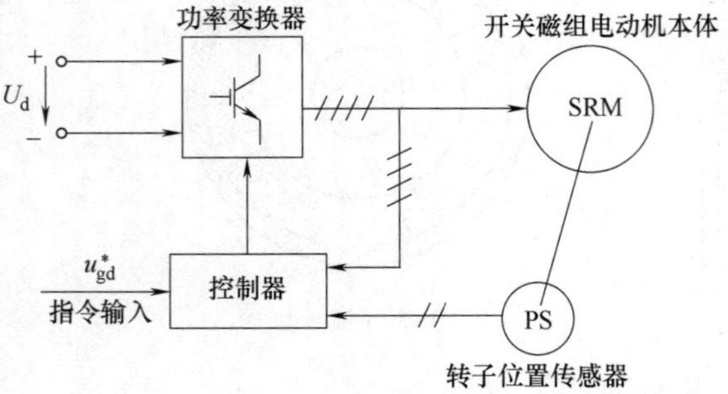

图 1-35 开关磁阻电动机的构成

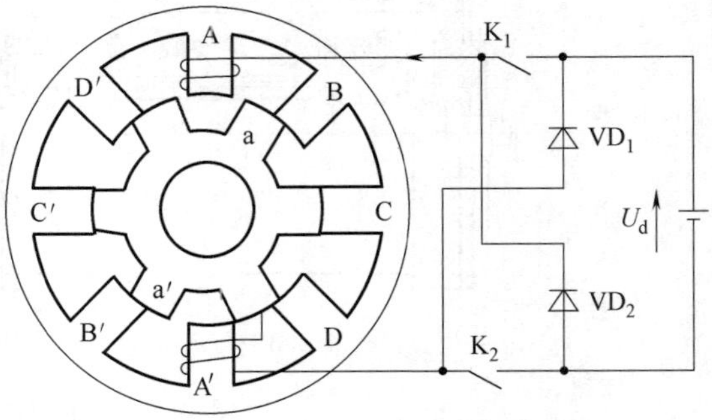

图 1-36 开关磁阻电动机的结构原理示意图

在励磁式开关磁阻电动机定子轭部位对称地嵌入高性能的钕铁硼永磁体，永磁体磁场与各相绕组的磁场共同组成新型电动机磁场，形成永磁式开关磁阻电动机（PMSRM）。

永磁式开关磁阻电动机也称为双凸极永磁电动机，可采用圆柱形径向磁场结构、盘式轴向磁场结构和环形横向磁场结构。该电动机在磁阻转矩的基础上叠加了永磁转矩，永磁转矩的存在有助于提高电动机的功率密度和减小转矩脉动，利于它在电动车辆驱动系统中的应用。它可以加速绕组换流速度，减小波动，提高能量利用率。

① 优点。

a. 系统的调速范围宽。可以在低速下运行，也可以在高速下运行（最高转速可达15000r/min）。

b. 结构简单、转子转动惯量小、成本低、动态响应快。

c. 运行效率、可靠性等方面均优于感应电动机和同步电动机。

d. 热量排放小，耐化学侵蚀能力强。可以在散热条件差、存在化学污染的环境下运行。

e. 价格低，适宜大批量生产。

② 缺点。

a. 磁能变化不大时效率恶化、噪声变大。

b. 配套逆变器较其他类型的电动机结构复杂。

③ 应用。开关磁阻电动机适合要求低价格化、低速小型的电动汽车，目前由于缺点较多，在电动汽车中很少应用。但永磁开关磁阻电动机做成外转子电动机后，可应用于电动汽车的轮毂驱动系统。

（7）轮毂电机 电动汽车采用的轮毂式电机驱动属于分散式电机驱动模式。分散电机驱动通常有轮毂电机和轮边电机两种方式。所谓轮边电机驱动模式，是指每个驱动车轮由单独的电动机驱动，但是电动机不是集成在车轮内，而是通过传动装置（例如传动轴）连接到车轮。轮边电机驱动模式的驱动电机属于簧载质量范围，悬架系统隔振性能好。但是，安装在车身上的电动机对整车总布置的影响很大，尤其是在后轴驱动的情况下。而且，由于车身和车轮之间存在变形运动，其对传动轴的万向传动也具有一定的限制。因此目前分散电机驱动系统的发展方向是轮毂电机式。

① 结构形式。轮毂电机驱动系统根据电动机的转子形式分为内转子型和外转子型两种结构，如图 1-37 所示。通常，外转子型采用低速外转子电动机，电动机的最高转速为 1000～1500r/min，无任何减速装置，电动机的外转子与车轮的轮辋固定或者集成在一起，车轮的转速与电动机相同。内转子型则采用高速内转子电动机，同时装备固定传动比的减速器，为了获得较高的功率密度，电动机的转速通常高达 10000r/min，减速机构通常采用传动比在

10：1左右的行星齿轮减速装置。

轮毂电机驱动系统由于电动机电制动容量较小，不能满足整车制动效能的要求，通常需要附加机械制动系统。轮毂电机驱动系统中的制动器可以根据结构采用鼓式或者盘式制动器。电动机电制动容量的存在往往可以使制动器的设计容量适当减小。大多数的轮毂电机驱动系统采用风冷方式进行冷却，也有的采用水冷和油冷的方式对电动机、制动器等发热部件进行散热降温，但结构比较复杂。

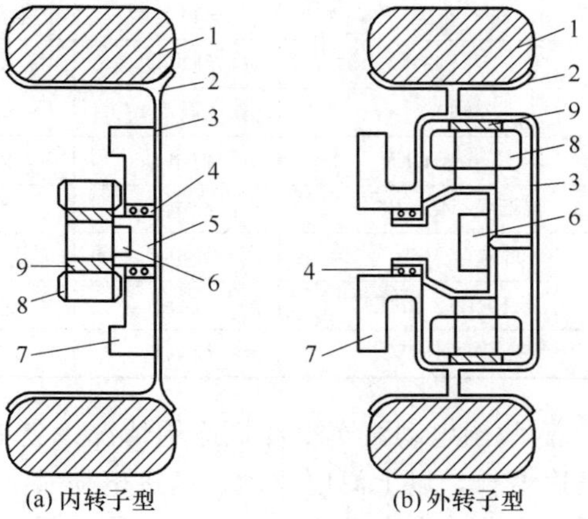

图 1-37　轮毂电动机动力系统的结构简图

1—轮胎；2—轮辐；3—车轮；4—轴承；5—行星齿轮；6—编码器；7—制动鼓；8—电动机绕组；9—永磁体（PM）

② 优点。

a. 可以完全省略传动装置，整体动力利用效率大大提高。

b. 轮毂电动机使得整车总布置可以采用扁平化的底盘结构形式，车内空间和布置自由度得到极大的改善。

c. 车身上几乎没有大功率的运动部件，整车的振动、噪声和舒适性得到极大改善。

d. 便于实现四轮驱动形式，有利于极大地改善整车的动力性能。

e. 轮毂电动机作为执行元件，利用响应速度快和准确的优点，便于实现包括线控驱动、线控制动以及线控整车动力学控制在内的整车动力学集成控制，提高整车的主动安全性。

③ 应用。应用轮毂电机驱动的典型电动汽车是日本东京电力 IZA 和国四电力的 PIVOT。未来汽车发展方向为信息化、智能化和低碳化，四轮独立驱动（轮毂电机驱动）的电动汽车将是实现这一目标的最佳选择。

（8）电动机在电动汽车上的应用

① 应用于电动汽车的电动机性能比较。表 1-5 为现代电动汽车用电动机的性能比较。

表 1-5　现代电动汽车用电动机的性能比较

项　目	直流电机	感应式电机	永磁式电机	开关磁阻式电机
功率密度	低	中	高	较高
过载能力/%	200	300～500	300	300～500
峰值效率/%	85～89	94～95	95～97	90
符合效率/%	80～87	90～92	90～93	78～86
功率因素/%	—	82～85	90～93	60～65
恒功率区	—	1∶5	1∶2.25	1∶3
转速范围/(r/min)	4000～6000	12000～20000	4000～100000	＞15000
可靠性	一般	好	优良	好
结构的坚固性	差	好	一般	优良
电机外形	大	中	小	小
电机质量	重	中	轻	轻
控制操作性能	最好	好	好	好
控制器成本	低	高	高	一般

② 世界电动汽车电动机应用情况。世界范围内的电动汽车，应用的主流电动机为永磁同步电动机，但也有应用交流异步电动机的车型。表 1-6 列举了世界知名电动汽车应用的电动机比较。

表 1-6　世界知名电动汽车应用的电动机比较

车　型	车辆类型	电动机类型	电动机最大功率/kW	续驶里程/km
宝马 i3	纯电动	永磁同步	125	130～160
宝马 i8	混动	永磁同步	955	35
奔马 smart EV	纯电动	永磁同步	55	140
特斯拉 Model S	纯电动	交流异步	310	480
雪佛兰 Volt	纯电动	永磁同步	111	56
丰田 PRIUS PHEV	混动	永磁同步	60	20
三菱 i MIEV	纯电动	永磁同步	47	160

③ 我国电动汽车电动机应用情况。新能源汽车的快速发展，带动车用驱动电机市场规模迅速增长，以上海电驱动、精进电动、上海大郡、南车时代电动汽车为代表的国内主要驱动电机企业，在电动机制作工艺、原材料、关键零部件及系统集成技术等方面均有所突破，车用电动机及其控制系统产业链基本形成。这些企业在乘用车驱动电机系统和商用车驱动电机系统方面均推出多款驱动电机产品和样机，功率范围在 42～200kW。

2015 年，不同类型电动机配套车型及占比见表 1-7。从表 1-7 中可以看出，永磁同步电动机、交流异步电动机、无刷直流电动机配套占比分别为 69%、25%、6%。永磁同步电动机为我国驱动电机的主流技术产品。

表 1-7　2015 年我国不同类型电动机配套车型及占比

车辆类型	电动机类型	装车规模/辆	占比/%	合计/辆	合计占比/%
纯电动乘用车	永磁同步	68963	18.4	150528	40.2
	交流异步	59218	15.8		
	无刷直流	22347	6.0		
纯电动客车	永磁同步	79422	21.2	88248	23.6
	交流异步	8552	2.3		
	无刷直流	274	0.1		
纯电动专用车	永磁同步	26469	7.1	47778	12.8
	交流异步	19846	5.3		
	无刷直流	1463	0.4		
插电式混合动力乘用车	永磁同步	63755	17.0	63755	17
	交流异步	0	0		
	无刷直流	0	0		
插电式混合动力客车	永磁同步	17649	4.7	24048	6.4
	交流异步	6398	1.7		
	无刷直流	1	0		

2. 电动机控制器

汽车电动机控制器通过把微电子器件和功率器件集成到同一芯片上，便成了功率集成电路（PIC），俗称“智能功率模块（IPM）”，其目的是进一步减小体积、降低成本并改善其可靠性。PIC 可以包含功率模块、控制、保护、信息传递和制冷等。

PIC 合成存在的主要问题是高电压和低电压器件的绝缘以及冷却问题。不过，在今后的发展中，这种技术是最有希望用于电动汽车驱动系统的，关键在于对器件的集成和包装。

汽车电动机控制器是由 DSP 电动机控制板、IGBT 驱动电路板、IGBT（IPM）模块、控制电源、散热系统组成的，图 1-38 所示为典型的电机控制器内部结构图。

DSP接收整车控制器的指令并反馈信息，检测电动机系统内传感器信息，根据指令及传感器信息产生逆变器开关信号。

IGBT驱动电路用于接收DSP的开关信号并反馈相关信息，放大开关信号并驱动IGBT，提供电压隔离和保护功能。

控制电源为DSP提供电源，为驱动电路提供多路相互隔离的电源。

散热系统为电力电子模块散热，为控制器组件安装提供支撑，为控制器提供环境保护。

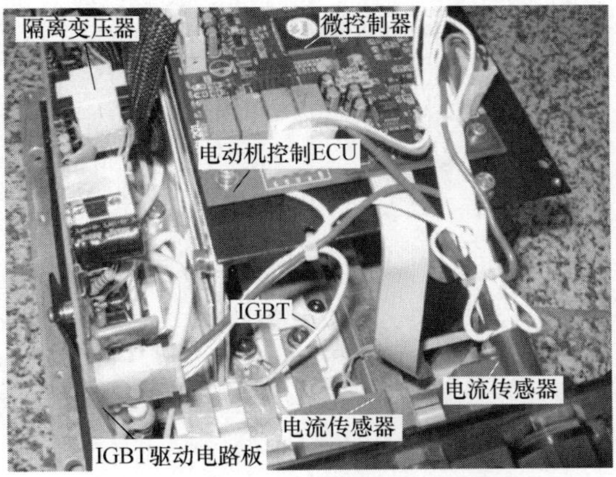

图1-38　电动机控制器内部结构

电动机控制器主要实现以下功能。

① 怠速控制（爬行）。

② 控制电动机正反转，以实现电动汽车的前进和倒车。

③ 控制能量回馈（交流电转换为直流电）。

④ 驻坡（防溜车）。

⑤ 通信和保护。实时进行状态和故障检测，保护驱动电机系统和故障反馈。

四、功率变换器

功率变换器可分为斩波器（DC/DC）、逆变器（DC/AC）和整流器（AC/DC）几类。斩波器是将电流作直流—直流变换，逆变器是将电流作直流—交流变换，整流器是将电流作交流-直流变换。图1-39所示为上述3种功率变换器在电动汽车上的应用实例。

一般纯电动汽车动力电源系统的输出特性偏软，难以直接与电动机驱动器匹配。在电源系统加负载的起始阶段，输出电压下降较快，随着负载的增加，电流增大，电压下降，下降的斜率会出现一个特定的曲线，这种特性使电源系统的输出功率波动，进而导致车辆整体效能下降。

在电池系统与汽车驱动系统之间加入功率变换器，使电池系统和功率变换器共同组成电源系统对驱动系统供电，从而增强驱动系统的稳定性。因此，采用的功率变换器对纯电动汽车电源系统也具有重要的意义。

1. DC/DC功率变换器（直流斩波器）

DC/DC是指将一个固定的直流电压变换为可变的直流电压，也称为直流斩波器。DC/DC不仅能起调压的作用（开关电源），同时还能起到有效地抑制电网侧谐波电流噪声的作用。DC/DC变换是将原直流电通过调整其占空比（PWM）来控制输出的有效电压的大小。

在纯电动汽车中，DC/DC主要应用在以下几个方面。

① 在直流电机的功率小于5kW的纯电动车辆（如公园的游览车、机场的行旅车等）中，动力电池组直接通过DC/DC为直流电动机提供直流电。

② 在纯电动汽车及能量混合型电力系统中，用升压型DC/DC；在功率混合型电力系统中，采用双向升降压型DC/DC或全桥型DC/DC。电动汽车在滑行或下坡制动时，车辆的惯性能量经过转换后产生的电能，向储能电源充电时，也采用双向升降压型DC/DC。

③ 用电动汽车上的高压直流电源辅助电池（低压电源）充电时，采用隔离式降压型DC/DC。

2. DC/AC功率变换器（逆变器）

DC/AC功率变换器又称为逆变器，它的基本功能是将直流电源（车载蓄电池电源或燃

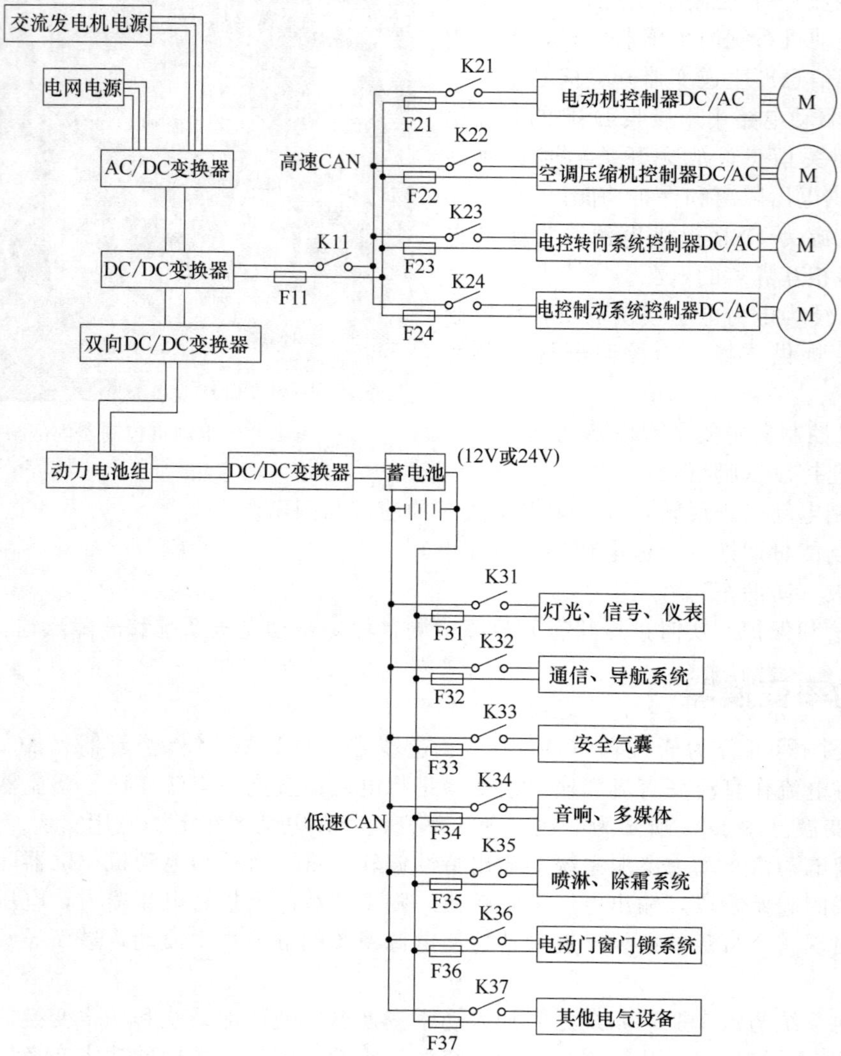

图 1-39　功率变换器在电动汽车上的应用实例

料电池电源）变换为交流电动机的驱动交流电源。DC/AC 分有源逆变器和无源逆变器，以及多种不同组合的高性能 DC/AC 等多种类型。

有些纯电动汽车运用了交流电机作为驱动电机，部分辅助设备也采用了交流电机，包括空气压缩机、空调系统的压缩机、转向助力器等，它们的电源来自动力电池组或燃料电池组。需要用小型的 DC/AC 将直流电源的电能转换为交流电后，来带动辅助设备的电动机运转。DC/AC 将动力电池组或燃料电池组的电能转化为三相交流电，并检测辅助装备的运转参数的变化，控制三相感应电动机的启动、运行和停止。

纯电动汽车中，交流驱动电机的 DC/AC 一般集成于电机控制器中。

3. AC/DC 功率变换器（整流器）

AC/DC 功率变换器又称为整流器。它的基本功能是将交流电源（包括电网电源和车载交流发电机发电电源）变换为直流电源（包括储能式电源的直流充电电源）。AC/DC 应用于纯电动汽车各种充电设备上，以及有交流电源变换为直流电源需求的电路及电气设备上。应用在电动汽车上的 AC/DC 基本形式有三相桥式、三相电压源 PWM 式和三相电流源 PWM 式等。

五、充电系统

车载动力电池需要不断地充电。不同的汽车生产厂商所生产的电动汽车往往需要采用某一特定的充电方法或者配备专用的充电设备。

1. 充电功能

电池充电通常应该实现以下 4 个功能。

① 将市电电力变换为电动汽车充电电力，供给与动力电池额定条件相对应的电力。

② 根据动力电池的实时状态控制充电的启动和停止，当动力电池充满电后自动停止充电。

③ 根据动力电池的电量、温度，调节充电电流，控制电池的温度。

④ 可根据充电时长的需求来选择充电模式，即快充或慢充模式。

2. 充电系统类型

纯电动汽车配备的充电系统分为车载充电和非车载充电两种。

（1）车载充电 车载充电也称常规充电、传统充电及慢充电，指采用地面交流电网和车载充电器（也称车载充电机）对动力电池组进行充电。充电时，只需将车载充电器的插头插到停车场或家中的电源插座上即可进行充电，因此充电过程一般由客户自己独立完成，如图 1-40 所示。

车载充电器一般设计为小充电率，充电时间为 5～8h。充电器和电池管理系统（负责监控动力电池的电压、温度和荷电状态）都安装在车上，所以它们相互之间容易利用电动汽车的内部线路网络进行通信。

这种充电方式对电网没有特殊要求，只要能够满足照明要求的供电系统就能够使用。由于在家中充电通常是晚上或者是在用电低谷期，有利于电能的有效利用，因此电力部门一般会给予电动汽车用户一些优惠，例如用电低谷期充电打折。

（2）非车载充电 非车载充电也称为地面充电及快速充电，指利用专用或通用充电器、专用或公共场所用充电站等对动力电池组进行充电，如图 1-41 所示。

图 1-40 车载充电示意图

图 1-41 非车载充电示意图

通常非车载充电器的功率、体积和质量均比较大，以便能够适应各种充电方式，采用三相四线制 380V 供电，其典型的充电时间是 10～30min。非车载充电器与动力电池管理系统在物理位置上是分开的。

非车载充电方式可分为接触式和非接触式两种。

接触式充电也称为耦合式或传导式充电，就是将一根带插头的交流动力电缆线直接插到电动汽车的插座中给电池充电，图 1-40 和图 1-41 所示的充电方式均为接触式。这种充电方式的优点是充电操作过程简单，不涉及电池存储、电池更换等操作。但车辆充电时间占用了

图 1-42　无线充电传感器

较多的运行时间，不利于保持电池组的均衡性及可靠的寿命。

非接触式充电也称无线充电。目前，电动汽车无线充电的实现方案是，将汽车停靠在配置有无线充电传感器（图 1-42）的城市路面或车库里，就可以不需要电源线为汽车充电。

已经商业化生产的纯电动车辆，为了满足快、慢两种充电的需要，通常在车辆上同时设置车载充电机和快速充电接口。图 1-43 所示为比亚迪 e6 纯电动汽车充电接口外观图，图中左侧接口为快速充电接口，右侧的为慢充接口。图 1-44 为两个接口的端子布局。

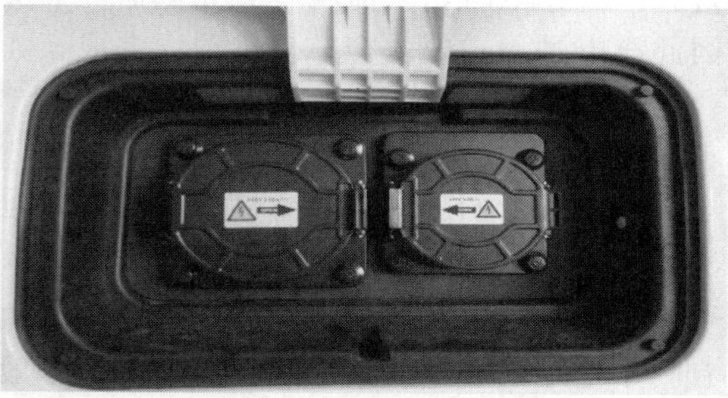

图 1-43　比亚迪 e6 纯电动汽车充电接口

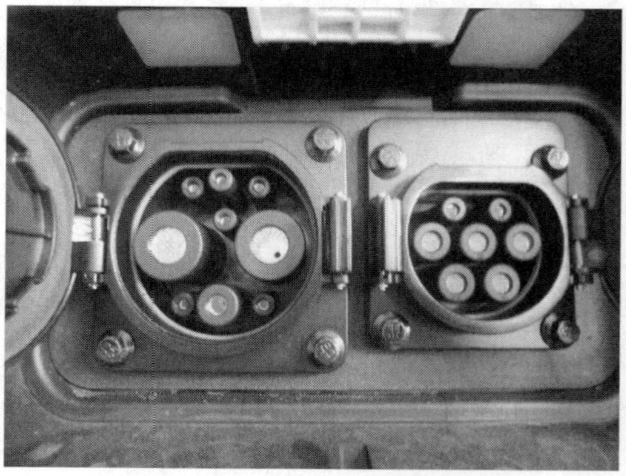

图 1-44　比亚迪 e6 纯电动汽车充电接口端子布局

3. 充电机

充电机是与交流电网连接，为动力电池等可充电的储能系统提供直流电能的设备。一般由控制单元、计量单元、充电接口、供电接口及人机交互界面等部分组成，实现充电计量等功能，并具有反接、过载、短路、过热等多重保护功能及延时启动、软启动、断电记忆、自动启动等功能。

电动车辆充电机根据不同的分类标准，可分为多种类型，见表 1-8。

表 1-8　电动车辆充电机的类型

分类标准	充电机类型	
安装位置	车载充电机	非车载充电机
输入电源	单相充电机	三相充电机
连接方式	传导式充电机(接触式)	感应式充电机(非接触式)

① 车载充电机。车载充电机安装于电动车辆上，通过插头和电缆与交流插座连接。车载充电机的优点是在动力电池需要充电的任何时候，只要有可用的供电插座，就可以进行充电。其缺点是受车上安装空间和质量限制，功率小，只能提供小电流慢速充电，充电时间较长。

② 非车载充电机。非车载充电机也称为地面充电机，一般安装于固定的地点或可移动，交流输入端与交流输入电源连接，直流输出端与需要充电的电动汽车充电接口相连接。非车载充电机可提供大功率电流输出，不受车辆安装空间的限制，可满足电动车辆大功率快速充

电的要求。图 1-45 所示为比亚迪纯电动汽车配套的非车载充电机实物图。

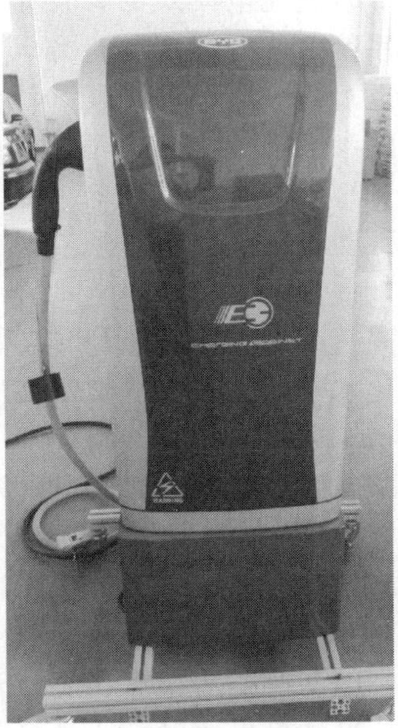

图 1-45 比亚迪纯电动汽车充电机

固定式非车载充电机也称为充电桩，通常布置在停车场、商业网点等车辆密集区域，以方便车主对车辆充电，如图 1-46 所示。

③ 传导式充电机。传导式充电机的供电部分与受电部分有机械式的连接，即充电机输出端通过电力电缆直接连接到电动汽车充电接口上，电动汽车上不装备相关电力电子电路。这种充电机结构相对简单，容易实现，也是目前电动汽车应用最普遍的充电方式。这种充电方式中，操作人员不可避免地要接触强电，所以容易发生危险。

④ 感应式充电机。感应式充电机利用了电磁能量传递原理，以电磁感应耦合方式向电动汽车传输电能，供电部分和受电部分之间没有直接的机械连接，其充电原理如图 1-47 所示。两者的能量传递只是依靠电磁能量的转换。这种结构设计比较复杂，受电部分安装在电动车辆上，受到车辆安装空间的制约，功率受到一定限制，但由于不需要充电人员直接接触高压部件，安全性高。

图 1-46 充电桩

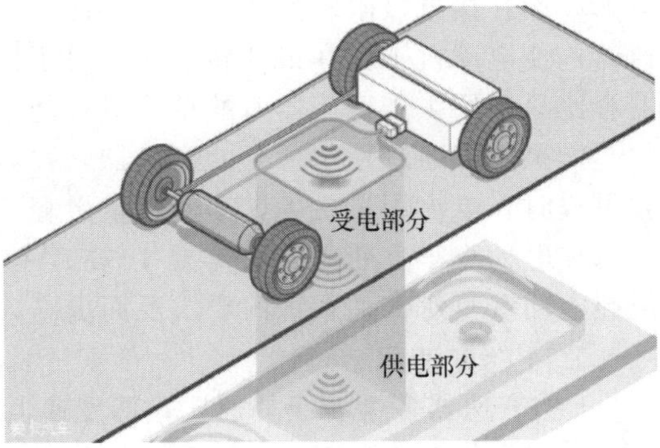

图 1-47 感应式充电原理

4. 智能充电管理

智能充电管理即无需人工过多干预，由充电机充电管理系统和车载 BMS（蓄电池管理系统）联合进行的智能充电管理模式。

充电策略的实现，需要电池管理系统与充电机间实现有效的数据传输和参数实时判断。电池管理系统完成电池系统中参数的采集工作，在现有的智能充电中，通过实现与充电机的通信，保证充电安全性，实现充电过程的有效控制。其基本系统结构如图 1-48 所示。

BMS 的作用是实现对电池状态的在线监测（电池的温度、单体电池电压、工作电池、电池和电池箱之间的绝缘）、SOC 估算、状态分析（SOC 是否过高、电池温度是否过高/低、单体电池电压是否超高/低、电池的温升是否过快、绝缘是否故障、是否过电流、电池的一致性分析、电池组是否存在故障以及是否存在通信故障等），以便实施必要的热管理。充电机的主要任务是电源变换、输出电压和电流的闭环控制、必要的保护以及与 BMS 通信，实现对电池状态的全面了解和对输出电流的动态调节。当电池组需要充电的时候，除了充电机的输出总正和总负动力线需要与电池组相连以外，BMS 和充电机之间还增加了用于实现数据共享的通信线。

智能充电模式的特点是：通过在电池管理系统和充电机系统之间建立通信链路，实现了数据共享，使得在整个充电过程中电池的电压、温度以及绝缘性能等与安全性相关的参数都能参与电池的充电控制和管理，使得充电机能充分地了解电池的状态和信息，并据此改变充电电流，有效地防止了电池组中所有电池发生过充电和温度过高的情况，提高了串联成组电池充电的安全性。另外，该充电模式完善了 BMS 的管理和控制功能，提高了充电安全性和智能化水平，还简化了操作人员设置充电参数等繁琐的工作，使得充电机具有了更好的适应性。通过这一模式，充电机不需要区分电池的类型，只需要得到 BMS 提供的电流指令就能实现安全充电。

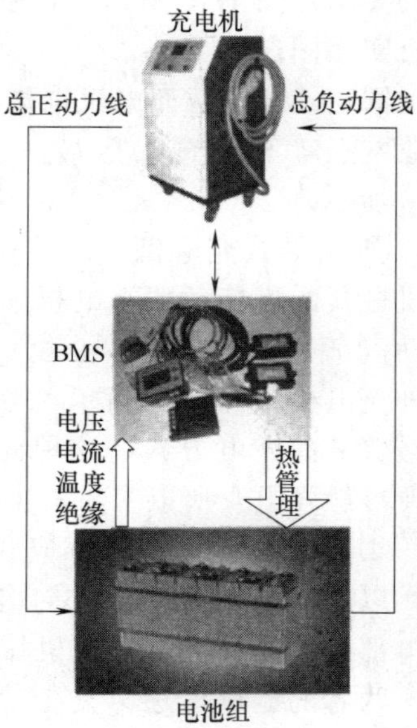

图 1-48　充电管理系统基本结构

六、变速器

电动机虽然拥有很宽的工作转速范围，但和发动机一样，电动机也有最佳工作转速区间，高于或低于这一区间效率就会下降。一台 40kW 电动机在刚启动时效率仅有 60%～70%。随着转速提高效率逐步提高，在 3300～6000r/min 区间，效率能够达到 94% 以上，而在接近极限转速 100000r/min 时，效率又降到 70%左右。可以看出，合理利用变速器，使电动机工作在最佳转速区，对于提高效率十分有意义。纯电动汽车若采用无级变速器会比只使用 1 挡变速器时的单位里程能耗降低 5%～7%，噪声也减小很多。

如果能够通过使用适合的变速器，并对标定加以优化，使效率提高，就意味着在同样行驶里程时，电池用量更少，车辆自重更轻，行驶性能更高，车辆成本更低。

纯电动汽车上变速器只需要 1～3 个挡就可以了，因此变速器在一定程度上被简化了，但纯电动汽车对传动系统的要求反而更高，变速器优化设计有利于提升电动汽车效率。

1. 1挡变速器

1 挡变速器多为 2 级减速比，即变速器只有 1 个传动比，主减速器有 1 个传动比，总传动比为 2 个传动比相乘。一挡电动机集成变速器多使用在低档小、中型客车上。由于电动机的低速扭矩大、工作转速范围宽的特点，倒挡可不设计，只需电动机反转即可。

高档纯电动轿车多采用如图 1-49 所示的集成式电动驱动系统。把电动机、减速器、差速器、功率控制器集成在一起，外部只有强电、弱电线束和冷却水管。若采用前后轴各一套这样的动力驱动系统则是很好的四轮驱动系统。

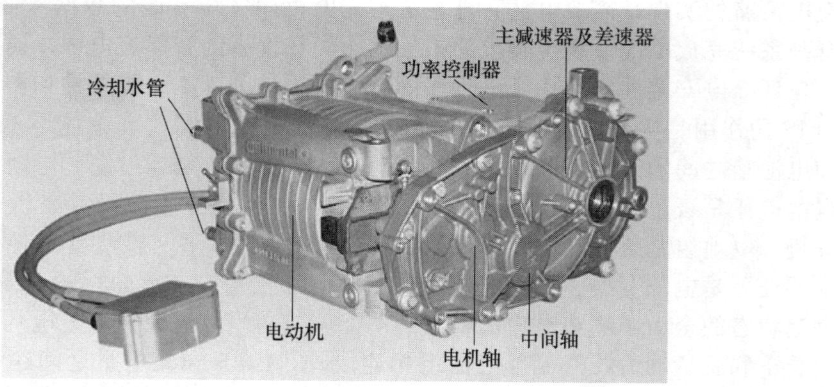

图 1-49　典型纯电动汽车集成电动驱动系统

2. 多挡变速器

纯电动客车配装的变速器相比内燃机车型上的变速器有所变化，突出的特点是变速器挡数由传统 5 挡、6 挡简化成 2 挡、3 挡。一汽客车 CA6120VRBEV21 车型采用的就是一汽开发的 2 挡自动变速器。苏州金龙海格 KLQ6129GHEV 车型配装的是 3 挡机械自动变速器。

对于纯电动客车，为节省成本，同时又考虑无离合器的自动换挡，因此电控的无同步器自动换挡变速器成为首选。

3. 换挡杆

纯电动汽车由于采用了先进的电子控制系统，其换挡杆已多采用电子式。电子式挡杆与变速器的连接并非传统的机械方式，而是采用了更加安全、快捷的电子控制模式，省去了传统机械式的换挡模式，全部采用电子信号进行代替，因而换挡杆的外形设计空间很大，甚至可以设计为旋钮式，如图 1-50 所示。它的优势就在于驾驶者的换挡错误操作会由电脑判断出是否会对变速器造成损伤，从而更好地保护变速器和纠正驾驶者的不良换挡习惯。

图 1-50 纯电动汽车旋钮式换挡杆

七、制动助力与再生制动

1. 电动真空助力制动

传统内燃机轿车的真空助力装置的真空源来自发动机进气歧管，真空度一般可达到 0.05～0.07MPa。对于由传统车型改型而成的纯电动汽车或燃料电池汽车，发动机总成被拆除后，制动系统由于没有真空动力源而丧失真空助力功能，仅由人力所产生的制动力无法满足行车制动的需要，因此需要对制动系统真空助力装置进行改制，而改制的核心问题是产生足够压力的真空源。为了产生足够的真空，除了一个具有足够排气量的电动真空泵外，为了节能和可靠，还要为电动真空泵电动机设计合适的工作时间。为达到与内燃机汽车相同的真空度要求，电动真空泵需在 4～5s 内产生 50kPa 以上的真空度。

如图 1-51 所示，电动真空助力器安装于制动踏板和制动主缸之间，由踏板通过推杆直接操纵。助力器与踏板产生的力叠加在一起作用在制动主缸推杆上，以提高制动主缸的输出压力。真空助力器由带有橡胶膜片的活塞分为前室与后室（大气阀打开时可与大气相通），一般常压室的真空度为 60～80kPa（即真空泵可以提供的真空度大小）。真空助力器所能提供助力的大小取决于其常压室与变压室气压差值的大小。当变压室的真空度达到外界大气压时，真空助力器可以提供最大的制动助力。真空泵产生的真空度的大小及速度关系到真空助力器的工作状态，真空泵的容量大小关系到助力器的性能，进而影响到制动系统在各种工况下能否正常工作。

电动真空助力制动系统的控制过程如下：

① 接通汽车 12V 电源，压力延时开关闭合，真空泵大约工作 30s 后开关断开，此时真空罐内真空度约为 80kPa。

② 当真空罐内真空度降低到 55kPa 时，压力延时开关再次闭合。

③ 当真空罐内真空度降低到 34kPa 时，压力报警器发出信号。

④ 如果真空泵控制开关有很明显的短时间开启和关闭，说明发生了泄漏。

根据这个控制策略，设计了间歇性真空发生系统，该系统的基本工作原理是：当驾驶人发动汽车时，12V 电源接通，压力延时开关和压力报警器开始压力自检，如果真空罐内的

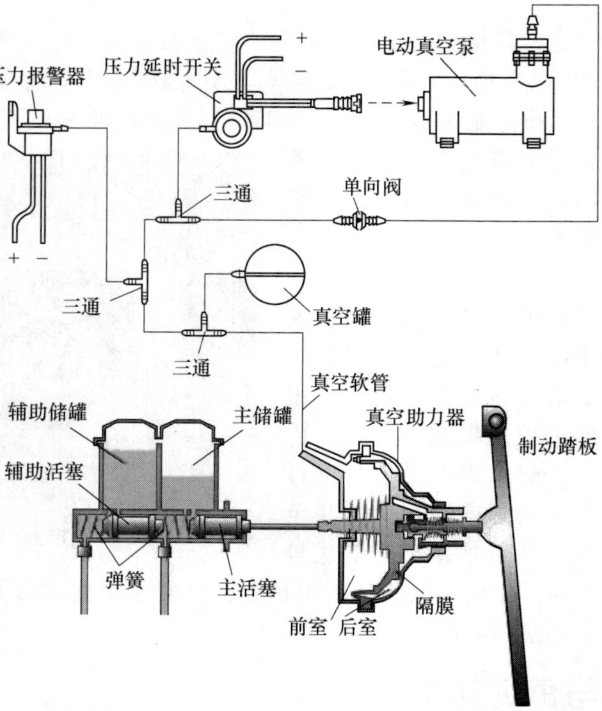

图 1-51　电动真空助力制动系统的基本构成

真空度小于 55kPa，压力膜片将会挤压触点，从而接通电源，真空泵开始工作；当真空度增加到 55kPa 时，压力延时开关断开，然后通过延时继电器使真空泵继续工作大约 30s 后停止；每次驾驶人有制动动作时，压力延时开关都会自检，从而判断电动真空泵是否应该工作；如果真空罐内的真空度低于 34kPa，真空助力器不能提供有效的真空助力，此时压力报警器将会发出信号，提醒驾驶人注意行车速度。

电动真空泵控制也可采用电控单元控制，只要把压力开关换成绝对压力传感器，电动真空泵由控制单元控制继电器控制即可。国内的一些纯电动汽车里，采用了由真空助力器真空度传感器、整车控制器 ECU、电动真空泵工作继电器、真空泵电动机组成的一个闭环真空度控制系统，保证制动时真空助力器的正常工作。

2. 再生制动

再生制动是电动汽车所独有的，在减速制动或者下坡时将车辆的部分动能转化为电能，转化的电能储存在储存装置中（如各种动力电池、超级电容和超高速飞轮），最终增加电动汽车的行驶里程。如果储能器已经被完全充满，再生制动就不能实现，所需的制动力就只能由常规的液压制动系统来提供。现在几乎所有的电动汽车都安装了再生液压制动系统，从而可节约制动能、回收部分制动动能，并为驾驶人提供常规制动性能。图 1-52 所示为电动汽车能量转换图。

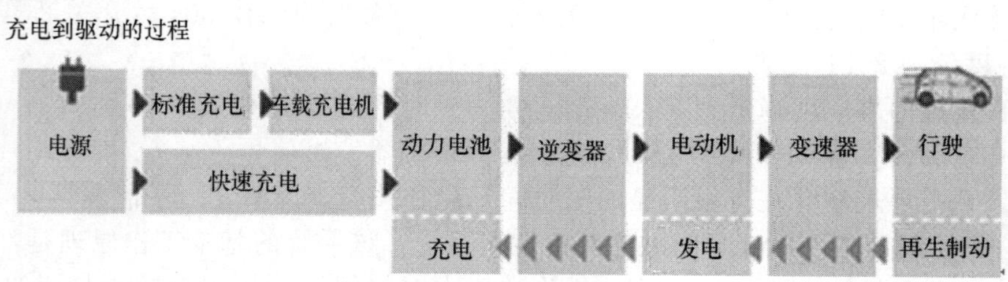

图 1-52　电动汽车能量转换图

一般而言，当电动汽车减速、在公路上放松加速踏板巡航或踩下制动踏板停车时，再生制动系统启动。正常减速时，再生制动的力矩通常保持在最大负荷状态。电动汽车高速巡航时，其驱动电机一般是在恒功率状态下运行，驱动力矩与驱动电机的转速或者车辆速度成反比，因此，恒功率下驱动电机的转速越高，再生制动的能力就越低。当踩下制动踏板时，驱动电机通常运行在低速状态，由于在低速时，电动汽车的动能不足以为驱动电机提供能量来产生最大的制动力矩，因而再生制动能力也就会随着车速降低而减小。

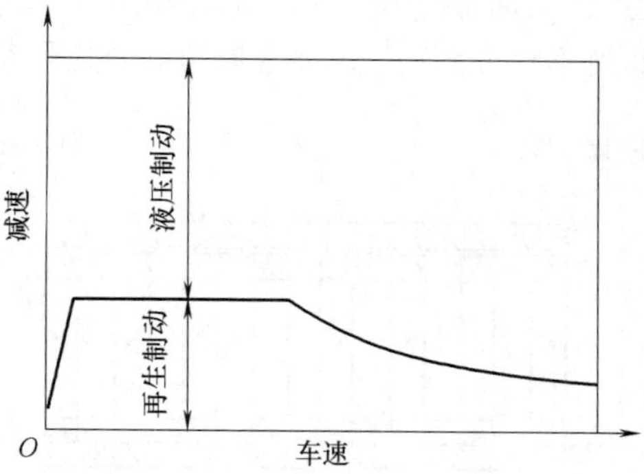

图 1-53　再生制动和液压制动曲线图

图 1-53 所示为电动汽车的再生制动和液压制动曲线图，电动汽车的再生制动力矩通常不能像传统内燃机汽车中的制动系统一样提供足够的制动减速度，所以，在电动汽车中，再生制动和液压制动系统通常共同存在。只有当再生制动已经达到了最大制动能力而且还不能满足制动要求时，液压制动才起作用。

八、电动空调系统

1. 制冷

典型的电动空调系统结构如图 1-54 所示。

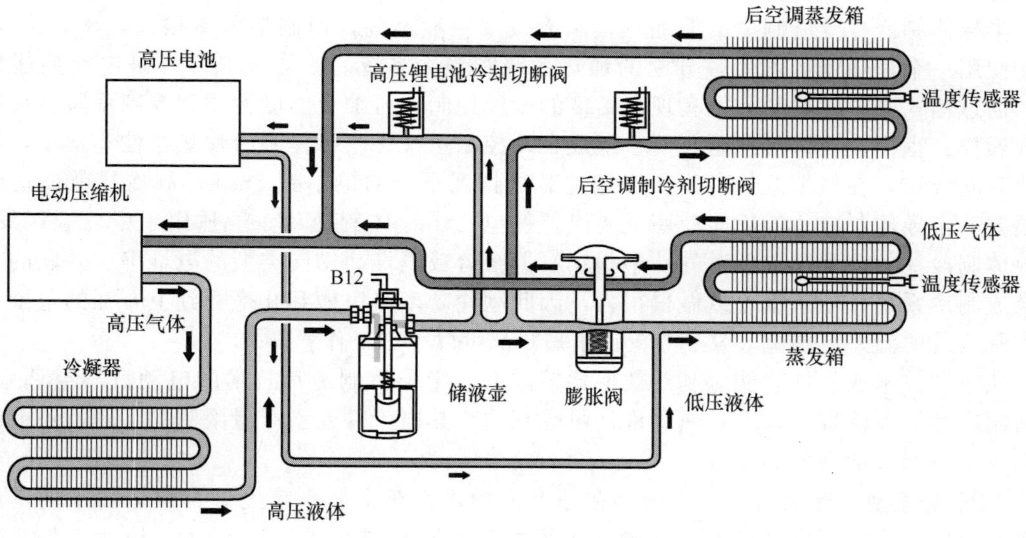

图 1-54　典型的电动空调系统结构

对于纯电动汽车来说，车上拥有高压直流电源，因此，采用电动热泵型空调系统，压缩机采用电动机直接驱动，成为可行的解决方案。若热泵式空调的压缩机电动机采用变频控制技术，膨胀阀采用电子膨胀阀节流技术，则使控制更精确，并可更节能。

在电动汽车热泵空调系统中，控制制冷量主要通过控制压缩机的转速实现。压缩机转速的控制方法为：当车室温度高于设定温度 1℃时，为了尽快使温度达到设定值，压缩机以最大转速运行；若车室温度低于设定温度 1℃，压缩机以最低转速运行；当室温偏差在 −1～1℃时，压缩机的转速通过模糊控制算法来控制，以每一采样时刻室温与设定值的温差及温差的变化率为输入量，通过模糊推理得出压缩机的转速值。

2. 制热

根据电动汽车的特有性质，目前电动汽车空调制热方式有半导体式（热电偶）、电动热泵式、燃油加热式、PTC加热式等，其中燃油加热式制热方式一般用于油电混合动力汽车（此处不再介绍），电动热泵式空调是最有发展前景的。

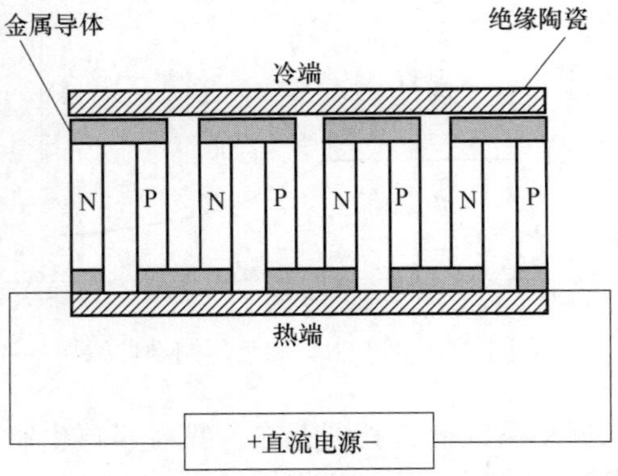

图1-55　半导体制冷片结构

（1）半导体式　又称电子制冷，或者温差电制冷，是从20世纪50年代发展起来的一门介于制冷技术和半导体技术边缘的学科，与压缩式制冷和吸收式制冷并称为世界三大制冷方式。半导体制冷器的基本器件是热电偶对，即把一只N型半导体和一只P型半导体连接成热电偶，如图1-55所示，通上直流电后，在接口处就会产生温差和热量的转移。在电路上串联起若干对半导体热电偶对，而传热方面是并联的，这样就构成了一个常见的制冷热电堆。借助于热交换器等各种传热手段，使热电堆的热端不断散热并且保持一定的温度，而把热电堆的冷端放到工作环境中去吸热降温，这就是半导体制冷的原理。

半导体制冷作为特种冷源，在技术应用上具有以下特点：不需要任何制冷剂；可连续工作；没有污染源；没有旋转部件，不会产生回转效应；没有滑动部件，工作时没有振动、噪声，寿命长；安装容易。

半导体制冷片既能制冷又能加热，制冷效率一般不高，但制热效率很高，永远大于1。因此使用一个片件就可以代替分立的加热系统和制冷系统。半导体制冷片是电流换能型片件，通过输入电流的控制，可实现高精度的温度控制，再加上温度检测和控制手段，很容易实现遥控、程控、计算机控制，便于组成自动控制系统。半导体制冷片热惯性非常小，制冷制热时间很快，在热端散热良好、冷端空载的情况下，通电不到1min，制冷片就能达到最大温差。半导体制冷片的反向使用就是温差发电，半导体制冷片一般适用于中低温区发电。半导体制冷片的单个热电偶对的功率很小，但组合成电堆，用同类型的电堆串、并联的方法组合成制冷系统，功率就可以做得很大，因此制冷功率可以做到几毫瓦到上万瓦的范围。半导体制冷片的温差范围宽，从－130℃到90℃都可以可靠工作。

从空调技术成熟性和能源利用效率比较来看，半导体制冷片技术的电动汽车空调系统，目前制冷性能不够理想，并且热电堆产量受到构成热电元件元素产量限制的问题，不能满足电动汽车空调节能高效的要求。

（2）热泵型　热泵型空调系统是在原有内燃机汽车空调系统上进行改进而来的，压缩机是由永磁直流无刷电动机直接驱动，系统的工作原理图如图1-56所示。该系统与普通的热泵空调系统并无本质区别，由于在电动汽车上使用，压缩机等主要部件有其特殊性。而且国外热泵技术具备了一定的基础，该技术最大的优点就是制冷、制热效率高。全封闭电动涡旋压缩机，由一个直流无刷电动机驱动，通过制冷剂回气冷却，具有噪声低、振动小、结构紧凑、质量小等优点。该空调系统在－10～40℃的环境温度下，均能以较高的效率为电动汽车提供舒适的驾乘环境。若能在零部件技术上得到改进，相应效率还可以得到提高。

目前热泵型电动汽车空调最大的瓶颈是低温制热问题，这也是将来该行业研究难题之一。

（3）PTC加热式　PTC（热敏电阻）加热器具有恒温发热特性，其原理是PTC加热片通电后自热升温使阻值升高进入跃变区（迅速增高），PTC加热片表面温度将保持恒定

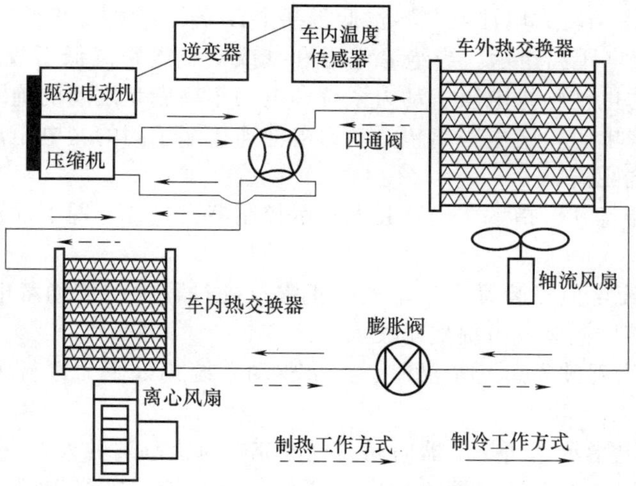

图 1-56　热泵型空调系统工作原理图

值，该温度只与 PTC 加热片的居里温度（电阻陡峭变形点温度）和外加电压有关，而与环境温度基本无关。

若电动汽车采用 PTC 加热器的电制热方式，加热器（图 1-57）一般配置在驾驶席和副驾驶席之间的底板下方。加热器由 PTC 加热器元件、将加热器元件的热量传送至散热剂（冷却水）的散热扇、散热剂流路和控制底板等组成。因要求加热器要有较高的制暖性，因此，电源使用的是高压动力电池。如果是纯电动汽车专用产品，也可以不使用冷却液，直接用鼓风机吹送经 PTC 加热器加热的暖风。

图 1-57　PTC 加热器

九、信息显示系统

1. 纯电动汽车新增仪表及功能

纯电动汽车仪表与传统汽车类似，其故障灯也分为指示灯、警告灯和指示/警告灯三类。故障灯用不同的颜色表示故障程度，红色表示危险/重要提醒，黄色表示警告/故障，绿色/蓝色/白色表示指示/确认/启用。

① 动力电池指示仪表。与动力电池连接，为驾驶人提供动力电池电量状态的相关信息。

② 荷电状态指示器。指示动力电池的剩余工作容量。

③ 电压表。用来显示动力电池的电压。

④ 电流表。用来显示流过动力电池的电流。

⑤ 驱动电机指示表。为驾驶人提供驱动电机工作状态的相关信息。

⑥ 转速表。指示电动机的即时转速。

⑦ 警告和指示信号装置。用来告知驾驶人有关电驱动系统和动力电池正确操作条件的信息。

⑧ 过热警告。当某设备温度过高可能会对车辆的安全或性能造成很严重的影响时，向驾驶人发出警告。

⑨ 超速警告。当电动机转速超速时向驾驶人发出警告。

⑩ 低容量警告。当动力电池剩余容量低于某个百分数（例如25%）时提醒驾驶人。

⑪ 绝缘电阻/爬电距离指示。当绝缘电阻和（或）爬电距离低于规定值时提醒驾驶人。绝缘电阻可包括动力电池绝缘电阻、动力系统和电动车辆底盘之间的绝缘电阻、动力系统和辅助电路之间的绝缘电阻，爬电距离包括动力电池连接端子间的爬电距离、带电部件与电动车辆底盘之间的爬电距离。

⑫ “整车控制器打开”指示。向驾驶人显示控制器已打开，踩下加速踏板即可向驱动系统供电。

⑬ 辅助蓄电池充电监测装置。当车辆在正常行驶过程中向辅助蓄电池充电时，如果充电元件发生故障，该监测装置可提醒驾驶人。

⑭ 停车指示。当驾驶人离开车辆时，如果驱动系统仍处于“可行驶”状态，提醒驾驶人关闭电源开关。

⑮ 动力电池充电指示。当充电器向动力电池充电时提醒驾驶人。

⑯ 互锁监测装置。如车辆互锁机构中有任何一个互锁装置起作用，阻止车辆运行，向驾驶人发出警告。

2. 信息显示方式

纯电动汽车信息显示方式有组合仪表式、数字式和LCD式3种。组合仪表显示精确度高、信息刷新快、使用数字进行分时显示，可使仪表盘得到简化且能显示大量信息。采用数字显示和大LCD屏幕的好处是只要仪表有足够的存储器和高分辨率的LCD显示，LCD的图形造型的自由度会很高。驾驶人可以手动选择仪表的常规显示内容，大多数系统还能在汽车有潜在危险情况时，让平时不显示的信息自动显示并发出警报，以提醒驾驶人注意。

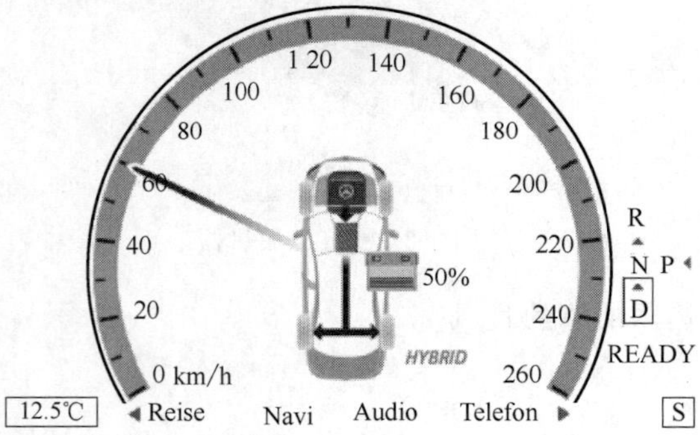

图1-58 虚拟仪表

纯电动汽车电动机转速表一般不单独设计，多用功率表代替。

电动机功率控制器和电动机温度可采用仪表显示，也可采用液晶显示，仪表将测量数据以指针、数字或条形图的形式显示出来。有的高档汽车采用了虚拟仪表的显示方式，这样的仪表内部空间可以得到充分利用，避免了仪表空间的紧张。如图1-58所示，READY绿色时表示此时怠速启/停功能可用，READY黄色时表示此时怠速启/停功能停用，仪表中间还可以显示能量流动或动力电池SOC水平等。

十、冷却系统

纯电动汽车主要热源有三类，即能量储存系统，电机控制器、功率变换器等功率元件和驱动电机。

能量储存系统中的电池有合适的工作温度，如常用的锂电池的工作温度为－20～60℃，一般采用自然冷却或强制通风冷却。

电机控制器、功率变换器等功率元件的工作温度通常为40～50℃，允许最高温度为60～70℃。这些元器件连续工作容易过热，须采取专门的冷却装置控制温度，通常采用循环水冷却。

驱动电机的工作电流很大，励磁绕组和电枢绕组在电磁感应的过程中会产生大量的热，加之电流磁通的变化会在定子和转子铁芯内感应产生热量，因此必须合理控制温度，否则会出现绝缘下降、电动机退磁和效率降低等不良状况。驱动电机常采用油或水循环冷却。

纯电动汽车循环冷却系统主要分为两大部分，即对动力电机、车辆控制器和功率变换器的冷却，对动力电池和车载充电机的冷却。

1. 电池组的冷却

动力电池的冷却常用方法有风冷、液体冷却两种。风冷又分为自然冷却和强制冷却。风冷方法结构简单，成本较低，技术日益成熟。液体冷却有制冷剂冷却和水冷却两种方式，一般采用循环水冷却系统。该系统包括电池冷却器、水泵和集成在动力电池组内的冷却板及结构框架。能够有效地进行热交换，循环水冷却效率高。

2. 电动机及控制器的冷却

驱动电机及控制器的冷却通常采用同一冷却回路，即驱动电机冷却系统。冷却方式有自然冷却和强制水冷两种，通常采用循环水冷方式。该系统由电动水泵、冷却液、循环回路、电风扇、散热器和温度传感器组成，如图 1-59 所示。

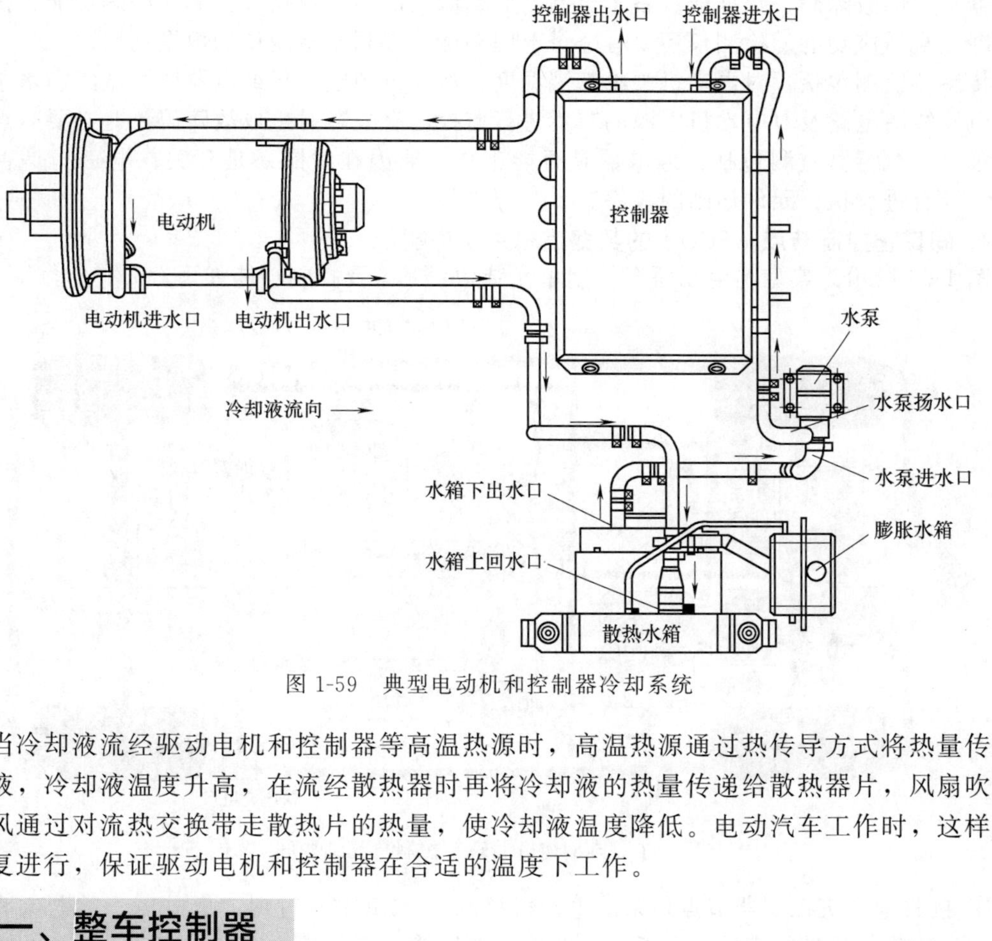

图 1-59　典型电动机和控制器冷却系统

当冷却液流经驱动电机和控制器等高温热源时，高温热源通过热传导方式将热量传递给冷却液，冷却液温度升高，在流经散热器时再将冷却液的热量传递给散热器片，风扇吹风或自然风通过对流热交换带走散热片的热量，使冷却液温度降低。电动汽车工作时，这样的循环往复进行，保证驱动电机和控制器在合适的温度下工作。

十一、整车控制器

整车控制器（EV ECU）是电动汽车上最主要的控制器，有对 MCU 的控制、电源管理、自诊断、同其它控制节点（ECU）的数据信息共享、电器管理、防盗器管理等功能。

1. 对 MCU 的控制功能

① 根据加速踏板位置和电动机转速确定向 MCU 传送的扭矩数据。

② 对于固定传动比的变速器，EV ECU 根据变速器换挡手柄传来的位置信号确定扭矩方向。

③ 对于 2 或 3 个传动比的变速器，EV ECU 根据变速器换挡手柄传来的位置信号确定扭矩方向和大小。

④ 当驾驶人踏下制动踏板时，EV ECU 控制 MCU 关闭逆变桥驱动电路信号，由正信号转为全负信号，并启动再生制动和 ABS 摩擦制动功能，主要是控制制动效果。

2. 电源管理功能

无整车控制的电动汽车在停车时需手动断开直流母线，若恰好在行车中，人为断开母线将会有很大的电流冲击，同时在修理时会有安全隐患。有整车控制器时，整车控制器中的软件会对正负直流母线进行有区别地断电。电池箱内配有熔断丝的检修塞或空气开关，只有在维修时才用手动插检修塞或断空气开关的断电方式。

3. 自诊断功能

整车控制器能对接入自身的传感器、执行器、其他控制器进行监测。整车控制器对检测仪的输出数据包括：整车控制器的版本、电动机控制器的版本、防盗电子钥匙的版本、整车控制器存贮的故障码、数据流。整车控制器对检测仪的输入数据有：单元编码功能、执行元件诊断、自适应功能。检测仪还要有登录上网功能，以利于检测仪的数据更新。

传感器监测包括：对电动机中冷却液温度、冷却风扇电动机继电器线圈电路、水泵电动机继电器线圈电路及对电动机电源的有无进行监控，有故障时生成故障码，有必要时点亮故障指示灯。执行器监测包括：继电器是否能工作，原因在线圈还是开关；电磁阀是否能工作；设计有进行执行元件诊断的程序。

4. 同其它控制节点（ECU）的数据信息共享功能

图 1-60 所示为典型纯电动轿车控制单元结构。其主要控制功能如下。

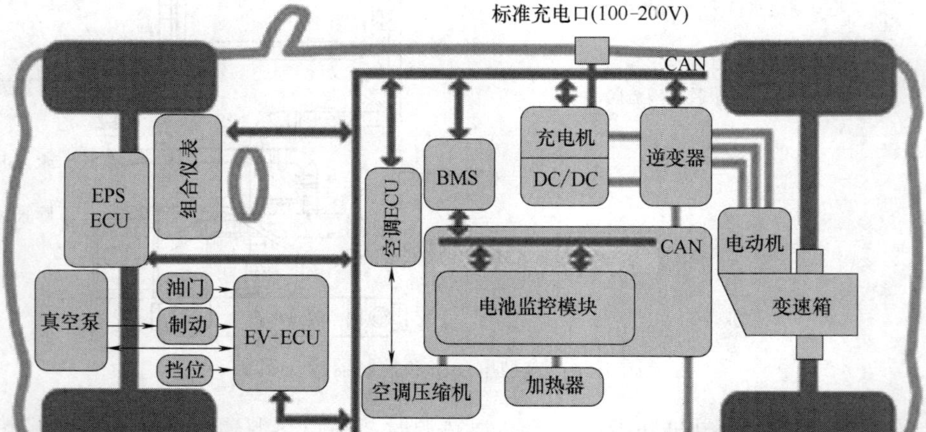

图 1-60　典型纯电动轿车控制单元结构图

① 接收电动机控制器节点传来的电动机控制器（MCU）过温、低电压、过电流等故障信号，对故障信号进行存储，分析后认为有必要则输出至仪表，点亮仪表动力系统故障灯。

② 对来自电池管理系统（BMS）的动力电池组总电压、电流、各动力电池的电压、电池箱温度、风扇继电器工作情况、烟雾传感器信号、内置温度传感器、单块动力电池的温度等进行处理，必要时，给仪表发送故障信号，向仪表输出电池箱 BMS 分系统确定的电池箱号和动力电池位置号，这样有利于维修中更换动力电池。

③ EV ECU 与空调 ECU 交换信号，控制空调的制热和制冷。

④ 从漏电保护器单元接收高压漏电信号，启动高压漏电自动切断主电路开关的功能。

5. 电器管理功能

① 对灯光和加热器等的控制。

② 对电器用电的优先权进行控制。

6. 防盗器功能

变码送码防盗技术主要涉及编码机械钥匙（或感应钥匙）、整车控制器和电动机控制器。整车控制器与编码机械钥匙（或感应钥匙）无线通信，通过密码算法确认；整车控制器与电动机控制器有线通信，通过密码算法确认。一旦三者身份认证通过，则控制电动机控制器正常工作，否则电动机控制器进入控制锁死状态，而不是简单地不发扭矩信号，这样可防止盗贼通过车辆自身动力将车盗走。因为三者出厂时已经通过认证，盗贼最多是盗走整车控制器和电动机控制器两者，没有钥匙这两个控制器不能工作，也可大大减少盗贼盗走电动机控制器和整车控制器的想法。服务修理上一旦钥匙丢失，软件上有能配制新的电子钥匙的程序。防盗控制状态能通过检测仪的数据流功能看到。

小结

① 束应用于电动汽车的动力铅酸蓄电池主要有阀控免维护铅酸蓄电池（VRLA）、胶体铅酸蓄电池、水平式蓄电池与双极式蓄电池四种。

② 铅酸蓄电池的优点有：单体电压高、价格低廉、可制成小至1A·h大至几千安时的各种尺寸和结构的蓄电池、高倍率放电性能良好、高低温性能良好、电能效率高、易于浮充使用、没有记忆效应、易于识别荷电状态等。铅酸蓄电池的缺点有：比能量低、使用寿命短、使用成本高、充电时间长、存在铅污染等。

③ 与铅酸蓄电池相比，镍氢电池具有以下特点：比功率高、比能量高、寿命长、无重金属污染、耐过充过放、可以快速充电、无记忆效应、使用温度范围宽、安全性好。镍氢电池的主要缺点是充电时发热量大，需采用有效的散热系统。

④ 锌空气电池的优点有：比能量大、充电时间短、性能稳定、安全性好、环保、可再生利用、充电方便等。锌空气电池的缺点是锌空气电池对水分、二氧化碳非常敏感。

⑤ 锂电池的优点有：工作电压高、比能量高、循环寿命长、自放电率低、无记忆效应、无污染、质量小等。锂电池的缺点有：成本高、必须有特殊的保护电路防止过充电。

⑥ 超级电容的特点是：可以在大电流下快速充/放电，提供很大的瞬时充/放电功率，循环寿命长，工作电压和温度范围宽。

⑦ 飞轮电池的特点是：比能量高、比功率高、充电迅速、寿命长、环保等。

⑧ 适用于电力驱动的电动机可分为直流电动机和交流电动机两大类。目前在电动汽车上已应用的和有应用前景的有直流电动机、交流感应电动机、永磁无刷电动机、开关磁阻电动机等。直流电动机的特点是调速性能好、启动转矩大、控制比较简单、有易损件。

⑨ 三相感应电动机的优点：转子结构简单、坚固，容易做到高速和小型轻量化。弱磁控制与最大效率控制的同时使用可以达到比较高的效率。价格低，可靠性好。三相感应电动机的缺点：由于励磁电流是必要的，因此会引起功率因数的恶化，特别是在低速区域，因数、效率恶化较为严重。另外该种电动机进行转矩控制难度较大。

⑩ 永磁电动机就是采用永磁材料来替代励磁电动机的励磁绕组（或转子绕组）的电动机。永磁电动机分为永磁交流同步电动机和永磁直流电动机两种。

⑪ 永磁电动机的优点是：具有较高的比功率，体积更小，质量更小，比其他类型电动机的输出转矩更大，电动机的极限转速和制动性能也比较优异。永磁电动机的缺点是：永磁材料在受到振动、高温和过载电流作用时，其导磁性能可能会下降，或发生退磁现象，有可能降低永磁电动机的性能。另外，稀土式永磁同步电动机要用到稀土材料，制造成本不太

稳定。

⑫ 开关磁阻电动机是一种典型的机电一体化电动机。根据励磁方式，开关磁阻电动机分为励磁式和永磁式两种。开关磁阻电动机的优点是：系统的调速范围宽；结构简单、转子转动惯量小、成本低、动态响应快；运行效率、可靠性等方面均优于感应电动机和同步电动机；热量排放小，耐化学侵蚀能力强；价格低，适宜大批量生产。开关磁阻电动机的缺点是：磁能变化不大时效率恶化、噪声变大；配套逆变器较其他类型的电动机结构复杂。

⑬ 电动汽车采用的轮毂式电机驱动属于分散式电机驱动模式。分散电机驱动通常有轮毂电机和轮边电机两种方式。轮毂电机驱动系统根据电动机的转子形式分为内转子型和外转子型两种结构。

⑭ 电动机控制器主要实现以下功能：怠速控制；控制电动机正反转，以实现汽车的前进和倒车；控制能量回馈；驻坡；通信和保护。

⑮ 功率变换器可分为斩波器（DC/DC）、逆变器（DC/AC）和整流器（AC/DC）几类。斩波器是将电流作直流-直流变换，逆变器是将电流作直流-交流变换，整流器是将电流作交流-直流变换。

⑯ 纯电动汽车配备的充电系统分为车载充电和非车载充电两种。非车载充电方式可分为接触式和非接触式两种。

⑰ 充电机是与交流电网连接，为动力电池等可充电的储能系统提供直流电能的设备。电动车辆充电机根据不同的分类标准可分为车载充电机、非车载充电机、传导式充电机和感应式充电机等类型。

⑱ 纯电动汽车新增仪表有：动力电池指示仪表、荷电状态指示器、电压表、电流表、驱动电机指示表、转速表、警告和指示信号装置、过热警告、超速警告、低容量警告、绝缘电阻/爬电距离指示、“整车控制器打开”指示、辅助蓄电池充电监测装置、停车指示、动力电池充电指示和互锁监测装置等。纯电动汽车信息显示方式有组合仪表式、数字式和 LCD 式 3 种。

⑲ 纯电动汽车循环冷却系统主要分为两大部分，即对动力电机、车辆控制器和功率变换器的冷却，对动力电池和车载充电机的冷却。

⑳ EV ECU 是电动汽车上最主要的控制器，有对 MCU 的控制、电源管理、自诊断、同其它控制节点（ECU）的数据信息共享、电器管理、防盗器管理等功能。

第三节 电动汽车高压安全

电动汽车存在高压电，尽管在汽车设计时采取了很多安全措施，但在使用中仍然存在很多安全隐患。电动汽车使用与维修人员必须熟知这些安全隐患，以便有效防止各类安全事故发生，同时要熟悉电动汽车各类特殊情况的应急处理方法及触电事故中的人员急救方法。

通过本节知识的学习，应该具备以下能力：

① 能够正确描述国家标准对高压与低压的规定；

② 能够正确描述电击事故的类型；

③ 能够正确描述电动汽车可能存在的安全隐患及在设计方面采用的安全措施；

④ 能够正确描述电动汽车安全防护措施；

⑤ 能够正确描述电动汽车专用车间安全管理的内容；

⑥ 能够正确描述电动汽车维修规范；

⑦ 能够正确描述高电压禁用操作程序；

⑧ 能够正确描述对维修的电动汽车的相关规定；

⑨ 能够正确描述电动汽车的高电压存在形式及各存在形式下涉及的系统或装置；

⑩ 能够注意培养劳动保护、安全与环保意识和团队协作意识。

一、高电压与人体伤害

1. 高压与低压

高压与低压指的是电压的高低。在国家标准《电动汽车　安全要求　第3部分：人员触电防护》(GB/T 18384.3—2015) 中，根据不同电压等级可能对人体产生的伤害和危险程度，考虑到空气的湿度和人体在不同工作环境下的电阻，在电动汽车中，基于安全考虑将电压分为A和B两个级别，见表1-9。

表1-9　电压的类型及范围

电压级别	工作电压/V	
	DC(直流)	50～150Hz AC(交流)
A	$0<U\leqslant 60$	$0<U\leqslant 25$
B	$60<U\leqslant 1000$	$25<U\leqslant 660$

A级认为是较为安全的电压等级，在直流中是小于或等于60V的。在规定的50～150Hz频率下，低于交流25V时，该电压下的维护人员不需要采取特殊的防电保护。

B级对人体会产生伤害，被认为是高压。在该电压下必须采取必要的防护设备对维护人员进行保护。

2. 高压电特点

电动汽车的高压电具有如下特点。

① 高压电的电压一般都设计在200V以上。大多数的电动汽车或混合动力汽车的动力电池电压都在280V左右，如特斯拉MODULE S动力电池总电压400V。

② 高压电存在的形式既有直流，也有交流。这包括在动力电池的直流电，也有充电时的220V（或380V）电网交流电，以及电动机工作时的三相交流电。

③ 高压电对绝缘的要求更高。大多数传统汽车上设计的绝缘材料，当电压超过200V时可能就变成了导体，因此在电动汽车上的绝缘材料需要具有更高的绝缘性能。

④ 高压电要求正负极距离大。12V电压情况下，正负极之间的距离需要很近时才会有击穿空气的可能；但是当电压高到200V以上时，正负极之间会在还有一个很大的距离时就会击穿空气而导电，如在300V电压下，两根导线距离10cm时就会击穿空气而导电。

3. 高电压对人体伤害的本质

通常，当人体接触到25V以上的交流电，或60V以上的直流电时，人体就有可能会发生触电事故。人体的触电并不是指人体接触到了很高的电压，是因为过高的电压通过人体这个电阻后，会在人体中形成电流，从而导致人体受到伤害，因此高电压伤害人体的本质是电流。

在电网中，一直认为36V是一个人体安全电压。实际上在高电压的电动汽车中，这个电压值并不是绝对安全的，主要原因有两个方面：一方面，人体的电阻会存在个体的差异性，例如胖的和瘦的，男的和女的，其电阻值都会不一样；另一方面，人所处的工作环境不同也会导致人体的电阻值发生变化，例如在潮湿的夏天和干燥的冬天，人体表现的电阻就不一样，环境越潮湿，人体的电阻就会越小。此外，每个人对电流流过身体的反应也不一样，有一部分人可能能够承受更大的电流。因此，目前国际上对安全电压通行的认识是直流60V以下，交流25V以下。

当电压高到一定值以后，会有相应的电流流过人体。如图1-61所示，有大约5mA的电流通过人体时，就可视作是“电气事故”，会产生麻木感。人体内通过的电流达到大约10mA时，到达了导出电流的极限，人体开始收缩，无法再导走电流，电流的滞留时间也相应增加。30～75mA电流的长时间滞留会导致呼吸停顿，75～100mA电流滞留人体会导致心室纤维性颤动。经过人体的电流到达大约80mA时，被认为是“致命值”。

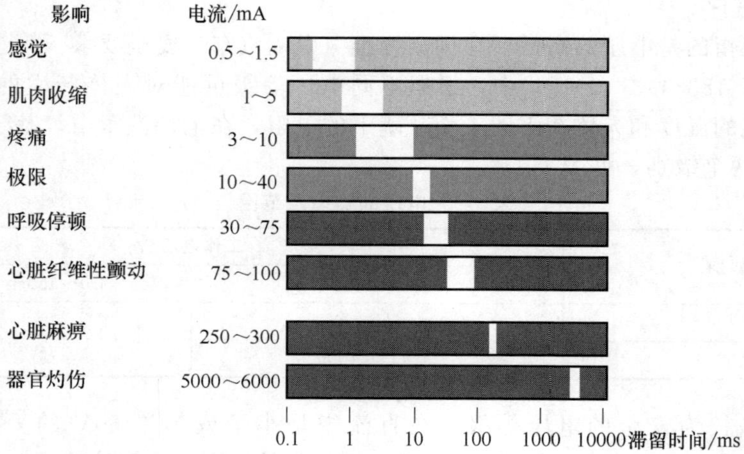

图 1-61　人体对电流的反应

此外，需要注意的是，人体之所以导电，主要原因是血液含有电解液成分，电解液成分导致了导电性。而人体的皮肤、肌肉也具有一定的导电能力。对于大多数人，整个身体的总电阻值是很低的，特别是有主动脉的地方（胸腔部位和躯干），而最大的危险发生在电流通过人体心脏时刺激心脏产生的异常颤振。

4. 高电压对人体的伤害形式

能够最终对人体产生伤害的是电流，电流对人体的伤害有三种形式：电击、电伤和电磁场伤害。

① 电击是指电流通过人体，破坏人的心脏、肺及神经系统的正常功能。

② 电伤是指电流的热效应、化学效应和机械效应对人体的伤害。主要指电弧烧伤、熔化金属溅出烫伤等。

③ 电磁场生理伤害是指在高频磁场的作用下，人会出现头晕、乏力、记忆力减退、失眠、多梦等神经系统的症状。

一般认为，电流通过人体的心脏、肺部和中枢神经系统的危险性较大，特别是电流通过心脏时，危险性最大。所以从手到脚的电流途径最为危险，因为沿该条途径有较多的电流通过心脏、肺部等重要器官；其次是从一只手到另一只手的电流途径。

此外，人触电后还容易因剧烈痉挛而摔倒，导致电流通过全身并造成摔伤、坠落等二次事故。

通常，产生最多的伤害是电击事故。具体电气事故包括以下类型。

① 电击效应。电流低于导通限值时，人体会有相应的电击反应，从而容易因肢体不受控制和失去平衡而导致受伤。

② 热效应。电流导入/导出点处会发生烧伤和焦化，也会发生内部烧伤。这会导致肾脏负荷过大，甚至造成致命的伤害。

③ 化学效应。血液和细胞液成为电解液并被电解。这会发生严重的中毒，中毒情况在几天后才能被发现，因此伤害极大。

④ 肌肉刺激效应。所有的身体功能和人体肌肉运动都是由大脑通过神经系统的电刺激

来控制。如果通过人体的电流过高，肌肉开始抽搐，大脑再也无法控制肌肉组织，可能会引发呼吸停止、心脏的跳动节奏中断等。

⑤ 发生静态短路的热效应。工具急剧发热，会导致材料熔化，从而可能发生烧伤事故。

⑥ 由于短路引起火花。金属很快熔化，产生飞溅的火花，飞溅出来的金属颗粒温度超过5000℃，可能引起烧伤以及严重的眼睛伤害。

⑦ 带电高压线路接通和断开时产生的弧光。光辐射可能造成电光性眼炎。

直流与交流电压都会对人体产生伤害，但是交流电压对人体伤害的阈值却只有直流的50%。交流电压在人体内产生交流电流，会触发肌肉组织和心脏产生颤动。交流电压的频率越低，危险性越高。交流电会触发心室纤维性颤动，如果不进行急救很快就会致命。

二、电动汽车安全隐患与措施

1. 电动汽车的安全隐患

电动汽车安全隐患包括高压触电、动力电池泄漏与燃烧以及车辆特殊情况下可能存在的其他风险等。

(1) 高压触电 电动汽车电压和电流等级都比较高。动力电池的电压一般在300～600V，正常工作时，电流可达几百安培。

人体能承受的安全电压的高低取决于人体允许通过的电流和人体的电阻。人体电阻主要是由体内电阻、体表电阻、体表电容组成。人体电阻随着条件的不同在很大范围内变化，但是人体电阻一般不低于1kΩ。我国民用电网中的安全电压多采用36V，大体相当于人体允许电流30mA（以人体电阻为1200Ω为标准）的情况，这就要求人体可接触的电动汽车任意两个带电部位的电压要小于36V。

在电动汽车中，人体常见的触电形式如图1-62所示。

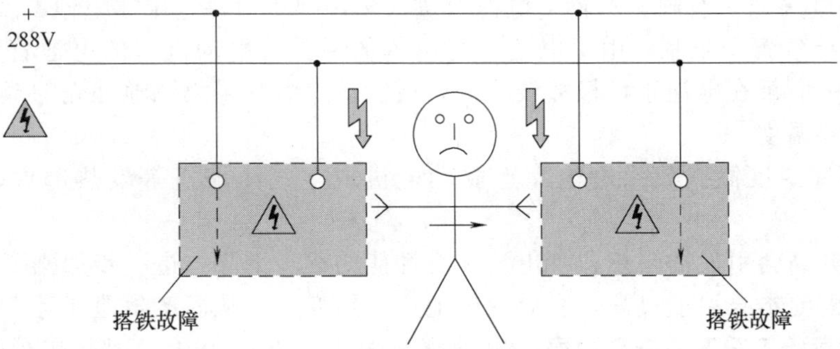

图1-62　高压触电主要形式

对于系统中的高电压元件，如果内部破损或者潮湿，有可能会传递给外壳一个电势。如果形成两个外壳具有不同电势的部件，在两个外壳之间会形成具有危险性的电压，此时，如果手触及这两个部件，会发生触电的危险。

人体没有任何感觉的电流阈值是2mA。这就要求如果人或其他物体构成动力电池系统（或“高电压”电路）与地之间的外部电路，泄漏电流不能超过2mA，即人直接接触电气系统任一点的时候，流过人体的电流应当小于2mA才认为车辆绝缘合格。

(2) 动力电池安全隐患 以目前电动汽车广泛应用的锂离子电池为例。锂离子电池在正常使用过程中不会出现安全问题，但电池的不正确使用会导致电池的热效应加剧。这是锂离子电池出现安全问题的导火索，最终表现为电池的热失控，从而引起安全事故。导致热失控的原因有以下几种。

① 过充电与过放电。在进行车辆充电时，特别是在电池充电末期，电池内部离子的浓

度增加，扩散性能下降，浓差极化增加，电池接受能力下降，电池再充电就会出现过充电。过充电时如果电池的散热较好，或者过充电流很小，此时电池的温度较低，过充电后只发生电解液的分解，电池仍然安全；如果此时电池的散热较差，或者由于高倍率充电导致电池温度很高而引发化学反应，往往会导致安全隐患。

在放电末期，电池提供大电流的能力下降，当电池剩余电量不足而又需要大电流放电时，就会使电池过放电。在发生过放电时，由于电池负极的锂离子减少，脱出能力下降，极化电压增加，此时很容易导致电池负极的活性物质脱落，容易造成电池内部短路。电池内部短路的直接表现就是迅速产生热量而引发着火事故。

② 过电流。锂电池过电流主要有以下几种情况。

a. 低温环境下充放电。在低温环境下，由于电池的导电性和扩散性下降，特别是电池负极的锂离子活动能力下降，电池可接受电流的能力下降，容易导致电池出现过电流。

b. 电池老化、电池的性能下降（包括容量降低、内阻增加、倍率特性下降等）后，仍按照原来电流充电容易导致产生的相对电流过大。

c. 电池并联成组充电。在并联充电过程中，由于电池一致性的差异，单体电池的内阻各不相同，分配到各单体电池的充电电流不同，可能会导致分配到某些单体电池的电流远大于充电电流。

d. 电池的内外部短路。电池短路会在瞬间产生很大电流，电池内部温度急剧升高，从而使电池发生泄漏、起火等安全事故。

③ 电池过温。除上述提到的过充、过放、过电流会导致电池过温外，以下几种情况也会引起电池过温。

a. 电池的热管理系统失效。主要为动力电池组总成内电池温度传感器损坏，或者是检测控制电路失效或散热风扇损坏。

b. 电池温度采样点有限。车辆上电池数量众多，很难对每个单体电池都实现温度检测。

c. 温度采样位置受限制。由于电池本身结构的原因，电动汽车的电池管理模块对电池的温度采样点一般都在电池正负极接线柱上，或者通过贴片采集电池外壳的温度，不能反映实际的电池内部温度。

d. 工作环境温度高。如果电池靠近驱动电机或空气压缩机等发热部件，会导致电池过温。

电池温度升高会引发的隐患包括电池本身性能的逐步下降，进一步加剧了电池内部的短路。此外由于电池本身温度过高，会导致电池产生热变形，从而产生泄漏等事故。

（3）危险运行工况下的安全隐患 电动汽车由于存在高电压，因此在行驶中发生事故时，如果没有很好的安全设计，很容易发生安全事故，这些安全隐患主要体现在以下几个方面。

① 高压系统短路。当动力系统的高压线短路时，将会导致动力电池瞬间大电流放电，此时动力电池和高压线束的温度迅速升高，将会导致动力电池和高压线束的燃烧，严重时还可能会引起电池爆炸。

若动力电池的高压母线与车身短路，乘员可能会触碰到动力电池的高压电，从而产生触电伤害。

② 发生碰撞或翻车。当电动汽车发生碰撞或翻车时，可能导致动力系统高压短路，此时动力系统瞬间产生大量热量，存在起火甚至爆炸的风险；此外还可能造成高压零部件脱落，对乘员造成触电伤害。如果动力电池受到碰撞或因为燃烧导致温度过高，有可能造成电池电解液的泄漏，对乘员造成伤害。发生碰撞或翻车还会对乘员造成机械伤害。

③ 涉水或遭遇暴雨。当电动汽车遇到涉水、暴雨等工况时，由于水汽侵蚀，高压电的

正极与负极之间可能出现绝缘电阻变小甚至短路的情况，可能引起电池的燃烧、漏液甚至爆炸，若电流流经车身，可能使乘员遭受触电风险。

④ 充电时车辆的无意识移动。当车辆在充电时，如果车辆发生移动，可能会造成充电电缆断裂，使乘员以及车辆周围人员遭受触电风险；若充电电缆断裂前正在进行大电流充电，还可能造成电池的高压接触器粘连，从而进一步增加人员的触电风险。

2. 电动汽车的高压安全措施

电动汽车的高压安全措施主要体现在维修安全、碰撞安全、电气安全和功能安全 4 个方面。

(1) 维修安全 维修安全主要包含两方面，即类似传统内燃机汽车的维修安全和针对电动汽车的特殊维修安全。电动汽车的维修安全主要是防止高压触电。因此，维修人员在对高电压类型汽车进行操作之前应当保证不会有触电风险。为此，大多数汽车在系统上设计有维修开关，图 1-63 所示为比亚迪 e6 纯电动汽车的维修开关位置，当断开维修开关时，动力电池的动力输出立即中断，但仍需等待 5min 以上才能接触高压部件（此期间用于系统电容放电）。

维修开关通常串联于电池组的中间，如图 1-64 所示，断开维修开关后，首先切断直流母线，并将电池组分为两个部分，起到对电池组分压的作用，降低了高压风险。

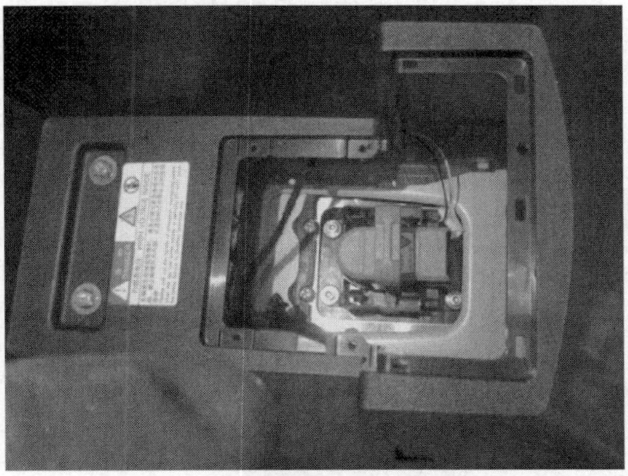

图 1-63 比亚迪 e6 纯电动汽车维修开关

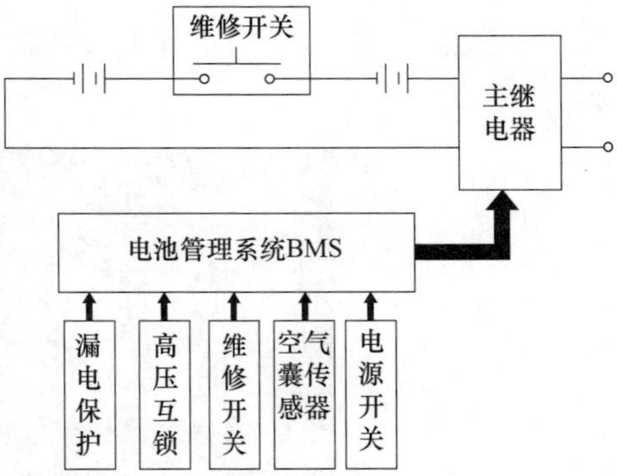

图 1-64 维修开关电路

(2) 碰撞安全 当车辆发生碰撞时，车辆的安全系统必须满足碰撞过程中以及碰撞后都要保证相关人员的人身安全。对于电动汽车来说，除了传统汽车的相关保护需求之外，还应当满足以下要求。

① 碰撞过程中避免乘员和行人遭受触电风险，在保证人员安全的情况下尽量保护关键零部件不受损害。

② 碰撞后保证维护和救援人员没有触电风险。为此，有些车辆设计有图 1-65 所示的电

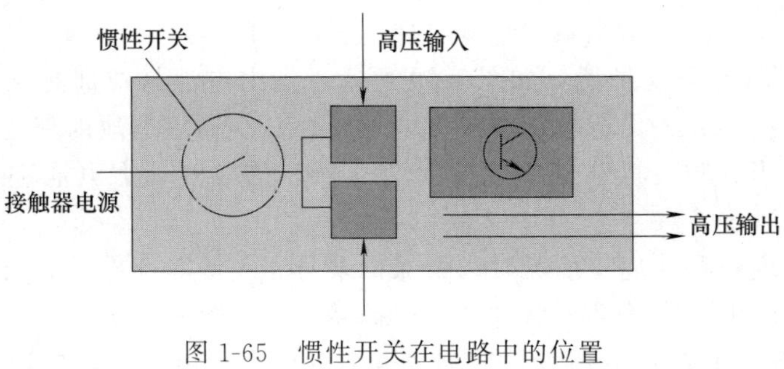

图 1-65 惯性开关在电路中的位置

路，将惯性开关串联到高压接触器的供电回路中，当发生碰撞时惯性开关断开，从而切断高压接触器的供电电源，此时动力电池的高压输出便会被断开，保证了乘员、行人、维护和救援人员的高压安全。

（3）电气安全 电动汽车的电气安全主要包括以下方面：

① 防止人员接触到高压电；

② 电池能量的合理分配；

③ 充电时的高压安全；

④ 行驶过程中的高压安全；

⑤ 碰撞时的电气安全；

⑥ 维修时的电气安全。

图 1-66 比亚迪 e6 纯电动轿车控制器上的高压线

在电气系统中主要采用以下安全措施。

① 高压线颜色统一为橙色。不同颜色的线代表不同电压，一定要高度重视高压部件上的橙色高压线路。图 1-66 所示为比亚迪 e6 纯电动轿车控制器上的高压线。

② 高压部件上面设置警示标识。每个电动汽车的高电压部件壳体上都带有一个高压警示标识，售后服务人员或车主均可通过标识直观地看出该部件为高电压部件。所用警示标识为国际标准规定的图案，如图 1-67 所示。

图 1-67 比亚迪 e6 纯电动轿车电动机控制器上的高压警告标识

③ 带高压电零件的防接触保护。采用多层（三层）绝缘防止人员意外接触（直接或间接）带电零件。

④ 电气隔离。高压电采用正负极与车辆接地进行绝缘。发生简单故障时，这种保护可以防止电击。

⑤ 高压零部件的接插件采用安全设计，如图 1-68 所示，既可防止人员直接接触到高压电，还可防水、防尘，减小高压系统绝缘出现问题的风险。

⑥ 高压接触器和短路保护器。如图 1-69 所示，动力电池与外部高压回路之间设计有高压接触器，以保证在驾驶人无行驶意图或充电意图时，车辆除电池内部之外的高压系统是不带高压电的。只有当驾驶人将车辆钥匙打到“Start”挡或对动力电池进行充电时，接触器才能闭合。

当高压系统出现短路等危险情况时，为保护乘员和关键零部件，需设计短路保护器。如果流过短路保护器的电流大于某个值时，该保护器便会被熔断。

⑦ 预充电回路。如图 1-70 所示，在动力电池输出高压电之前，先通过预充电回路对电

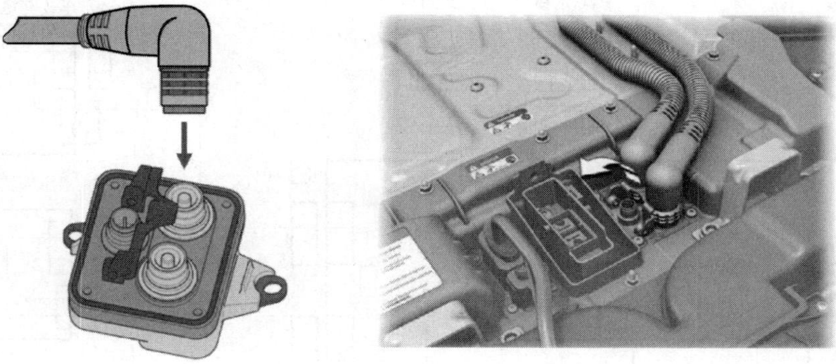

图 1-68　高压插头的安全设计方式

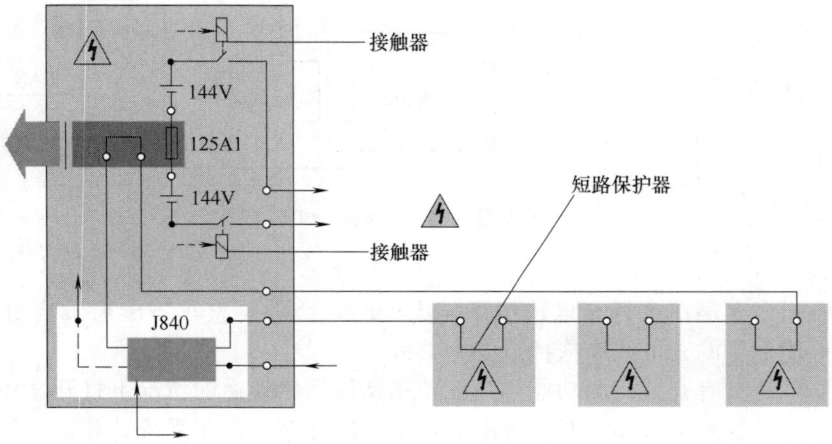

图 1-69　高压接触器设计方式

池外部的高压系统进行预充电。预充电回路主要由预充电电阻构成。由于高压零部件的高压正、负极之间设计有补偿电容，如果没有预充电电阻，那么在高压回路导通瞬间，补偿电容将会由于瞬间电流过大而烧毁。

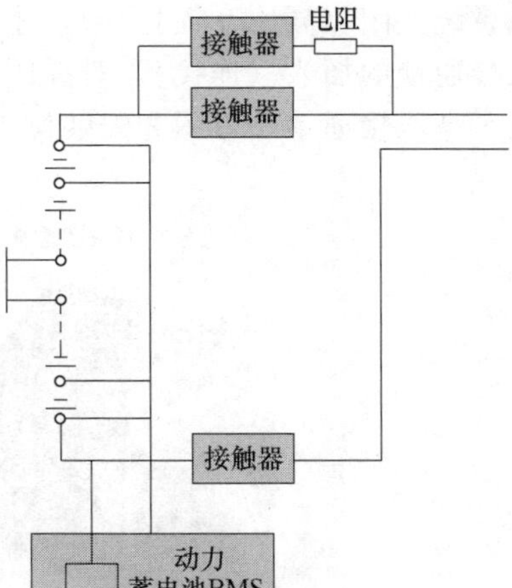

图 1-70　高压预充电电阻设计方式

⑧ 绝缘电阻监测。绝缘电阻监测系统检测整个高压系统有无绝缘故障，并在仪表中用声音或光表现故障。若绝缘电阻值过小，整车控制器发送接触器断开指令。

电动汽车的绝缘状况以直流正负母线对地的绝缘电阻来衡量。电动汽车的国际标准规定：绝缘电阻值除以电动汽车直流系统标称电压 U，结果应大于 100Ω/V 才符合安全要求。标准中推荐的牵引蓄电池绝缘电阻测量方法适用于静态测试，而不满足实时监测的要求。

⑨ 高压互锁。在车辆高压系统中设置一个导通环(闭环线路)，如图 1-71 所示，如果导通环传送的信号中断，则切断电压并对高压系统的电容进行放电。

高压互锁具有结构互锁、功能互锁和开盖检测的功能。

结构互锁是指在主要高压电器接插线插头和电器盒盖上带有互锁回路，当某一电器被带电断开，VCU、ECU 会检测到电路故障且立即报警并会断开母线高压回路，同时激活主动

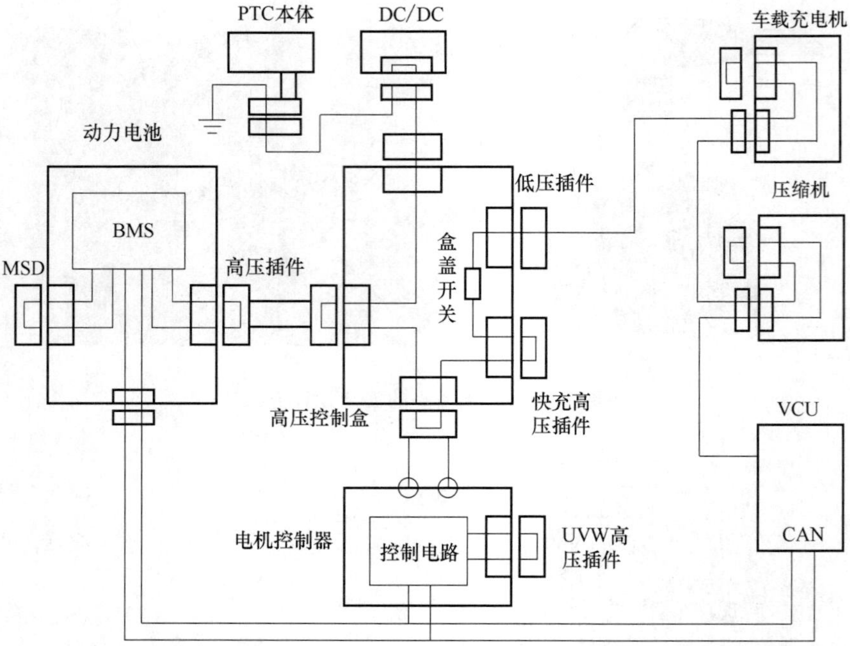

图 1-71　高压互锁原理图

泄放电路电量。

功能互锁指当车辆在进行充电或插上充电枪时，会限制整车不能通过自身驱动系统驱动，以防止可能发生的充电线束拖拽或安全事故。

车辆高压部件具有开盖检测功能，当在整车高压回路连通的情况下打开盒盖，系统会立即报警。高压互锁装置会自动断开主继电器，从而断开整车高压系统，并快速释放电动机控制器内的大电容电量。

⑩ 服务断开/高压接通锁。工作人员使用诊断辅助系统断开电压后，不仅要确保整个高压系统关闭（高压互锁打开），还要防止高压系统通过“点火开关开启”重新接通。借助高压接通锁的插入（连接），对高压系统又加了一道防止接通的保险。图 1-72 所示为奔驰电动汽车高压接通锁外形图和安装位置。

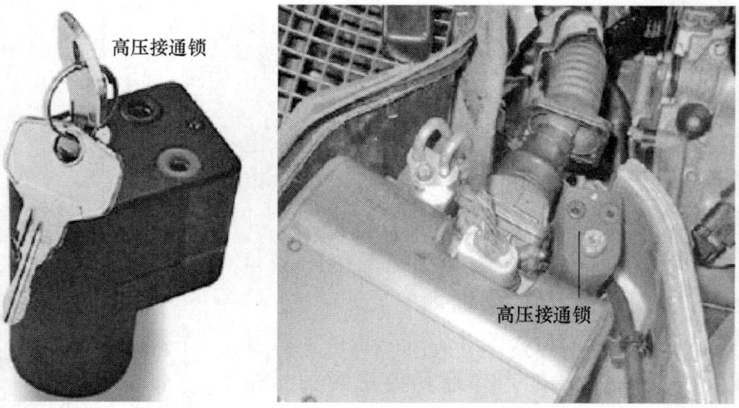

图 1-72　奔驰电动汽车高压接通锁

⑪ 电源极性反接保护。意外接错电源正负极，系统将自动切断高电压。

⑫ 主动泄放与被动泄放。通过主动与被动监测是否存在对车身短路，自动快速将电池

组电能泄放掉，避免电池发热燃烧。

此外，电动汽车高压系统的每一个高压回路均有熔断丝作为过电流保护。动力电池总成内部增加了一定数量的熔断丝盒接触器进行保护，动力电池的每根采样线也有单独的熔断丝保护。即使发生短路，也可保证电池包等高压器件及线束不会因短路而损坏或起火。

（4）功能安全

① 转矩安全管理。为防止车辆出现不期望的运动，需要在整车控制器中加入转矩安全控制策略，具体转矩安全策略如下。

若整车控制器计算的需求转矩与电动机的实际转矩的差值大于某个标定值，则认为电动机的转矩控制存在风险，此时整车控制器将会限制电动机的转矩输出，若两者差值一直过大，则切断动力电池的动力输出。

② 充电安全措施。在充电时需要防止车辆移动以及避免快充、慢充、行驶模式之间的冲突，为此采取如下措施。

a. 只有挡位放在 P 挡时才能充电。

b. 在充电过程中，需求转矩及实际转矩输出都为 0。

c. 当充电枪插上时，控制高压电输出的接触器不能闭合。

d. 当充电回路绝缘电阻小于标准要求的阻值时，停止充电并断开高压接触器。

③ 电池组安全管理。

a. 电池可用容量修正。电池管理系统（BMS）根据单体电池在环境温度下的放电容量，以及慢充过程中因为电芯一致性变差导致电池系统充电但未真正充满等因素，确定可用容量上报给整车控制器（VCU），VCU 根据该值计算续驶里程。

b. SOC 估算及修正。根据车载充电模式和行车模式下单体电池最高电压进行 SOC 修正。

c. 放电过程电流控制。行车放电过程中，放电电流不能超过 BMS 给 VCU 上报的最大允许放电电流值。放电过程电流控制策略是 BMS 根据动力电池当前的 SOC 及最高温度实时调整最大允许放电电流数值。

d. 能量回馈过程控制。BMS 通过上报最大允许充电电流给整车控制器来表现动力电池当前状态可以接受最大回馈电流的能力。

e. 车载充电电流控制。车载充电时，BMS 根据当前最小温度请求允许最大充电电流。当单体最高电压充电到 3.6V（针对锂电池，下同）时，BMS 请求充电电流降到 5 A。单体最高电压达到 3.7V 时，停止充电，并把 SOC 修正为 100%。

f. 地面充电控制。快充时，动力电池系统与地面充电桩之间的交互信息及工作流程严格按照《电动汽车非车载传导式充电机与电池管理系统之间的通信协议》（GB/T 27930—2015）执行。受限于动力电池的充电能力，为了更好地实现快充功能，在快充过程中设计有加热功能。

快充电结束条件为电池最高单体电压 $U_{max} \geqslant 3.7V$，快充过程中不进行 SOC 修正。当电池最小温度 $T_{min} < 0℃$ 时，闭合加热继电器，开启加热功能。

g. 保温过程控制。车载充电完成之后，根据电池的温度判断是否需要保温，如果需要保温，进入保温过程。

进入保温条件：电池温度 $T_{max} < 25℃$ 并且 $T_{min} < 10℃$。在保温过程中，如果 $T_{min} < 5℃$，BMS 向车载充电机请求加热需求电压 360V，加热需求电流 5 A，并闭合加热继电器。保温过程中，当 $T_{min} \geqslant 8℃$ 时，断开加热继电器，停止加热。保温时间为 6h。如果进入保温过程达到 6h，停止保温，退出保温过程。

h. 动力电池故障处理。动力电池系统在行车模式/车载充电模式/地面充电模式下诊断和上报处理的故障及处理措施和恢复条件。

3. 电动汽车高压部件位置

纯电动汽车的高压部件主要集中在驱动系统、空调与加热系统、充电系统、电源系统等，如图 1-73 所示。

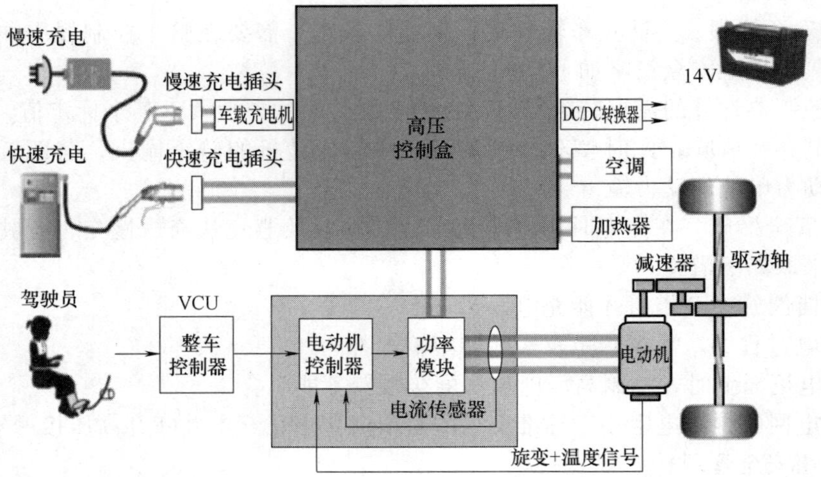

图 1-73　电动汽车高压部件的位置

① 驱动系统，包括动力电池和三相电动机，以及电动机驱动控制器和逆变器。

② 空调与加热系统，包括高压电驱动的压缩机，高压的 PTC 加热器。

③ 充电系统，包括车载充电器和充电接口。

④ 电源系统，主要是动力电池及 DC/DC 转换器。

⑤ 用于连接高压部件之间的导线也属于高压部件。这些连接导线可以分为 5 段。

a. 动力电池高压电缆：连接动力电池和高压盒的电缆。

b. 电动机控制器电缆：连接高压盒和电动机控制器的电缆。

c. 快充线束：连接快充口和高压盒的线束。

d. 慢充线束：连接慢充口和车载充电机的线束。

e. 高压附件线束（高压线束总成）：连接高压盒和 DC/DC、车载充电机、空调压缩机、空调 PTC 的线束。

4. 电动汽车高压操作规定

① 如果员工没有接受高压意识培训，不允许在电动汽车上执行操作。

② 如果员工在车辆上的工作仅限于操作或客户咨询，如启用冬季轮胎的限速或阐述驾驶室管理及数据系统（COMAND），则不必进行高压意识培训。此外，只是简单驾驶车辆时也没有必要进行高压意识培训。

③ 如果员工在车辆上执行操作、阐述或简单驾驶车辆之外的工作，一定要进行高压意识培训。开启发动机罩，如清洗发动机或添加挡风玻璃清洗液，也要求进行高压意识培训。

④ 如果不具备高压电工资格，员工不得在高压网络上作业。不遵守相关注意事项会导致严重后果。

⑤ 接受过高压意识培训的非电工技术专业人员可以在高压系统外执行作业。

⑥ 接受过附加资格认证（高压电工资格和高压产品培训）的汽车技师、电气技师、机械电子工程师可以在高压系统上执行作业。

三、高压安全防护

1. 个人安全防护

维修带有高压电的车辆时，维护人员必须做好防止被高压电击伤的安全防护。虽然现有的电动汽车都设计有很好的防止意外触电的功能，但是针对事故车辆及这些车辆的高压动力电池组总成而言是始终存在高压电的。

防止触电的个人防护设备主要是绝缘手套、护目镜、绝缘鞋以及非化纤材质的衣服等。

（1）绝缘手套 如图 1-74 所示，用于高压车辆维修用的绝缘手套通常有两种独立的性能，一是在进行任何有关高压组件或线路的操作时，需要使用橡胶制成的电工绝缘手套，并能够承受 1000V 以上的工作电压；二是具备抗碱性，当工作中接触来自高压动力电池组的氢氧化物等化学物质时，防止这些物质对人体组织的伤害。

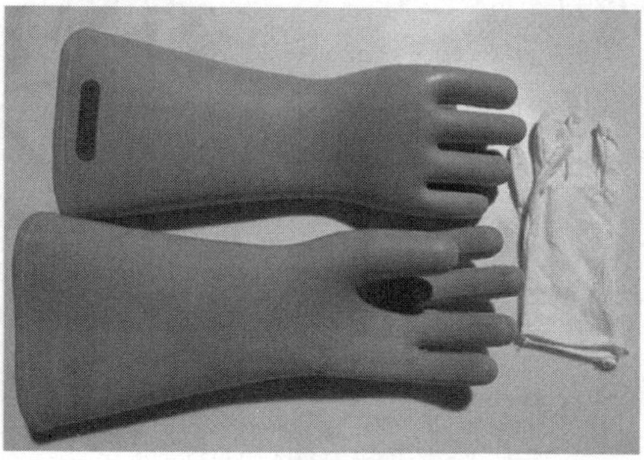

图 1-74 绝缘手套

绝缘手套需要定期检验，而且在每次使用前必须自行进行是否泄漏检查。检查的方法是向手套内吹入一定的空气，观察手套是否有漏气的风险。

图 1-75 所示为绝缘手套的使用、检查与注意事项。

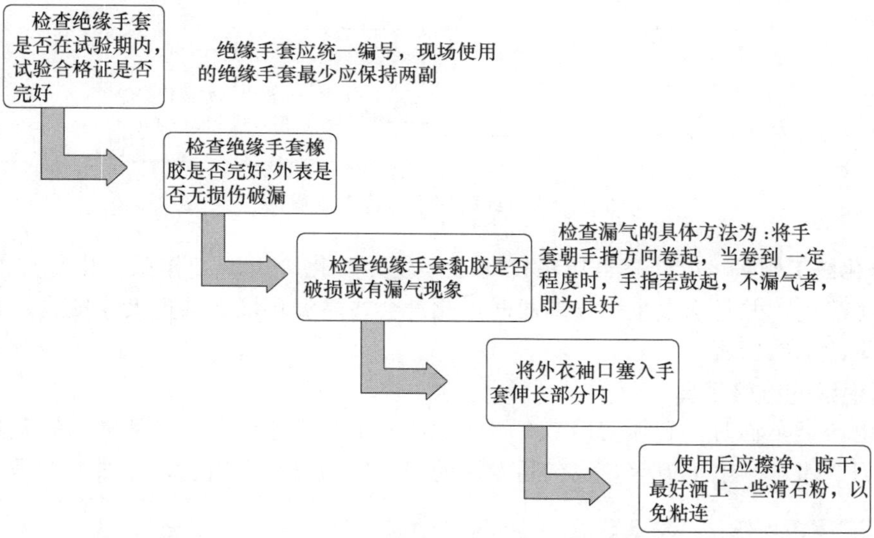

图 1-75 绝缘手套使用与检查流程

（2）护目镜 如图 1-76 所示，护目镜可防止飞溅的电池液进入眼睛内。高压电车辆维修用的护目镜应该具有侧面防护功能，防止维修过程中产生的电火花对眼睛的伤害。

（3）绝缘安全鞋 绝缘安全鞋（靴）的作用是使人体与地面绝缘，防止电流通过人体与大地构成通路对人体造成电击伤害，把触电时的危险降到最低。因为触电时电流是经接触点通过人体流入地面的，所以电气作业时不仅要戴绝缘手套，还要穿绝缘鞋。

如图 1-77 所示，绝缘鞋根据 GB 21146—2007 标准进行生产，电阻值范围为 100kΩ～1000MΩ，具有透气性能好、防静电、耐磨、防滑等功能。

绝缘鞋也要定期进行检验，图 1-78 所示为绝缘鞋的使用方法与注意事项。

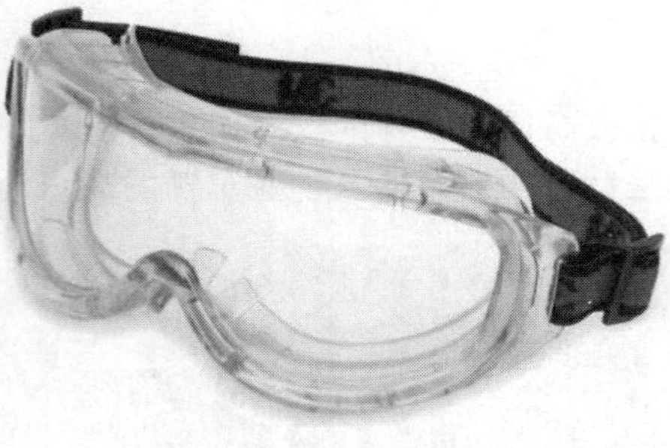

图 1-76　护目镜

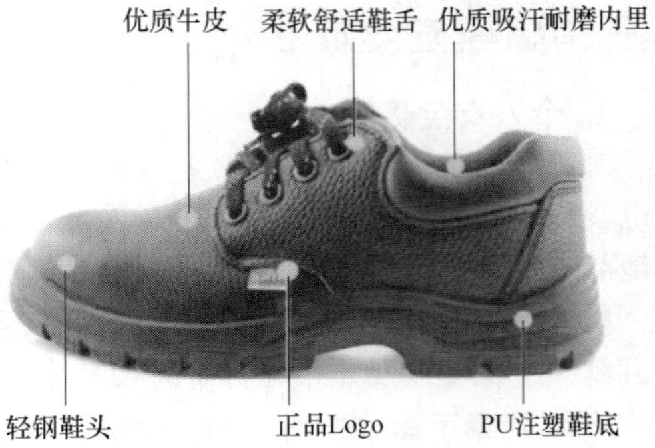

图 1-77　绝缘安全鞋

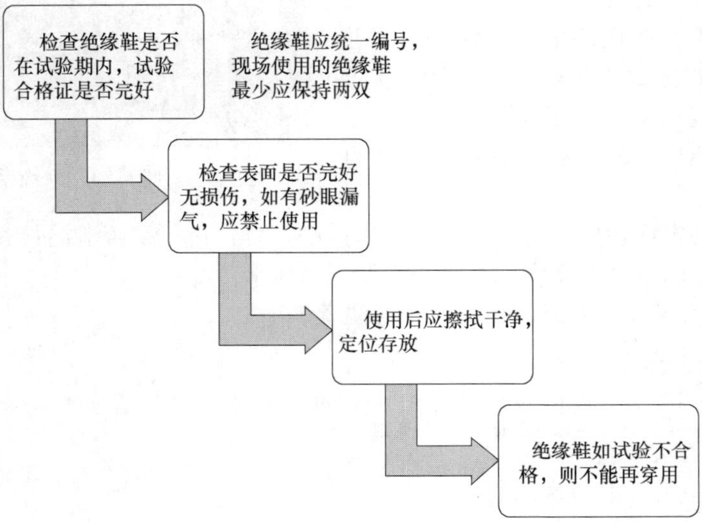

图 1-78　绝缘鞋使用与检查流程

（4）非化纤工作服　维修高电压系统时，必须穿非化纤类的工作服。化纤类的工作服主要是会产生静电，并且当发生火灾事故时，化纤会在高温环境下粘连人体皮肤，导致维修人员产生严重的二次伤害。

2. 使用绝缘的维修工具

维护高电压类车辆时，必须使用带有绝缘功能的工具，这些工具包括常用的套筒、开口扳手、螺丝刀、钳子、电工刀等，也包括专用的仪表，如数字万用表，如图 1-79 所示。

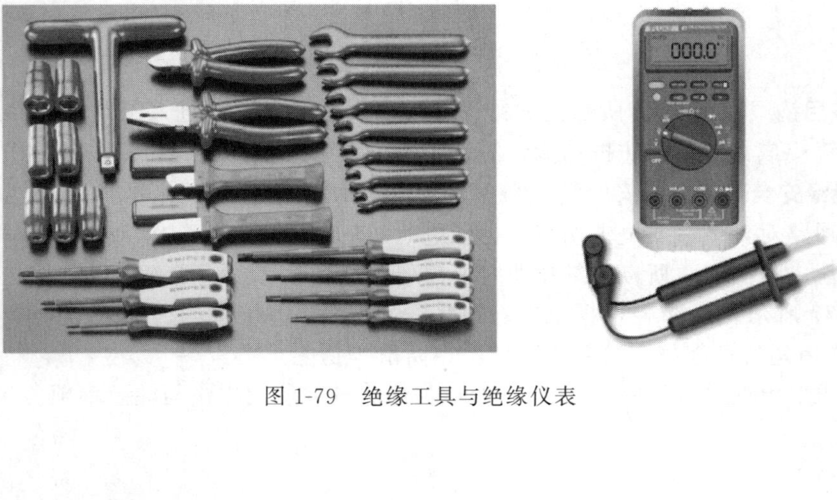

图 1-79　绝缘工具与绝缘仪表

使用绝缘工具可以有效防止意外触电事故的发生，我国的绝缘工具分为Ⅰ类、Ⅱ类和Ⅲ类 3 个类型，具体要求如下。

① Ⅰ类工具是指采用普通基本绝缘体的电动工具。在防触电保护方面不仅依靠基本绝缘体，而且还应附加一个安全预防措施，即对正常情况下不带电，而在其基本绝缘体损坏时变为带电体的外露导电部分做保护接零。为了可靠，保护接零应不少于两处，并且还要附加漏电保护，同时要求操作者使用绝缘防护用品。

② Ⅱ类工具是指采用双重绝缘或加强绝缘的电动工具。在防触电保护方面不仅依靠其基本绝缘体，而且有将其正常情况下的带电部分与可触及的不带电的可导电部分作双重绝缘或加强绝缘隔离措施，相当于将操作者个人绝缘防护用品以可靠的、有效的方式设计制作在工具上。

③ Ⅲ类工具是指采用安全特低电压供电的电动工具。在防触电保护方面依靠安全隔离变压器供电。

在高电压电动汽车维修时，要求使用Ⅱ类以上绝缘工具。

四、维修车间高压作业安全

1. 高压维修车间安全管理

电动汽车专用车间安全管理，除了普通车间的安全要求外，还有一些特殊的注意事项，具体要求如下。

（1）车辆焊接维修

① 首先要切断低压电源和动力电池插头。

② 操作人员要具备特种作业操作证。

③ 清理周围易燃物品，并申请动火证。

④ 做好车身的保护，预防飞溅及着火。

⑤ 严格按照焊接工艺进行操作。

（2）灭火器的使用和检查

① 火灾发生将产生不可估量的危害，因此必须预防车辆自燃等火灾的发生，及时处理机舱内的油污、接插件松动或线束老化等隐患。

② 火灾发生后不要惊慌，要及时采取正确的方法来灭火，将火灾消灭在萌芽状态。首先要切断电源，所有人员立即离开车辆并站在远离车辆的上风位置。

③ 经常检查车上的灭火器是否在固定的位置，是否在有效期内。要充分了解灭火器的性质和正确使用方法。在采取救火措施的同时立刻报警（电话 119、110）。

2. 高压车间场地与设施要求

工作环境的好坏将直接影响事故发生的概率。电动汽车维修车间的场地与设施比普通汽车维修车间要求要高。图 1-80 所示是典型电动汽车维修车间布置图。

图 1-80　典型的电动汽车维修车间布置图

（1）使用面积　高压维修车间的面积根据实际要求确定，并符合国家相关规定。

（2）采光　明亮的车间可以让车辆维修人员能够更加清楚地观察到周围的部件及物体，避免因为视线不好意外触碰到高压电而发生事故，同时也有利于其他人员及时观察到可能存在的隐患。

维修车间的采光应按照 GB 50033—2013 的有关规定。采光设计应注意光的方向性，应避免对工作产生遮挡和不利的阴影。对于需要识别颜色的场所，应采用不改变自然光光色的采光材料。

（3）照明 当天然光线不足时，应配置人工照明。人工照明光源应选择接近自然光色温的光源。维修车间的照明要求应符合 GB 50034—2013 的有关规定。进行精细操作（如划线、金属精加工、间隙调整等）的工作台、仪器、设备等的工作区域的照度不应低于 500lx。照度不足时应增加局部补充照明，补充照明不应产生有害眩光。

（4）干燥 干燥，是为了降低维修区域人员的触电风险。因为当湿度增加时，人体和空气的绝缘电阻就会降低，在相同的电压下，人体触电的风险也就增加了。因此高压车间必须保持干燥。

（5）通风 通风，有利于在维修车辆期间产生的有害物排出，并在发生触电事故的情况下，通风的环境更加有利于伤者呼吸到新鲜空气。通风应符合 GB 50016—2014 和工业企业通风的有关要求。

（6）防火 防火应符合 GB 50016—2014 有关厂房、仓库防火的规定以及 GB 50067—2014 的有关规定。

（7）卫生 卫生应符合 GBZ 1—2010、GB/T 12801—2008 的有关要求。

（8）安全标志 安全标志应符合 GB 2894—2008、GB 2893—2008 的有关要求。

此外，很多厂商对于维修工位有特别的要求，如比亚迪汽车要求维修其新能源汽车必须具有单独的维修工位，该工位的设备应采用特殊的颜色与其他工位进行区别。

当工位上有高电压车辆进行维修时，必须在工位周围布置有明显的警示标识，避免他人未经允许进入高电压工位而发生危险，图 1-81 所示为一些企业制定的高压警示标识。

图 1-81 高电压警示标识

（9）高压安全防护规定

① 安全规定。断开电源；防止重新接通；确定处于无电压状态；接地和短路；遮盖或阻隔相邻的带电部件。

② 应使用个人防护装备。应向维修人员提供合适的个人防护装备，以便在工作场所进行作业。

③ 应遵循维修场地的要求。为避免发生危险或造成损坏，车辆的停放位置必须干净、干燥、无油脂，且不会接触到飞溅的火星，要避免与其他车辆维修工位过近。

3. 高压维修工位布置

高压维修工位的布置应满足以下要求：

① 专用的维修工位；

② 清洁，干燥，通风良好；

③ 维修作业前应设置安全隔离警示；

④ 维修工位上必须配有防护用品；

⑤ 避免无关人员靠近。

4. 车间维修人员要求

① 具备国家安监局颁发的《特种作业操作证》。

② 必须经过相关新车型培训，并通过考核。

5. 高压维修作业标准

电动汽车涉及高压电，在维修过程中必须按照工作流程进行，才能保护操作人员自身安全和车辆、设备安全。

（1）电动汽车维修流程 典型的高电压车辆维修的流程如图 1-82 所示。

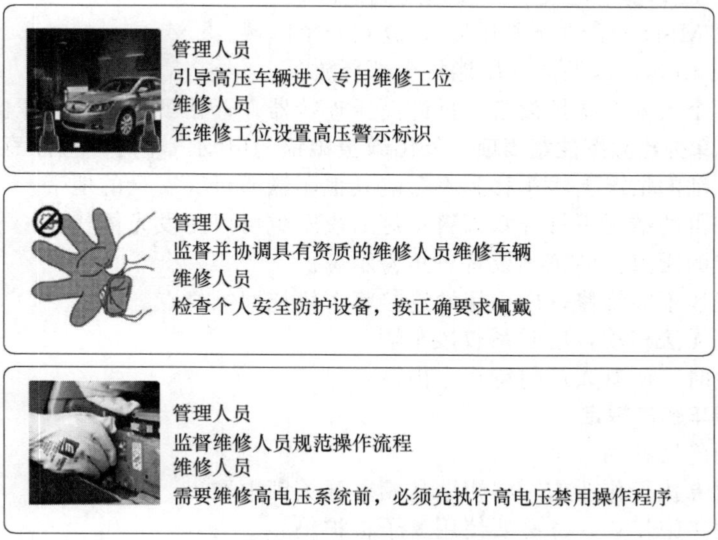

图 1-82 高电压车辆维修流程图

（2）电动汽车维修规范 维修高电压车辆时，必须遵循高电压安全操作规范和机动车维修操作规范。

高电压安全操作维修规范如图 1-83 所示，具体包括以下内容。

图 1-83 高电压安全操作维修规范

① 对于车辆维修过程中拆下的高压配件必须立即标识明显的“高压勿动”警示，并禁止将带有高压电的部件放置在无人看管的环境下。

② 高电压车辆维修过程中，维修人员身上禁止带有手表、金属笔等金属物品。

③ 严禁非专业人员对高压部件进行移除及安装。

④ 未经高压安全培训并取得许可证的维修人员，不允许对高压部件进行维修等操作。

⑤ 车辆在充电过程中不允许对高压部件进行拆装、维修等工作。

⑥ 维修前必须进行高电压禁用操作。

⑦ 维修完毕上电前，确认车辆内无操作人员。

⑧ 更换高压部件后，检测搭铁是否良好。

⑨ 电缆接口必须按照标准力矩拧紧。

⑩ 在执行车辆维修期间，必须同时有两名持有上岗证的人员进行工作，其中一名人员作为工作的监护人，工作职责为监督维修的全过程。当发生触电事故时，监护人应该立即采取有效措施执行急救。

（3）高电压禁用操作程序 拆解维修高电压系统前，必须首先执行高电压禁用流程。高电压禁用操作程序如下：

① 移：移除车辆上所有外部电源，包括 12V 蓄电池充电器。

② 拔：拔出充电枪。

③ 关：关闭点火开关，把钥匙放到安全区域。

④ 断：断开 12V 蓄电池负极，并远离负极区域。

⑤ 取：取下 MSD（手动分离开关），放到安全区域。

⑥ 等：等待 5min，以保证高压能量全部释放。

⑦ 查：佩戴个人安全防护设备，拆卸高压连接器，开始下一步的电压验证。

（4）电动汽车外出救援注意事项 外出救援抛锚的电动汽车时，应注意以下事项。

① 在车辆能动的情况下将车移到不影响其他车辆通行、安全的地带。

② 在条件许可的情况下打开双闪警示灯（夜间也可以用发光体代替）。

③ 按照规定的距离立即正确放置三角警示牌。

④ 如果在现场不能维修，应采用硬连接将车辆拖回维修点。

⑤ 如果确定无法移动，应联系救援车辆。

⑥ 等待救援时，所有人员勿待在车内。

（5）对维修车辆的规定

① 防止车辆前后移动。

② 在车辆前方执行作业前，将钥匙从钥匙开关锁中取出。

③ 在前机舱实施作业，务必要使用翼子板护垫。

④ 在车底下作业时，必须将蓄电池负极断开。

⑤ 顶起车辆时，不可顶在动力电池处，同时注意以下两点。

a. 不要在只靠一个千斤顶支撑的车底下工作。

b. 维修手册提供的举升要求适用于整车，对于一辆拆除了驱动电机或动力电池的汽车，重心发生变化，使举升情况不稳定，此时要将汽车支撑或固定在举升设备上。

⑥ 不要把工具、换下来的配件遗留在工作区域或周围，保持工作区域干净整洁。

⑦ 在车上实施焊接操作时，必须要拆除蓄电池接线，避免造成相关零部件损坏，同时周边要配备适当的灭火设备。

五、高压系统终止与检验

由于电动汽车具有高电压，因此在维修电动汽车前，必须首先按照高电压操作规程执行系统电压的终止操作。终止系统高电压以后，可以在一定程度上确保汽车高压系统各部分之间不再具有高电压，从而保证了维护人员的安全。

维修车辆时，需要根据高电压存在的形式来区别对待。例如，在纯电动汽车的动力电池中会一直存在高电压，因此无论何时进行对动力电池的维修，都需要佩戴个人安全防护用品。但是，当执行了正确的高压终止程序以后，逆变器、高压压缩机等系统就不再具有高压电，此时对这些部件的维修可以不用再预防被高压击伤的危险。

1. 电动汽车高电压存在形式

电动汽车的高电压集中在车辆的驱动系统、空调与暖风系统、动力电源系统以及带有插电功能的充电系统。根据高电压存在的时间进行分类，电动汽车高电压系统的高电压主要有3种存在形式，即持续存在、运行期间存在和充电期间存在，如图1-84所示。

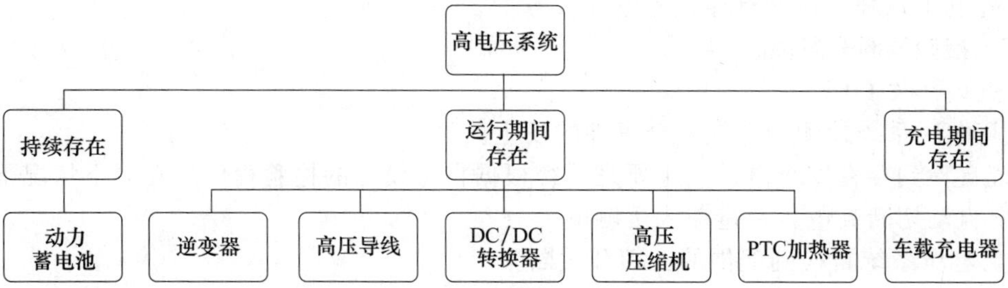

图1-84　高电压系统存在形式

(1) 持续存在　电动汽车的动力电池持续存在高电压，即使在车辆停止运行期间，由于动力电池始终存储有电能，因此当满足动力电池的放电条件后，该部件将继续对外放电。

(2) 运行期间存在　运行期间存在高电压的部件，是指当点火开关处于ON、RUN或其他运行状态下，部件存在高电压。

运行期间存在高电压的系统或部件有以下两种类型。

① 只要点火开关处于ON或RUN状态下就会存在高电压，这类部件包括逆变器、DC/DC转换器和连接的高压导线。

② 虽然点火开关处于ON位置，但是由于该系统执行的功能没有被接通，此时相关的部件仍然不会接通高电压。如纯电动汽车中的高压压缩机和PTC加热器，在驾驶人没有运行车辆的空调或暖风功能时，这些部件是不会存在高电压的。

(3) 充电期间存在　充电期间存在高电压主要指的是插电式混合动力汽车和纯电动汽车，此类车辆的车载充电器以及连接的导线只有在车辆连接外部220V（或380V）电网充电期间才会具有高电压。

需要注意的是，有些车辆的车载充电器和动力电池设计有独立的空调式冷却系统。在车辆充电期间，由于动力电池可能产生很高的热量，因此车载空调会运行来降低动力电池的温度，此时车辆的高压压缩机也会在充电期间运行，也存在有高电压。

2. 高电压的接通与关闭

在电动汽车中，除动力电池外，其他部件都是由整车控制单元或混合动力控制单元通过接触器控制高电压的接通与关闭的。

接触器即为一个大功率的继电器，它用于控制高压正、负极导线之间的接通与断开。接触器通常被布置在动力电池组总成内部或者是独立在一个BDU（配电箱）中，其内部电路如图1-85所示，接触器如果断开，整车仅动力电池上会存在高电压，位于接触器下游的高电压系统部件将没有高电压。

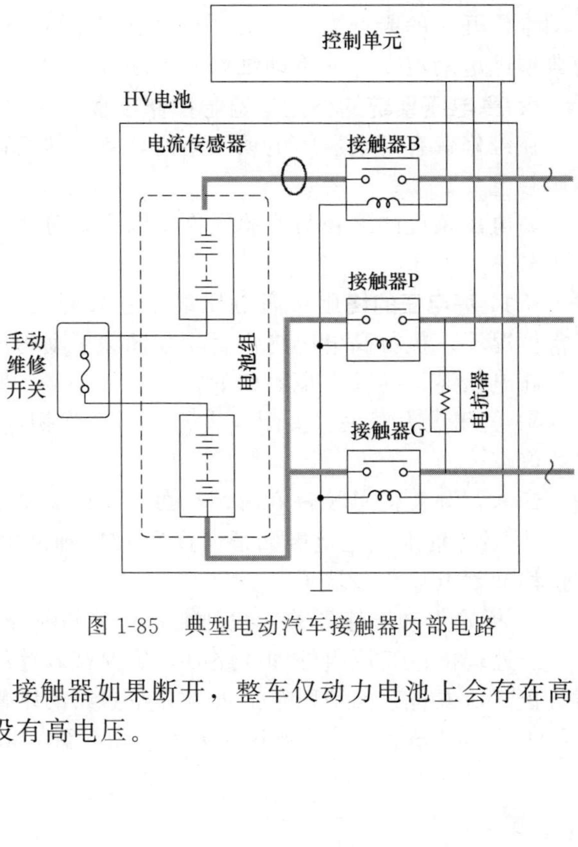

图1-85　典型电动汽车接触器内部电路

（1）接触器接通条件

① 点火开关 ON。

② 高电压系统自检没有存在漏电等故障。

（2）接触器断开条件

① 点火开关 OFF。

② 高电压系统检测到存在安全事件的发生。

系统自检到存在安全事件，主要是系统根据自身设定的检验程序，在以下情况下，会因异常情况自动切断高电压，避免人员触电。

a. 高电压系统自检到部件的互锁开关断开。

b. 高电压系统自检到部件或高压电缆存在对车辆绝缘电阻过低。

c. 车辆发生碰撞，且安全气囊已弹出。

3. 手动切断动力电池高电压

在动力电池上，按照国家新能源汽车安全标准，都会设计一个串联的手动维修开关，用于人工切断整个动力电池的回路。

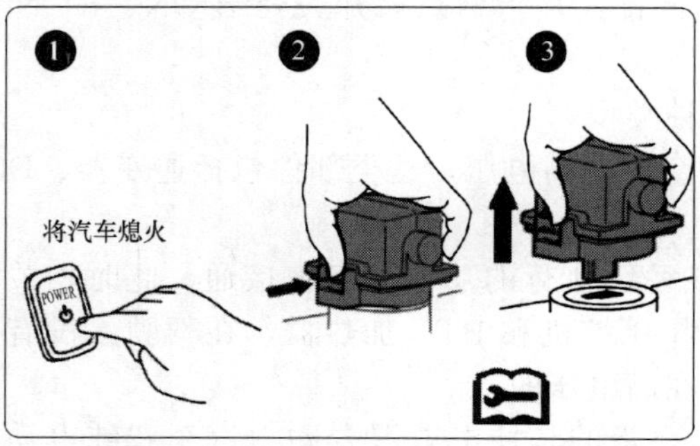

图 1-86 典型纯电动汽车手动维修开关断开方法

当该开关被断开后，整车的高压部件将不再具有高电压，同时动力电池的总输出正负极端口也不再有高电压。

需要注意的是，即使手动开关被断开，动力电池组内的电池及其连接电路仍然在串联的位置具有高电压。

此外，手动维修开关由于能够物理上直接切断动力电池的高电压回路，因此汽车制造厂商都会在开关中设计特殊的锁止结构，避免人为意外触发或者行驶中因为振动等因素断开。手动维修开关的断开方法一般会标示在开关上面，或者在车主的用户手册中，图 1-86 所示为典型纯电动汽车上的手动维修开关断开方法。

4. 高电压系统的终止与检验操作步骤

在维修带有高电压的电动汽车前，务必执行高电压的终止和检验操作，避免因意外发生高压触电。

高电压系统的终止与检验操作步骤主要分为高电压的终止和高电压的检验两个部分，如图 1-87 所示。

（1）高电压的终止 高电压终止主要是通过正确的操作步骤来关闭车辆高电压系统。正常情况下，执行高电压终止后，车辆除了动力电池外，其他部件应该都不具有高电压。

高电压终止的基本步骤如下。

① 关闭点火开关。关闭点火开关后，将钥匙放到一个安全的区域，通常应该远离被维护的汽车。

注意：如果使用按钮启动，把钥匙拿到离车至少 5 m 远的地方，防止汽车意外被启动。

② 断开辅助电池负极端子。找到 12V 辅助电池，断开电池的负极，并固定搭铁线，以防止移动蓄电池负极端子。

③ 拆除手动维修开关。找到维修开关并断开。

当处理橙色高压组件和线路时，确保戴着绝缘橡胶手套。将拆下的维修开关放在口袋中以防止其他人将它安装回车上去，并将裸露的维修开关槽使用绝缘胶布封住。

④ 等待 5min。拆下维修开关后，须等待 5min，使得高电压部件中的电容器进行放电，

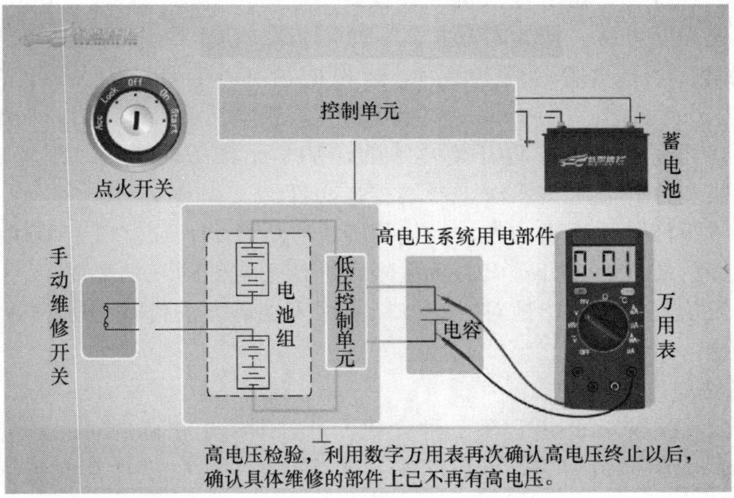

图 1-87　高电压终止与检验步聚

才可以继续对车辆进行高电压检验操作。

（2）高电压的检验　高电压检验是利用数字万用表再次确认高电压终止以后，具体维修的部件上确实已不再有高电压。该步骤符合高电压的检验操作标准。

使用万用表测量高电压部件的连接器各个高电压端子，在执行高电压终止以后，每个端子对车身的电压应该小于 3V，且端子正负极之间的电压也应该小于 3V。

如果任一被测量的电压超过 3V，说明系统内部存在高压黏结情况，需要由经过特殊培训的工程师来进行处理。

注意：在检验高电压端子期间，必须佩戴好个人安全防护用品。

六、急救与应急处理

1. 急救

援救触电事故中受伤人员时，自身的安全是第一位的，绝对不要去触碰仍然与电压有接触的人员。如果可能，马上将电气系统断电，或用不导电的物体（木板、扫帚把等）把事故受害者或者导电体与电压源分离。基本的触电急救流程如图 1-88 所示。

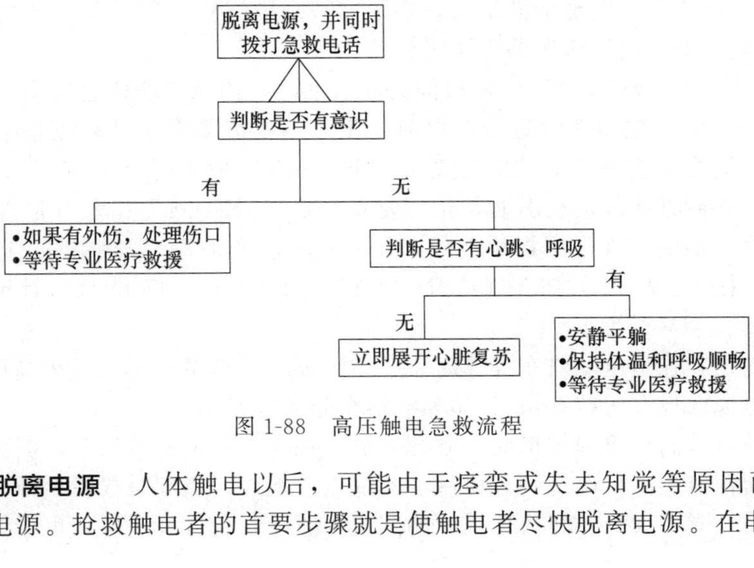

图 1-88　高压触电急救流程

（1）迅速脱离电源　人体触电以后，可能由于痉挛或失去知觉等原因而紧抓带电体，不能自己摆脱电源。抢救触电者的首要步骤就是使触电者尽快脱离电源。在电动汽车中脱离电源的方法是带上绝缘手套将触电人员脱开或者切断高压电源。总之，要因地制宜，灵活运用各种方法，快速切断电源，防止事故扩大。

（2）现场急救 当触电者脱离电源后，应根据触电者的具体情况迅速对症救护，力争在触电后1min内进行救治。国内外一些资料表明，触电后在1min内进行救治的，90%以上有良好的效果，而超过12min再开始救治的，基本无救活的可能。现场应用的主要方法是口对口人工呼吸和体外心脏按压法，严禁打强心针。

口对口人工呼吸法是用人工的方法来代替肺的呼吸活动，使空气有节律地进入和排出肺脏，供给体内足够的氧气，充分排出二氧化碳，维持正常的通气功能。

体外心脏按压法是指有节律地对心脏按压，用人工的方法代替心脏的自然收缩，使心脏恢复搏动功能，维持血液循环。

（3）急救方法

① 触电事故。触电者一般有以下4种症状，可分别给予正确的对症救治。

a. 神志尚清醒，但心慌力乏，四肢麻木。该类人员一般只需将其扶到清凉通风处休息，让其自然慢慢恢复。但要派专人照料护理，因为有的病人在几小时后可能会发生病变。

b. 有心跳，但呼吸停止或极微弱。该类人员应该采用口对口人工呼吸法进行急救。

c. 有呼吸，但心跳停止或极微弱。该类人员应该采用人工胸外心脏按压法来恢复病人的心跳。

d. 心跳、呼吸均已停止者。该类人员的危险性最大，抢救的难度也最大。应该同时采用人工呼吸和人工胸外心脏按压进行急救。最好是两人一起抢救，如果仅有一人抢救，应先吹气2～3次，再按压心脏15次，如此反复交替进行。

② 电池事故。如果发生电池事故，应按以下要求进行处理。

a. 如果发生了皮肤接触，用大量的清水进行冲洗。

b. 如果吸入了气体，必须马上呼吸大量新鲜空气。

c. 如果接触到了眼睛，用大量的清水进行冲洗（至少10min）。

d. 如果吞咽了蓄电池内容物，喝大量清水，并且避免呕吐。

2. 应急处理

电动汽车的应急处理需求常见的有以下几种。

① 救援。当电动汽车被撞或乘员需要解救时。

② 火灾。当电动汽车着火时，应该当作着“电火”来处理并用干粉型灭火器灭火。

③ 泄漏。当高压动力电池液溢出时，要采取特别措施。

④ 牵引车辆。处理电动汽车路上抛锚。

⑤ 跨接启动。当车辆因12V电源故障无法启动时，用该方法应急启动车辆。

（1）救援 在对高电压车辆进行救援时，千万不要因为车辆比较安静就误以为它处于停机状态。对于混合动力汽车，当车辆处于“READY”模式时（Y灯亮），发动机会自动停机，所以在检查或维修发动机舱时，记住要先看看“READY”指示灯是否已经熄灭了。

在处理维修车辆前，首先用挡块挡住车轮并进行驻车制动，挂“P”挡并确认“P”挡指示灯亮，然后按POWER按钮并确认READY指示灯熄灭，断开12V辅助蓄电池，最后拔掉维修开关或者HV熔断丝。

需要注意的是，在对电动汽车操作时，急救组要知道橙黄色电缆代表高压。并在断开高压电池，接触电缆前也要等待5min，即等电容充分放电完毕。

此外，解救时若高压电缆被撞断，系统一般会在人员触电前被切断，因为车辆上的绝缘监测功能会不断地监测高压电缆到金属底盘的漏电。此外，撞车时气囊展开，高压电源也会自动切断，即使气囊不展开，转换器里面的减速传感器若超过其限位，也会切断高压电。

（2）火灾 高压动力电池电解液主要由带腐蚀性的化学液体组成，因此在着火后，可以采用大量的水或者干粉灭火器灭火。

常规的ABC干粉灭火器，适用于油或电路火灾。然而，如果只是高压动力电池着火，则推荐使用二氧化碳灭火器。发生大面积或大的火灾时，持续的浇水也同样适用于熄灭高压动力电池火灾。但是使用少量的水，如只用一桶，是危险的，实际上这将加剧高压电池火灾的程度。

（3）泄漏 当存在有可能是高压动力电池电解液溢出的情况时，应及早穿好合适的防护用品，并采用红色石蕊试纸检查溢出液，如果试纸变为蓝色，溢出的液体需要使用硼酸溶液进行中和。中和完成后，使用试纸再去检查溢出液，确认试纸颜色不改变。

中和完毕，用充足的吸水毛巾或布，吸收事故中溢出的电解液。

（4）牵引车辆 电动汽车被牵引时，由于多数车辆为前轮驱动，因此对于这类车辆的牵引，必须严格遵守制造厂商的要求，否则可能损坏车辆的三相驱动电机或变速单元。

无论是混合动力汽车还是纯电动汽车，正确的牵引方法是使其全部平放在货车上，然后由牵引车辆运输至指定的位置。但是，如果是前轮驱动的车辆，也可以采用前轮离地的方式进行车辆的牵引。

（5）跨接启动 无论是纯电动汽车还是混合动力汽车，其全车控制模块的供电都是通过12V蓄电池来完成的。也就是说，在电动汽车中，除了高压动力电池外，所有的车辆还会配置12V低压蓄电池。

12V蓄电池用来给所有ECU供电，若没有该电源，ECU不能工作，车辆也没法驱动。如果纯电动汽车或混合动力汽车没有启动，则12V辅助电池可以跨接启动。

小结

① 国家标准将电压分为A和B两个级别。A级认为是较为安全的电压等级，在直流中是小于或等于60V的，在规定的50～150Hz频率下，交流电低于25V；B级对人体会产生伤害，被认为是高电压，在该电压下必须采取必要的防护设备对维护人员进行保护。电动汽车的高电压具有如下特点：高电压一般都设计在200V以上；高电压存在的形式既有直流，也有交流；高电压对绝缘的要求更高；高电压要求正负极距离大。

② 高电压伤害人体的本质是电流。电流对人体的伤害有三种形式：电击、电伤和电磁场伤害。

③ 电动汽车安全隐患包括高压触电、动力电池泄漏与燃烧，以及车辆特殊情况下可能存在的其他风险等。动力电池（锂电池）主要的安全隐患是热失控，主要原因有：过充电与过放电、过电流和电池过温。行驶中发生事故时的安全隐患主要体现在：高压系统短路、发生碰撞或翻车、涉水或遭遇暴雨、充电时车辆的无意识移动。

④ 电动汽车的高压安全措施主要体现在维修安全、碰撞安全、电气安全和功能安全4个方面。电动汽车的维修安全主要是防止高压触电，为此大多数汽车在系统上设计有维修开关。碰撞后需要保证维护和救援人员没有触电风险。为此有些车辆将惯性开关串联到高压接触器的供电回路中，当发生碰撞时惯性开关断开，从而切断高压接触器的供电电源。电动汽车电气系统主要的安全措施有：高压线颜色统一为橙色、高电压部件设置警示标识、带高压电零件的防接触保护、电气隔离、高电压零部件的接插件采用安全设计、高压接触器和短路保护器、预充电回路、绝缘电阻监测、高压互锁、服务断开/高压接通锁、电源极性反接保护、主动泄放与被动泄放等。电动汽车功能安全包括：转矩安全管理、充电安全措施和电池组安全管理。

⑤ 纯电动汽车的高电压部件主要集中在驱动系统、空调与加热系统、充电系统、电源

系统等。

⑥ 防止触电的个人防护设备主要是绝缘手套、护目镜、绝缘鞋以及非化纤材质的衣服等。维护高电压类车辆时，必须使用带有绝缘功能的工具，这些工具包括常用的套筒、开口扳手、螺丝刀、钳子、电工刀等，也包括专用的仪表（如数字万用表）等。在高电压电动汽车维修时，要求使用Ⅱ类以上绝缘工具。

⑦ 由于电动汽车具有高电压，因此在维修电动汽车前，必须首先按照高电压操作规程执行系统电压的终止操作。

⑧ 根据高电压存在的时间进行分类，电动汽车高电压系统的高电压主要有 3 种存在形式，即持续存在、运行期间存在和充电期间存在。

⑨ 援救触电事故中受伤人员时，自身的安全是第一位的，绝对不要去触碰仍然与电压源有接触的人员。当触电者脱离电源后，应根据触电者的具体情况迅速对症救护，力争在触电后 1min 内进行救治。

第四节　典型纯电动汽车

纯电动汽车与传统内燃机汽车使用方法有很多相同之处，但由于纯电动汽车存在高压系统及更为完善的控制系统，所以在使用方面有其独特的一面。不同的纯电动汽车，在结构、配置和性能等方面会有一些差异，无论是用户还是纯电动汽车维修人员，均应熟练其所使用或维修的纯电动汽车的结构及配置特点。

通过本节相关知识的学习，应该具备以下能力：

① 能够简单描述比亚迪 e6 纯电动轿车整车特点；

② 能够准确说明比亚迪 e6 纯电动轿车的典型配置及其主要功能；

③ 能够进行比亚迪 e6 纯电动轿车的常规使用操作；

④ 能够正确描述增程式电动汽车的定义及其与插电式混合动力汽车的差异；

⑤ 能够正确描述增程式电动汽车各工作模式的工作原理；

⑥ 能够针对具体纯电动汽车，说明其结构特点与工作原理；

⑦ 能够注意培养劳动保护、安全与环保意识和团队协作意识。

一、比亚迪 e6 纯电动轿车简介

1. 整车特点

比亚迪 e6 为一款新能源、新动力、零排放纯电动轿车（以下简称比亚迪 e6），是比亚迪着力打造的一部环保产品。比亚迪 e6 所使用的驱动电机、电控、动力电池等均是比亚迪自主研发的产品，是比亚迪的核心技术。

（1）节能环保　在各种工况下都是由电力驱动，在环保方面完全实现了零排放。动力电池采用比亚迪自主研发和生产的动力电池，其含有的所有化学物质均可以无害的方式分解吸收，能够很好地解决二次回收等环保问题，不会对环境造成危害。

（2）操控平衡、动力充沛　整车重心位置低，操控平稳，乘坐舒适性好。75kW 驱动电机可为整车提供高转速、大扭矩，0～50km/h 加速时间为 6s，最高车速可达 140km/h。

（3）低噪声　整车以完全的纯电动工况行驶，车内、车外噪声极小，为驾乘者提供舒适的乘坐环境。

（4）安全性好

① 动力电池经过高温、高压、撞击等试验测试，安全性能极佳。

② 整车安全设计时，全面考虑纯电动汽车与传统内燃机汽车之间安全性的差异，对主、

被动安全进行高优化的设计。

③ 充分考虑车内及电池包防水、防漏电的保护设计。

④ 电源管理系统智能化监控动力电池的运行参数，保证电池的正常运行。

（5）使用便捷 目前比亚迪 e6 可采用壁挂式交流充电、家用交流充电、直流充电（选装）和车辆对车辆充电，使充电非常方便。

（6）续驶里程长 综合工况下 400km 的续驶里程，完全能满足日常的城市、城际出行需要。

2. 车辆规格

（1）整车参数 比亚迪 e6 纯电动轿车整车参数，见表 1-10。

表 1-10 比亚迪 e6 纯电动轿车整车参数（产品型号名称为 BYDT006BEVH）

项目				参数
外形尺寸/mm	长×宽×高			4560×1822×1630
轮距/mm	前×后			1585×1560
轴距/mm				2830
质量参数/kg	整备质量			2420
	满载质量			2795
	轴荷	空载	前轴	1295
			后轴	1125
		满载	前轴	1445
			后轴	1350
轮胎	规格			225/65R17
	胎压/kPa			250
备胎	规格			T145/90R17
	胎压/kPa			420
车轮动平衡要求（动平衡和配重后）/g				≤10

项目		参数
车轮定位参数（整备质量下）	前轮外倾角/(°)	−1.25～0.25
	前轮前束/(°)	−0.08～0.08
	主销内倾角/(°)	6.75～8.25
	主销后倾角/(°)	3.17～4.67
	后轮外倾角/(°)	−1.5～0.5
	后轮前束/(°)	0～0.16
制动踏板自由行程/mm		≤5
制动摩擦副/mm		前摩擦材料:2～11 后摩擦材料:2～10.6 前制动盘:28 后制动盘:16
接近角（满载）/(°)		21
离去角（满载）/(°)		25
前悬/mm		920
后悬/mm		810
乘员数		5
最高车速/(km/h)		140
最大爬坡度/%		30

（2）车辆标识 比亚迪 e6 纯电动轿车 VIN 码的位置有后背门内侧、左前门下方和左前侧 VIN 槽内，如图 1-89 所示。

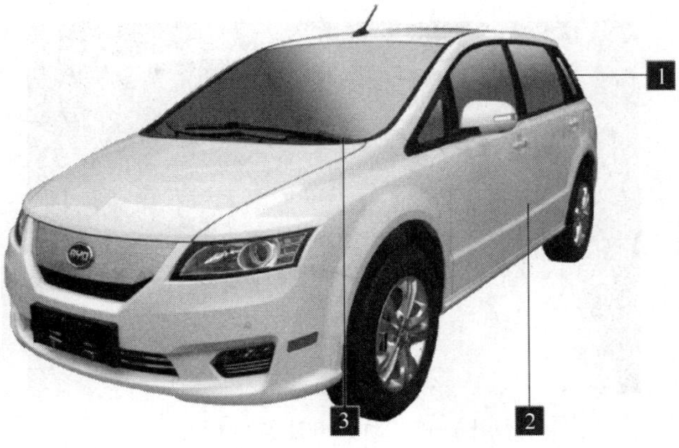

图 1-89 比亚迪 e6 纯电动轿车 VIN 码位置

1—后背门内侧；2—左前门下方；3—左前侧 VIN 槽内

（3）警告标签

① 安全气囊警告标签粘贴在右侧 B 柱上，如图 1-90 所示。

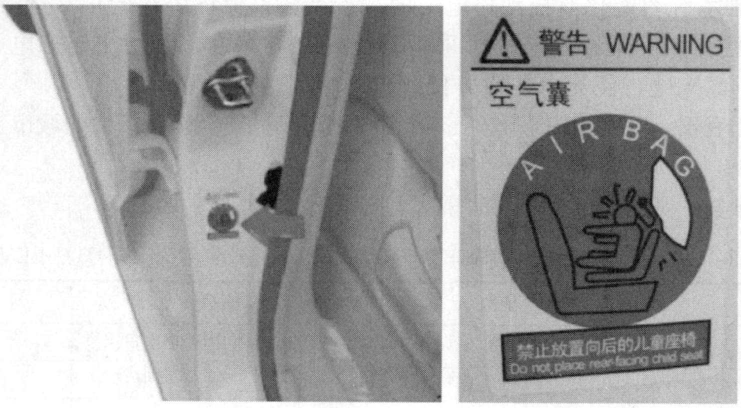

(a) 位置　　(b) 标签内容

图 1-90　安全气囊警告标签

② 空调系统、操作说明、电动机冷却液、冷却风扇、电池位置标签粘贴在前舱盖内侧，如图 1-91 所示。

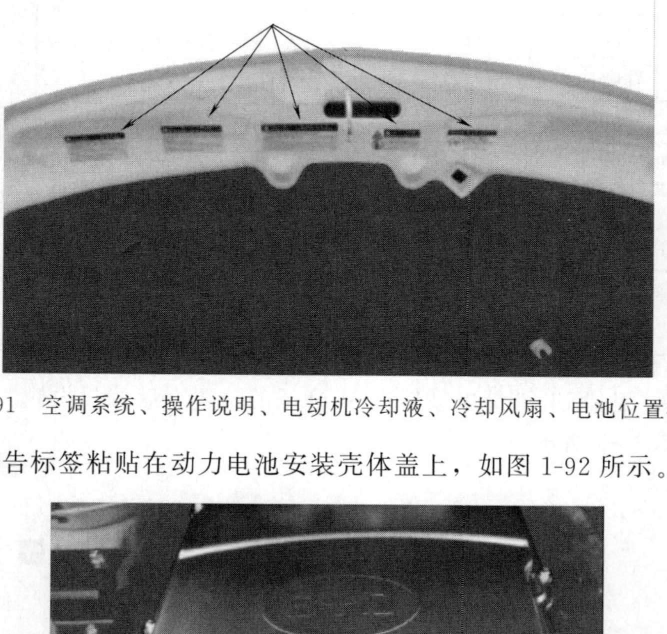

图 1-91　空调系统、操作说明、电动机冷却液、冷却风扇、电池位置标签

③ 动力电池警告标签粘贴在动力电池安装壳体盖上，如图 1-92 所示。

图 1-92　动力电池警告标签

④ 轮胎气压指示牌粘贴在左 B 柱下方，如图 1-93 所示。

⑤ 空气过滤器标签粘贴在仪表台右侧，如图 1-94 所示。

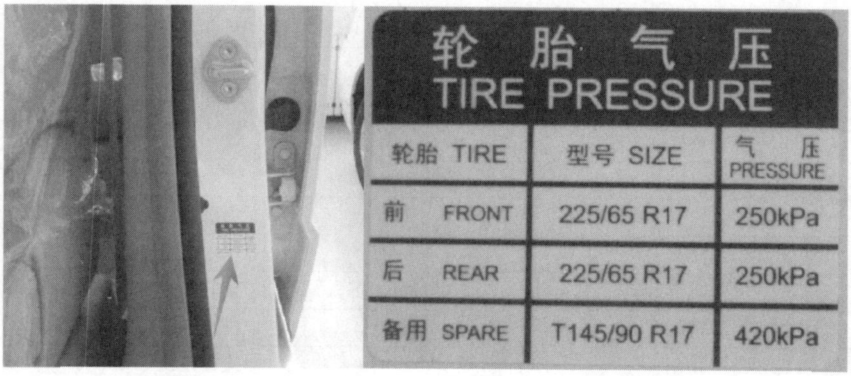

(a) 位置　　(b) 标签内容

图 1-93　轮胎气压指示牌

(a) 位置　　(b) 标签内容

图 1-94　空气过滤器标签

⑥ 高压系统标签粘贴在右侧仪表台下方，如图 1-95 所示。

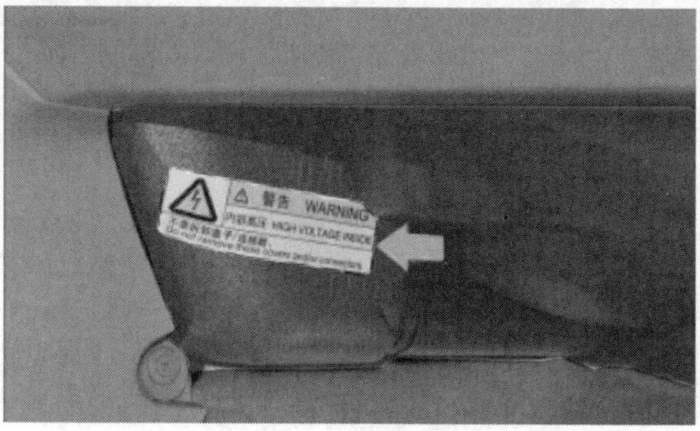

图 1-95　高压系统标签

3. 相关缩略语

与比亚迪 e6 纯电动轿车相关的缩略语，见表 1-11。

表 1-11　与比亚迪 e6 纯电动轿车相关的缩略语

ABS	防抱死制动系统	DOOR	门控
AUTO	自动	DVD	数字化视频光盘
CD	光盘	ECO	经济模式

续表

EPB	电子驻车	DVD-ROM	只读盘
HBA	液压制动辅助	EBD	制动力分配系统
HI	高	ECU	电子控制单元
ISOFIX	儿童安全座椅固定系统	ESP	电子车身稳定装置
MIST	点刮模式	HHC	上坡辅助
ODO	总里程	INT	间歇
SOC	电量百分比	LO	低
SRS	安全气囊系统	MODE	模式
TPMS	胎压监测系统	SD	内存卡
VCD	视频高密光盘	SPORT	运动模式
VIN	车辆识别代码	TCS	牵引力控制
VTOL	车对排插放电	USB	通用串行总线
AUDIO	收音机	VDC	车辆动态控制
AUX	辅助信号端子	VTOG	双向逆变充放电式电机控制器
Charge	充电	VTOV	车对车放电

二、比亚迪 e6 纯电动轿车配置与功能

1. 组合仪表

（1）组合仪表布置 比亚迪 e6 的组合仪表如图 1-96 所示。

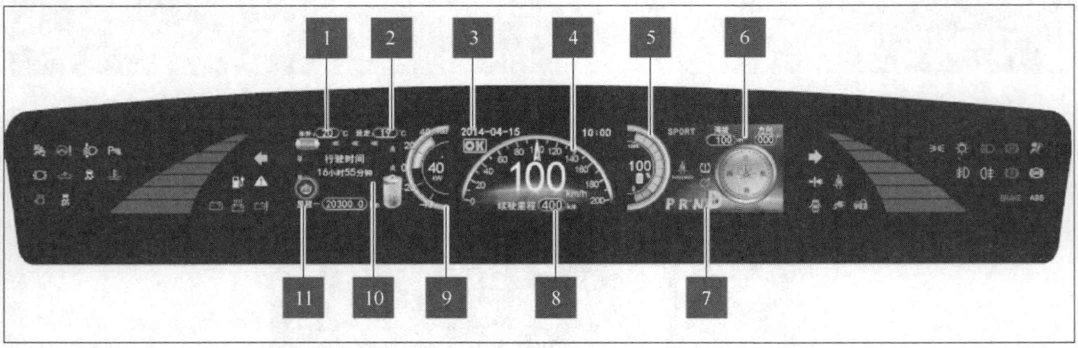

图 1-96 比亚迪 e6 组合仪表

1—车外温度指示；2—车内设定温度指示；3—时间指示；4—车速表；5—电池电量表；6—罗盘指示；7—挡拉指示；8—续驶里程表；9—功率表；10—能量流程图；11—里程表

（2）仪表指示灯 比亚迪 e6 的仪表指示灯图形及功能，见表 1-12。

表 1-12 比亚迪 e6 的仪表指示灯图形及功能

	车门及行李箱状态指示灯		前雾灯指示灯
	驾驶员座椅安全带指示灯*		转向信号指示灯
	SRS 故障警告灯*		电机冷却液温度过高警告灯*
	充电系统警告灯*		制动系统故障警告灯*

续表

	转向系统故障警告灯*		远光指示灯
	动力电池充电连接指示灯*		后雾灯指示灯
OK	OK 指示灯*		动力系统故障警告灯*
	电机过热警告灯*	ABS	ABS 故障警告灯*
	智能钥匙系统警告灯		动力电池过热警告灯*
SPORT	运动模式指示灯		动力电池电量低警告灯*
	定速巡航主显示指示灯(装有时)		动力电池故障警告灯*
P	倒车雷达开关状态指示灯(装有时)		胎压系统警告灯(装有时)*
	制动片磨损警告灯*		防盗指示灯
	ESP 故障警告灯(装有时)*	ECO	经济模式指示灯
	主警告指示灯	SET	定速巡航主控制指示灯(装有时)
PASSENGER	前排乘员座椅安全带指示灯*		倒车雷达提示信息(装有时)
2	前排乘员安全气囊开关状态指示灯*	P	电子驻车状态指示灯(装有时)*
	小灯指示灯	OFF	ESP OFF 指示灯(装有时)

注：表中带“*”的指示标记为保养提示指示灯。

① 制动系统故障警告灯。用于提示制动系统可能存在故障。当整车电源挡位处于“OK”时，此警告灯在下列情况点亮：

a. 制动液液位低时；

b. 使用了驻车制动器时；

c. 真空压力故障时；

d. EBD 故障时；

e. 电子驻车故障时；

f. 其他。

② 驾驶员座椅安全带指示灯。此指示灯将提醒驾驶人扣好座椅安全带。当整车电源挡位处于“OK”挡时，如果驾驶人座椅的安全带没有扣紧，则指示灯点亮。除非扣紧安全带，否则该指示灯持续点亮。

③ 前排乘员座椅安全带指示灯 PASSENGER。此灯将提醒前排乘员扣好座椅安全带。当整车电源挡位处于“OK”挡时，如果前排座椅的安全带没有扣紧，则指示灯点亮。除非扣紧安全带，否则该指示灯持续点亮。

④ 充电系统警告灯。

a. 充电时，此警告灯用于警告充电系统故障。

b. 放电时，此警告灯用于警告 VTOG 系统故障（在配备 VTOG 系统的车辆上）。

c. 非充/放电时，此警告灯用于警告 DC 模块的工作状态。

d. 如果在行驶中此警告灯点亮，表示 DC 系统有问题。应关闭空调、风扇、收音机等，建议将车辆开到最近的汽车授权服务店进行修理。

⑤ ABS 故障警告灯。

a. 当整车电源挡位处于“OK”挡时，此警告灯点亮。如果 ABS 工作正常，则几秒后此警告灯熄灭。此后，如果系统发生故障，此警告灯将再次点亮。

b. 当此警告灯点亮时（制动系统警告灯熄灭），ABS 不工作，但制动系统仍将正常工作。但由于 ABS 不工作，在紧急制动或在较滑的路面上制动时车轮将会抱死。

c. 当整车电源挡位处于“OK”挡时，此警告灯不亮或持续点亮，或者在驾驶中此警告灯点亮，表示由此警告灯系统监控的部件发生故障。建议尽快与汽车授权服务店联系检查车辆。

d. 在操作中此警告灯短暂点亮，不表示有问题。

⑥ SRS 故障警告灯。

a. 当整车电源挡位处于“OK”挡时，此警告灯点亮。如果 SRS 工作正常，则几秒后此警告灯熄灭。此后，如果系统发生故障，此警告灯将再次点亮。

b. 此警告灯系统用于监控 SRS ECU、碰撞传感器、充气装置、警告灯、接线和电源。

c. 当整车电源挡位处于“OK”挡时，此警告灯不亮或持续点亮，或者驾驶中此警告灯点亮或闪烁，表示由此警告灯系统监控的部件发生故障。建议尽快与汽车授权服务店联系检查车辆。

⑦ 电机冷却液温度过高警告灯。

a. 当整车电源挡位处于“OK”挡时，此警告灯显示电动机冷却液的温度。正常运转时，指针应自底部标记处上升到中间位置。

b. 在酷暑季节或长时间爬坡、高速行驶时，电动机可能产生过热现象。如果冷却液温度表指针移到红色标记区，此警告灯变红，同时信息显示屏显示“电机冷却液温度过高”，应立即将车辆停靠在安全路段，使电动机降温。建议尽快与汽车授权服务店联系检查车辆。

⑧ 动力系统故障警告灯。

a. 如果动力系统发生故障，此灯点亮。

b. 当整车电源挡位处于“OK”挡时，此警告灯持续点亮，或驾驶中此警告灯点亮及当整车电源挡位处于“OFF”挡时，此警告灯点亮，均表示由此警告灯系统监控的部件发生故障。建议尽快与汽车授权服务店联系检查车辆。

c. 在操作中此警告灯短暂点亮不表示有问题。

⑨ 电机过热警告灯。

a. 如果此警告灯点亮，表示电动机温度太高，须停车并使电动机降温。

b. 在下列工作条件下，电动机可能会产生过热现象。

(a) 在炎热的天气进行长途爬坡。

(b) 在停停走走的交通状态，频繁急加速、急刹车的状况；或车辆长时间运转得不到休息的状况。

(c) 拖拽挂车或冷却液不足。

⑩ 转向系统故障警告灯。

a. 当整车电源挡位处于“OK”挡时，此警告灯点亮。如果 EPS 工作正常，则几秒后此警告灯熄灭。此后，如果系统发生故障，此警告灯将再次点亮。

b. 当整车电源挡位处于“OK”挡时，此警告灯不亮或持续点亮，或者驾驶中此警告灯点亮或闪烁，表示由此警告灯系统监控的部件发生故障。建议尽快与汽车授权服务店联系检查车辆。

⑪ 动力电池故障警告灯。

a. 当整车电源挡位处于“OK”挡时，此警告灯点亮。如果动力电池系统工作正常，则几秒后此警告灯熄灭。此后，如果系统发生故障，此警告灯将再次点亮。

b. 当整车电源挡位处于“OK”挡时，此警告灯不亮或持续点亮，或者驾驶中此警告灯点亮或闪烁，表示由此警告灯系统监控的部件发生故障。建议尽快与汽车授权服务店联系检查车辆。

⑫ 动力电池过热警告灯。

a. 如果此警告灯点亮，表示动力电池温度太高，须停车降温。

b. 在下列工作条件下，动力电池可能会产生过热现象。

(a) 在炎热的天气进行长途爬坡。

(b) 在停停走走的交通状态，频繁急加速、急刹车的状况；或车辆长时间运转得不到休息的状况。

(c) 拖拽挂车。

⑬ 动力电池电量低警告灯。当动力电池的电量接近用完时此警告灯点亮，须尽快给电池充电。

⑭ 动力电池充电连接指示灯。当连接充/放电枪后，此指示灯点亮。如果需要行驶车辆，须断开充电枪后再上电。

⑮ OK 指示灯 OK。此指示灯点亮表示车辆系统工作正常，处于可行驶状态。

⑯ 前排乘员安全气囊开关状态指示灯。此指示灯点亮表示副驾驶座椅安全气囊处于关闭状态。

⑰ 胎压系统警告灯（选配）(!)。

a. 当整车电源挡位处于“OK”挡时，此警告灯点亮。如果胎压监测系统工作正常，则几秒后此警告灯熄灭。此后，如果系统发生故障，此警告灯将再次点亮。

b. 当胎压系统警告灯点亮或闪烁，同时组合仪表显示“请检查胎压监测系统”，胎压显示界面数值显示“---”时，表示胎压系统有故障。

c. 当胎压系统警告灯快速闪烁，同时组合仪表胎压显示界面有一个或多个数值位变红时，表示对应轮胎处于快速漏气状态。

d. 当胎压系统警告灯常亮，同时组合仪表胎压显示界面有一个或多个数值位变黄时，表示对应轮胎处于欠压状态。

e. 如果发生上述任何一种情况，建议尽快与汽车授权服务店联系检查车辆。

⑱ 制动片磨损警告灯。此指示灯点亮表示制动片过薄，须尽快更换制动片。

⑲ 电子驻车状态指示灯（选配）(P)。

a. 当整车电源挡位处于“OK”挡时，如果电子驻车启动，则此指示灯点亮。释放电子驻车后，此指示灯熄灭。

b. 如果发生下列任何一种情况，均表示由此警告灯系统监控的部件发生故障，建议尽快与汽车授权服务店联系检查车辆。

(a) 当整车电源挡位处于“OK”挡时，启动电子驻车后，此指示灯不亮；释放电子驻车后，此灯持续发亮。

(b) 释放电子驻车后，在驾驶过程中此指示灯点亮。

⑳ ESP 故障警告灯（选配）。

a. 当整车电源挡位处于“OK”挡时，此警告灯点亮。如果 ESP 工作正常，则几秒后此警告灯熄灭。此后，如果系统发生故障，此警告灯将再次点亮。

b. 当 ESP 警告灯点亮，ESP 将不起作用。

c. 当整车电源挡位处于“OK”挡时，此警告灯不亮或持续点亮，或者驾驶中此警告灯点亮，表示由此警告灯系统监控的部件发生故障。建议尽快与汽车授权服务店联系检查车辆。

d. 在操作中此警告灯短暂点亮不表示有问题。

（3）组合仪表信息

① 车速表（图 1-97）。整车电源挡位处于“OK”挡时，此表指示车辆行驶车速。此表默认显示单位为 km/h，可通过菜单中的单位设置选择 mph。具体操作方法见本任务技能学习部分内容。

② 电池电量表（图 1-98）。整车电源挡位处于“OK”挡时，此表指示当前车辆动力电池预计剩余的电量。当指示条将要或已经进入红色区域时，应尽快对动力电池充电。另外，如果动力电池电量低警告灯点亮，同时信息显示屏显示“请及时充电”，表示当前动力电池电量低，需尽快对动力电池充电。

图 1-97　比亚迪 e6 车速表

图 1-98　比亚迪 e6 电池电量表

③ 功率表（图 1-99）。功率表显示当前模式下整车的实时功率。此表默认用 kW 来指示整车的功率，可通过菜单中的单位设置选择 hp。在车辆下坡或靠惯性行驶时，功率指示值可能为负值，表示正在进行能量回收，回收的能量可对动力电池充电。

④ 车外温度指示（图 1-100）。显示当前车外温度，可显示的温度范围为－40～50℃。

⑤ 车内温度设定指示（见图 1-100）。显示空调当前设定的车内温度。温度设定值低于 18℃时显示“Lo”，温度设定值高于 32℃时显示“Hi”。

⑥ 里程表（见图 1-100）。显示已行驶总里程数或短程里程数（可设置两个短程，分别为里程一和里程二）。里程表默认单位为 km，可通过菜单中的单位设置选择 mile。

a. 显示切换。要变换仪表的显示时，迅速按下并释放里程切换开关（图 1-101 中箭头所指）。每按一次，仪表将循环显示总里程（ODO）→里程一（TRIP A）→里程二（TRIP B）

→总里程（ODO）。

b. 清零。要使短程表清零时，先显示出该短程表（TRIP A 或 TRIP B）的读数，然后按住里程切换开关直到仪表被设定为零为止。

⑦ 时间显示（图 1-102）。显示日期和时钟。

图 1-99　比亚迪 e6 功率表

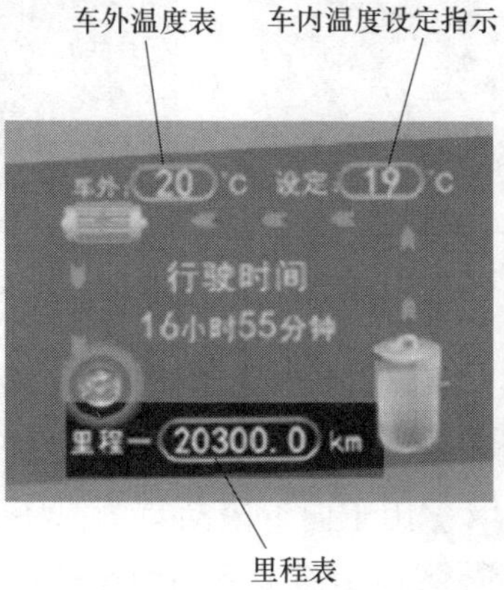

图 1-100　比亚迪 e6 车外温度表、车内温度设定指示及里程表

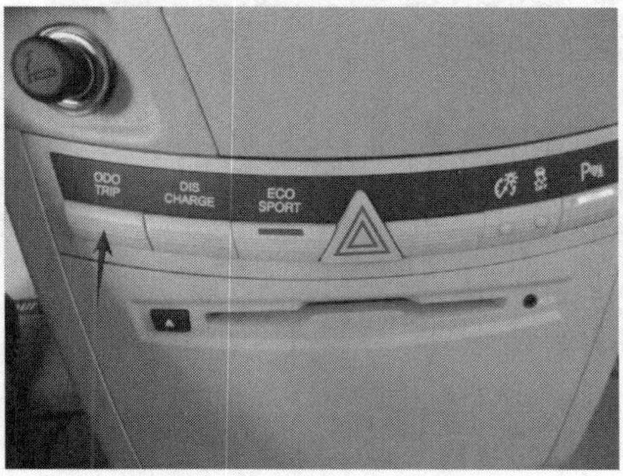

图 1-101　里程切换开关

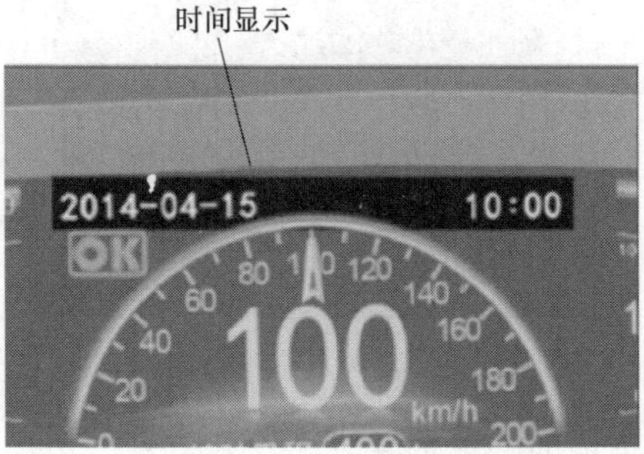

图 1-102　时间显示

⑧ 续驶里程显示（图 1-103）。显示可以继续行驶里程的近似值。此表默认单位为 km，可通过菜单中的单位设置选择 mile。如果显示的续驶里程较低，应及时对动力电池充电。

⑨ 罗盘指示（选配，图 1-104）。指示当前车辆行驶方向及当前位置的海拔高度。

图 1-103　续驶里程显示

图 1-104　罗盘指示

⑩ 能量流程图。指示当前电流的流动方向。出租版车型和豪华版车型显示方式不同，如图 1-105 所示。

⑪ 挡位指示。换挡杆在某挡位时，高亮放大显示当前挡位，如图 1-106 所示。

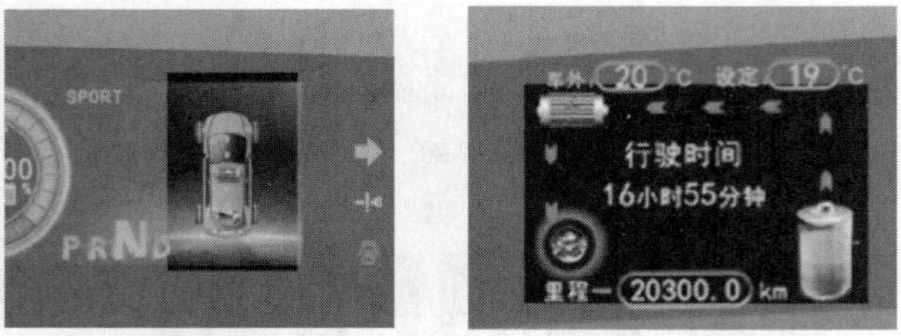

(a) 出租版　　(b) 豪华版

图 1-105　能量流程图

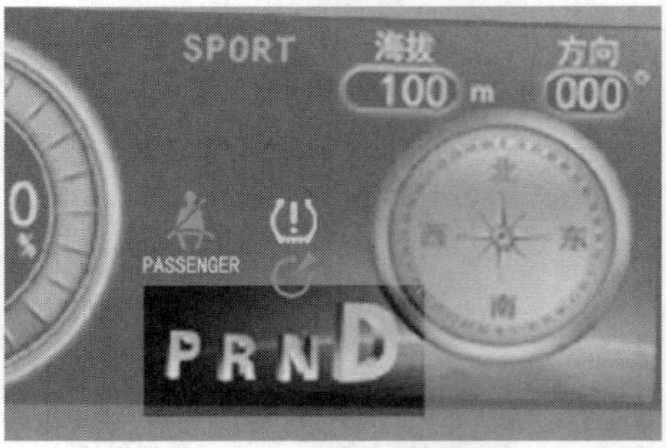

图 1-106　挡位指示

（4）菜单调节　通过转向盘按键（图 1-107 中方框内所指）可进入调节菜单。

① 用于确认选定的菜单项。

② 用于向上滚动菜单选择条。

③ 用于向下滚动菜单选择条。

显示的菜单结构如图 1-108 所示。

图 1-107　转向盘上的菜单按键

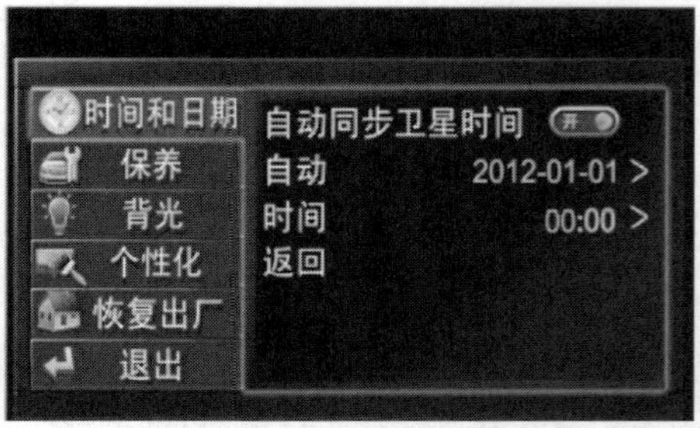

图 1-108　菜单结构

菜单的功能如下：

① 时间或日期。设置当前日期和时钟。显示项与功能见表 1-13。

② 保养设置。设置保养功能及状态，如图 1-109 所示。

表 1-13　时间和日期显示项与功能

显示项	功能
自动同步卫星时间（装有时）	开启/关闭自动同步卫星时间 开启后仪表根据 GPS 时间自动校准
日期	设置当前日期：2015-01-01
时间	设置当前时间：00：00
返回	退出日期设置菜单，返回上一层菜单

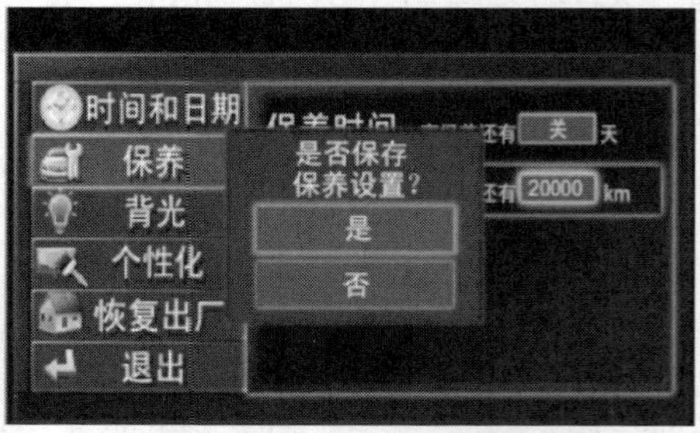

图 1-109　保养设置界面

a. 保养功能开启。若保养快到期或已经到期，每次启动车辆时，信息显示屏上会显示相应的提示信息。

b. 保养时间和保养里程。设置保养时间和保养里程状态，如图 1-110 所示。该界面显示项及功能见表 1-14 和表 1-15。

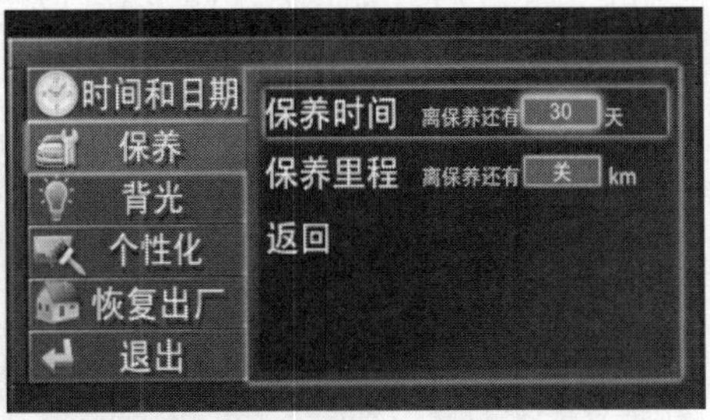

图 1-110 保养时间和保养里程显示界面

表 1-14 保养时间显示界面显示项和功能

显示项	功 能
保养时间	菜单名
X 天 或者“关”	当前设定的保养时间 或如已关闭该功能，则显示“关”
+30 天	以 30 天为步长增加保养时间
-30 天	以 30 天为步长减少保养时间
清零	将保养时间清零
返回	退出保养时间菜单，返回上一层菜单

表 1-15 保养里程显示界面显示项和功能

显示项	功 能
保养里程	菜单名
X km 或者“关”	当前设定的保养里程 或如已关闭该功能，则显示“关”
开启/关闭	开启或关闭保养里程功能
+500km	以 500km 为步长增加保养里程
-500km	以 500km 为步长减少保养里程
清零	将保养里程清零
返回	退出保养里程菜单，返回上一层菜单

③ 背光。设置两侧装饰效果的主题色彩，如图 1-111 所示。

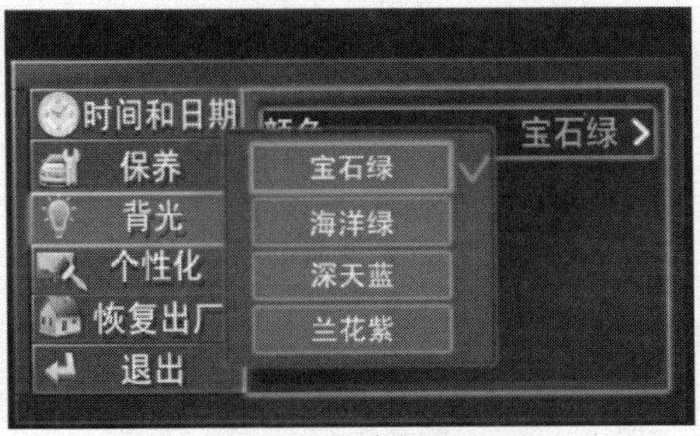

图 1-111 背光设置

④ 个性化设置。设置个性化功能，如图 1-112 所示。

a. 语言。设置显示语言类型，如图 1-113 所示。

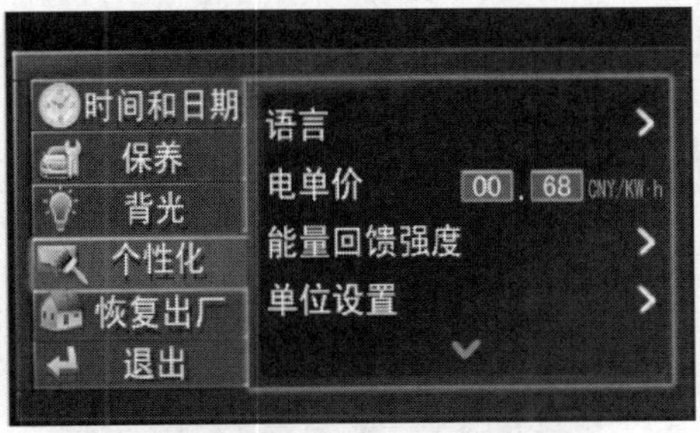

图 1-112 个性化设置

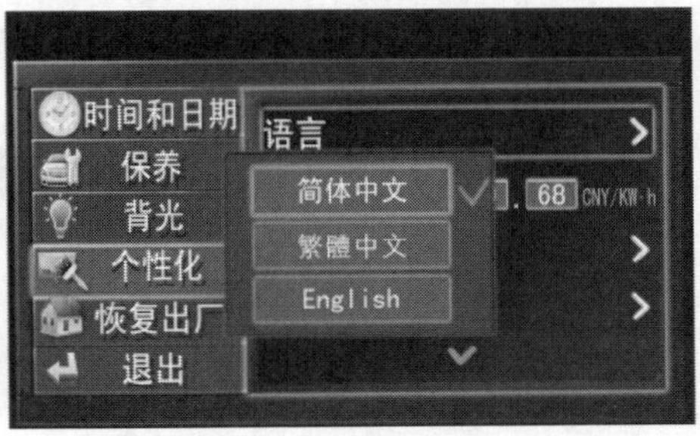

图 1-113 语言设置

b. 电单价设置。如图 1-114 所示，电单价设置完成后，仪表会根据当前电单价重新计算最近 50km 的平均电耗费用。其显示项与功能见表 1-16。

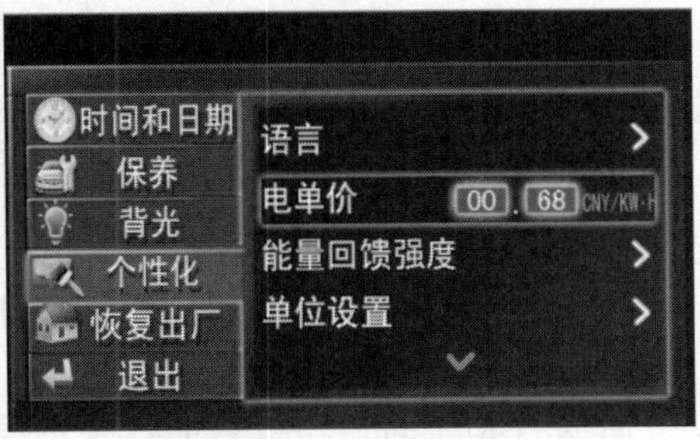

图 1-114 电单价设置

表 1-16 电单价设置界面显示项及功能

显示项	功 能
电单价	设置当前电单价(市电 1kW·h 的费用)
00.68	以 1 为步长，通过选择按键向下递减或向上递加，设置范围 00.00～99.99

c. 能量回馈强度。如图 1-115 所示，用于设置电池包回馈电量的大小，可选择标准和较大回馈电量。

d. 单位设置。设置货币种类，距离、温度、功率和压力单位，如图 1-116 所示。该界面的显示项及功能见表 1-17。

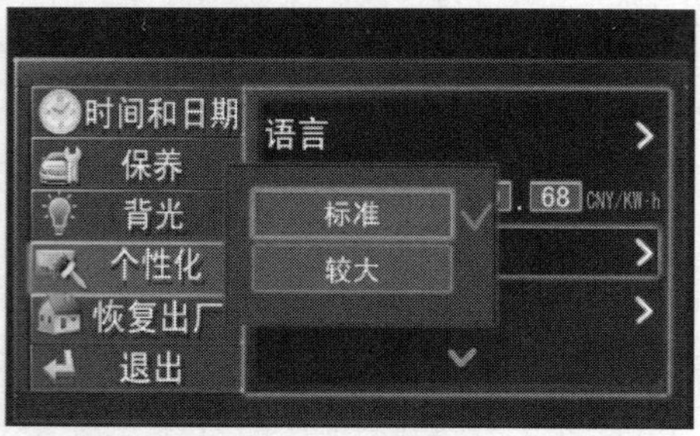

图 1-115　能量回馈强度显示

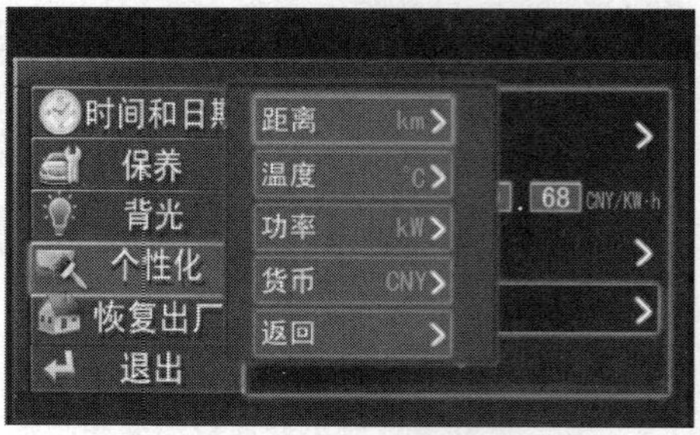

图 1-116　单位设置界面

e. 门自动落锁（选配，图 1-117）。用于开启或关闭当车速达到 20km/h 时，系统自动闭锁所有车门的功能。

表 1-17　单位设置界面显示项与功能

显示项	功　能
货币	设置货币的种类，CNY/USD
距离	设置距离的单位：km/mile
温度	设置温度的单位：℃/℉
功能	设置功能单位：kW/hp
轮胎压力（装有时）	设置压力单位：kPa/psi/bar

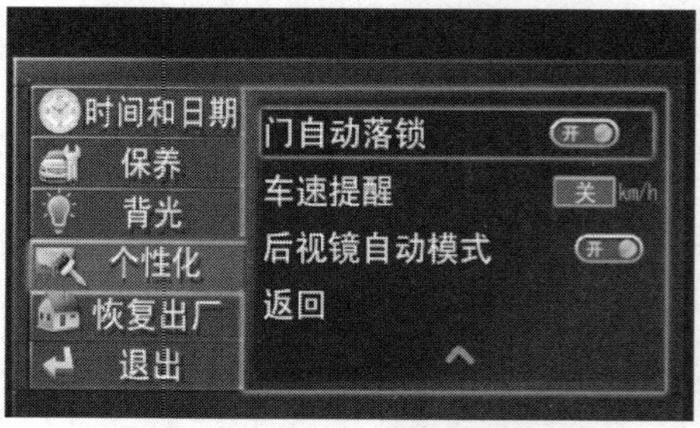

图 1-117　门自动落锁显示

f. 车速提醒（见图 1-117）。设定车速报警值。若车速达到设定的报警值，则仪表显示屏会显示报警信息。该显示界面的显示项及功能见表 1-18。

g. 后视镜自动模式（见图 1-117）。开启或关闭用钥匙锁车时后视镜自动折叠功能。

（5）行车信息　通过转向盘上的选择▼和▲选择键选择查看各类行车信息，如图 1-118 所示。

表 1-18　车速提醒显示界面显示项及功能

显示项	功　能
车速报警	菜单名
X km/h 或者“关”	当前设定的报警车速 或如已关闭该功能，则显示“关”
开启/关闭	开启或关闭车速报警功能
+10km/h	以 10km/h 为步长提高报警车速
−10km/h	以 10km/h 为步长降低报警车速
返回	退出车速报警菜单，返回上一层菜单

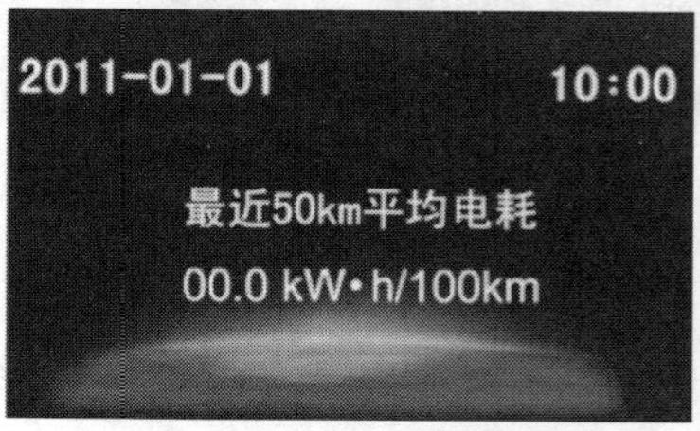

图 1-118　行车信息显示

① 最近 50km 平均电耗。自重新设置后至当前状态的最近 50km 平均电耗；长按转向盘上的确定键，可对此信息及电耗费用进行复位。

② 最近 50km 平均电耗费用。自重新设置后至当前状态的最近 50km 平均电耗费用，由最近 50km 平均电耗和电单价计算所得；长按转向盘上的确定键，可对此信息及电耗费用进行复位。

③ 行驶时间。驱动电机启动后或自上次重新设置后的行驶时间；长按转向盘上的确定键，可对此信息进行清零。

④ 平均车速。自上次重新设置后至当前状态的平均车速；长按转向盘上的确定键，可对此信息进行复位。

（6）故障、提示信息

① 充电提示信息。

a. “充电连接中，请稍候”表示充电设备与车辆正在通信。

b. “连接已成功，正在充电”表示充电设备与车辆通信成功，可正常充电。

c. “请按转向盘【选择】、【确定】按键设置预约充电开始时间”表示按说明操作重新设置预约开始时间。

d. “离充电开始还有××小时××分钟”为充电倒计时提醒。

e. “充电已结束，请断开充电枪”为充电结束提醒。

② 放电提示信息。“请按转向盘【选择】、【确定】按键设置放电模式”（选配）表示车辆处于“OFF”挡未充电状态，按下放电开关，即可进行放电模式设置。在显示界面上共有VTOL、VTOV和VTOG三种模式供选择，如图1-119所示。

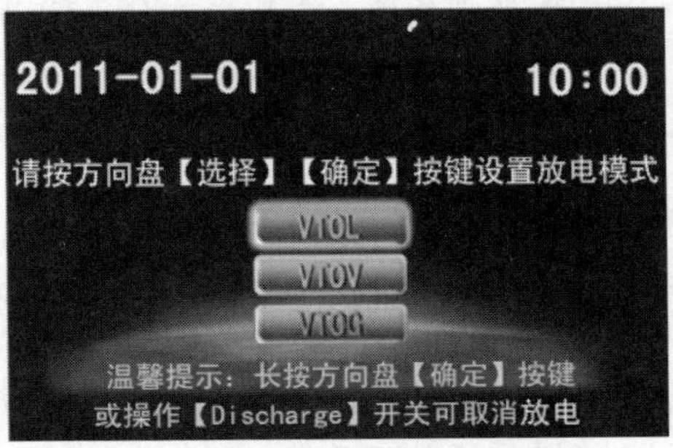

图 1-119　比亚迪 e6 放电模式选择界面

③ 故障提示信息。

“请检查充电系统”在充电时显示此信息，表示充电系统故障；在电源为“OK”挡时出现此信息，表示DC/DC转换器故障，应立即停车。

“请检查充电设备”表示充电柜、充电枪等相关充电设备故障。

“请检查放电设备”表示放电设备异常，应检查放电设备是否与选择的放电模式一致。

“动力电池电量过低，请停止放电”表示动力电池电量过低，提示用户停止放电。

“请检查动力系统”表示动力系统存在相关故障。

“电机及控制器温度过高”表示电机控制器温度高，应立即停车并与授权服务店联系检查车辆。

“请检查电网系统”表示充电时电网出现故障，例如停电等。

“请检查制动系统”表示制动液液位过低或制动系统故障，应立即停车并与授权服务店联系检查车辆。

“请检查转向系统”表示电动助力转向系统故障，应立即停车并与授权服务店联系检查车辆。

“请检查胎压监测系统”（选配）表示胎压监测系统故障，应立即停车并与授权服务店联系检查车辆。

“请检查ABS系统”表示ABS故障或制动系统故障，应立即停车并与授权服务店联系检查车辆。

“电机冷却液温度过高”表示电机冷却液温度过高，应立即停车并与授权服务店联系检查车辆。

“冷却液液位低”表示电池冷却液液位过低，应立即停车并与授权服务店联系检查车辆。

“请检查车辆网络”表示车辆网络系统异常，应立即停车并与授权服务店联系检查车辆。

“请检查SRS”表示SRS系统故障，应立即停车并与授权服务店联系检查车辆。

“请检查ESP”表示ESP系统故障，应立即停车并与授权服务店联系检查车辆。

“请检查制动片”表示制动片厚度不足，应立即停车并与授权服务店联系检查车辆。

“驻车制动未解除”车速超过5km/h时，驻车制动开关未完全断开，伴随报警声音提示。

“请释放电子驻车”（选配）。车速超过 5km/h 时，电子驻车制动开关未完全断开，伴随报警声音提示。

“切换到 P 挡”提示应该将挡位选择至 P 挡位。

“车速超过×××km/h”表示实际车速已达到设定的车速报警值。

“请及时充电”可用的电量较低时显示，并伴随报警声。

“车辆进行限功率模式，请低速慢行”表示动力系统异常，应立即停车并与授权服务店联系检查车辆。

“离保养还有×××天”“离保养还有×××km”保养时间即将到期时显示，提示车主准备保养车辆。

“立即保养”表示保养时间或里程已经到期，提示车主及时保养车辆。

“未检测到钥匙”若钥匙未在可探测到的区域，当按下“POWER”按键后显示此信息。

“钥匙电池电量低”提示应更换钥匙电池。

“请踩住制动踏板，解除电子驻车”（选配）。电子驻车解除操作提示，当不踩制动踏板按下 EPB 开关时显示此提示。

“电子驻车已启动”（选配）表示已启动电子驻车。

“电子驻车已解除”（选配）表示已解除电子驻车。

“已启动，可挂挡行驶”表示车辆状态良好，可以挂 D 挡行驶。

“车辆处于可行驶状态，请小心驾驶”表示车辆已经启动，可以挂挡行驶。

“仅停车状态下设置”有车速（行车中）时打开菜单界面会显示此信息，表示此时不可进行相关设置。

“启动时，踩下制动踏板，同时按下启动按钮，待 OK 灯点亮后可挂挡行驶”。OFF 挡时操作启动按钮，但没有踩制动踏板时提示。

2. 放电功能

比亚迪 e6 具有车辆对外放电功能（选配），即 VTOG（双向逆变充/放电）控制器能够实现为充电桩或壁挂式充电盒提供交流电的功能，通过放电模式设置，即可实现对车外不同种类的负载供电。

比亚迪 e6 有两种对外放电模式，即车辆对用电设备放电模式“VTOL”和车辆对车辆放电模式“VTOV”。“VTOL”放电模式用于车辆对用电设备放电，可实现小功率电网供电功能；“VTOV”放电模式用于车辆对车辆放电，可实现车辆对车辆充电功能。

3. 电子驻车

在副仪表台上设置有电子驻车（EPB）开关（选配），如图 1-120 所示。向上拉起此开关，即可实现驻车功能，从而取代传统的操纵杆式手动操作。

4. 定速巡航

定速巡航控制（选配）可以在不踩加速踏板的情况下，保持 40km/h 的默认车速（或人工预设车速）行驶。其控制键位于转向盘右侧，如图 1-121 所示。

5. 胎压监测系统

（1）系统说明 胎压监测系统（TPMS）（选配）是实时监测轮胎气压等参数，并以视觉信号、听觉信号进行显示和报警，以提高整车行驶安全性和舒适性，并减少因气压不足造成轮胎加速磨损和车辆能耗增加的辅助系统。

该系统由胎压监测模块、胎压监测控制模块、胎压监测接收模块和显示部分组成。其中胎压监测模块安装在轮胎的气门嘴上，胎压监测控制模块安装在车厢内部，胎压监测接收模块安装在车厢外部（与胎压监测模块距离位置较近，便于信号的可靠接收），显示部分由仪

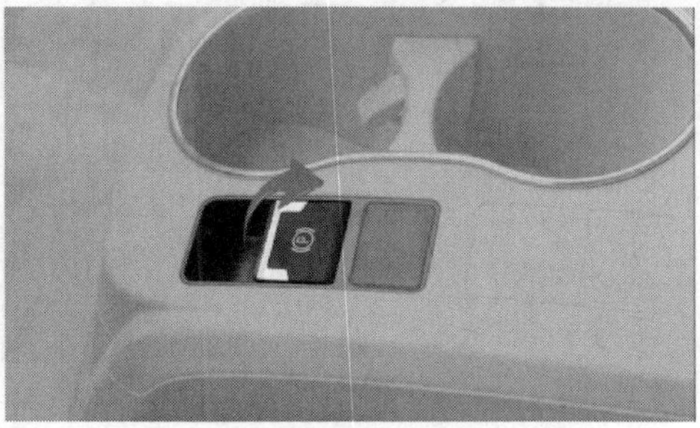

图 1-120　EPB 开关

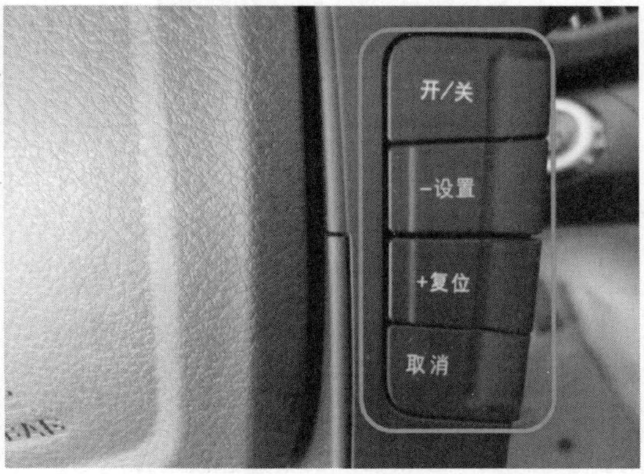

图 1-121　定速巡行控制键

表实现。

仪表信息分为行车信息和提示信息，没有提示信息时，一直显示行车信息，用户可通过转向盘上的按键选择胎压的显示界面。比亚迪 e6 胎压的标准压力值为 250kPa。压力数据根据单位值显示相应内容，共有三个单位供切换，即 kPa→psi→bar。单位为 kPa 或 psi 时，显示精度为 1；单位为 bar 时，显示精度为 0.1。四个轮胎的压力为同时切换。

温度数据根据单位显示相应内容。共有两个单位供切换，即℃→℉，显示精度均为 1。四个轮胎的温度单位为同时切换。

（2）系统功能

① 开机报警。轮胎在车辆断电时已处于低压状态，当车辆上电后，立即发出低压报警，以提示给轮胎充气。

② 胎压过低报警。当四个轮胎中的任意一个轮胎压力低于标准胎压值的 75%，且在系统运行的状态下，TPMS 会在 6s 内发出胎压过低报警信号，并指明低压轮胎的位置。低压报警之后就应给轮胎充气至标准压力，当胎压大于标准压力的 90%时，低压报警自动取消。

③ 快速漏气报警。系统在运行状态时，当一个或多个外轮胎漏气，且速率大于等于 30kPa/min 时，TPMS 会在 1min 内发出快速漏气报警信号，并指明漏气轮胎的位置。

④ 信号异常报警。在系统运行状态下，系统自检，发现故障后发出报警信号。

⑤ 实时显示轮胎压力值。TPMS 在运行状态下，能够实时显示每个轮胎的压力值。

6. 驻车辅助系统

驻车辅助系统（选配）是帮助倒车的一种方式。在车辆驻车时，驻车辅助系统通过 DVD（先配）和仪表上的图像显示车辆与障碍物之间的距离，并有蜂鸣器报警提示。驻车辅助系统通过传感器来探测障碍物，比亚迪 e6 的驻车辅助系统共有 6 个传感器，如图 1-122 所示。

7. 倒车雷达

倒车雷达（选配）电源开关位于 CD 下方的开关组上，如图 1-123 所示。当电源挡位为“OK”挡时，倒车雷达电源开关打开，系统工作。

倒车雷达电源开关默认为开启，指示灯点亮。车辆挂入倒挡时，倒车雷达开启，车辆周围有障碍物时，根据障碍物的方位及车辆与障碍物之间的距离，相应的图像将在 DVD 和仪表上显示并有蜂鸣提示。

如需关闭系统，按下倒车雷达开关即可。

后中央传感器工作时，探测距离、显示方式和报警方式见表 1-19。

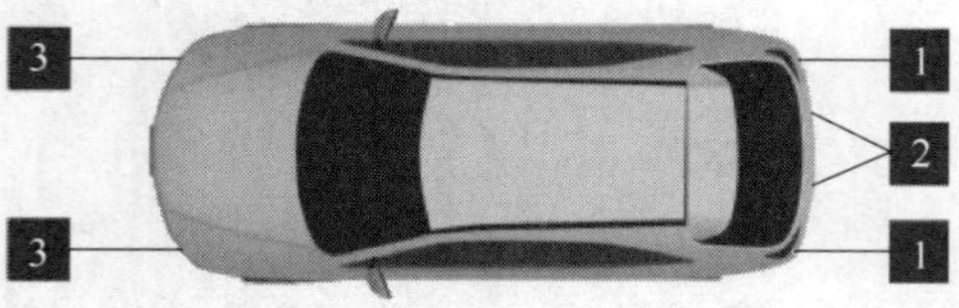

图 1-122　驻车辅助系统传感器布置

1—后角传感器；2—后中央传感器；3—前角传感器

图 1-123　倒车雷达开关

表 1-19　后中央传感器工作示例

大致距离/mm	DVD 显示示例	仪表显示示例	报警声
800～1200		 慢闪	慢速
500～800		 快闪	快速
约 500 或更小		 长亮	长鸣

后角传感器工作时，探测距离、显示方式和报警方式见表 1-20。

表 1-20　后角传感器工作示例

大致距离/mm	DVD 显示示例	仪表显示示例	报警声
500～600		 快闪	快速
约 500 或更小		 长亮	长鸣

前角传感器工作时，探测距离、显示方式和报警方式见表 1-21。

各传感器的探测范围如图 1-124 所示。

表 1-21　前角传感器工作示例

大致距离/mm	DVD 显示比例	仪表显示示例	报警声
500～600		 快闪	快速
500 或更小		 长亮	长鸣

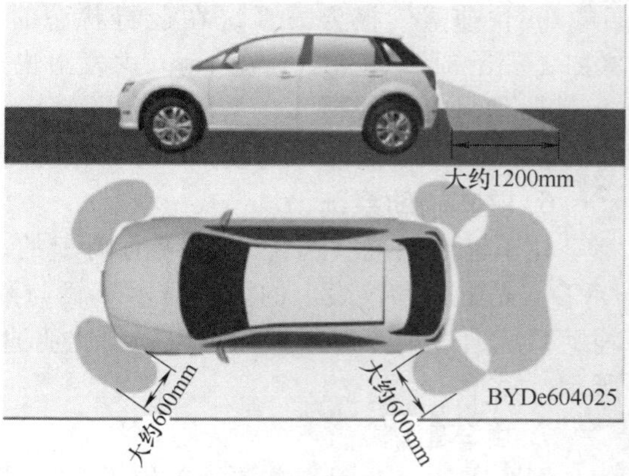

图 1-124　各传感器探测范围

8. 防抱死制动系统

防抱死制动系统（ABS）是一个复杂的系统，其主要功能是在制动时防止车轮抱死，从而提高车辆的稳定性。ABS 对缩短制动距离效果不大。

ABS 具有自检功能，如果系统发生任何故障，仪表盘上的 ABS 指示灯会点亮，这意味着 ABS 功能可能失灵，但常规制动仍然可以正常工作。

9. 车身稳定控制系统

车身稳定控制系统（EPS）（选配）集成 ABS、VDC 和 TCS 三个功能模块，另外集成 HHC 和 HBA 两个增值子功能。

（1） VDC（车辆动态控制） 在车辆行驶过程中突然转向时，VDC 根据转向盘转角和车速等信息确定驾驶人的驾驶意图，并持续与车辆实际状况进行对比，如果车辆出现偏离正常行驶路线的情况，VDC 将通过对相应的车轮施加制动进行修正，以帮助驾驶人控制侧滑，保持车辆的方向稳定。

（2） TCS（牵引力控制） TCS 通过降低电动机输出扭矩防止车辆的驱动轮在加速行驶时打滑，必要时施加制动力控制，以防止驱动轮空转。在不利的行驶条件下，TCS 可使车辆易于起步、加速和爬坡。

（3） HHC（上坡辅助控制） 在松开制动踏板后，HHC 能够保持驾驶人所施加的制动力，约有 1s 时间将脚从制动踏板移动到加速踏板，防止停在坡上的车辆后溜。

（4） HBA（液压制动辅助） 驾驶人快速踩下制动踏板时，HBA 能识别出车辆处于紧急状态，迅速将制动压力提高至最大值，从而使 ABS 更迅速介入，有效地缩短制动距离。

10. 熔断丝与继电器

比亚迪 e6 共有 2 个位置设置熔断丝盒，分别在前舱和驾驶席仪表板下方，如图 1-125 所示。

(a) 前舱位置熔断丝盒

(b) 驾驶席位置熔断丝盒

图 1-125　熔断丝盒位置

前舱熔断丝盒标牌如图 1-126 所示。驾驶席熔断丝盒标牌如图 1-127 所示。

三、雪佛兰 Volt 增程式电动汽车

1. 增程式电动汽车简介

增程式电动汽车是一种配有地面充电和车载供电功能的纯电动汽车（也有将其归类于混合动力车）。装载的电池满足日常行驶的动力需要，当超出了电池电力供应能力范围时，由其他的动力源为电池组充电继续驱动车轮行驶。电池组可由地面充电桩充电或由车载发动机充电。整车运行模式可根据需要工作于纯电动模式和增程模式。

增程式电动汽车的工作模式与插电式混合动力汽车非常类似，两者都可以工作在纯电动模式下，电池组都具有外接充电方式和发动机充电方式。增程式电动汽车和插电式混合动力汽车的主要区别是：混合动力汽车基本依靠内燃机行驶，电力只是补充，无法依靠纯电力行驶太远；而增程式电动汽车，动力来源都是电力，发动机只是为电池充电从而达到足够的续驶里程。

增程式电动汽车的品牌车型很多，如江淮增程式电动车、广汽传祺 GA5 增程式电动车、宝马 i3 增程式电动车、奇瑞 S18D 增程式电动车等，增程式电动汽车的典型代表是雪佛兰 Volt，虽然 Volt 搭载了一款小型发动机，但其设计理念是以纯电动为主。在电池电量充足的情况下，驱动车辆的能量全部由电池提供，只有在电池电量不足的时候，会启动发动机给

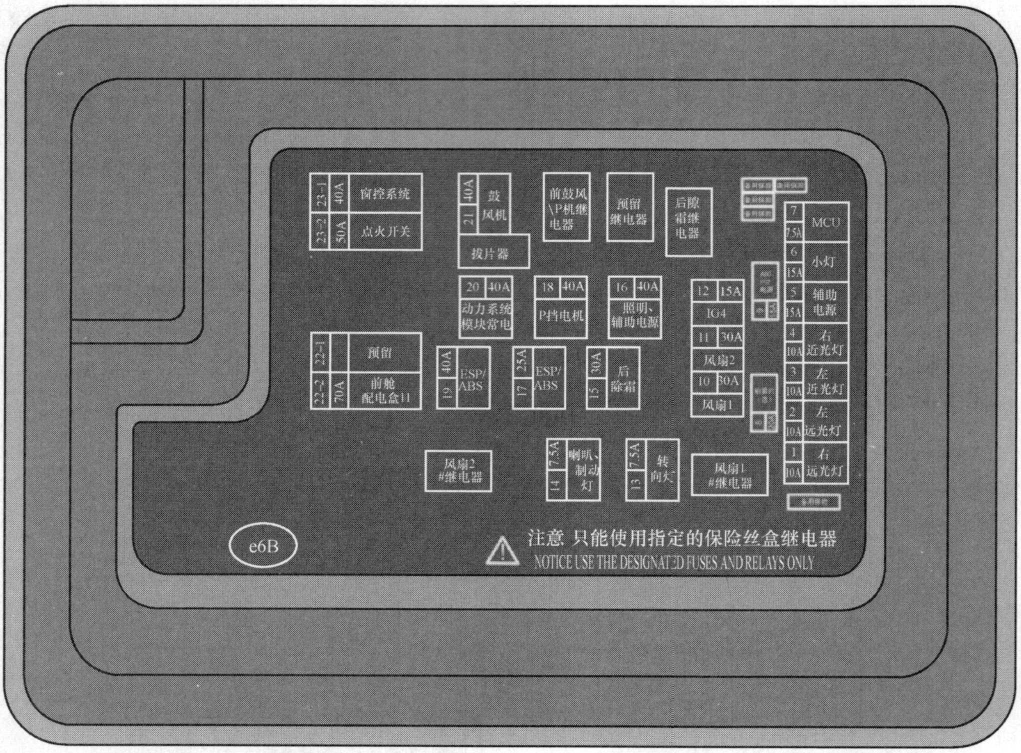

图 1-126　前舱熔断丝盒标牌

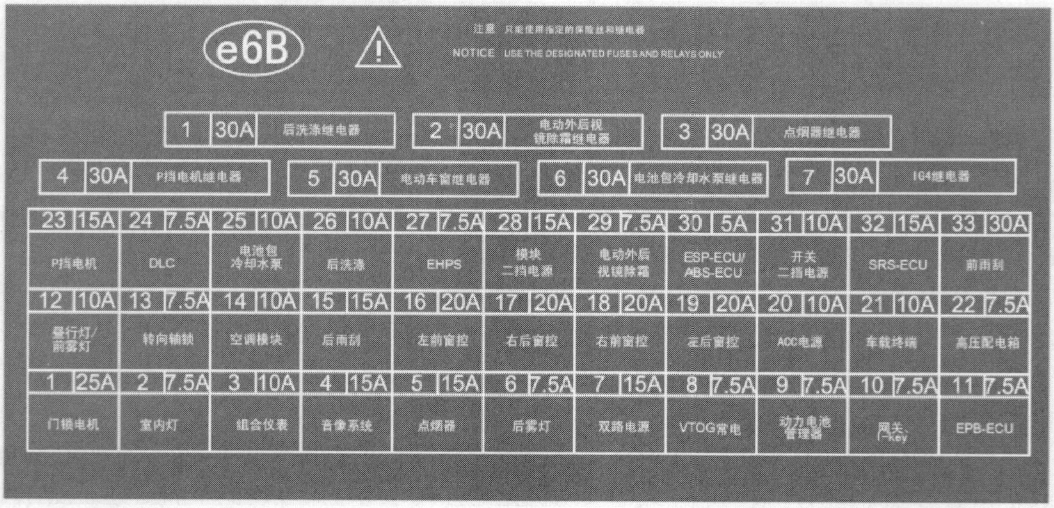

图 1-127　驾驶席熔断丝盒标牌

电池充电。雪佛兰 Volt 电动汽车主要装置布置如图 1-128 所示。

2. Volt 动力系统布置

如图 1-129 所示，Volt 的动力系统采用前置前驱方式，充电接口位于车辆侧前方，T 形锂离子电池组布置在中部。动力系统由两台电动机和一个内燃机组成，通过三组离合器和一个行星轮连接，实现不同的工作模式，以适应行驶工况的需求。

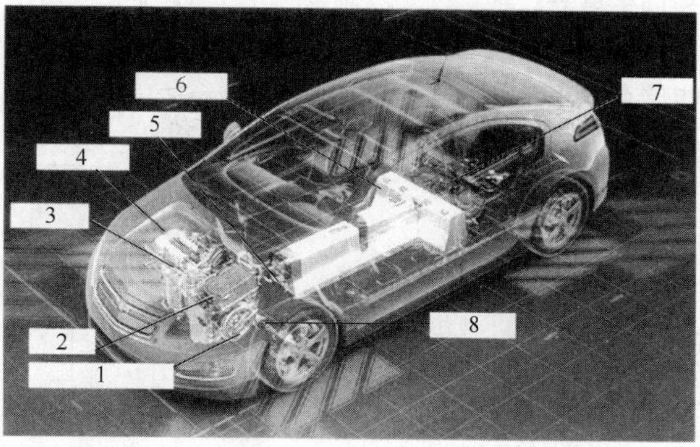

图 1-128　雪佛兰 Volt 电动汽车主要装置布置图

1—电动机驱动单元；2—逆变器；3—交流电缆；4—发动机；5—直流电缆；6—电池；7—油箱；8—半轴

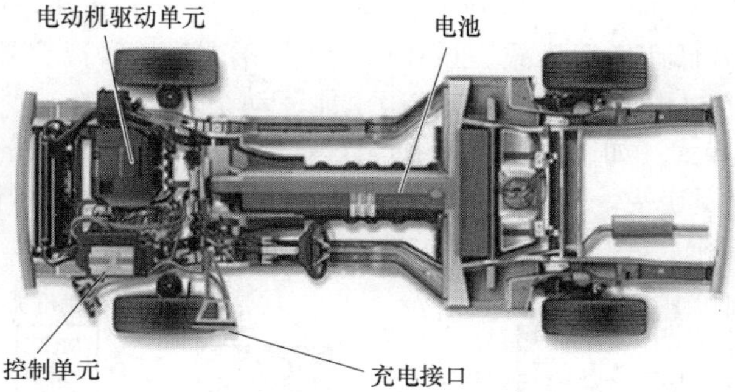

图 1-129　雪佛兰 Volt 动力系统结构图

3. Volt 工作模式

Volt 驱动系统采用同轴连接方式，电动机、行星齿轮、发动机呈直线排列，如图 1-130 所示。功率较大的主驱动电机/发电机 MG1 与太阳轮机械连接，输出轴与行星齿轮架机械连接，齿圈的连接则因为三个离合器的不同结合状态形成不同的工作模式，如低速纯电动模式、低速增程模式、高速纯电动模式和高速增程模式等。

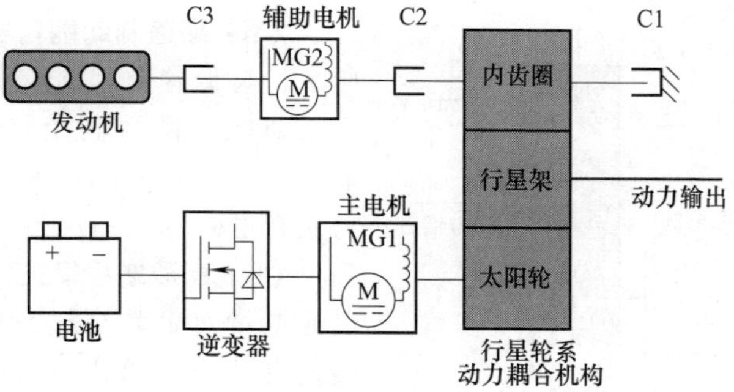

图 1-130　雪佛兰 Volt 动力耦合系统结构图

(1) 低速纯电动模式　如图 1-131 所示，在该模式下，齿圈被离合器 C1 锁止，而离合器 C2 与离合器 C3 均处于分离状态。电动机/发电机 MG2 和发动机与动力总成分开，都不工作。MG1 通过行星齿轮减速后将动力传递给输出轴驱动车轮。该模式下，车辆仅由 MG1 驱动，最高速度达 65km/h。

（2）低速制动能量回馈模式 如图 1-132 所示，在低速纯电动模式状态下，踩下制动踏板，车辆进入制动能量回馈状态，该模式下 MG1 作为发电机，由车轮能量带动其发电，将车辆的动能转换为电能储存回电池中。

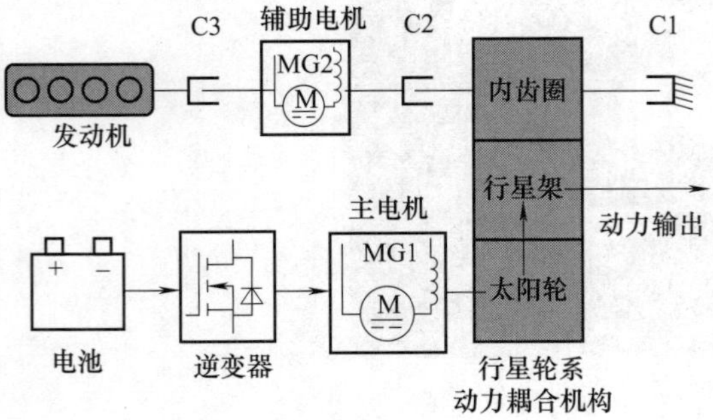

图 1-131 低速纯电动模式

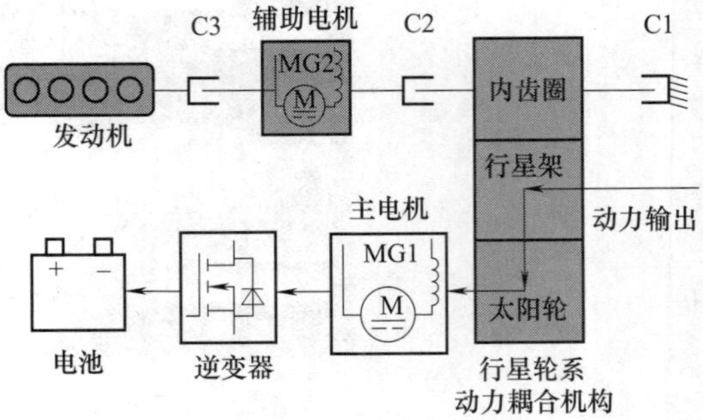

图 1-132 低速制动能量回馈模式

（3）低速增程模式 如图 1-133 所示，在车速为 40～80km/h，电池电量在 35%以下时，发动机启动，进入低速增程模式。该模式下，离合器 C1 和离合器 C3 结合，发动机带动 MG2 进行发电。MG1 从电池及 MG2 获得电能驱动车辆。

（4）高速纯电动模式 如图 1-134 所示，该模式下，离合器 C1 分离，离合器 C2 结合。MG2 与行星轮系内齿圈连接，MG1 和 MG2 通过行星轮系同时驱动车辆行驶。MG2 的加入降低了 MG1 的转速需求。

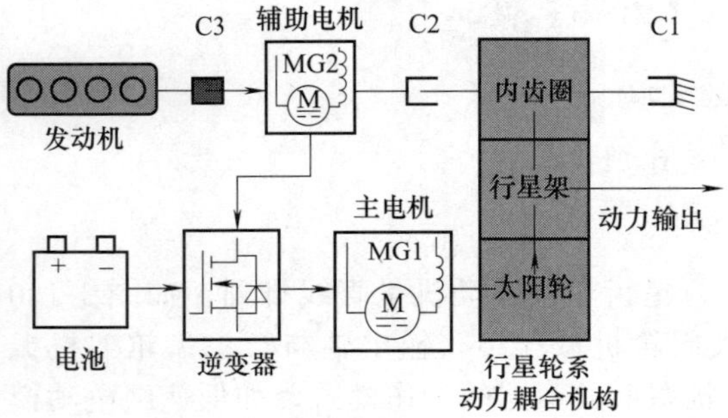

图 1-133 低速增程模式

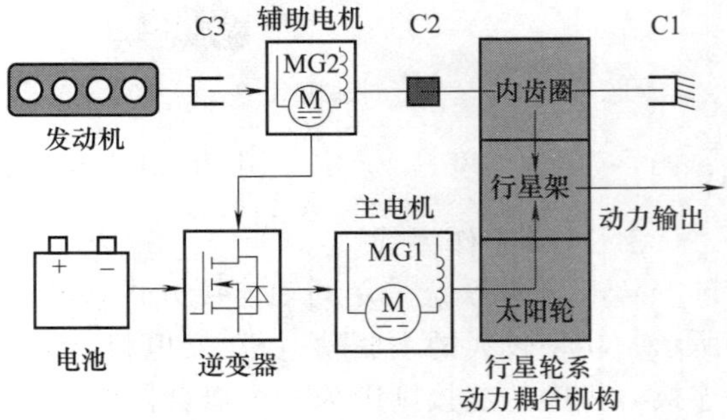

图 1-134 高速纯电动模式

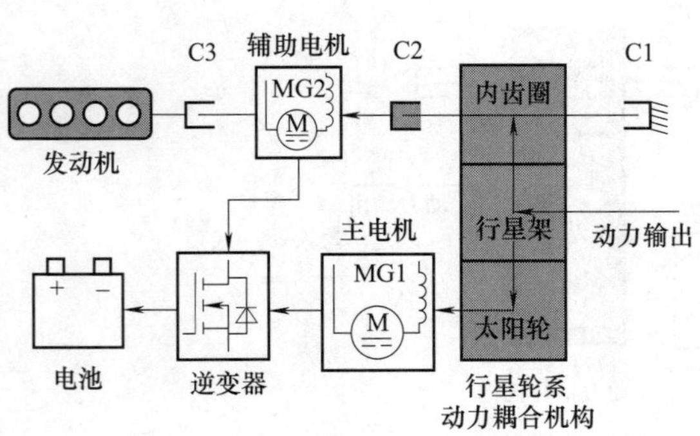

图 1-135 高速制动能量回馈模式

（5）高速制动能量回馈模式 如图 1-135 所示，与低速制动能量回馈状态相似，将车辆的动能转换为电能储存回电池中。此模式下，C2 接合，MG1 和 MG2 同时发电供动力电池充电。

（6）高速增程模式 如图 1-136 所示，在电池电量过低，高速行驶车况下，高速增程模式启动。该模式下，离合器 C2、C3 结合，C1 分离。发动机与 MG1 共同驱动车辆行驶，同时发动机带动 MG2 给电池充电。

汽车长时间处于高速行驶的工况下，仅用电池作为能量源输出，汽车性能无法满足车辆动力性能需求，所以，行星齿轮动力耦合器将发动机与电动机/发电机两者动力耦合并输出动力。因此，对于该种模式，更确切的说法应该是属于混合动力模式，这在 Volt 的设计定位之初也颇具争议。

（7）停车发电模式　如图 1-137 所示，在停车状态下电池电量不足时，停车发电模式启动。离合器 C1 结合，MG1 关闭，发动机带动 MG2 给电池充电，以补充电池电量。

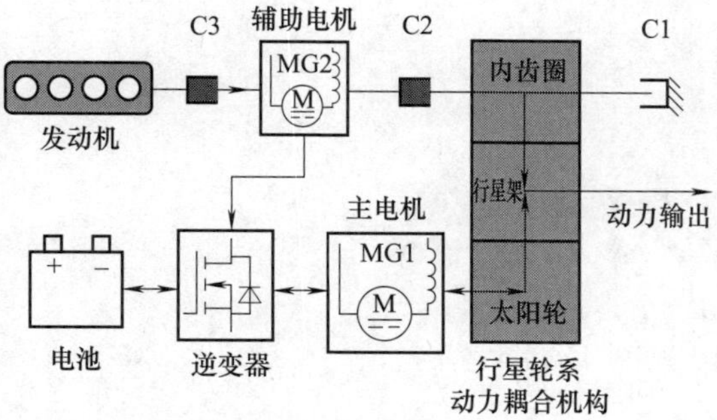

图 1-136　高速增程模式

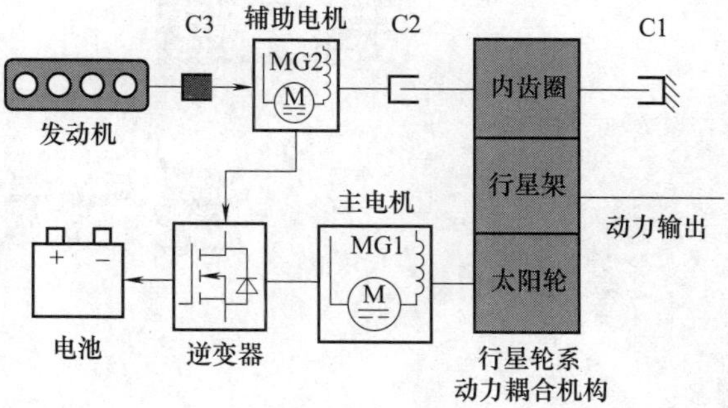

图 1-137　停车发电模式

五种驱动模式的车速与能量源情况，见表 1-22。

表 1-22　雪佛兰 Volt 驱动系统工作模式

车　速	模　式	能　量　源
低速	模式 1（低速纯电动）	电池
	模式 2（低速增程）	电池、发动机
高速	模式 3（高速纯电动）	电池
	模式 4（高速增程）	电池、发动机
停车	模式 5（停车发电）	发动机

小结

① 比亚迪 e6 纯电动轿车具有以下特点：节能环保，操控平稳，动力充沛，低噪声，安全性好，使用便捷，续驶里程长。

② 比亚迪 e6 纯电动轿车 VIN 码的位置有后背门内侧、左前门下方和左前侧 VIN 槽内。比亚迪 e6 具有车辆对外放电功能。比亚迪 e6 共有 2 个位置设置熔断丝盒，分别在前舱和驾驶席仪表板下方。

③ 比亚迪 e6 纯电动轿车新增指示灯有：充电系统警告灯、电机冷却液温度过高警告灯、动力系统故障警告灯、电机过热警告灯、动力电池故障警告灯、动力电池过热警告灯、动力电池电量低警告灯、动力电池充电连接指示灯和 OK 指示灯等。

④ 比亚迪 e6 纯电动轿车组合仪表中，相对电动汽车特有的信息包括：电池电量表、功率表、续驶里程显示、能量流程图、充电提示信息、放电提示信息等。

⑤ 增程式电动汽车是一种配有地面充电和车载供电功能的纯电动汽车。整车运行模式可根据需要工作于纯电动模式和增程模式。增程式电动汽车和插电式混合动力汽车的主要区别是：混合动力汽车基本依靠内燃机行驶，电力只是补充，无法依靠纯电力行驶太远；而增程式电动汽车，动力来源都是电力，发动机只是为电池充电从而达到足够的续驶里程。

⑥ Volt 工作模式包括：低速纯电动模式、低速制动能量回馈模式、低速增程模式、高速纯电动模式、高速制动能量回馈模式、高速增程模式和停车发电模式。

第二章 混合动力汽车

第一节　混合动力汽车类型

通常认为，由内燃机、动力电池和驱动电机组成的混合系统作为能量源的汽车，即为混合动力汽车。混合动力汽车是内燃机汽车向纯电动汽车过渡的一种类型，在组成上保留了内燃机汽车的大部分结构，同时增添了电动机、储能元件、电力电子元件等，因而在组成上更加复杂，结构也更加灵活，存在多种结构类型。

通过本节相关知识的学习，应该具备以下能力：

① 能够正确描述混合动力汽车的定义和特点；

② 能够正确描述混合动力汽车的基本组成及各组成部分的功能；

③ 能够正确描述混合动力汽车的分类方法及各类型混合动力汽车的特点；

④ 能够通过观察混合动力汽车的典型特征，判断混合动力汽车的类型。

一、混合动力汽车的定义和特点

1. 混合动力汽车的定义

参考国际能源署（IEA）有关文献，认为能量与功率传动路线具有如下特点的车辆称为混合动力汽车。

① 传送到车轮推动车辆运动的能量，至少来自两种不同的能量转换装置（例如内燃机、燃气涡轮、斯特林发动机、电动机、液压电动机、燃料电池等）。

② 能量转换装置至少要从两种不同的能量储存装置（例如燃油箱、动力电池、高速飞轮、超级电容、高压储氢罐等）吸取能量。

③ 从储能装置流向车轮的这些能量通道，至少有一条是可逆的（既可放出能量，也可吸收能量），并至少还有一条是不可逆的。

④ 可逆的储能装置供应的是电能。混合动力汽车的不可逆动力元件是内燃机，储能元件是油箱；可逆的动力元件是电动机，对应的储能元件是动力电池、超级电容、燃料电池等。

2. 混合动力汽车的特点

与纯电动汽车比较，混合动力汽车具有以下优点。

① 减少了电池包的数量，即减少了整车的质量和成本。

② 延续传统内燃机汽车成熟的驱动与控制技术，适合量产并降低制造成本。

与内燃机汽车比较，混合动力汽车具有以下优点。

① 可使发动机在最佳效率区域稳定运行。

② 可实现纯电驱动。

③ 可实现制动能量回馈，进一步降低汽车的能量消耗和污染排放。

④ 可满足日益严格的环保法规要求。

二、混合动力汽车的组成

混合动力汽车继承和沿用了很大一部分内燃机汽车的传动系统，保留了人们已经习惯的内燃机汽车的操纵装置，包括发动机控制装置、加速踏板、制动踏板、离合器踏板、变速器的操纵装置等。混合动力汽车一般由发动机、发电机/电动机、储能装置、功率转换装置和控制装置等组成，如图 2-1 所示。

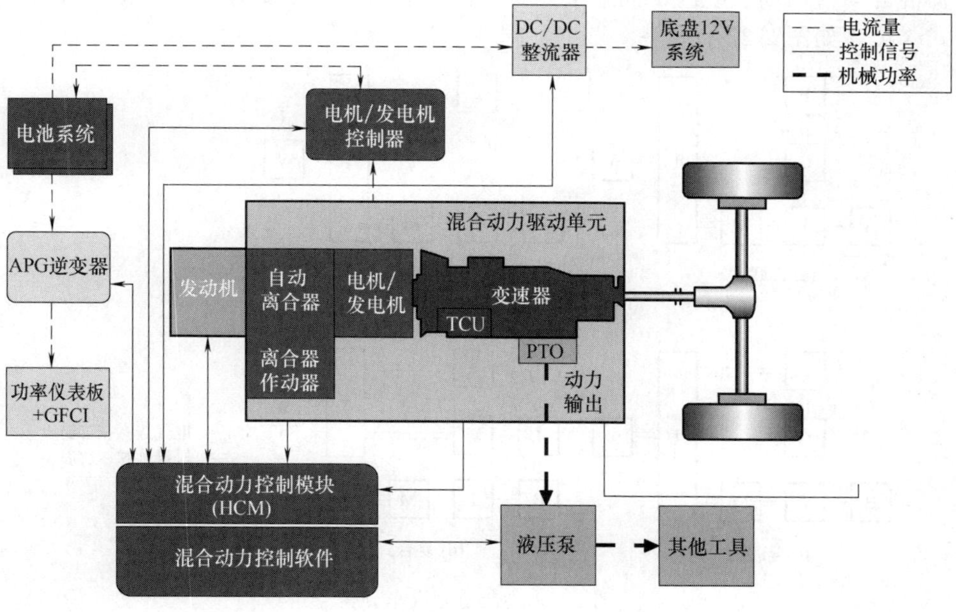

图 2-1　混合动力汽车的组成

1. 发动机

从能量来源来说，可以采用汽油机、柴油机。从结构原理上，可以采用四冲程内燃机、二冲程内燃机、转子发动机和斯特林发动机。与传统内燃机一样，转子发动机燃烧效率比较高，排放比较清洁。一般用于混合动力汽车的是四冲程内燃机。丰田普锐斯（PRIUS）采用阿特金森循环发动机。

2. 电动机/发电机

汽车启动时，电动机作为发动机的起动机；发动机运转时带动发电机发电，为动力电池充电。根据不同的混合动力结构，电动机/发电机的功率大小和布置也不相同。在某些混合动力汽车上，电动机/发电机直接参与车辆驱动，在车辆加速或爬坡时提供辅助动力，在车辆制动时回收制动回馈能量。

3. 驱动电机

驱动电机用于纯电驱动、混合驱动和制动能量回收，可采用直流电动机、交流异步电动机、永磁电动机和开关磁阻电动机等多种类型。目前多数采用交流异步电动机和永磁电动机，开关磁阻电动机也得到重视。

4. 储能装置

储能装置是混合动力汽车的电动机驱动和能量回收、发电时的电能存储单元。储能装置可以是不同类型的动力电池、超级电容、燃料电池或者多种储能元件的复合。

5. 电动附件

电动附件包括水泵、油泵、制动系统、电动助力转向等。

这些操纵装置接收驾驶人的控制输入，并且发出控制信号。通过中控计算机的中央控制器和各个部分的控制模块向驱动系统中内燃机、电动机、离合器、变速器发出指令，以获得不同的驱动模式。同时整车的传感器系统采集车辆信息，为控制系统提供反馈信号。

三、混合动力汽车的分类

1. 根据驱动系统连接方式分类

根据混合动力驱动系统的不同连接方式，混合动力汽车主要有串联式、并联式、混联式和复合式 4 类，如图 2-2 所示。

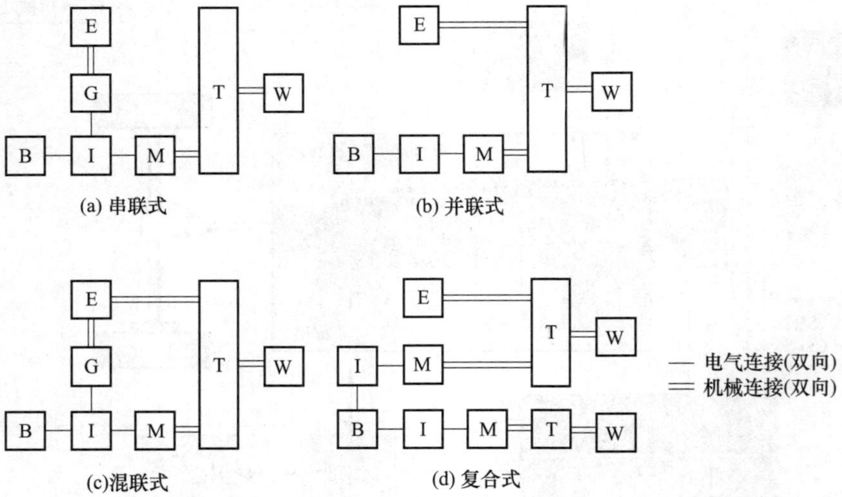

图 2-2　混合动力汽车分类

B—电池；E—发动机；G—发电机；I—逆变器；M—主电动机；T—传动系；W—驱动车轮

（1）串联式混合动力汽车（SHEV）　如图 2-2（a）所示，串联式混合动力汽车的能量流向为：由内燃机直接带动发电机，燃料的化学能通过燃烧转换为机械能驱动发电机发电，将机械能转化为电能；电能再传输给电动机，将电能转换为机械能驱动汽车。在串联式结构中，动力电池相当于“缓冲器”，在发电机和电动机之间进行能量的调节。这种动力系统在城市公交车上使用较多，可以很好地改善城市工况中车辆的燃油经济性和降低排放。增程式电动汽车也是根据这样的结构原理开发的。其能量流动路线如图 2-3 所示。

（2）并联式混合动力汽车（PHEV）　如图 2-2（b）所示，车辆的驱动力由电动机及发动机同时或单独供给，主要由发动机、电池组、电动机/发电机、减速机构、变速器和驱动轮等组成。并联式驱动系统的结构特点是可以单独使用发动机或电动机作为动力源，也可以同时使用电动机和发动机作为动力源驱动汽车行驶，但通常情况下是以发动机为主，电动机为辅，电动机一般无法单独驱动汽车。

并联式混合动力系统结构简单，成本低，适用于多种行驶工况，尤其适用于复杂的路况，所以在轿车中应用较多，如本田 Accord 和 CR-Z 混合动力轿车即采用了这种系统。并联式混合动力汽车的能量流动路线如图 2-4 所示。

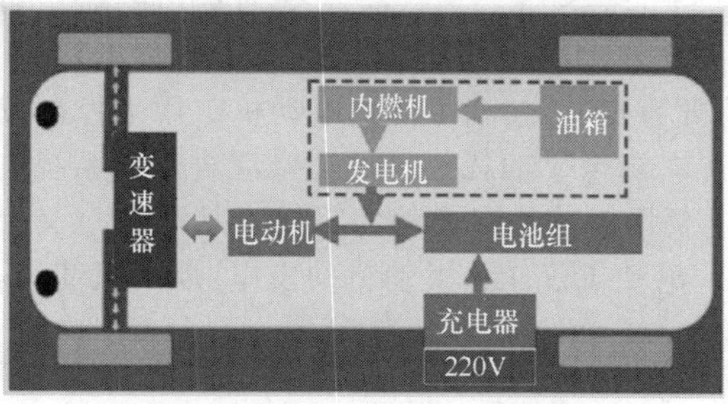

图 2-3　串联式混合动力汽车能量路线图

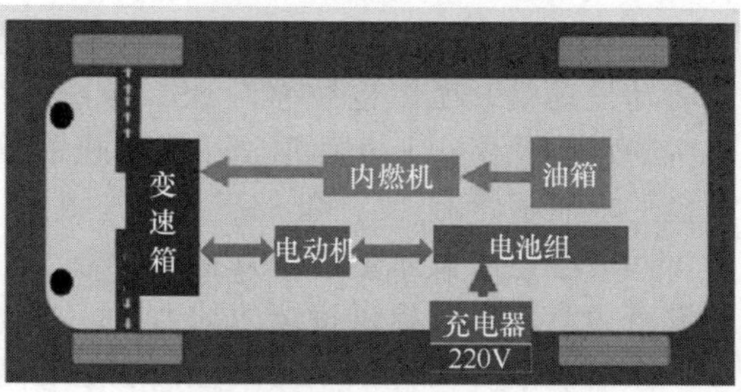

图 2-4　并联式混合动力汽车能量路线图

（3）混联式混合动力汽车（CHEV）　混联式混合动力汽车同时具有串联式、并联式驱动方式，如图 2-2（c）所示。其特点是可以在串联混合模式下工作，也可以在并联混合模式下工作，同时兼顾了串联式和并联式的特点。由于这种类型的混合动力系统可以设计成用发动机驱动前轮、用电动机驱动后轮的形式，所以适合应用于四轮驱动的车辆。代表车型有：普锐斯，雷克萨斯 CT 200h，比亚迪秦、唐，Golf GTE，雅阁 Hybrid，等等。混联式混合动力汽车的能量流动路线如图 2-5 所示。

（4）复合式混合动力汽车　如图 2-2（d）所示，复合式混合动力汽车结构更复杂，难以把它归于上述 3 种类型中的任何一种。其结构似乎与混联式混合动力汽车相似，因为它们都有起发电和驱动作用的电动机/发电机；二者的主要区别在于复合式混合动力汽车中的电动机允许功率流双向流动，而混联式混合动力汽车中的发电机只允许功率流单向流动。双向流动的功率流可以有更多的运行模式，这对于采用 2 个驱动动力装置的混联式混合动力汽车而言是不可能达到的。复合式混合动力汽车同样具有结构复杂、成本高的缺点，不过，现在有些新型的混合动力汽车也采用这种双轴驱动的复合式系统。复合式混合动力汽车的能量流动路线如图 2-6 所示。

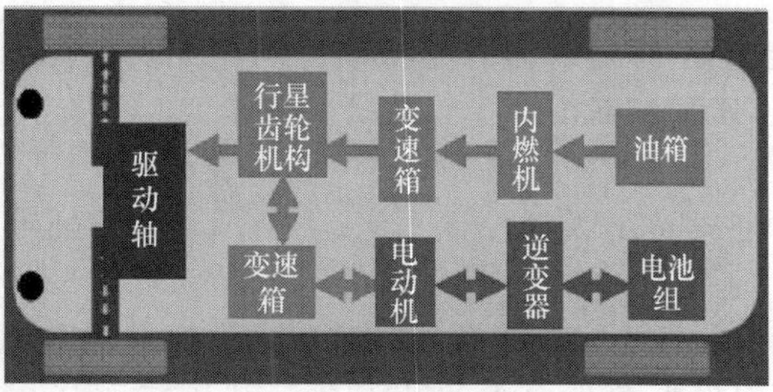

图 2-5　混联式混合动力汽车能量路线图

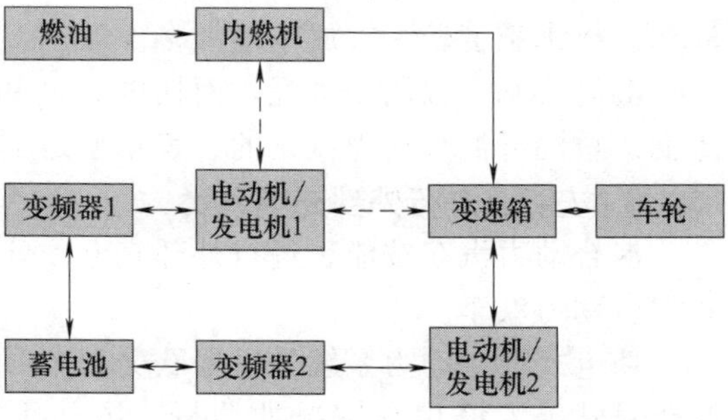

图 2-6　复合式混合动力汽车简化能量路线图

（两粗◄- - -►箭头只能有 1 个）

为了实现混联式以及复合式的混合驱动模式，发动机与电动机/发电机之间以及电动机与变速器之间必须进行机械连接，其中机械连接装置可以选择行星齿轮机构。

2. 按照混合度分类

混合度即电动机峰值功率占总驱动功率的比例，目前，按照混合度进行分类的说法也比较流行。按照我国汽车行业标准中对混合动力汽车的分类和定义，混合动力汽车按照混合度分为微混、轻混、中混和重混4种类型。

(1) 微混 一般情况下，混合度小于等于5%的为微混合动力。微混合动力车型的电动机基本不具备驱动车辆的功能，一般是用作迅速启动发动机，实现启动/停止功能，其代表车型有PSA（标致雪铁龙集团，法文：Psa Peugeot Citroen）的混合动力汽车C3、丰田混合动力汽车Vitz、奇瑞A5。微混合也称“起停（Start—Stop）”式，在交通拥堵的城市可实现节油率5%～10%。这种混合动力系统是在传统发动机上的启动电动机上加装了皮带，以驱动发动机，所以也被称为BSG系统。该起动机为发电/起动一体式电动机，用来控制发动机的启动和停止，从而取消了发动机的怠速工况，降低了油耗和排放。微混合动力系统电动机的电压通常有12V和24V两种，其中24V主要用于柴油混合动力系统。从严格意义上讲，微混合动力汽车不属于真正的混合动力汽车，电动机仅作为发动机的发电/起动机使用，并没有为汽车行驶提供持续的动力。

微混型混合动力汽车的典型代表是君越混合动力汽车。

(2) 轻混 混合度在5%～15%的为轻度混合动力，也称为“辅助驱动混合”，其代表车型为GM的混合动力皮卡车。这种类型系统中，在发动机和变速器之间装有集成启动电动机（ISG），发动机依然是主要动力，电动机不能单独驱动汽车，只是在爬坡或加速时辅助驱动，同时具有制动能量回收和“起停”功能。发动机排量可减少10%～20%，电动机的功率约为发动机的10%，节油率可达到10%～15%。

轻混型混合动力汽车的典型代表是本田insight混合动力汽车。

(3) 中混 混合度在15%～40%的为中度混合动力。中度混合动力系统同样采用了ISG系统，但与轻度混合动力系统不同，中度混合动力系统采用的是高压电动机。另外，中度混合动力系统还增加了一个功能，即当汽车处于加速或者大负荷工况时，电动机能够辅助驱动车轮，从而补充发动机本身动力输出的不足。

中混型混合动力汽车的代表车型有本田Accord和思域。

(4) 重混 混合度在40%以上的为重度混合动力，也称为全混合或强混合动力系统。这种动力系统采用了272～650V的高压启动电动机，混合程度更高。

中混和重混这两类车型可由电动机或发动机单独驱动。重度混合动力系统电动机和发动机可以独立或联合驱动车辆，低速起步、倒车和低速行驶时可以采用纯电动驱动，同时具有制动能量回收和“起停”功能。电动机的功率约为发动机的50%，节油率可达到30%～50%。技术难度较大，成本增加多。

混联式基本都属于重混，而插电式也基本能满足25%以上的电功率比例，所以也属于重混。重混型混合动力汽车的代表车型是丰田PRIUS和Estima。

3. 按能否进行外部充电分类

混合动力汽车按能否进行外部充电，分为插电式混合动力汽车（图2-7所示）和非插电式混合动力汽车。

插电式混合动力系统是根据欧美驾车习惯而设计，更有利于节能减排。这种模式的出现基于对欧美人群用车情况的分析。国外研究机构根据统计资料得出结论：法国城镇居民80%以上日均驾车里程少于50km；美国汽车驾驶者也有60%以上日均行驶里程少于50km，80%以上日均行驶里程少于90km。因此，在车辆上安装一套大的电池组，使其电量足以撑过这一里程，就可以在大部分日常行驶中达到零排放。

插电式混合动力的特征是可由电能单独驱动，并配备一个大容量的可外部充电的蓄电池组，显著的特性是可通过外部工业380V或家庭220V电源进行充电。插电式混合动力汽车电动机的功率接近发动机，可实现较长距离的纯电动行驶，电池容量根据纯电动行驶里程来

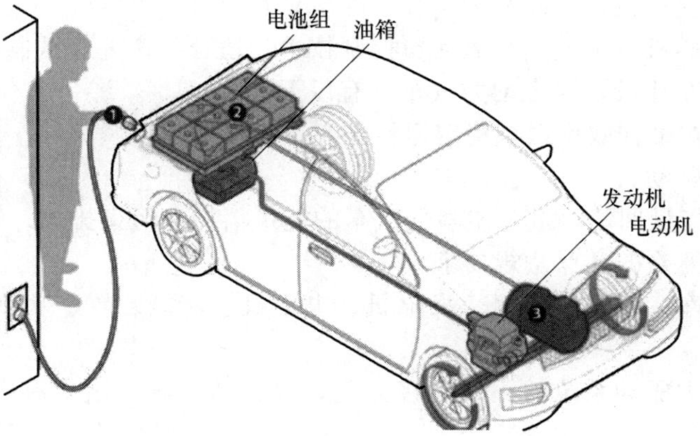

图 2-7　插电式混合动力汽车示意图

选定，电池成本增加很多，节油率在不计电能时最大可达到 100%。

比亚迪 F3 DM 和雪佛兰 Volt，以及由长春中国一汽新能源汽车公司下线并投入市场的奔腾 B50 插电式混合动力轿车都属于这种类型。

非插电式混合动力汽车的电池不能由车外部的电源进行充电，即只能由本车的电动机或发动机来充电。

4. 按运行模式分类

按运行模式，混合动力汽车可分为单一模式混合动力汽车和双模式混合动力汽车。

（1）单一模式混合动力汽车　这种类型的混合动力汽车可以按照 3 种方式驱动，即仅使用电力驱动、仅使用发动机驱动和发动机与电力驱动的任意组合。如果在交通拥堵、时停时走的状态下，仅使用电力驱动，延长发动机的关闭时间，则可以实现完全意义上的节油。

这种模式适用于低速小负荷的情况。

（2）双模式混合动力汽车　这种类型的混合动力汽车的核心实质上是一个电控可调变速器。它利用现有的传动系统，配有两个电动机，可以在两种混合动力运行模式之间实现自如切换。在双模式混合动力系统中，精准的控制机构将决定汽车在特定的行驶状态下采用何种驱动方式。控制机构输入功率将取决于行驶时所需的转矩，并向发动机和电动机发出相应的指令。发动机和电动机将转矩传送到变速器中的一系列齿轮，利用与传统自动变速器类似的原理将转矩扩大，从而驱动汽车行驶。但与传统的持续型可变变速器不同的是，双模式混合动力电子控制系统并不使用传动带或传送带。两种模式之间是同步切换，即切换模式时无须改变发动机速度，从而实现平稳加速。

这种模式主要适用于高速公路驾驶。除电力驱动辅助外，发动机可以在必要时启动全部气缸，如超车、拖载或爬坡时。它整合了尖端电子控制技术、随选排量技术、凸轮调整以及进气门延迟启闭系统，使发动机的动力输出更加灵活、有效。

小结

① 能量与功率传动路线具有如下特点的车辆称为混合动力汽车。

a. 传送到车轮推进车辆运动的能量，至少采自两种不同的能量转换装置。

b. 能量转换装置至少要从两种不同的能量储存装置吸取能量。

c. 从储能装置流向车轮的这些通道，至少有一条是可逆的，并至少还有一条是不可逆的。

d. 可逆的储能装置供应的是电能。

② 与纯电动汽车比较，混合动力汽车具有以下优点。

a. 减少了电池包的数量，即减少了整车的质量和成本。

b. 延续传统内燃机汽车成熟的驱动与控制技术，适合量产并降低制造成本。

③ 与内燃机汽车比较，混合动力汽车具有以下优点。

a. 可使发动机在最佳效率区域稳定运行。

b. 可实现纯电驱动。

c. 可实现制动能量回馈，进一步降低汽车的能量消耗和污染排放。

d. 可满足日益严格的环保法规要求。

④ 混合动力汽车一般由发动机、发电机、电动机、储能装置、功率转换装置和控制装置等组成。

⑤ 根据混合动力驱动系统的不同连接方式，混合动力汽车主要有串联式、并联式、混联式和复合式 4 类。

⑥ 混合度即电动机峰值功率占总驱动功率的比例。混合动力汽车按照混合度分为微混、轻混、中混和重混 4 种类型。

⑦ 混合动力汽车按能否进行外部充电，分为插电式混合动力汽车和非插电式混合动力汽车。

⑧ 按运行模式，混合动力汽车可分为单一模式混合动力汽车和双模式混合动力汽车。双模式混合动力汽车的核心实质上是一个电控可调变速器。它利用现有的传动系统，配有两个电动机，可以在两种混合动力运行模式之间实现自如切换。

第二节　混合动力汽车工作模式

不同类型的混合动力汽车，其结构和基本工作原理各不相同。本学习任务主要是学习串联式、并联式、混联式和插电式混合动力汽车的主要结构、特点及工作模式。

通过本节相关知识的学习，应该具备以下能力：

① 能够正确描述串联式混合动力驱动系统的工作原理、特点；

② 能够正确描述串联式混合动力驱动系统的工作模式种类，各种类工作模式的工作原理及适用的汽车工况；

③ 能够正确描述并联式混合动力驱动系统的工作原理、特点；

④ 能够正确描述并联式混合动力驱动系统的工作模式种类，各种类工作模式的工作原理及适用的汽车工况；

⑤ 能够正确描述混联式混合动力驱动系统的工作原理、特点；

⑥ 能够正确描述混联式混合动力驱动系统的工作模式种类，各种类工作模式的工作原理及适用的汽车工况；

⑦ 能够正确描述插电式混合动力汽车的基本结构；

⑧ 能够正确描述插电式混合动力汽车的工作模式种类，各种类工作模式的工作原理及适用的汽车工况；

⑨ 能够通过观察不同类型的混合动力汽车，说明其主要结构、特点及工作模式。

一、串联式混合动力汽车

1. 结构

串联式混合动力驱动系统的结构如图 2-8 所示。其工作原理是：发动机带动发电机发电，发出的电能通过电动机控制器输送给电动机，由电动机将电能转化为机械能驱动汽车行驶。储能系统（动力电池、超级电容、高速飞轮等）是发电机与电动机之间的储能装置，起到平衡功率的作用，即当发电机发出的功率大于电动机所需的功率时（如汽车减速滑行、低速行驶或短时停车等工况），多余电能向储能系统充电；而当发电机发出的功率低于电动机所需的功率时（如汽车起步、加速、爬坡、高速行驶等工况），储能系统向电动机提供额外的电能，补充发电机功率的不足，满足车辆峰值功率要求。

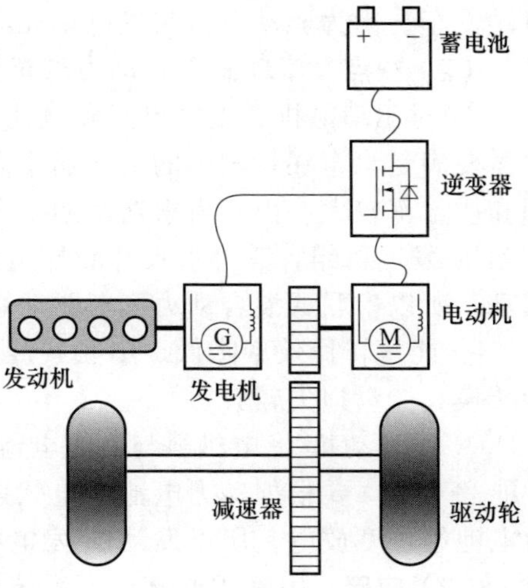

图 2-8　串联式混合动力驱动系统

串联式混合动力汽车上的发动机与道路负荷不耦合，不必考虑传动系统的要求，这样就可对发动机工作进行优化，使其在某一固定工作点（或在某固定工作点周围很窄的区域内）运行。同时广义的“发动机”的选择也具有多样性，可以是内燃机，也可以是其他不适用于直接驱动车轮的发动机，例如微型燃气轮机、斯特林发动机等。发动机-发电机组作为一个整体也可以是燃料电池系统。采用液化石油气、天然气、氢气或氢气与天然气的混合气体的混合动力汽车排放比较低，装有柴油机的混合动力汽车的燃油经济性比较好。

串联式混合动力汽车有以下两种设计理念。

（1）小发电单元+ 大容量动力电池组合　以电池动力为主要驱动能量的来源，而小型发动机作为车载发电装置用来增加行驶里程。小功率发电单元（即发动机与发电机组成的车载发电装置）用来调节电池存储能量的峰谷。在动力电池的荷电状态（SOC）达到设定的下限值时，车载发电装置开始启动并对动力电池充电。车载发电装置一直工作到动力电池达到预定的荷电状态上限值时为止。

车载发电装置工作时间的长短与电池容量和自身功率大小有关，具有安静、环保的优点，同时发动机的燃油消耗和排放性都得到了明显的改善。但是由于采用了大容量的电池使成本较高。增程式电动汽车大多采用这种结构。

（2）大发电单元+ 小电池组合　根据串联式混合动力的特点，通过调节发动机的工作点，使发动机一直工作在效率较高的区域，整车以内燃机能量转换为电能为主。与“小发电单元＋大容量动力电池组合”相比，该设计理念成本降低，续驶里程更长，同时可以带动其他附件。

但是，由于发动机比前一种设计更大，所以舒适度差，环保效果不如前者。美国的混合动力客车因为强调动力性，所以多采用这样的结构，以增加驱动能力。

发动机-发电机组成的车载发电单元输出的平均功率与动力电池为满足峰值功率要求而提供的补充功率之间的比例，通常由车辆的应用特点决定，特别要考虑车辆行驶循环的需求。

2. 特点与应用

（1）优点　串联式混合动力汽车具有以下优点。

① 排放污染小。串联式混合动力汽车以动力电池组内的电能为基本能源来驱动。串联式混合动力汽车采用纯电动驱动时可关闭发动机，只用电池组电力驱动汽车，实现“零排放”行驶。发动机-发电机组发出的电能向动力电池组充电，发动机独立工作在高效率区域，用于补充动力电池组的电能或直接向驱动电机供电，增加续驶里程，减少有害气体排放。

② 驱动形式多样。串联式混合动力汽车可采用电动机驱动系统或轮毂电动机驱动系统。根据布置的不同，还可以分为前轮驱动、后轮驱动或四轮驱动等多种驱动形式。

③ 布置方便。串联式混合动力是只有驱动电机的电力驱动系统，其特点更加趋近于纯

电动汽车。因为驱动电机与发电单元没有机械连接，因而布置起来更容易。

（2）缺点 串联式混合动力汽车具有以下缺点。

① 对驱动电机、发电单元和电池的要求高。在串联式混合动力汽车上，驱动电机的功率需要满足汽车在行驶中的最大功率需求，因此驱动电机的功率要求较大，使得电动机的体积和质量都较大。由于需求功率的要求，动力电池组的容量要大，需要装置一个较大功率的发动机-发电机组，其外形尺寸和质量较大，在中小型串联式混合动力汽车中布置有一定的困难，所以串联式混合动力汽车驱动系统较适合在大型客车上采用。

② 能量转换效率降低。串联式混合动力驱动系统能量通过热能—机械能—电能—机械能转换，能量损失较大。

③ 对发动机-发电机组与动力电池之间的搭配要求高。为了保护电池，获得更好的电池性能和寿命，要根据动力电池荷电状态的变化，自动启动或关闭发动机-发电机，以避免动力电池组过度放电。所以发动机-发电机与动力电池组之间必须严格搭配。

（3）应用 串联式混合动力系统适用于目标和行驶工况相对确定的车辆，例如货物分送车、城市公交车等在城市内频繁起停的车辆。

3. 工作模式

串联式混合动力汽车的典型工作模式有纯电驱动、纯发动机驱动、混合驱动、行车充电、制动能量回收和停车充电，各工作模式下的能量转换情况如下所述。

（1）纯电驱动 如图 2-9 所示，发动机关闭，车辆从车载电池组中获得电能，驱动车辆前进。

（2）纯发动机驱动 如图 2-10 所示，车辆驱动功率来源于发动机-发电机组成的发电单元，这时车载电池组既不供电也不从发电单元获取电能。

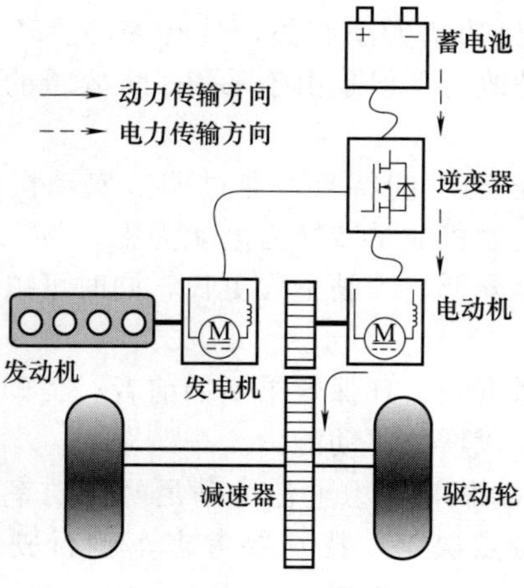

图 2-9 纯电驱动模式

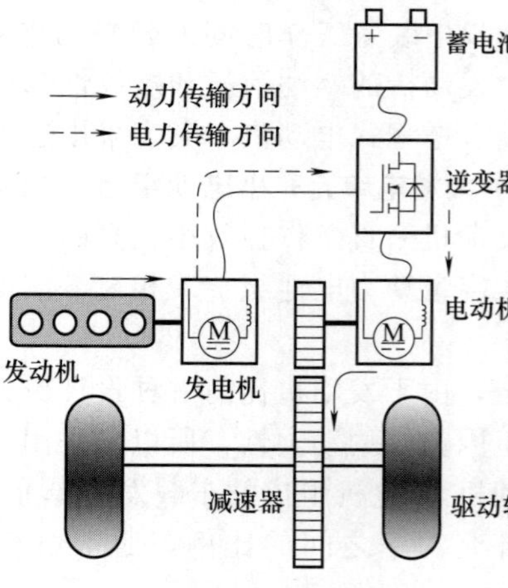

图 2-10 纯发动机驱动模式

（3）混合驱动 如图 2-11 所示，驱动电机同时从电池组和发动机-发电机发电单元获取电能，驱动车辆。

（4）行车充电 如图 2-12 所示，发动机-发电机除向车辆提供行驶所需功率外，还向电池组充电。

（5）制动能量回收 如图 2-13 所示，由驱动电机作为发电机回收减速或制动过程的能量并向电池组充电。

（6）停车充电 如图 2-14 所示，驱动电机不接收功率，车辆停驶，发动机-发电机组仅向动力电池组充电。

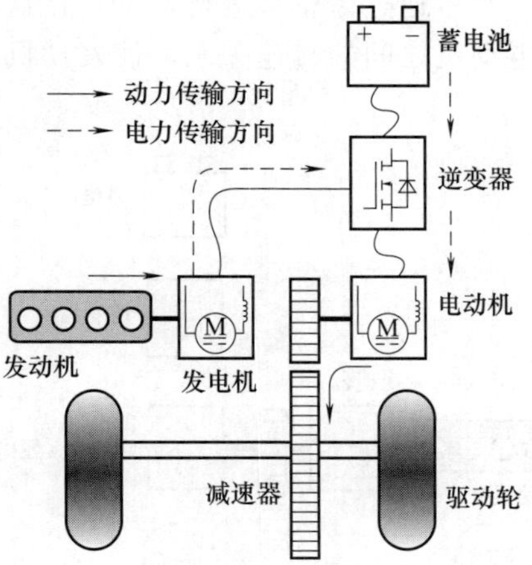

图 2-11　混合驱动模式

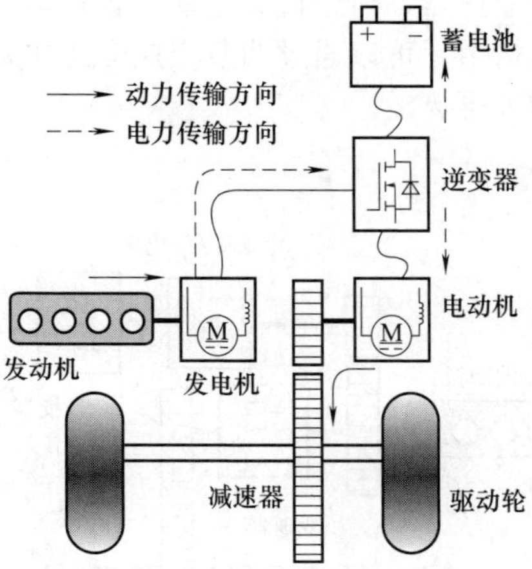

图 2-12　行车充电模式

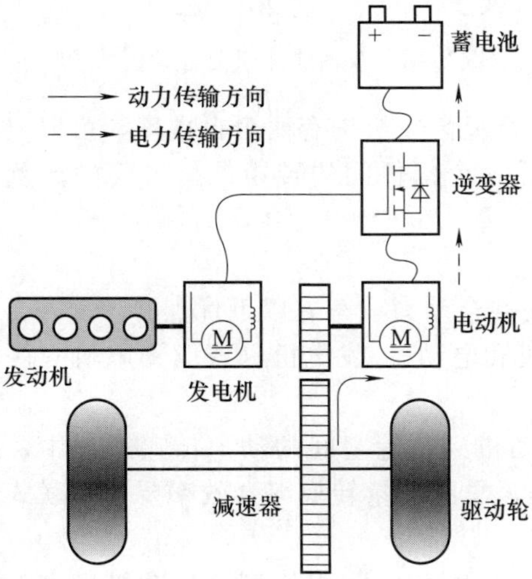

图 2-13　制动能量回收模式

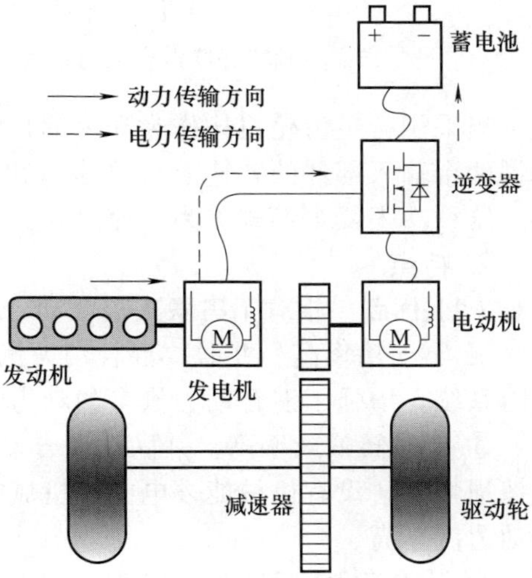

图 2-14　停车充电模式

实际行车时的工作模式需要经过控制策略的优化，在满足动力性能要求的前提下，保护电池的状态和性能，获得更好的燃油经济性和更低的排放。

二、并联式混合动力汽车

1. 结构

并联式结构有内燃机和电动机两套驱动系统。并联式混合动力汽车可以在比较复杂的工况下使用不同驱动模式，应用范围比较广。并联式结构由于电动机的数量和布置、变速器的类型、部件的数量（如离合器、变速器的数量）和位置关系（如电动机与离合器的位置关系）的不同，具有多种类型。

根据输出轴的结构不同可划分为两种形式，即单轴式和双轴式。

（1）单轴式并联混合动力系统　单轴式并联混合动力系统如图 2-15 所示，发动机通过主传动轴与变速器相连，电动机的转矩通过齿轮与内燃机的转矩在变速器前进行复合，这种形式称为转矩复合。在单轴式结构中，内燃机、电动机和变速器输入轴之间的转速成一定比例关系。

（2）双轴式并联混合动力系统　双轴式并联混合动力系统如图 2-16 所示，可以有两套机械变速器，内燃机和电动机各自与一套变速器相连，然后通过齿轮系进行复合。在这种复杂结构中，可以通过调节变速器速比来调节内燃机、电动机之间的转速关系，使发动机的工况调节更灵活。

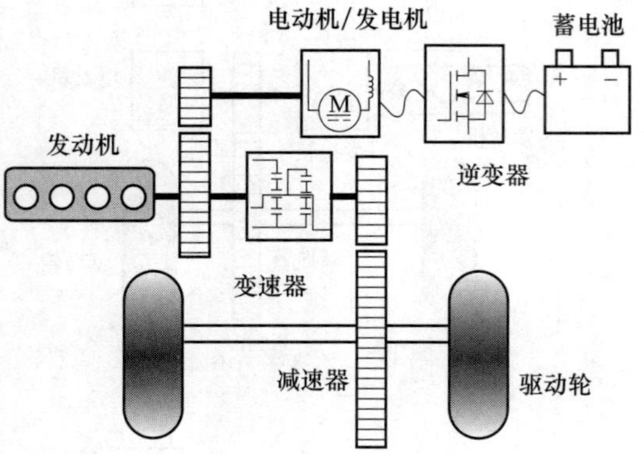

图 2-15 单轴式并联混合动力系统

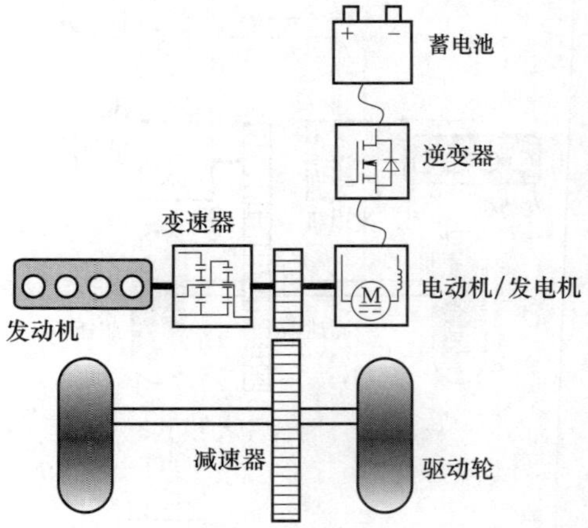

图 2-16 双轴式并联混合动力系统

当采用行星齿轮机构作为动力耦合机构时，由于行星齿轮机构有两个自由度，可以实现根据两个输入部件的转速复合确定输出轴的转速，而各个部件间的转矩保持一定的比例关系，这种功率复合形式称为转速复合。

2. 特点

（1）优点 相对于串联式混合动力汽车，并联式混合动力汽车有以下优点。

① 驱动功率高。并联式混合动力汽车具有发动机和电动机/发电机（或驱动电机）两套动力系统，增强了混合动力汽车的动力性。

② 能量转换效率高。并联式混合动力汽车从发动机到车轮之间的动力传递过程中，除摩擦损耗外，没有机械能—电能—机械能的转换过程，总的能量转换综合效率要比串联式混合动力汽车高。

③ 动力元件体积小。在车辆需要较大输出功率时，电动机/发电机可给发动机提供额外的辅助动力，可以选择功率较小的发动机，燃料经济性比串联式混合动力汽车要高。

④ 储能元件容量要求减小。电动机和发动机的功率根据多能源动力总成匹配的要求，可以选择较小功率的发动机。与此相对应，电动机/发电机的质量和体积较小，与它们配套的动力电池组的容量也较小，使整车整备质量大大减小。

⑤ 电动机/发电机根据工况灵活工作。电动机/发电机同时起到起动机和飞轮的作用，可以带动发动机启动，在发动机运转时起飞轮平衡作用，调节发动机动态变化和输出功率，使发动机基本稳定在高效率、低排放的状态下运转。发动机带动电动机/发电机发电，发出的电能向动力电池组充电，用于补充动力电池组的电能，可增加续驶里程。

（2）缺点 与串联式混合动力汽车相比，并联式混合动力汽车具有以下缺点。

① 发动机工作状态受行驶工况影响。发动机驱动模式是并联式混合动力汽车的基本驱动模式，发动机的工况会受到并联式混合动力汽车行驶工况的影响，无法一直运行在高效区域，因此发动机排放性能劣于串联式混合动力汽车。

② 结构和布置复杂。并联式混合动力汽车发动机驱动路径需要配备与内燃机汽车相同的传动系统，包括离合器、变速器、传动轴、主减速器和差速器等传动总成，另外还有电动机/发电机、动力电池组以及动力耦合器等装置，因此并联式混合动力汽车的多能源动力系统结构复杂，布置和控制困难。

3. 工作模式

并联式混合动力汽车可以在纯电驱动模式、纯发动机驱动模式、混合驱动模式、行车充电模式、制动能量回收模式和停车充电模式下工作。

（1）纯电驱动 纯电驱动模式如图 2-17 所示，并联结构由于增加了一套电驱动系统，在电池电量充足的情况下使用纯电动机启动和进行车辆起步驱动。纯电起步克服了传统车辆起步时发动机效率低、排放高的缺点。

（2）纯发动机驱动 纯发动机驱动模式如图 2-18 所示，当车辆匀速行驶，满足发动机高效工作区域时，使用纯发动机驱动可以获得较高的效率。

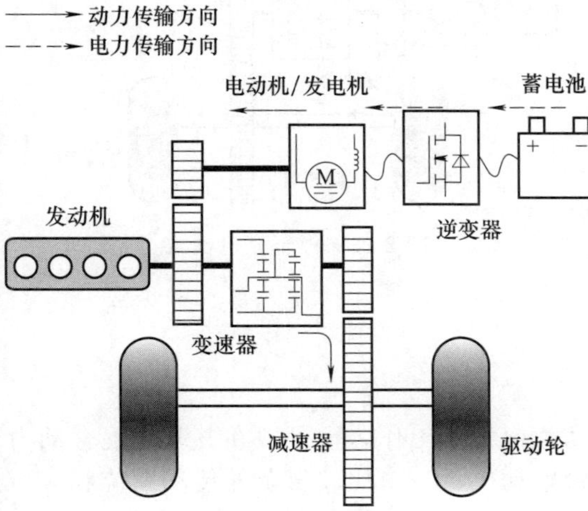

图 2-17 纯电驱动模式

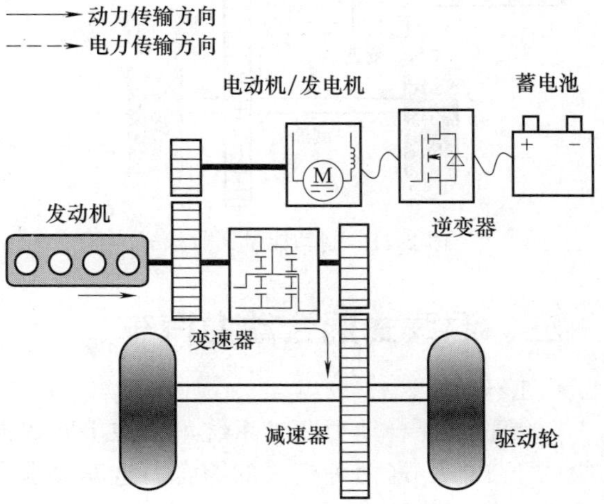

图 2-18 纯发动机驱动模式

（3）混合驱动 如图 2-19 所示，在加速或爬坡工况下车辆需要更大的驱动力，这时两条动力线同时输出动力，满足高动力要求。此时电动机的能量来自电池组。

（4）行车充电 如图 2-20 所示，当发动机输出功率大于车辆负荷，电池组荷电状态未达到最高限值时，发动机的多余能量用来带动发电机给电池组充电。

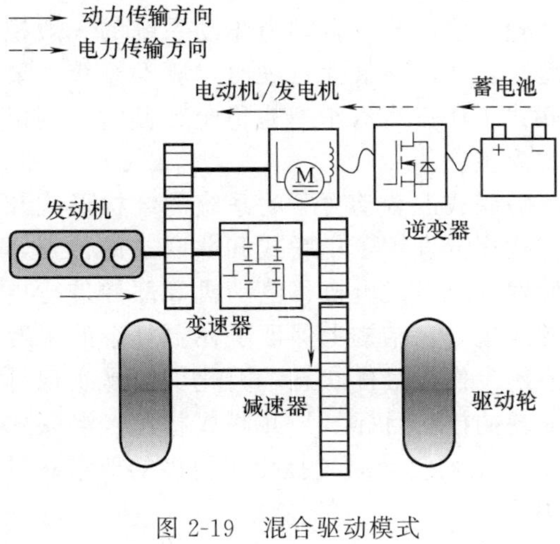

图 2-19 混合驱动模式

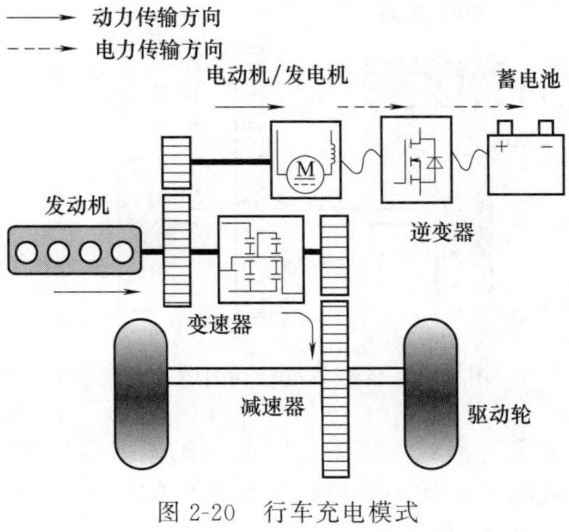

图 2-20 行车充电模式

（5）制动能量回收 如图 2-21 所示，车辆减速制动时，电动机作为发电机使用，提供电制动力矩，同时回收电能给电池组充电。

（6）停车充电 如图 2-22 所示，若停车前电池组的电量不足，为了保证下一次启动时可以使用纯电启动，增加纯电驱动续驶里程，可以在停车时利用发动机给电池组充电。

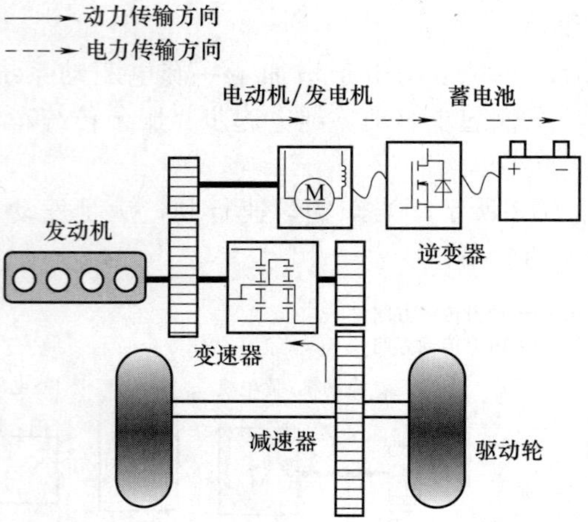

图 2-21　制动能量回收模式

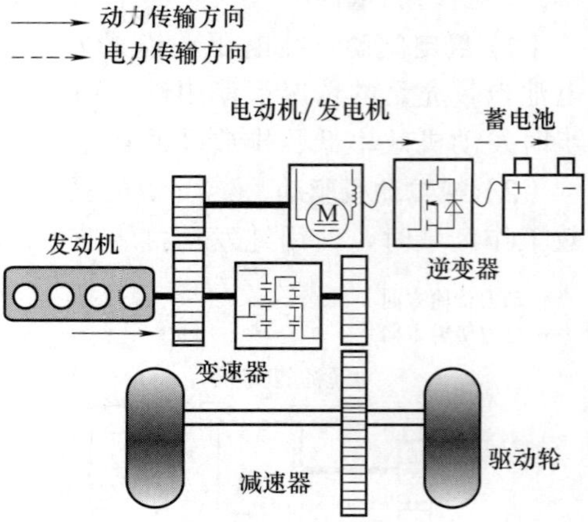

图 2-22　停车充电模式

三、混联式混合动力汽车

1. 结构

混联式混合动力驱动系统可以在串联式混合动力模式下工作，也可以在并联式混合动力模式下工作，即两种模式的综合。这就要求有两台电动机、一个比较复杂的传动系统和一个智能化控制系统。

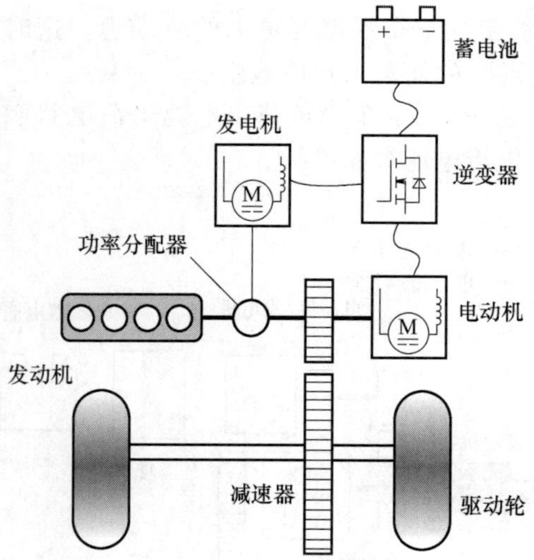

图 2-23　混联式混合动力驱动系统

混联式混合动力驱动系统的结构如图 2-23 所示，其工作原理如下：发动机发出的功率一部分通过功率分流装置（功率分配器），经机械传动系统传至驱动轮；另一部分则驱动发电机发电，发出的电能输送给电动机或动力电池，电动机的力矩同样也可通过传动系传送给驱动轮。混联式混合动力驱动系统的一般控制策略是：在汽车低速行驶时，驱动系统主要以串联式工作；当汽车高速稳定行驶时，则以并联式为主。

混联式混合动力驱动系统的结构形式和控制方式充分发挥了串联式和并联式的优点，能够使发动机、发电机、电动机等部件进行更优化的匹配，在结构上保证了在更复杂的工况下使系统工作在最优状态，因此更容易实现排放和油耗的控制目标。与并联式相比，混联式的动力复合形式更复杂，因此在机械结构和控制方面对动力复合装置提出了更多的要求。目前的混联式结构一般以行星齿轮机构作为动力复合装置。

2. 特点

（1）优点

① 与串联式混合动力汽车相比动力系统更小、成本降低。混联式混合动力汽车是在并联式混合动力汽车的基础上，再增加电动机/发电机或驱动电机，因此混联式混合动力汽车

由三个动力总成组成，三个动力总成以50%～100%的功率驱动车辆，但比串联式混合动力汽车动力总成的功率、质量和体积要小。

② 多种工作模式，可以获得更好的性能。混联式混合动力汽车有多种驱动模式可供选择，包括串联驱动和并联驱动，使发动机的工作状态在多变的工况中都可以选择最优的模式。

③ 发动机参与驱动，减少能量转换损失。发动机驱动模式是混联式混合动力汽车的基本驱动模式之一，从发动机到车轮的动力传递过程中，除摩擦损耗外，没有机械能—电能—机械能的转换过程，能量转换的综合效率要比内燃机汽车高。

④ 纯电行驶减低排放。纯电动机驱动模式也是混联式混合动力汽车的基本驱动模式之一，可以独立驱动车辆行驶，在车辆起步时，发挥电动机低速大转矩的特征，带动车辆起步，实现“零污染”行驶。

（2）缺点

① 并联模式下排放劣于串联式混合动力汽车。混联式混合动力汽车的动力性能更接近内燃机汽车。在并联模式时，发动机的工况会受到汽车行驶工况的影响，发动机的有害气体的排放高于串联式混合动力汽车。

② 结构复杂，布置困难。混联式混合动力汽车需要配备两套驱动系统，发动机传动系统需要装置离合器、变速器、传动轴等传动总成。另外，还要配置电动机/发电机、驱动电机、减速器、动力电池组，以及多能源的动力组合或协调发动机驱动与驱动电机驱动力的专用装置。因此，混联式混合动力汽车的多能源动力系统结构复杂，总布置也更加困难。

③ 整车多能源控制系统要求更高、更复杂。多能源动力的匹配和组合有不同的形式，需要装配一个复杂的多能源动力总成控制系统，才能达到更高的经济性和超低污染的控制目标。

3. 工作模式

混联式混合动力汽车兼具并联和串联混合动力汽车的工作模式，可以实现纯电驱动、串联驱动、发动机单独驱动、行车充电、停车充电、制动能量回收、并联驱动和全加速8种工作模式。

（1）纯电驱动 如图2-24所示，利用电池的电能，通过驱动电机单独驱动汽车行驶。

（2）串联驱动 如图2-25所示，混联式混合动力汽车将在以下两种工况下采用串联驱动模式：一是低速大功率驱动工况（如连续爬坡），此时依照工作状况设定，由电动机驱动，

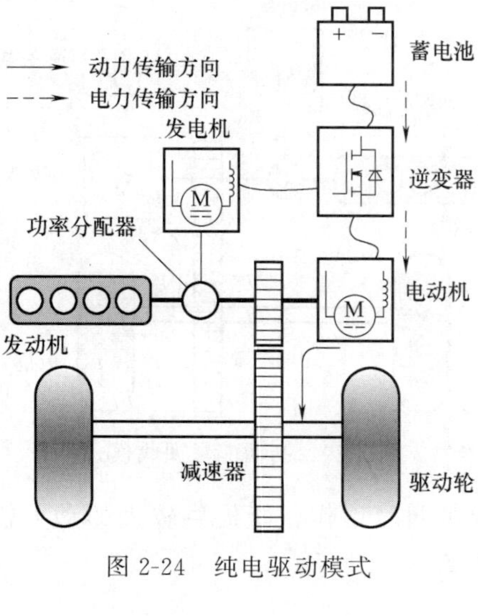

图2-24 纯电驱动模式

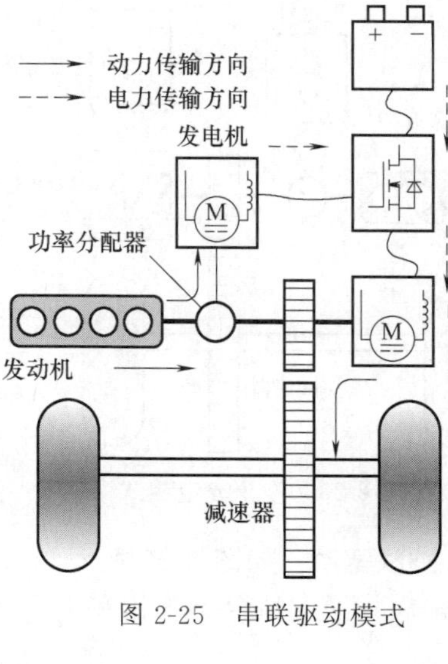

图2-25 串联驱动模式

将会消耗大量的电能，需要发动机为电池补足电量；二是电池电能不足，低于预设值，发动机需要为电池及时补充电能。汽车以串联驱动模式行驶时，发动机工作在经济区且输出恒定功率。

（3）发动机单独驱动 如图 2-26 所示，发动机单独驱动和传统汽车工作状况相同，因此适合于发动机经济转速区域，即此时为巡航车速。

（4）行车充电 如图 2-27 所示，在发动机中速区域，发动机动力负荷偏低，效率低。行车充电可以提高发动机的工作负荷，从而提高发动机的工作效率和为电池补充电能。

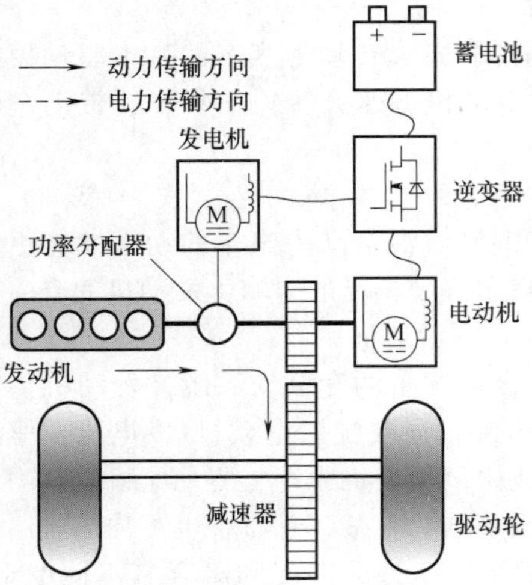

图 2-26　发动机单独驱动模式

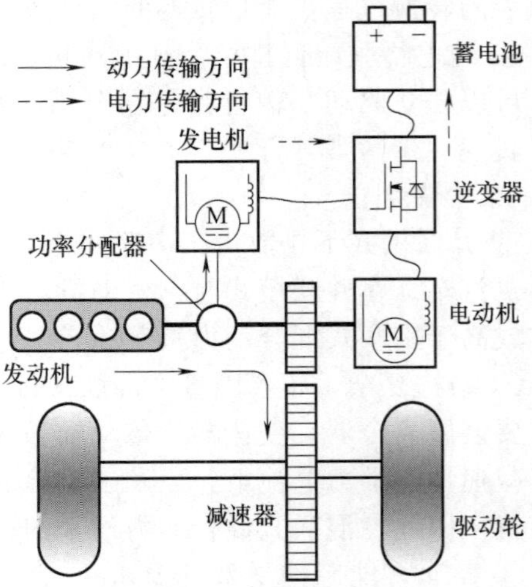

图 2-27　行车充电模式

（5）停车充电 如图 2-28 所示，当电池荷电状态低于设定限值时，采用停车充电模式，发动机在经济区以输出恒定功率的方式带动 ISG 发电机发电，为电池补充电能。

（6）制动能量回收 如图 2-29 所示，汽车制动时，车轮提供反向转矩，带动驱动电机作为发电机发电，以此回收能量。通过回收制动能量，混合动力车能很好地控制油耗和排放。这种模式工作在中高速滑行和制动的工况下。

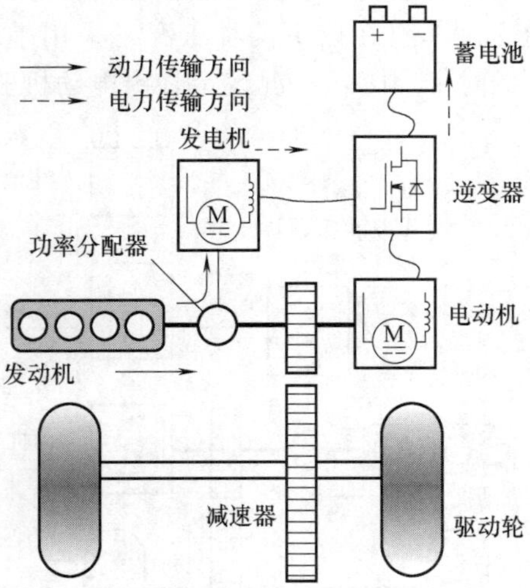

图 2-28　停车充电模式

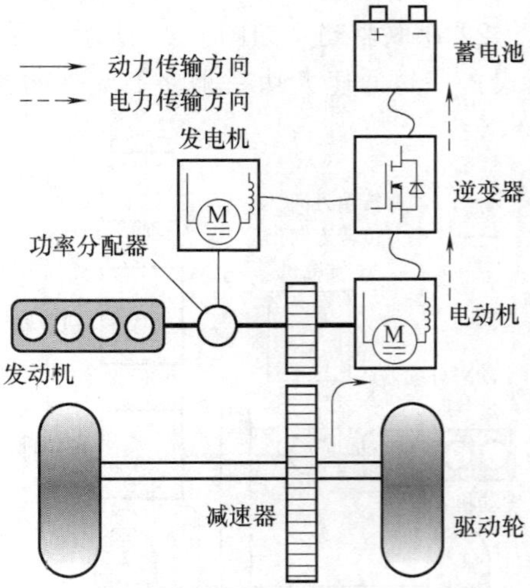

图 2-29　制动能量回收模式

（7）并联驱动 如图 2-30 所示，发动机和电动机同时工作，能提供较大的动力输出，因此，这种模式通常适合于工作在中低速加速和高速区。

（8）**全加速** 如图 2-31 所示，发动机、发电机及驱动电机同时驱动。此时，所有的能量都输出用于驱动汽车，这种模式能获得最大的驱动力。一般用于极限速度行驶、超车等情况。

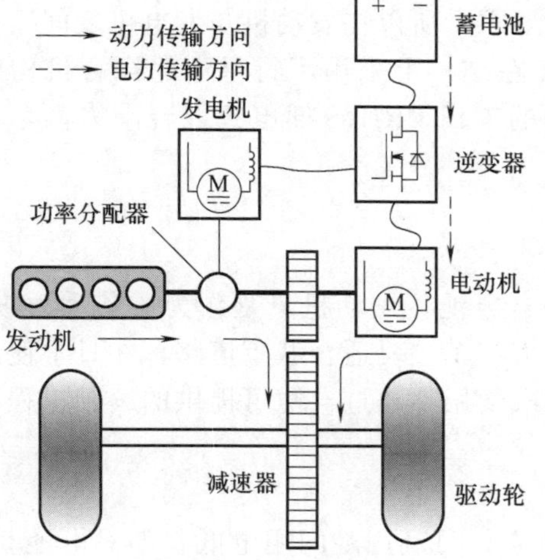

图 2-30 并联驱动模式

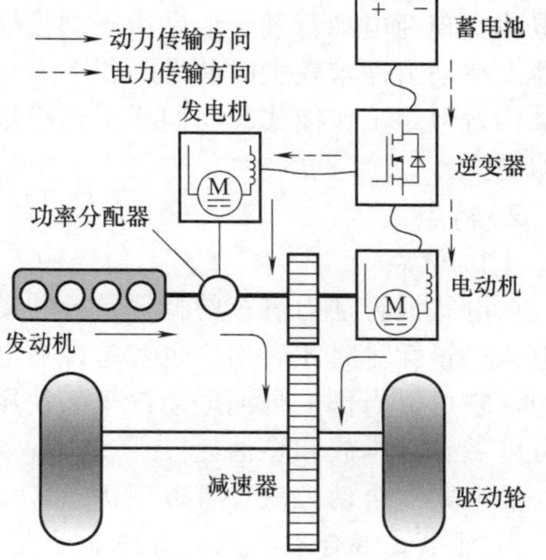

图 2-31 全加速模式

四、插电式混合动力汽车

1. 结构

插电式混合动力汽车（PHEV）是可以使用电网（包括家用电源插座）对动力电池充电的混合动力汽车，是在油电混合动力汽车的基础上开发出来的。它既可以纯电动长距离行驶，也可以在全混合模式下工作。插电式混合动力系统分为并联与串联两种结构，分别如图 2-32 和图 2-33 所示。

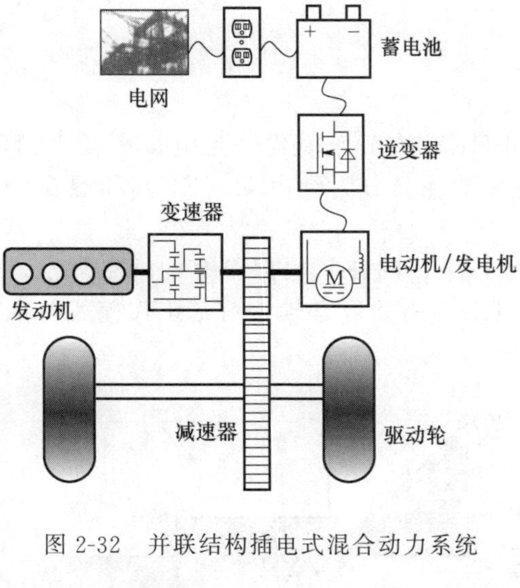

图 2-32 并联结构插电式混合动力系统

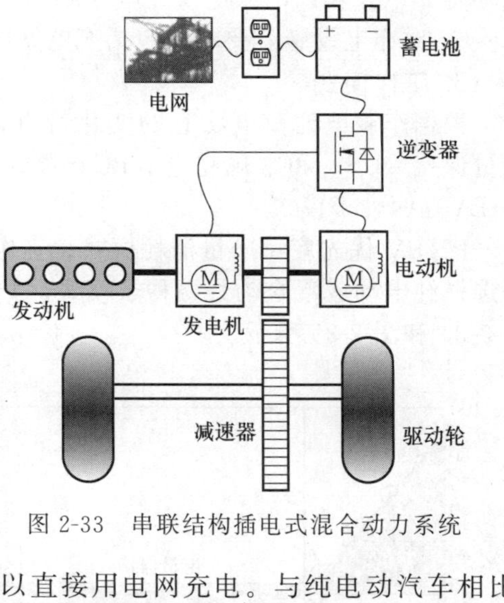

图 2-33 串联结构插电式混合动力系统

插电式混合动力汽车自身安装车载充电器，可以直接用电网充电。与纯电动汽车相比，插电式混合动力汽车增加了内燃机；与油电混合动力汽车相比，插电式混合动力汽车可以外接电网充电；在相同车型条件下，插电式混合动力汽车的电池比油电混合动力汽车的电池功率大，内燃机功率比油电混合动力汽车的小。总之，插电式混合动力汽车在设计目标上是综合纯电动汽车与油电混合动力汽车的优点。

例如，丰田 PRIUS 的插电式车型就是在原来油电混合动力车型的基础上增加了车载充电器而改型设计的，而通用的雪佛兰 Volt 却是在原有纯电动汽车的基础上增加了内燃机而改型设计的。Volt 的最初定位是设计制造一款增程式混合动力汽车，采用小电动机加大容量电池实现纯电动行驶。但是由于动力性不能满足要求，所以在发动机与发电机之间增加离合器，在动力需求较大时使发动机参与驱动。Volt 在结构上采用了行星齿轮耦合机构的混联结构，但是工作模式又与同样采用行星齿轮结构的丰田 PRIUS 插电式混合动力汽车不完全相同。

2. 特点

（1）优点

插电式混合动力汽车的特征是行驶动力主要来自电池，发动机只是作为后备动力来源，在电池电量耗尽时才启用。也就是说插电式混合动力汽车主要适合城市道路，在日常使用过程中，它可以当作一台纯电动汽车来使用，只要单次使用不超过电池可提供的续驶里程，它就可以做到零排放和零油耗。

插电式混合动力汽车有以下优点。

① 插电式混合动力汽车有纯电动汽车的全部优点，可利用晚间用电低谷期对电池充电，改善电厂的机组效率，节约能源。

② 减少温室气体和各种有害物的排放；降低对石油燃料的依赖，减少石油进口，保证国家能源的安全。

③ 如果是在城市内行驶，距离较短，使用纯电动模式，不消耗燃油；如果长途旅行，距离较长，使用混合驱动模式，增加续驶里程。

④ 可以利用外部电网对车载电池组充电。

（2）缺点

① 根据特定需求确定纯电动续驶里程，同时影响电池大小的选择。

② 纯电行驶对电池提出较高要求，如电池要有足够高的能量密度和功率密度、较长的循环寿命以及较高的放电及充电性能。

③ 对充电设施有要求，包括充电站的建设等。

3. 工作模式

根据车载电池荷电状态的变化特点，可以将 PHEV 的工作模式分为电量消耗（CD）、电量保持（CS）和常规充电（BC）模式，其中电量消耗又分为纯电动（EV）和混合动力（HEV）两种子模式。

PHEV 优先应用电量消耗模式。在电量消耗模式中，PHEV 根据整车的功率需求，具体选择纯电动或混合动力两种子模式。Volt 和 PRIUS 插电式混合动力汽车工作模式分别如图 2-34 和图 2-35 所示。

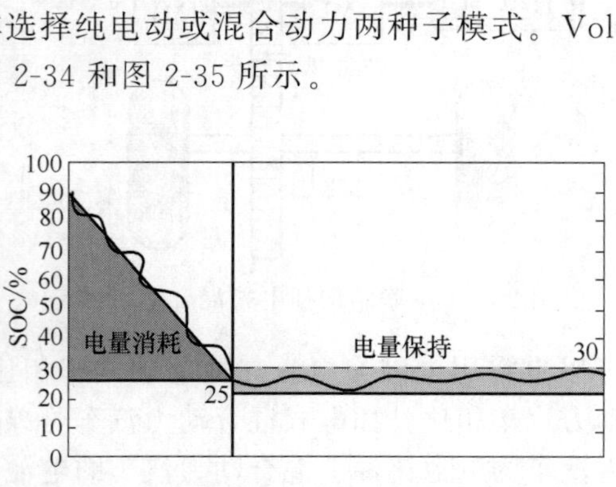

图 2-34　Volt 插电式混合动力汽车工作模式

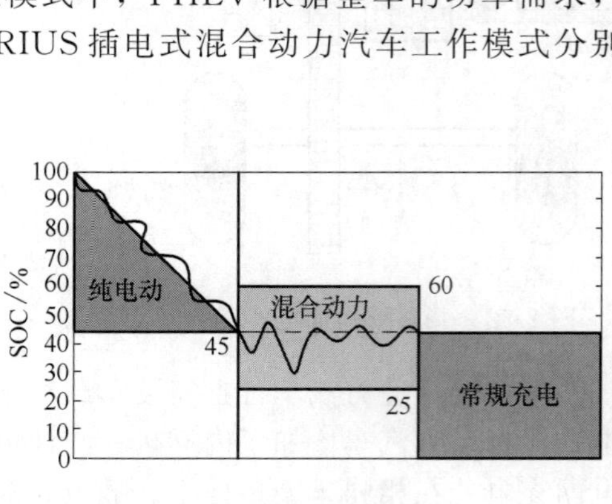

图 2-35　PRIUS 插电式混合动力汽车工作模式

在电量消耗-纯电动子模式中，发动机是关闭的，电池是唯一的能量源，电池的荷电状态降低，整车一般只达到部分动力性指标。该模式适合启动、低速和低负荷时应用。

在电量消耗-混合动力子模式中，发动机和电动机同时工作，电池提供整车功率需求的主要部分，电池的荷电状态也在降低，发动机用来补充电池输出功率不足的部分，直至电池的荷电状态达到最小允许值。该模式适合高速，尤其是要求全面达到动力性指标时采用。

在电量保持模式下，PHEV 的工作方式与传统 HEV 工作模式类似，电池的荷电状态基本维持不变。

电量消耗-纯电动、电量消耗-混合动力和电量保持模式之间能够根据整车管理策略进行无缝切换，切换的主要根据是整车功率需求和电池的荷电状态。

小结

① 串联式混合动力驱动系统的工作原理是：发动机带动发电机发电，发出的电能通过电动机控制器输送给电动机，由电动机将电能转化为机械能驱动汽车行驶。串联式混合动力汽车有两种设计理念，即小发电单元＋大容量动力电池组合和大发电单元＋小容量动力电池组合。串联式混合动力汽车的优点是：排放污染小、驱动形式多样、布置方便。串联式混合动力汽车的缺点是：对驱动电机、发电单元和电池的要求高，能量转换效率降低，对发动机-发电机组与动力电池之间的搭配要求高。串联式混合动力系统适用于目标和行驶工况相对确定的车辆，例如货物分送车、城市公交车等在城市内频繁起停的车辆。串联式混合动力汽车的典型工作模式有纯电驱动、纯发动机驱动、混合驱动、行车充电、制动能量回收和停车充电。

② 并联式混合动力系统根据输出轴的结构不同可划分为两种形式，即单轴式和双轴式。相对于串联式混合动力汽车，并联式混合动力汽车的优点表现为：驱动功率高、能量转化效率高、动力元件体积小、储能元件容量要求减小、电动机/发电机根据工况灵活工作。与串联式混合动力汽车相比，并联式混合动力汽车的缺点主要是：发动机工作状态受行驶工况影响，结构和布置复杂。并联式混合动力汽车可以在纯电驱动模式、纯发动机驱动模式、混合驱动模式、行车充电模式、制动能量回收模式和停车充电模式下工作。

③ 混联式混合动力驱动系统可以在串联混合动力模式下工作，也可以在并联混合动力模式下工作，即两种模式的综合。混联式驱动系统的一般控制策略是：在汽车低速行驶时，驱动系统主要以串联式工作；当汽车高速稳定行驶时，则以并联式为主。混联式混合动力汽车的优点是：与串联式混合动力汽车相比动力系统更小、成本降低；多种工作模式，可以获得更好的性能；发动机参与驱动，减少能量转换损失；纯电动行驶减低排放。混联式混合动力汽车的缺点是：并联模式下排放劣于串联式混合动力汽车；结构复杂，布置困难；整车多能源控制系统要求更高、更复杂。混联式混合动力汽车兼具并联和串联混合动力汽车的工作模式，可以实现纯电驱动、串联驱动、发动机单独驱动、行车充电、停车充电、制动能量回收、并联驱动和全加速 8 种工作模式。

④ 插电式混合动力汽车是可以使用电网对动力电池充电的混合动力汽车。它既可以纯电动长距离行驶，也可以在全混合模式下工作。插电式混合动力汽车分为并联与串联两种结构。

⑤ 根据车上电池荷电状态的变化特点，可以将 PHEV 的工作模式分为电量消耗、电量保持和常规充电模式，其中电量消耗又分为纯电动和混合动力两种子模式。

第三节　BAS 和 ISG 混合动力系统

BAS 混合动力系统，即驱动带-发电机-起动机系统，也叫 BAS Hybrid 系统（简称带启动系统)。ISG 是集成的具有起动机功能的发电机的缩写(简称集成启动系统)。BAS 和 ISG 这两种动力系统目前只给发动机起助力作用,无法实现纯电驱动。

通过本节相关知识的学习,应该具备以下能力:

① 能够正确解释混合动力系统的工作阶段;

② 能够正确描述 BAS 混合动力系统的基本结构特征;

③ 能够正确描述 BAS 混合动力系统的典型工作模式的工作原理;

④ 能够正确描述 ISG 混合动力系统的典型结构和控制原理;

⑤ 能够通过观察不同类型的混合动力汽车,区分 BAS 和 ISG 混合动力系统,并能够简单阐述其典型结构特征和工作原理;

⑥ 能够注意培养劳动保护、安全与环保和团队协作意识。

一、混合动力系统的工作阶段

混合动力车辆在不同的状态下,混合动力系统处于不同的工作阶段,具体情况如下所述。

燃油供给阶段:发动机正常工作,消耗燃油。

电动助力阶段:当驾驶人踩下加速踏板比较深时,通过电动机对车辆进行电动助力。

智能充电阶段:发电机由发动机带动旋转,电池组尽可能地从系统中获得更多的充电机会。

减速断油阶段:当车辆进入滑行阶段或停下来后,发动机被切断燃油供应,在某些滑行期间,为了保证转矩的平顺性,电动机也将转动。

再生制动阶段:当车辆减速时,发动机停止供油,变矩器锁止,车辆带动发动机转动,电动机此时作为发电机进行发电,发电机相当于车辆的负载,对车辆有制动作用(类似于发动机制动)。

二、 BAS 混合动力系统

1. 基本结构特征

以下以别克君越 ECO Hybrid 油电混合动力汽车为例介绍 BAS Hybrid 系统。

BAS 混合动力系统是一种低电压、小电动机系统,电动机没有驱动车辆的能力。其基本工作原理是:发动机进入自动停止模式时处于关闭状态,没有燃油流向发动机;当驾驶人松开制动踏板,或踩下加速踏板车辆需要起步时,电动机带动发动机运转,燃油供应恢复,发动机自动启动。

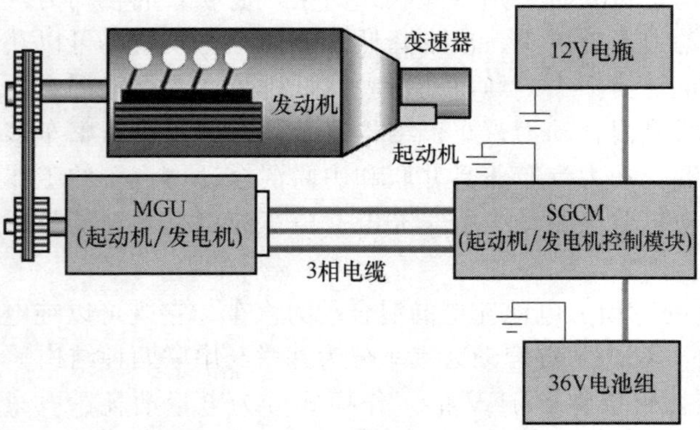

图 2-36 君越 BAS 混合动力系统结构

君越 ECO Hybrid 油电混合动力系统结构如图 2-36 所示,由起动机/发电机总成(MGU)、起动机/发电机控制模块(SGCM)、电池组分离控制模块(也称能量存储控制模块,ESCM)、动力电池组、辅助电池、驱动带及双张紧器总成等组成。图 2-37 所示为君越 BAS 混合动力系统主要零部件示意图,图 2-38 所示为君越 BAS 混合动力系统主要零部件安装位置示意图。

君越 ECO Hybrid 仍然有传统的发电机和起动机,只不过这里的发电机也可做电动机

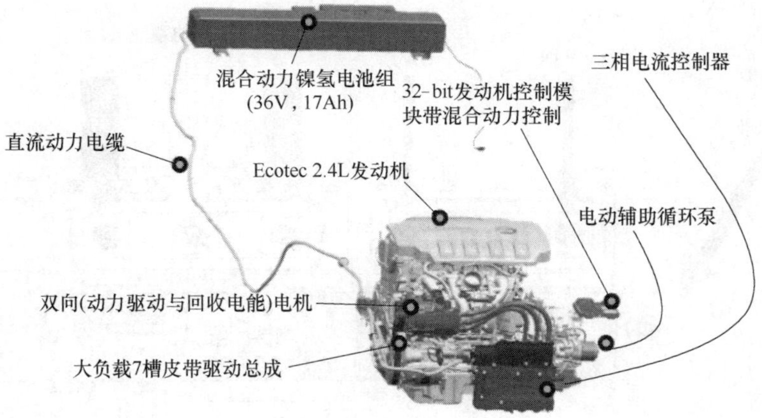

图 2-37 君越 BAS 混合动力系统主要零部件示意图

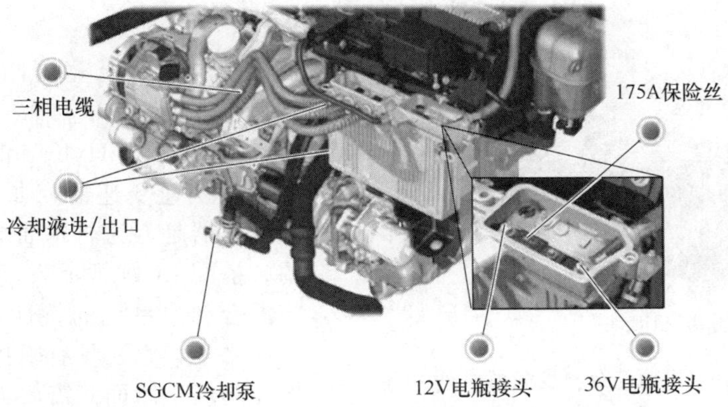

图 2-38 君越 BAS 混合动力系统主要零部件安装位置示意图

用，启动发动机的任务主要依靠传统起动机/电动机来进行。

为了减小发动机在智能停机模式下，频繁启动和熄火对发动机的损伤，BAS Hybrid 系统设置了带驱动器及其张紧器。张紧器的作用是双向的，可以在发动机驱动和起动机/发电机驱动时对驱动带起到张紧的作用。

BAS 系统中也设计有在刚启动时控制加浓辅助喷油量的软件程序，对比传统的燃油喷射系统，君越 ECO Hybrid 的 BAS 系统约可节约燃油 15%以上，尾气排放更低。

SGCM 辅助冷却泵安装在自动变速器机体上，如图 2-39 所示，由 SGCM 模块进行驱动，保证发动机停机时 SGCM 仍然可以进行冷却。SGCM 上部管路接口是进水口，下部接口是出水口。辅助冷却泵的主要功能是将冷却水循环不断地提供到 SGCM 而对其进行散热，使得模块保持最佳冷却效果。

君越 ECO Hybrid 使用的是高效、长寿的镍氢电池组，能量以化学方式存储在电池组中，在混合动力系统需要时，再将化学能转换成直流电能，供车辆使用。在电池组上有通风装置和一个电池组分离控制模块（图 2-40)，对人体不会有危险影响。电池组由 3 块 12V 电池串联而成，36V 正极输出线路上有一个接触开关，由电池组分离控制模块控制。3 块电池上各有一个电压传感器，电压传感器监测每一块 12V 电池的电压变化，并将信号提供给电池组分离控制模块，用以监测每一块电池的工作状态及电压变化情况。辅助蓄电池可由 MGU 或由 36V 电池组充电，充电情况受 SGCM 管理。

电池组冷却风扇对电池组进行持续冷却，冷却风扇只能作为总成进行维修。电池组分离

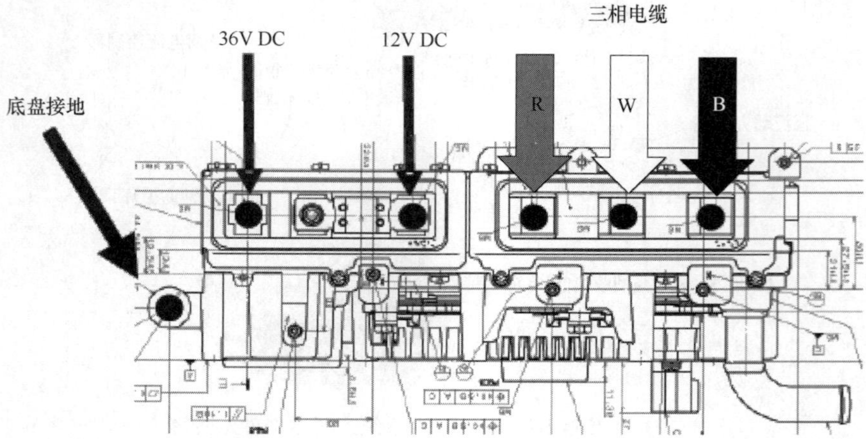

图 2-39　起动机/发电机控制模块（SGCM）

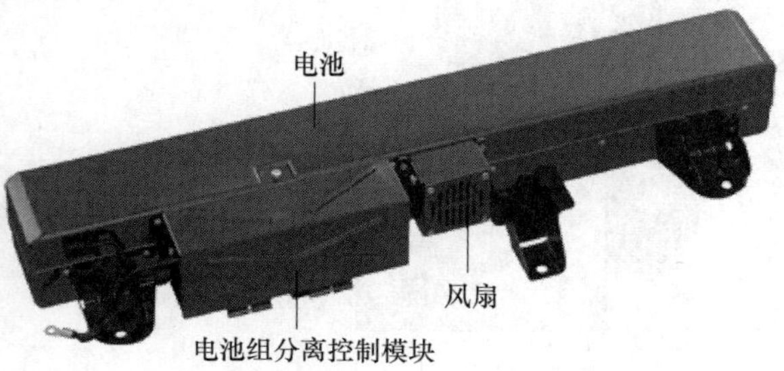

图 2-40　电池组分离控制模块

控制模块通过脉宽调制信号控制风扇的转速。

君越 ECO Hybrid 油电混合动力车使用的是 4 速变速器，如图 2-41 所示。这款变速器是专为君越油电混合动力车开发的，搭配 ECO 智能发动机，能很好地适应混合动力系统的特性，做到智能停机。除此之外，它还具有限挡功能，以帮助车辆在爬坡、冰面等需要大转矩输出的路况下顺利起步，提高主动行驶安全性。当挡位进入 M 挡时，仪表盘上就会出现“D、3、2、1”的挡位显示，用户可以根据路况选择不同的挡位范围。需要特别指出的是，一旦挡位离开 D 挡，车辆将无法实现智能停机，因此建议在一般道路行驶时使用 D 挡，使车辆更加省油，更加环保。

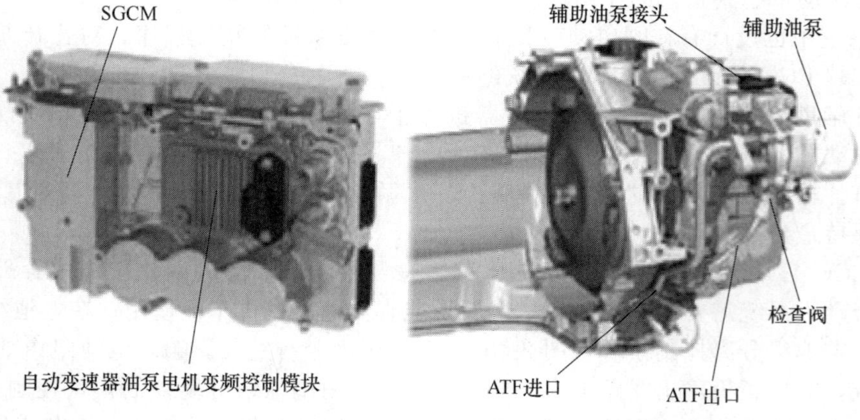

图 2-41　自动变速器采用电动辅助油泵

自动变速器辅助电动机控制模块安装在 SGC 上，其内部有油泵驱动器。SGCM 与该模块进行通信，控制辅助油泵的工作。此自动变速器基本与传统车型相同，因为要满足混合动力系统的“AUTO STOP”模式的恢复运行，特增加一个辅助油泵，以确保前进离合器的压力，使内部元件在停机时仍与差速器/车轮保持接合，使发动机在智能启动后的行驶动作没有任何迟滞。

2. 典型工作模式

（1）启动 君越ECO Hybrid的仪表和仪表指示灯如图2-42所示。

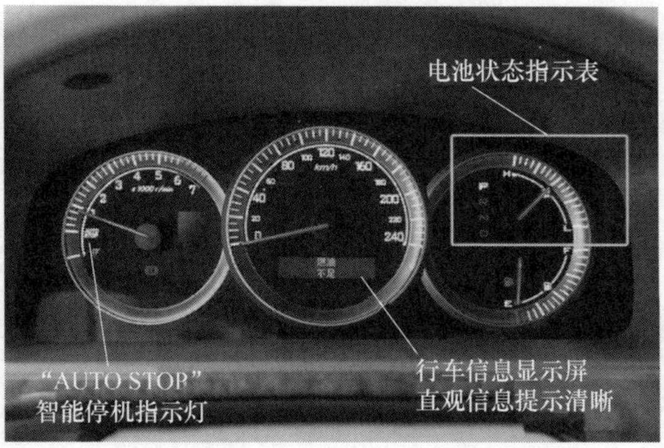

图2-42 仪表盘显示

发动机转速表指针停留在AUTO STOP和OFF位置时，启动发动机的形式不同。AUTO STOP位置表示车辆已经进入自动停止模式并等待发动机重新启动的状态，如图2-43所示；OFF位置表示发动机已经正常关闭，驾驶人需要通过点火钥匙重新启动发动机。

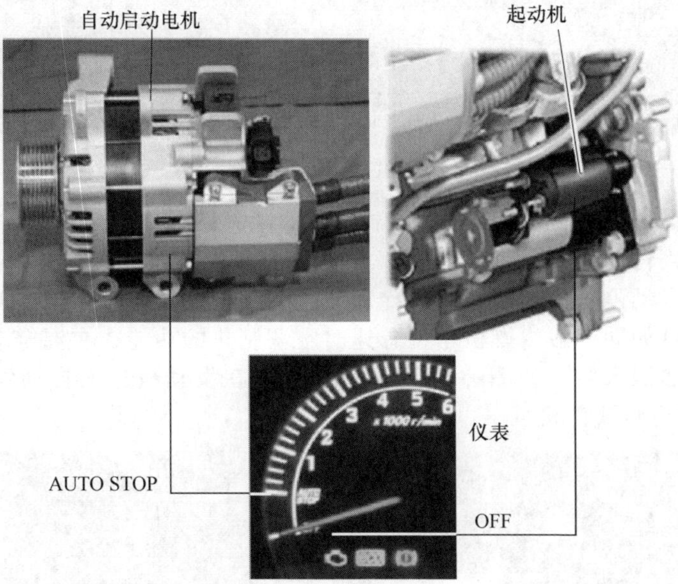

图2-43 AUTO STOP智能起停和OFF起动机启动

（2）坡路起步 因为在制动踏板松开后到发动机重新启动之间有一个时间上的延迟，所以与传统车辆相比，混合动力车辆在发动机熄火后进行重新启动的过程中更容易产生溜车的现象。君越ECO Hybrid采用了带坡路起步阀（HHV）的制动系统，如图2-44所示。SGCM对HHV电磁阀进行PWM控制，在车辆从自动停止到发动机重新启动的过程中，SGCM控制坡路保持阀打开的速率，以缓慢降低制动压力，这样可以避免车辆起步前溜车的危险和车辆起步后制动拖滞的发生。在坡路保持阀总成内有两个电磁阀，主要控制两个驱动轮（前轮）压力。

（3）空调 空调有3个模式：OFF、ECO和Normal（A/C）。

OFF：空调关闭，允许智能停机；

ECO：经济模式，空调运行，允许智能停机；

Normal：空调运行，不允许智能停机。

如图2-45所示，按下“eco”键，即可进入ECO经济模式。当车辆处于怠速停机时，空调压缩机停止运转，空调系统依靠系统内残留的制冷剂工作。但当车外温度很高时，发动

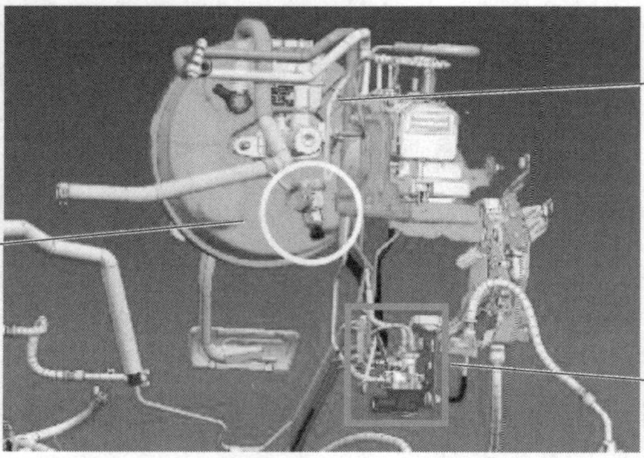

图 2-44　采用坡路起步阀的制动系统

图 2-45　空调模式

机会保持运转来带动空调压缩机以保证车内制冷，即此时不会智能停机。当使用前风挡除霜/除雾功能时，空调将自动切换至 A/C 模式，此时，将不能智能停机。

当发动机处在自动停止模式下，由于冷却液无法进行循环，车内的空调加热器无法进行热量交换。为了提供如同一般内燃机车型怠速时空调制热的功能，在混合动力车辆上安装了一个电动的空调加热器水泵，如图 2-46 所示，该水泵在发动机进入自动停止模式时，根据需要由 SGCM 控制运转或停机。

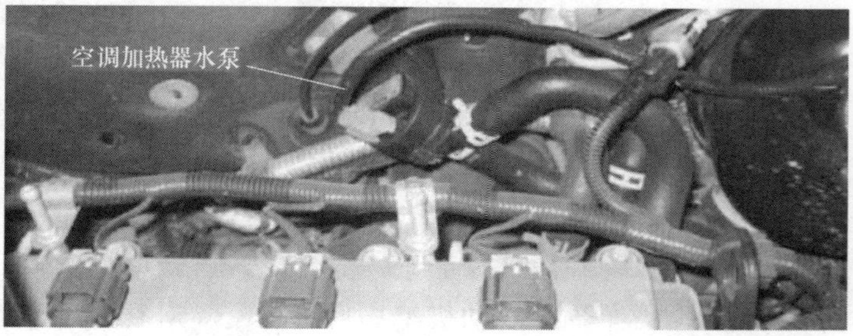

图 2-46　空调加热器水泵安装位置

图 2-47　智能停机（AUTO STOP）

（4） **AUTO STOP**　如图 2-47 所示，智能停机指发动机不供油，但起动机/发电机待命。

踩下制动踏板至车辆停止，发动机自动停转；松开制动踏板瞬间，发动机自行启动并恢复至怠速状态。

发动机自动停止工作后，SGCM 将 36V 电池组电源转换成 12V 的电源，用来给 12V 电池充电及供车内其它用电器和负载使用。如果电池的充电能力太低，发动机将自动重新启动。

空调加热器冷水泵使冷却液循环；SGCM冷却泵工作，确保足够的冷却液流过SGCM；自动变速器辅助油泵工作，保持工作压力，确保发动机和变速器的连接；坡路保持阀关闭，保证制动管路中的制动液压力，减弱车辆滚动的趋势。

实现智能停机的主要条件：在D挡，空调在OFF或ECO模式下，电池电量（SOC）指示表高于L，踩紧制动踏板，第一次AUTO STOP之前，最高车速要大于20km/h。如果不满足智能停机条件，发动机将正常怠速。如果智能怠速停机时间较长，达到了标定的最长停机时间（2min），发动机也会自动启动，以保持动力电池电量。

自动停止模式启用条件一：车辆速度超过6.4km/h（初始）；环境温度高于−15℃；动力电池温度在10～50℃；变速器储油槽温度在25～110℃；发动机冷却液温度在60～121℃（环境温度低于12℃）；发动机冷却液温度在82～121℃（环境温度高于12℃）；挡位在D位置。

自动停止模式启用条件二：空调压缩机系统请求发动机打开为False（不成立）；足够的制动真空；充电状态大于自动停止要求（70%）；动力电池放电电源容量大于自动启动要求的最小值（6.2kW）；可接受的辅助蓄电池状态（电压、电流、温度）；车轮滑移（防抱死制动系统或牵引力控制系统未启动）；燃油箱蒸发系统（EVAP）没有运行轻微泄漏测试；发动机舱盖关闭。

自动停止后重新启动：制动踏板松开后，车辆开始进入重新启动/加速模式，发动机重新启动。在30s～2min之内，起动机/发电机自动启动发动机，具体时间要视电池组的充电状态和车辆附件的用电情况而决定。空调在ECO工作状态下，系统会在自动停止模式启用后30～120s内重新启动发动机。车辆重新启动后开始加速时，坡路保持阀打开。自动变速器辅助油泵由混合动力辅助油泵驱动器通过PWM进行控制。

君越ECO Hybrid油电混合动力车的仪表盘上没有水温表，如果发动机过热，将和原君越燃油车一样，在仪表盘上显示发动机冷却液温度警告灯。

（5）减速 当加速踏板被释放后，燃油供应停止，车辆进入减速断油状态。在车辆滑行减速期间，变矩离合器会尽早地锁止，车辆从发动机推动（燃油消耗）到能量再生（制动发电）的过程中，扭矩的变化比较平稳。当车辆在再生制动状态，车速接近0km/h时，如果驾驶人想要快速启动发动机，混合动力电池组将作为电源带动起动机/发电机通过驱动带使发动机转动，燃油系统重新启用。当车速降低时（未踩加速踏板，车辆靠惯性滑行时，或在车辆制动时），燃油供应自动切断，同时，部分能量回收。当车辆降低至一定车速或再次踏下加速踏板，发动机将自动启动，恢复至正常燃油状态。

（6）ECO 车辆在ECO模式下工作的提示是ECO指示灯点亮。

当车辆的燃油经济性超过（小于）EPA（美国环保署）规定的标准（4 L/100km）后，ECO指示灯会点亮；在车辆进入自动停止模式后，因为发动机停止工作，没有了燃油的消耗，所以ECO指示灯亮起；车辆滑行进入再生制动模式时，该指示灯点亮。

（7）智能充电 充电指示表上标有一个电池的符号及Hybrid文字标志，表示36V动力电池组的电压状态。当动力电池组处在充电的状态时（电压较高），指针偏向“H”方向。当电池组处在耗电状态时（电压较低，如加速助力时），指针偏向“L”方向。

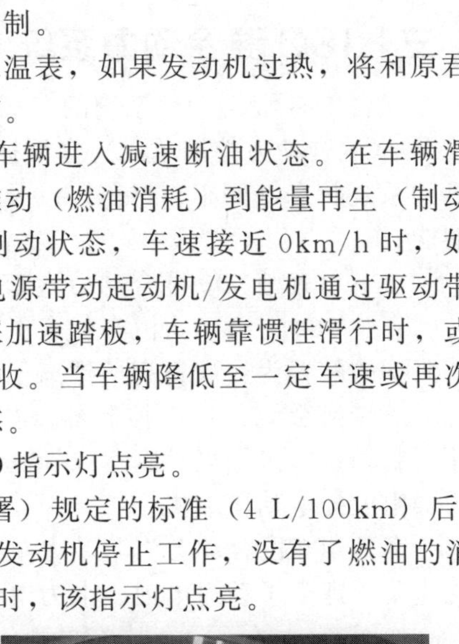

图2-48 电池充电状态（SOC）指示表

如图2-48所示，当电池充电时，电池充电状态（SOC）指示表指针从L向H慢慢移动，SGCM控制智能充电，动力电池会在能量回收和智能充电这两种情况下自动充电。一般的城市驾驶，只要有小段的行驶距离（约 100m），就可以提供充电的机会来维持持续的智能充电。建议在路况好的情况下，尽量多地使用自动巡航，匀速行驶将使车辆更加省油。

（8）助力转向 君越混合动力汽车采用电动液压助力转向系统（EHPS），有故障时仪表故障灯点亮，如图 2-49 所示。图 2-50 所示为 EHPS 液压转向系统部件。当高速行驶时，转向盘助力作用减小或者消失，路感增强，保障操控稳定；当速度降低，如转弯、倒车时，转向盘助力作用增大，操控轻便。该系统的优点是转向轻便灵活，提高主动行驶安全性，节省动力，可降低 2%～3%的油耗，利于环保。使用时，不要无谓地转动转向盘，否则会消耗蓄电池的电量，导致车辆智能停机的时间缩短。

图 2-49 电动助力转向（EHPS）故障指示灯

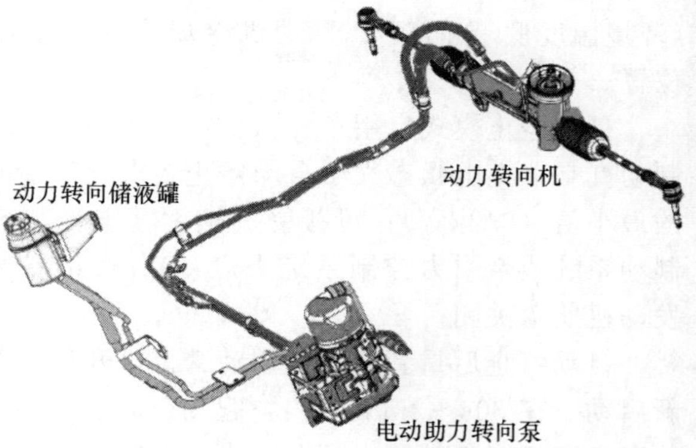

图 2-50 EHPS 液压转向系统

三、ISG 混合动力系统

配备 ISG 混合动力系统的车辆主要功能有怠速起停、再生制动、辅助驱动和发电功能。HCU（混合动力控制单元）会根据驾驶人请求（加速踏板踩下角度）、动力电池的 SOC、电驱动系统状态（停车、行车）以及整车状态等控制 ISG 电动机的工作模式，自动实现以上功能。

以下以奔驰 400 混合动力汽车为例加以说明。

奔驰 400 混合动力汽车代表了 ISG 混合动力的高端水平，其主要零部件如图 2-51 所示。其典型的配置为：配备高压锂离子电池模块、电动机功率模块、电动助力系统、DC/DC 直流电压转换系统；功率控制器（如电动机控制器）和 DC/DC 采用双电动冷却循环泵的设计；制动系统采用电动真空泵、真空助力器；ABS 控制单元配合电动机实现再生制动；空调采用电控电动压缩机。

奔驰 400 混合动力汽车动力系统结构如图 2-52 所示，由六缸发动机、电动机、7 速自动变速器、锂离子动力电池、电力电子模块、12V 交流发电机、DC/DC 转换器等组成。

如图 2-53 所示，奔驰 400 混合动力汽车电动机采用外转子永磁直流电动机。

奔驰 400 混合动力汽车采用原车液力自动变速器，为防止变速器内离合器油压过低，在液力自动变速器基础上增加了电动 ATF 油泵，如图 2-54 所示。

奔驰 400 混合动力管理系统负责协调各子系统部件之间的相互作用。该管理系统集成于 ECU 中，通过 CAN bus 总线与自动变速器、动力电池和动力电子设备等系统单元进行通信。其中，动力电子设备负责管理电动机与动力电池之间的能量流动，除了控制电动机的脉冲逆变器之外，还包括一个直流变压器，可将发电机或动力电池传来的电流转化为 12V 直流电，从而支持车辆电气系统工作。混合动力管理系统可以根据动力电池的充电状态、车速

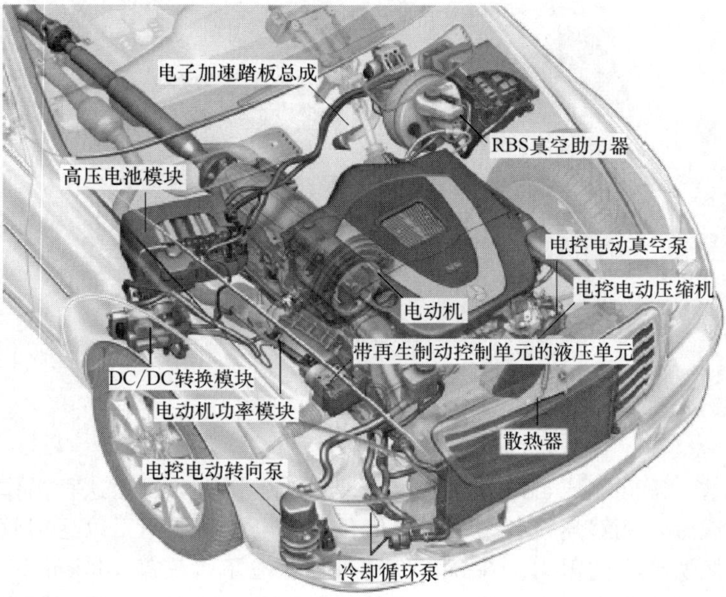

图 2-51 奔驰 400 混合动力汽车 ISG 混合动力系统主要零部件

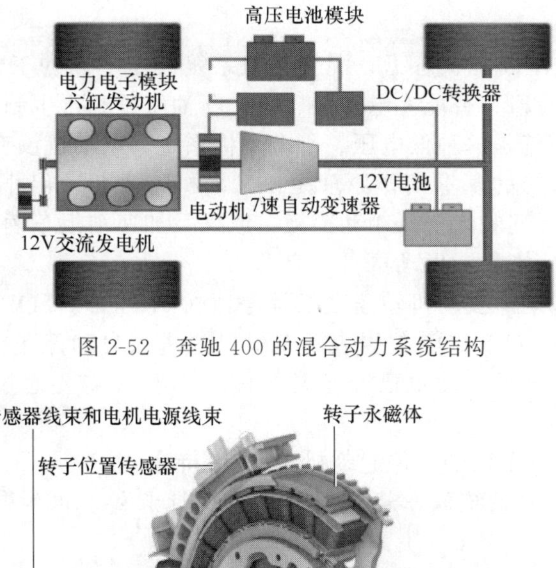

图 2-52 奔驰 400 的混合动力系统结构

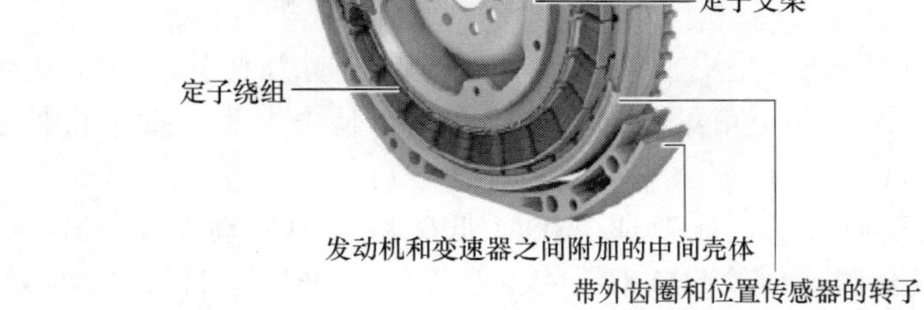

图 2-53 奔驰 400 混合动力汽车电动机结构组合图

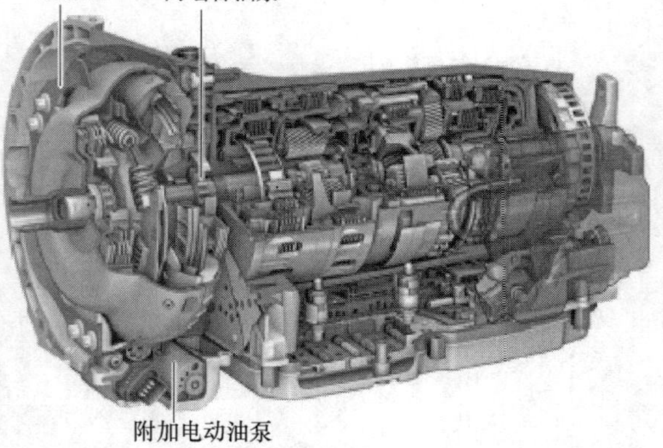

图 2-54　奔驰 400 混合动力汽车 7 速自动变速器

和其他的具体参数，瞬间完成自动分析并选择理想的操作策略。而这种操作策略是传动系统控制软件的关键成分，能够连接各个系统，优化电池电能的使用，以达到效率的最大化，从而消除发动机拖拽所产生的阻力。在高速稳定行驶状态下（最高 160km/h），当驾驶者松开加速踏板后，发动机也会在离合装置的控制下与自动变速器完全脱离，避免不必要的摩擦损耗，延长车辆滑行距离，进而降低油耗。

小结

① 混合动力车辆在不同的状态下，混合动力系统处于不同的工作阶段，主要包括：燃油供给阶段、电动助力阶段、智能充电阶段、减速断油阶段和再生制动阶段。

② BAS 混合动力系统是一种低电压、小电动机系统，电动机没有驱动车辆的能力。

③ BAS 混合动力系统的基本工作原理是：发动机进入自动停止模式时处于关闭状态，没有燃油流向发动机；当驾驶人松开制动踏板，或踩下加速踏板车辆需要起步时，电动机带动发动机运转，燃油供应恢复，发动机自动启动。

④ BAS 混合动力系统的发动机转速表指针停留在 AUTO STOP 和 OFF 位置时，启动发动机的形式不同。AUTO STOP 位置表示车辆已经进入自动停止模式并等待发动机重新启动的状态；OFF 位置表示发动机已经正常关闭，驾驶人需要通过点火钥匙重新启动发动机。

⑤ 智能停机指发动机不供油，但起动机/发电机待命。

⑥ 配备 ISG 混合动力系统的车辆主要功能有怠速起停、再生制动、辅助驱动和发电功能。

第四节　典型的混合动力汽车

丰田普锐斯（PRIUS）是史上第一款量产的混合动力汽车，1997 年量产上市，不过中国区域普锐斯是在 2001 年上市第一代。丰田普锐斯是史上第一款销售量超 100 万辆的混合动力汽车。

继奔驰携手比亚迪之后，比亚迪 F3DM 低碳版双模电动车于 2010 年 3 月 29 日上市。比亚迪 F3DM 搭载全球首创的 DM 双动力混合系统。DM 为双模式的英文缩写。DM 双模电动车采用电动系统（EV）和混合动力系统（HEV）。该系统是将汽油发动机和电机融合为一体，配合动力电池，形成由电机和电机配合发动机向车辆输出动力的两种驱动模式。该系统不仅降低了油耗及排放，更极大地提高了动力和操控性能，实现了既可充电，又可加油的多种能源补充方式，是真正意义上的双动力混合系统。

通过本节相关知识的学习，应该具备以下能力：

① 能够简单描述丰田 PRIUS 混合动力汽车的发展历史；

② 能够正确描述丰田 PRIUS 混合动力系统的基本组成及各组成部分的功能；

③ 能够正确描述丰田 PRIUS 电池箱内部的组成及各组成部分的作用；

④ 能够正确描述丰田 PRIUS 变速驱动桥的组成及工作原理；

⑤ 能够正确描述丰田 PRIUS 变频器组成及功能；

⑥ 能够正确描述丰田 PRIUS 混合动力控制系统的控制功能；

⑦ 能够简单说明混合动力控制系统的工作情况；

⑧ 能够正确描述丰田 PRIUS 混合动力发动机的典型技术应用；

⑨ 能够简单描述比亚迪 F3DM 的主要特点；

⑩ 能够正确描述比亚迪 F3DM 在 4 种工况下的工作情况。

一、丰田普锐斯混合动力汽车

1. 发展历史简介

截至目前，丰田普锐斯（PRIUS）混合动力汽车已经生产了 4 代。

（1）第一代丰田 PRIUS（1997—2003 年） 1997 年 12 月，代号 NHW10 的第一代丰田 PRIUS 在爱知县的丰田工厂下线，PRIUS 也是丰田 MC 平台下诞生的首款车型，为三厢车型。

初代 PRIUS 的配置与当时一般的日系家用轿车差不多，手动空调、电动车窗、绒布座椅、定速巡航、前排安全气囊和侧气囊。

第一代 PRIUS 搭载代号 1NZ-FXE 的 1.5L 直列四缸自然吸气发动机和一台 288V 永磁交流电动机，其中汽油发动机最大功率约 43kW，电动机最大功率 29kW，配备 ECVT（电控无级变速箱），镍氢电池组作为电力源。丰田将这套油电混合动力系统称为“THS”，即 Toyota Hybrid System。

第一代 PRIUS 前期仅在日本本土销售，但这款车却以二手车的身份出口到英国、澳大利亚和新西兰等国。在积累了大量经验后，丰田在 2000 年将第一代 PRIUS 推广到北美和欧洲市场。有了前期积累的经验，丰田对 PRIUS 的动力作出了优化。为了满足欧美消费者对高速和长途驾驶的需求，PRIUS 出口车型性能有所提升，原 1.5L（1NZ-FXE）四缸发动机加入了 VVT-i 技术，最大功率提升至 56kW，273.6V 电动机最大功率为 32kW。第一代 PRIUS 成功打入美国市场后，PRIUS 也成为继本田 Insight 之后，第二款登陆北美市场的大规模生产的混合动力车型。

（2）第二代丰田 PRIUS（2003—2011 年） 2003 年，丰田推出了代号为 NHW20 的第二代 PRIUS，实用性更佳的五门掀背造型成为第二代 PRIUS 最大的特点。和上一代车型相比，第二代 PRIUS 的配置更加丰富，如一键启动、无钥匙进入、大灯高度调节、蓝牙电话、电动调节座椅、前排安全气囊、头部气帘以及前排侧气囊等。

第二代 PRIUS 依然出自丰田 MC 平台，并且沿用了代号 1NZ-FXE 的 1.5L 四缸自然吸气发动机，此发动机具有 VVT-i 技术，最大功率 57kW，500V 电动机最大功率 50kW，混合动力净功率 82kW，配备 ECVT。当汽油发动机和电动机同时运转时，其 0～100km/h 加速时间 9.7s，纯电动模式下加速时间在 11s 左右。

为了提升动力输出，丰田为第二代 PRIUS 配备了全电动空调压缩机，此外还使用了电动转向系统。第二代 PRIUS 配备了尺寸更小且质量更小的镍氢电池组。第二代 PRIUS 官方给出的理论油耗为 35.5km/L（约合 2.82 L/100km）。

2005年12月，一汽丰田长春工厂开始投产第二代PRIUS，国产的PRIUS采用音译名称普锐斯。截至2011年停产，第二代PRIUS在全球40多个国家共售出119.2万辆，和第一代车型销量相比翻了将近10倍，可见消费者对丰田PRIUS的认可度。

（3）第三代丰田PRIUS（2009—2015年） 在2009年1月举办的北美车展上，第三代PRIUS概念车出现在了丰田展台上。此时PRIUS的身份不仅是丰田旗下首个混动车型，更是全球最受欢迎及销量最高的混动车型之一。

2009年5月，代号ZVW30的第三代PRIUS在日本本土正式发售，5月下旬登陆北美市场。2010年11月，第三代PRIUS在泰国东部北柳府的丰田工厂投产。和上一代PRIUS相比，第三代PRIUS已经在全球约80个国家进行销售。第三代PRIUS沿用了上一代车型的造型设计，但第三代PRIUS内饰设计却有了质的飞跃。

第三代PRIUS除继承了第二代产品的配置外，还增加了电子驻车，并配有倒车影像，车顶配备了太阳能板，用以在夏天收集足够的电能来启动空调等电子设备。

第三代PRIUS配置代号2ZR-FXE的1.8L VVT-i四缸汽油发动机，最大功率73kW，650V电动机最大功率60kW，混合动力最高输出功率100kW。

丰田在研发第三代PRIUS的过程中，创造了100多项专利技术。第三代PRIUS采用电子水泵，这也让它成为第一款全车无需带传动的量产车型，新设计的逆变器、电动机和其他混动零部件的尺寸也更小巧，质量也比上一代车型的小了20%。正因为这些变化，这代PRIUS燃油经济性大幅提升。官方给出的理论油耗为38km/L，约合2.63L/100km。

在第三代PRIUS上市不久后，丰田基于第三代PRIUS打造了PRIUS Plug-In Hybrid概念车并在同年的法兰克福车展上展出，这是一款插电式混动车型。丰田打造了数百辆试验车型，以多种方式在日本、美国和欧洲等地区投入使用，用于进行一系列实际道路测试工作，主要测试锂电池组的耐用性以及插电式混动系统的稳定性。当丰田认为软硬件技术已经成熟后，丰田在2011年将代号ZVW35的PRIUS PHV插电式混动车型推向市场，该车百公里油耗进一步降至2.2L，CO_2的排放量降至49g/km。

丰田基于第三代PRIUS进行研发，于2011年在日本本土推出了代号ZVW40W的PRIUS α，这款车在其他市场则被称为PRIUS v或PRIUS+。

为了进一步填补混动车型细分市场的空白并巩固自己在混动车型领域的地位，丰田在2011年北美车展上发布了名为PRIUS c的概念车，“c”代表city，顾名思义就是更适合城市代步的混动车型。2012年，PRIUS c正式上市，这两款两厢小车基于汽油版的丰田Aqua打造而来，这也是继PRIUS MPV版之后，PRIUS家族的第三款车型。

2011年12月19日，第三代PRIUS在位于长春的一汽丰田工厂投产。2012年2月，国产第三代普锐斯正式上市。

（4）第四代丰田PRIUS（2015年至今） 2015年9月，第四代PRIUS在美国内华达州的拉斯维加斯首次公开亮相。2015年12月，第四代PRIUS在日本本土市场正式发售。2016年1月，第四代PRIUS正式登陆北美市场，欧洲市场则在2月份上市销售。

除了常规的配置外，第四代PRIUS还配备了抬头显示、自动泊车、前排座椅加热等功能，前排储物格还带有无线充电装置。此外，第四代PRIUS的主动安全性配置也更为丰富，TSS（Toyota Safety Sense）系统囊括了主动制动、碰撞预警、车道偏离预警和自适应巡航等功能。

第四代PRIUS基于丰田全新的TNGA平台打造，其混动系统结构有了些许调整，曾经占用一部分后备厢空间的电池组被移到了后座下方，这样带来的好处是后备厢空间变得更为宽裕，同时整车配重比更为合理了。除了以往的前置前驱布局外，第四代PRIUS首次增加了E-Four电动式四驱车型。

动力方面，第四代 PRIUS 汽油发动机仍沿用代号 2ZR-FXE 的 1.8L 自然吸气四缸发动机，配有电子百叶窗式进气格栅，热车效率明显提升。第四代 PRIUS 在纯电动模式下的行驶里程将得到提升。标准前驱版 PRIUS 的油耗为 37.2km/L，约合 2.69L/100km。

在 2016 年日内瓦车展上，丰田发布了全新一代 PRIUS 衍生车型——PRIUS Prime。该车最大特点是采用了一套插电式混动系统。

2. 混合动力系统的基本组成

丰田 PRIUS 混合动力系统的布置如图 2-55～图 2-58 所示。

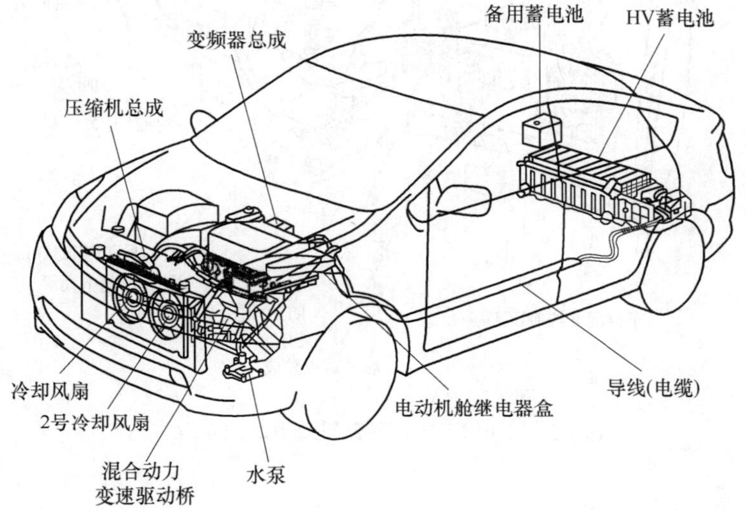

图 2-55　丰田 PRIUS 混合动力系统的布置（一）

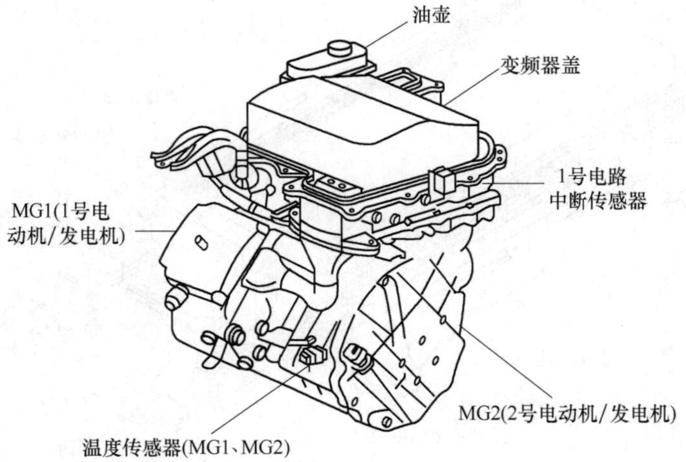

图 2-56　丰田 PRIUS 混合动力系统的布置（二）

（1）发电机（MG1）　发电机（MG1）由发动机带动旋转产生高压电，为电动机（MG2）供电或为 HV 电池充电。同时，它还可以作为起动机启动发动机。

（2）电动机（MG2）　电动机（MG2）由来自发电机（MG1）和 HV 蓄电池的电能驱动，产生车辆行驶动力，当减速滑行或制动踏板被踩下时，产生制动回馈电能为 HV 蓄电池再次充电（再生制动控制）。

（3）HV 蓄电池　HV 蓄电池在车辆起步、加速和上坡时，将制动或制动踏板未被踩

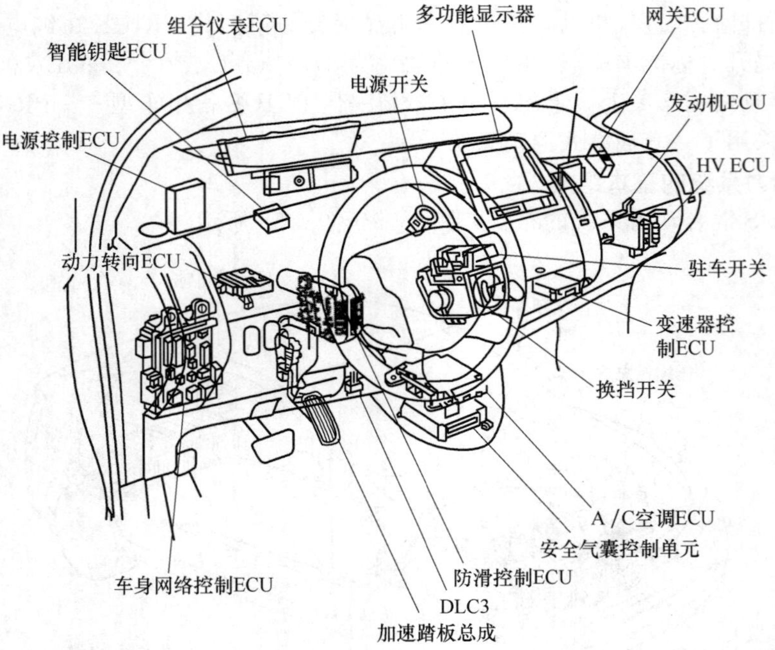

图 2-57　丰田 PRIUS 混合动力系统的布置（三）

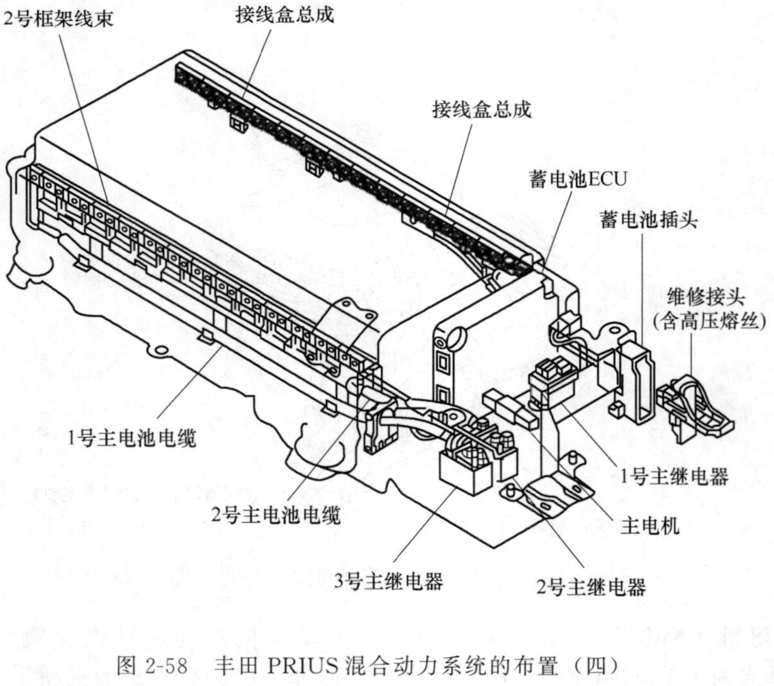

图 2-58　丰田 PRIUS 混合动力系统的布置（四）

下时再次充入的电能提供给电动机（MG2）。

(4) 蓄电池 ECU　蓄电池 ECU 监控 HV 蓄电池的充电状态。

(5) 变频器总成　变频器总成包括增压转换器、DC/DC 转换器和空调变频器。

① 增压转换器将 HV 蓄电池的最高电压 DC 201.6V 增加到 DC 500V，或从 DC 500V

降到 DC 201.6V。

② DC/DC 转换器将电压从 201.6V 降到 DC 12V，为电气设备供电，以及为辅助蓄电池再次充电。

③ 空调变频器将 HV 蓄电池的额定电压由 DC 201.6V 转换为 AC 201.6V，为空调系统中电动变频压缩机供电。

（6） HV ECU HV ECU 接收传感器及有关 ECU（发动机 ECU、蓄电池 ECU、制动防滑控制 ECU、动力转向 ECU 等）的信息，计算所需的转矩和输出功率，并将计算结果发送到变频器总成及有关的 ECU。

（7）发动机 ECU 发动机 ECU 根据接收到的来自 HV ECU 的目标发动机转速和所需的发动机动力，启动 ETCSI（智能电子节气门控制系统）。

（8）制动防滑控制 ECU 制动防滑控制 ECU 控制电动机（MG2）产生的再生制动以及控制液压制动。

（9）加速踏板位置传感器 加速踏板位置传感器将加速踏板角度转换为电信号并输送到 HV ECU。

（10）挡位传感器 挡位传感器将挡位转换为电信号并输送到 HV ECU。

（11）断路器传感器 断路器传感器检测到车辆发生碰撞时，切断高压电路。

（12） SMR（系统主继电器） SMR 接收来自 HV ECU 的信号，以连接或断开动力电池和变频器总成间的高压电路。

（13）互锁开关 互锁开关用于确认变频器盖和检修塞均已安装完毕。

（14）检修塞 在检查或维修车辆时，拆下检修塞，关闭 HV 蓄电池高压电路。

3. 混合动力系统典型结构特点

丰田 PRIUS 混合动力汽车搭载的混联式混合动力系统如图 2-59 所示，采用的是 1.5L 小型发动机和 500V 大型电动机。混合动力系统采用的 EV 模式，就是在低速时单独靠电力行驶，但速度必须在 55km/h 以下，行驶时间大约不会超过 1min，而且此时车辆载重不能太高，踩加速踏板的力度也不能太大。所以大部分用户都认为，EV 模式的实际使用意义并不是很大。

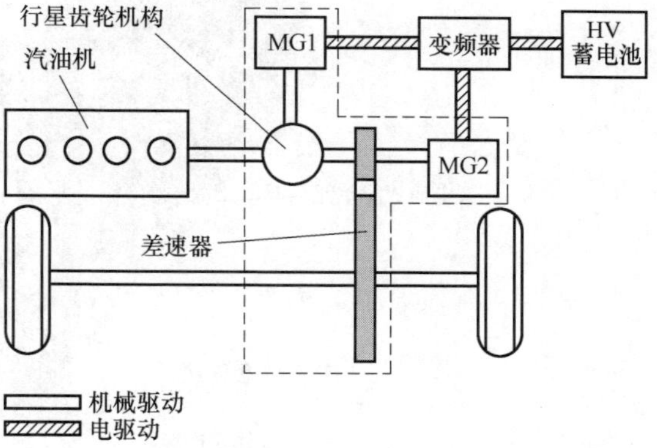

图 2-59　丰田 PRIUS 混合动力系统示意图

混合动力系统驱动力由密封的镍氢电池提供。根据设计的不同，这种 HV 蓄电池的额定电压为 200～300V，通过风扇对动力电池进行冷却。变频器将交流电转变成直流电，或者相反。它具有一套单独的液体冷却系统。动力电池、变频器和两台电动机通过一根大电流电缆连接起来。

（1）电池箱内部件 电池箱内元件主要包括电池组单元、电池单元 ECU、3 个系统主继电器等。PRIUS 电池箱内部件如图 2-60 所示。第一代（THS）由 228 个单格镍氢电池组成，额定电压为 274V，第二代（THS-Ⅱ）由 168 个单格镍氢电池（1.2V×6 个单体电池×28 个模块）组成，额定电压 DC 201.6V，安装在车辆行李箱内。在车辆起步、加速和上坡时，HV 蓄电池将电能提供给驱动电机。电池组总成主要构成如图 2-61 所示。

电池箱内通风系统如图 2-62 所示，电池组工作时会产生热量，热量不及时散去必定会影响电池组的正常工作及其使用寿命，所以 HV 配备了电池散热系统，以空气冷却的形式辅助电池冷却。当 ECU 检测到电池组过热时就会启动冷却系统，维持电池组处于正常工作

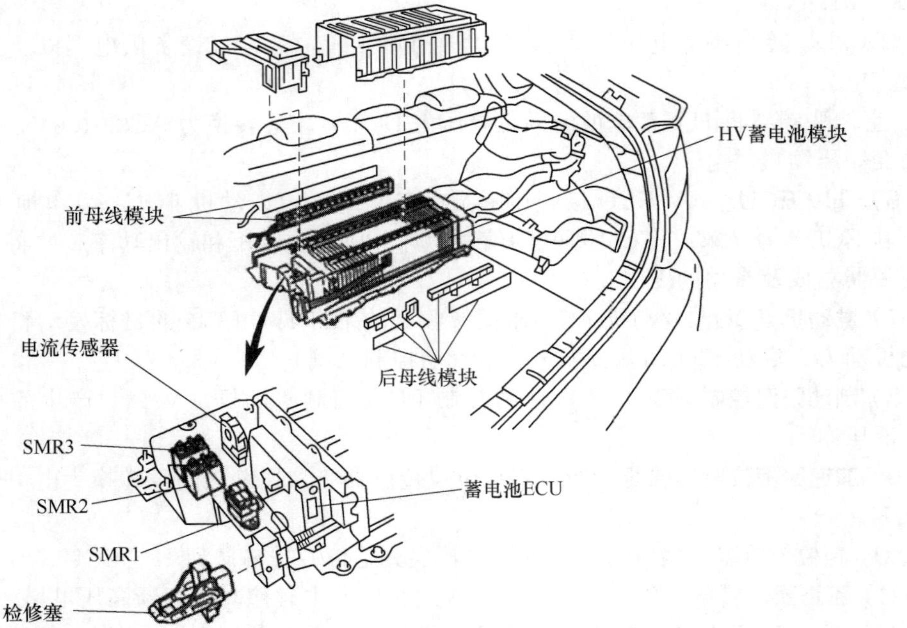

图 2-60　PRIUS电池箱内部件

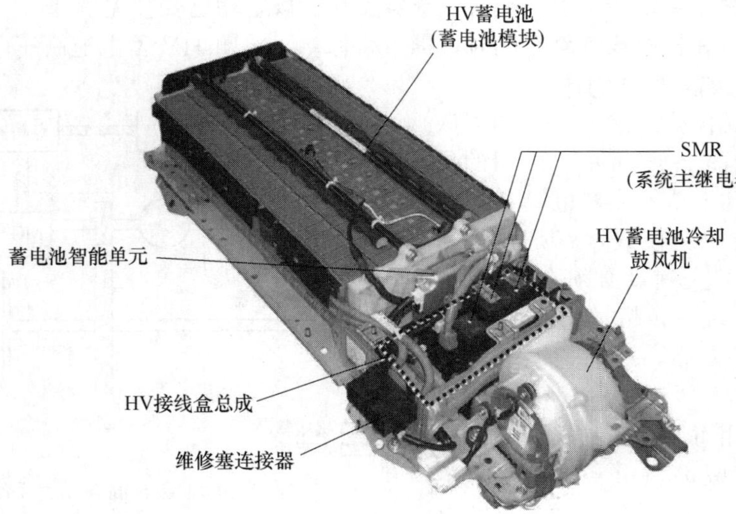

图 2-61　电池组构成

状态。

（2）变速驱动桥

① 基本结构。变速驱动桥由发电机 MG1、驱动电机 MG2 和行星齿轮组成。PRIUS 混联混合动力系统由点燃式发动机和两台永磁三相交流异步电动机组成（THS-Ⅱ的两台电动机均为永磁同步电动机）。电动机也可以作为发电机运行。发动机与两台电动机通过行星齿轮机构相互连接。

变速驱动桥主要包括阻尼器（带扭转减振的飞轮）、MG1、MG2 和减速装置（包括传动链、中间轴主动齿轮、中间轴从动齿轮、主减速器小齿轮和主减速器环齿轮）（图 2-63）。行星齿轮组、MG1、MG2、阻尼器和主动链轮都安装在同心轴上，动力从主动链轮传输到减速装置。

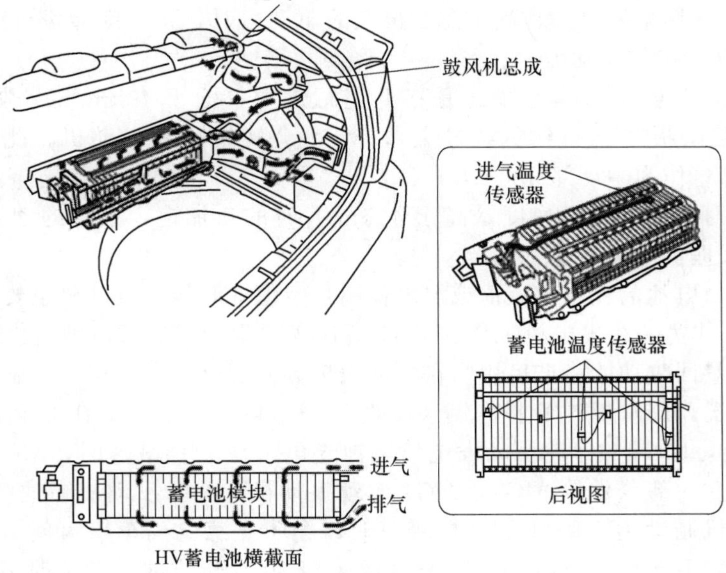

图 2-62 电池箱内通风系统

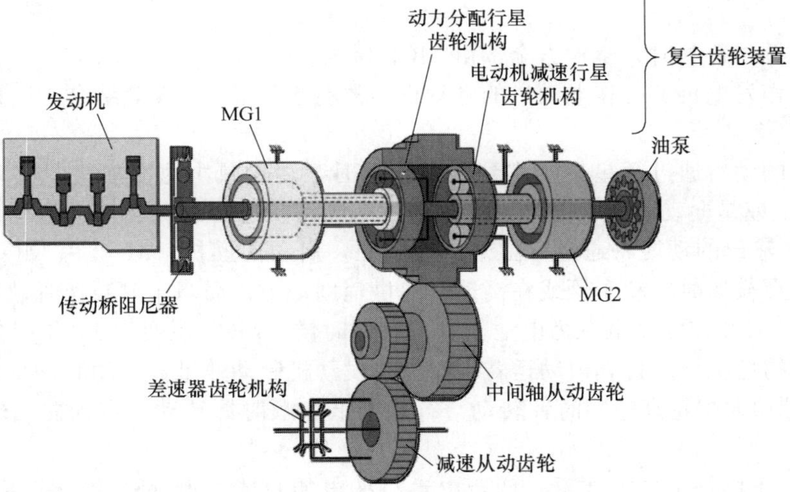

图 2-63 变速驱动桥组成

MG2 和驱动轮的差速器通过传动链和齿轮连接在一起。发动机的动力传给行星架，之后分成两部分，一部分由太阳轮传给 MG1，另一部分由环齿轮（齿圈）传给 MG2，如图 2-64 所示。

② 工作原理。PRIUS 混合动力系统的 ECU 通过一个加速踏板位置传感器来检测驾驶人的驾驶需求。ECU 还要接收有关行车速度和变速器挡位的信息。利用这些信息，ECU 就能确定车辆的行驶状况，从而对 MG1、MG2 以及点燃式发动机的驱动力进行调节。

当汽车起步时，驱动力完全由 MG2 提供。发动机保持关机状态，MG1 反向旋转。

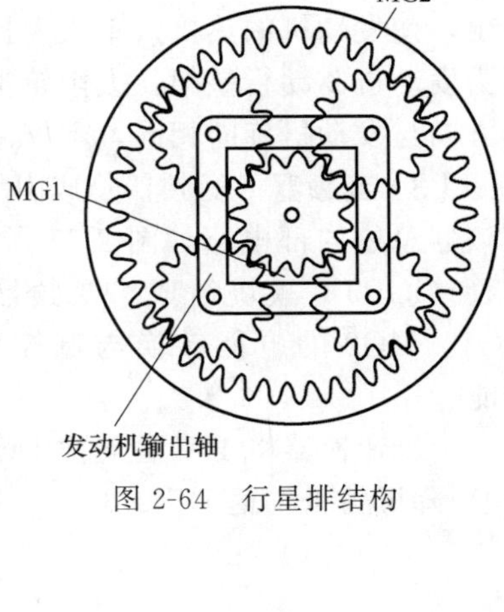

图 2-64 行星排结构

低速行驶时，行星齿轮机构将发动机的功率进行分流。一部分功率输送给驱动轮，其余部分输送给 MG1，用来发电。当汽车需要很大的驱动力时，系统就会额外消耗 HV 蓄电池的电能，通过 MG2 增加驱动力。

阻力增加时，车辆不管是起步还是在低速行进中（低于 42km/h），如需要更多动力（驾驶人深踩驾驶踏板或检测到负载过大），MG1 会转动启动发动机。此过程中 MG1 和 MG2 两部电机都将作为主动部件。

高速急加速时，如果此时速度是高于 42km/h 时的急加速，系统的动力电池组就会对 MG2 输出电流来提供更多的动力。

另外，当动力电池的充电电流值或温度偏离预定值的时候，发动机也要启动。在发动机启动之后，MG1 作为一台发电机工作。MG1 通过变频器给 HV 蓄电池提供所需电能。

减速时，能量回收功能将被启用。在目前大多数的混合动力车型上，制动动能回收都设计了两种挡位工况，即常规的 D 挡和制动回收 B（Brake）挡。车辆在 D 挡减速时，发动机停转，MG1 空转，MG2 被车轮驱动发电给电池充电。在 B 挡减速时，MG2 产生的电能一部分给电池充电，一部分供给 MG1，MG1 驱动发动机，此时发动机断油空转，MG1 输出的动力成为发动机制动力。所以在 B 挡减速时，会明显感觉到车辆瞬间会有一种拖拽感。这种感觉就像开着手动挡的车收油，高速时像 4 挡 3000 转收油，低速时像 2 挡 3000 转收油。所以 B 挡的设计是为下坡时使用，既可以利用回收的能量减速，也能减少制动的磨损。

当汽车从较高的行驶速度减速时，发动机要维持一个预定的高转速，以便保护行星齿轮机构。

当汽车以倒挡行驶时，驱动力全部由 MG2 提供。

两个既可作发电机又可作电动机的电动机通过行星齿轮与 CVT 结合，以达到混合动力的目的。

当发动机的动力通过行星架传递到太阳轮上时，转矩减小速度加快，带动 MG1 发电，用以驱动 MG2 或是向动力电池充电。当车辆由纯电动状态转入混合动力状态，需要启动发动机时，MG2 输出的动能将通过行星架减速增距，启动内燃机。MG2 由 MG1 或电池输出的电能驱动，在低速时驱动车辆或在高速时提供辅助动力；而当车辆减速时，发动机停止工作，车轮带动 MG2 作为发电机为电池充电。有些时候，MG2 还会为 MG1 提供电能，在内燃机油路切断的情况下保持其被动运转，以提供发动机制动效果。启动时，行星排的内齿圈不动，MG1 带动太阳轮高速顺时针转动，行星架低速顺时针转动，带动曲轴转动从而启动发动机。

从 PRIUS 不能插电的方式看，两台电动机的电能只能自燃油转化的机械能转化而来，每一级转化都要降低效率，应该更加消耗燃油。但事实上，当使用行星排后，MG1 和发动机有了动力耦合，PRIUS 之所以省油是靠 MG1 控制太阳轮转速从而调节优化发动机的功率输出，使发动机的热机效率大大提高。另外，电动机作起动机运行时不用单向超越离合器是因为发动机驱动行星架，太阳轮本可能因超高速转动而烧毁行星架上的行星轮，但太阳轮运动方向与发动机旋向相同，不仅调节了发动机功率输出，而且也降低了行星轮转速。

（3）变频器　变频器总成由增压转换器、逆变整流器、直流转换器、空调变频器组成。变频器总成内部电路如图 2-65 所示，主要电路是由电力半导体功率器件和绝缘栅双极型晶体管（IGBT）模块组成。变频器总成内的升压转换器、逆变整流器担负着提供电动机 MG1、MG2 的电能转换与调控任务，变频器总成有升压、降压、逆变、整流和变频等功能。

增压转换器将 HV 蓄电池 DC 201.6V 电压升压为 DC 500V 高压；反向工作时，把 DC 500V 降压为平均值 DC 201.6V 的直流电，向 HV 蓄电池充电。

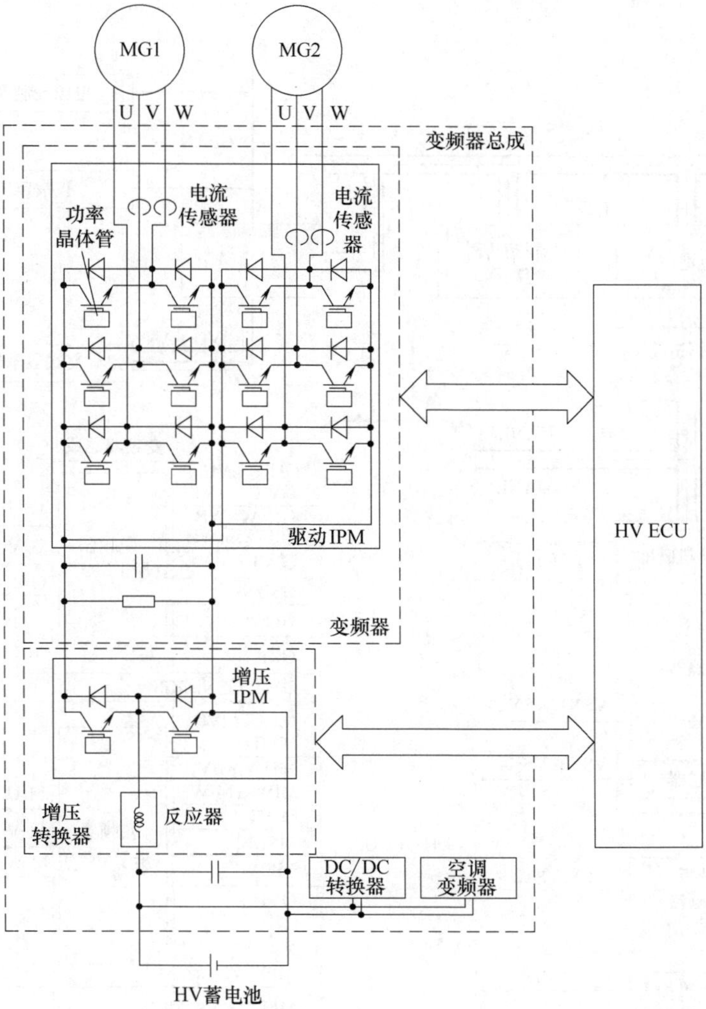

图 2-65　变频器总成内部电路图

逆变整流器可以实现逆变和整流两种功能。逆变电路工作时，将 DC 500V 直流电换流成三相 AC 500V 交流电，供给 MG1 和 MG2（第二代 PRIUS 以后，由于采用了直流电动机，则不再有逆变器）。整流电路工作时，将 MG2 在车辆减速或制动时产生的再生制动回馈电能（交流电）转换为约 DC 500V 的直流电，经降压后（由增压转换器转换为 DC 201.6V 的直流电）向 HV 蓄电池充电。

直流转换器将 HV 蓄电池 DC 201.6V 降为 DC 12V，为车身电气设备供电，同时为备用蓄电池充电。

空调变频器将 HV 蓄电池 DC 201.6V 转换成 AC 201.6V 交流电，为空调系统中电动变频压缩机供电。

4. 混合动力控制系统

（1）系统的控制功能　丰田 PRIUS 混合动力控制系统如图 2-66 和图 2-67 所示。

① HV ECU 控制功能。根据请求转矩、再生制动控制和 HV 蓄电池的 SOC 来控制 MG1、MG2 和发动机。具体工作状态由挡位、加速踏板踩下角度和车速来确定。

HV ECU 监控 HV 蓄电池的 SOC、HV 蓄电池的温度、MG1 和 MG2，对这些项目实施最优控制。

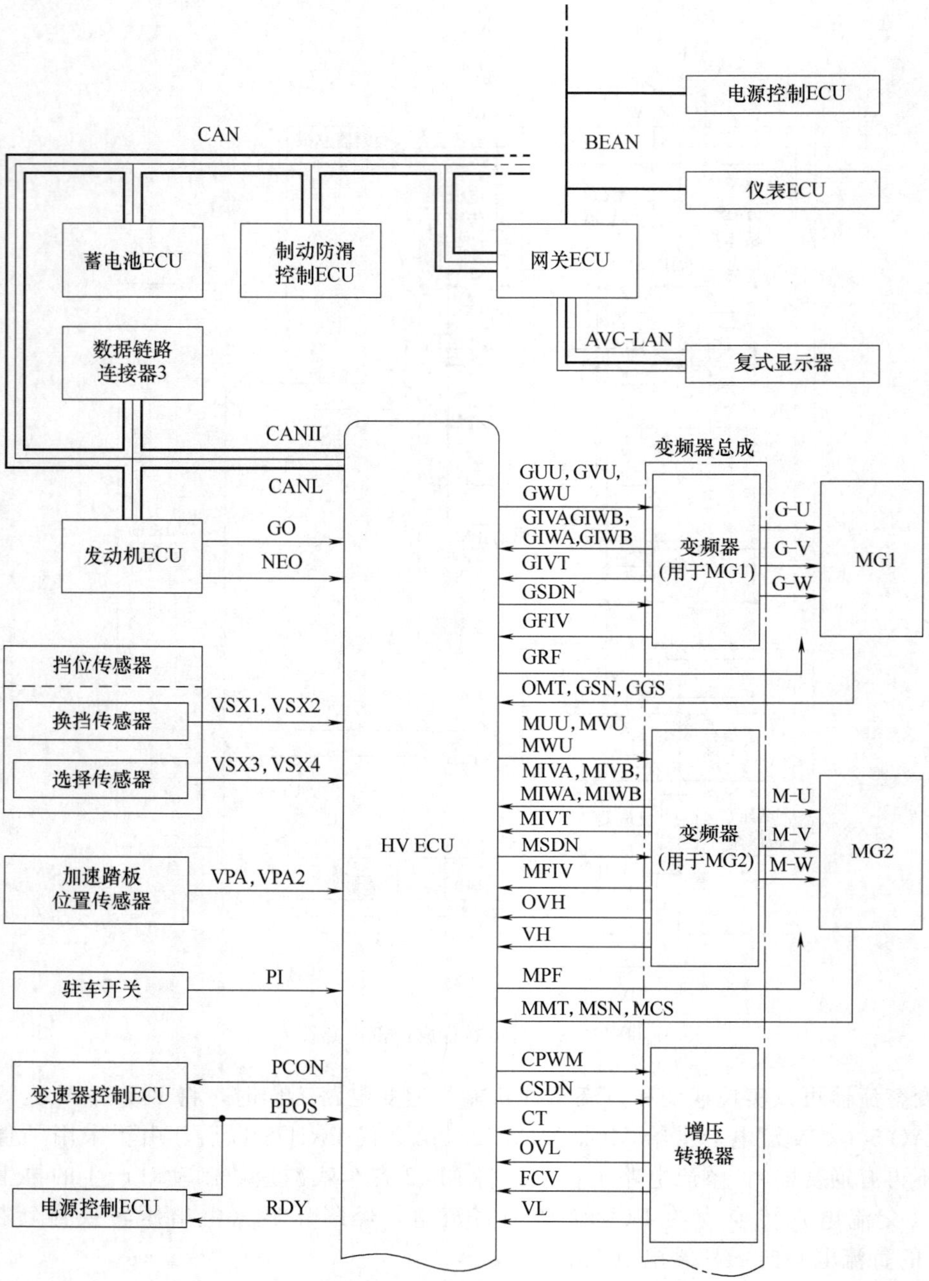

图 2-66　丰田 PRIUS 混合动力控制系统框图（一）

车辆处于 N 挡时，HV ECU 实施关闭控制，自动关闭 MG1 和 MG2。

车辆在陡坡上松开制动而启动时，上坡辅助控制可以防止车辆下滑。

如果驱动轮在附着力很小时空转，HV ECU 提供电动机牵引力控制，抑制 MG2 旋转，进而保护行星齿轮组，同时防止 MG1 产生过大的电流。

为防止电路电压过高并保证电路切断的可靠性，HV ECU 通过三个继电器的作用实施 SMR（系统主继电器）控制来连接和关闭高压电路。

② 发动机 ECU 控制功能。发动机 ECU 接收 HV ECU 发送的目标发动机转速和所需的发动机动力，来控制 ETCS-i 系统、点火正时和 VVT-i 系统。

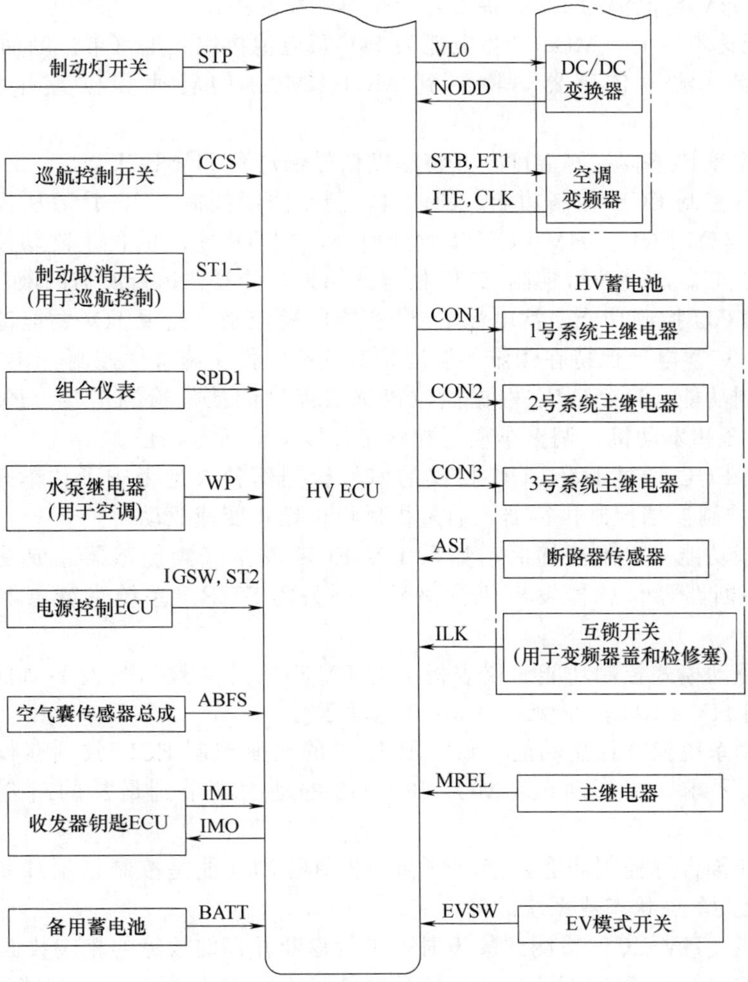

图 2-67 丰田 PRIUS 混合动力控制系统框图（二）

③ 变频器控制功能。根据 HV ECU 提供的信号，变频器将 HV 蓄电池的直流电转换为交流电来驱动 MG1、MG2，同样也可进行逆向过程。此外，变频器将 MG1 的交流电提供给 MG2。

HV ECU 向变频器内的功率晶体管发送信号，来转换 MG1、MG2 的 U、V 和 W 相（定子绕组），驱动 MG1 和 MG2。

HV ECU 从变频器接收到过热、过流或故障电压信号后即关闭。

④ 增压转换器控制功能。根据 HV ECU 提供的信号，增压转换器将额定电压 DC 201. 6V 升高到最高电压 DC 500V。

MG1 或 MG2 产生的最高电压 AC 500V 由变频器转换为直流电，根据 HV ECU 的信号，增压转换器将直流电降低到 DC 201. 6V（用于 HV 蓄电池）。

⑤ DC/DC 转换器控制功能。将额定电压 DC 201. 6V 转化为 DC 12V，为电气设备供电，并为辅助蓄电池充电（DC 12V），将辅助蓄电池控制在恒定电压。

⑥ 空调变频器控制功能。将 HV 蓄电池的额定电压 DC 201. 6V 转换为 AC 201. 6V，为空调系统的电动变频压缩机供电。

⑦ MG1 和 MG2 控制功能。MG1 由发动机带动旋转，产生高压电流（最高电压 AC 500V），为 HV 蓄电池充电。另外，MG1 作为起动机启动发动机。

由 MG1 或 HV 蓄电池为 MG2 供电，产生车辆驱动力。

制动时或减速滑行时，MG2 产生电能为 HV 蓄电池再次充电（再生制动控制）。

速度传感器（解角传感器）检测到 MG1、MG2 的转速和位置并将信号输送到 HV ECU。

MG2 上的温度传感器检测温度，并将温度信号输送到 HV ECU。

⑧ 制动防滑控制 ECU 控制功能。制动时，制动防滑控制 ECU 计算所需的再生制动力并将信号输送到 HV ECU。HV ECU 接收到信号，立即将实际的再生制动控制数据发送到制动防滑控制 ECU。制动防滑控制 ECU 根据此结果，计算并执行所需的液压制动力。

⑨ 蓄电池 ECU 控制功能。蓄电池 ECU 实施监视控制，监视 HV 蓄电池和冷却风扇控制的状态，使 HV 蓄电池保持在预定的温度，对这些组件实施最优控制。

⑩ 换挡控制功能。HV ECU 根据挡位传感器提供的挡位检测信号（R、N、D 或 B），控制 MG1、MG2 和发动机，调整车辆行驶状态，以适应所选挡位。

变速器控制 ECU 通过 HV ECU 提供的信号检测驾驶人是否按下驻车开关。然后，变速器控制 ECU 控制换挡控制执行器，通过机械机构锁止变速驱动桥。

⑪ 碰撞控制功能。发生碰撞时，如果 HV ECU 安全气囊传感器总成发出气囊张开信号，或变频器中断路器传感器发出执行信号，则关闭 SMR（系统主继电器）以切断整个电源。

⑫ 电动机驱动模式控制功能。仪表板上的 EV 模式开关被驾驶人手动打开时，如果所需条件满足，则 HV ECU 使车辆只由 MG2 驱动运行。

⑬ 巡航控制系统操作控制功能。HV ECU 中的巡航控制 ECU 收到巡行控制开关信号时，按照驾驶人要求，将发动机、MG1 和 MG2 的动力调节到最佳的组合，以获得目标车速。

⑭ 指示灯和警告灯控制功能。指示灯和警告灯控制功能是控制指示灯和警告灯点亮或闪烁，通知驾驶人车辆状态或系统故障。

⑮ 诊断功能。HV ECU 检测到故障时，进行诊断并存储故障的相应数据。

⑯ 安全保护功能。HV ECU 检测到故障时，HV ECU 根据存储在存储器中的数据，停止或控制执行器和 ECU。

（2）系统控制原理

① HV ECU 控制。HV ECU 控制框图如图 2-68 所示。HV ECU 控制原理如图 2-69 所示。

HV ECU 根据加速踏板位置传感器的信号、MG1 和 MG2 中速度传感器（解角传感器）的转速信号、挡位传感器的信号确定车辆的行驶状况，对 MG1、MG2 和发动机的动力进行最优控制。此外，HV ECU 对动力的转矩和输出进行最优控制，以实现低油耗和更清洁的排放等目标。

a. 系统监视控制。蓄电池 ECU 始终监视 HV 蓄电池的 SOC，并将 HV 蓄电池的 SOC 发送到 HV ECU。SOC 过低时，HV ECU 提高发动机的功率输出以驱动 MG1 为 HV 蓄电池充电。发动机启动时，由 MG1 来启动发动机。启动后，发动机驱动 MG1 为 HV 蓄电池充电。

如果 HV 蓄电池的 SOC 较低或 HV 蓄电池、MG1 或 MG2 的温度高于规定值，则 HV ECU 限制驱动轮动力的大小，直到相关数据恢复到额定值。内置于 MG2 中的温度传感器直接检测 MG2 的温度。HV ECU 计算 MG1 的温度。

b. 关闭控制。车辆处于 N 挡时，MG1 和 MG2 被关闭。这是由于 MG2 通过机械机构与前轮相连，所以必须停止 MG1 和 MG2 来切断动力。

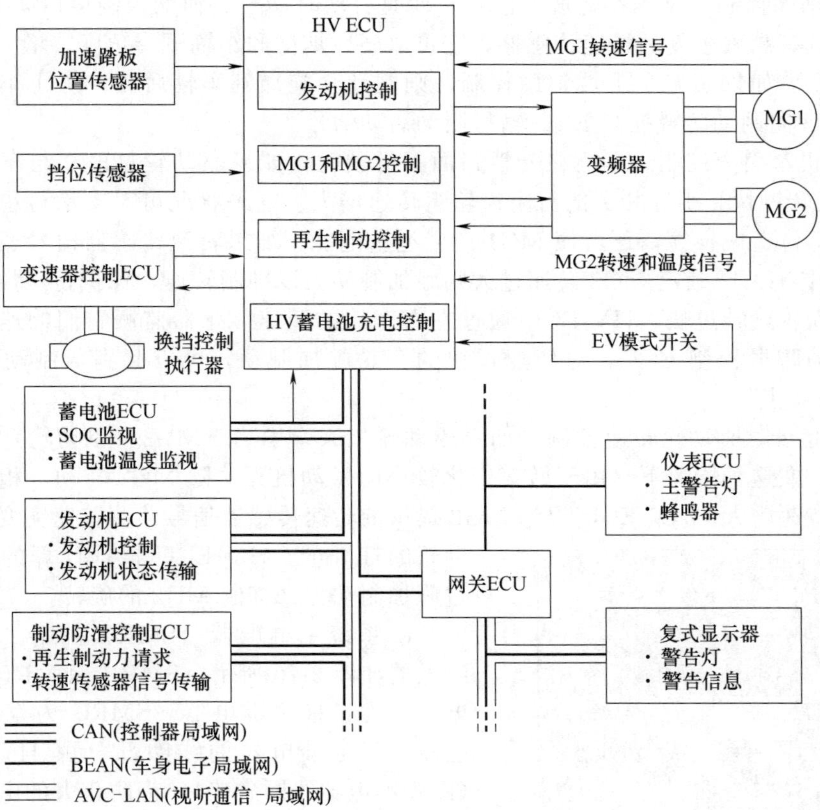

图 2-68　HV ECU 控制框图

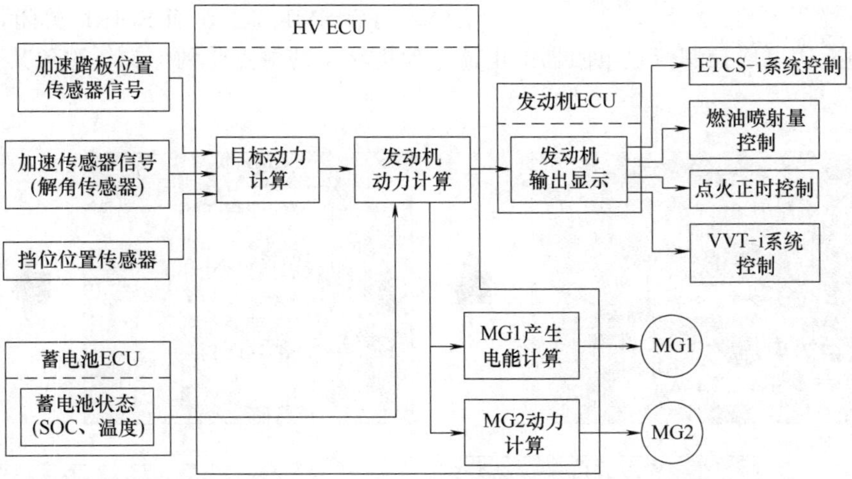

图 2-69　HV ECU 控制原理示意图

行驶时，如果制动踏板被踩下并且某个车轮锁止，则带 EBD 的 ABS 启动工作，而后系统请求 MG2 输出低转矩为重新驱动车轮提供辅助动力。此时，即使车辆处于 N 挡，系统也会取消关闭功能使车轮转动。车轮重新旋转后，系统恢复关闭功能。

车辆以 D 或 B 挡行驶，制动踏板被踩下时，再生制动开始工作。此时换到 N 挡，再生制动请求转矩减少的同时，制动液压减小以避免制动黏滞。在此以后，系统实施关闭功能。

MG1、MG2 以比规定值更高的转速工作时，关闭功能取消。

c. 上坡辅助控制。车辆在陡坡上松开制动而启动时，上坡辅助控制可以防止车辆下滑。由于电动机具有高敏感度的转速传感器，它可以感应坡度和车辆下降角度，增大电动机的转矩以确保安全。如果实施了上坡辅助控制，则制动会施加到车辆后轮，防止车辆下滑。这时，HV ECU 向制动防滑控制 ECU 输送制动启动信号。

d. 电动机牵引力控制。车辆在光滑路面上行驶时，如果驱动轮打滑，与车轮直接相连的 MG2 会旋转过快，引起相关的行星齿轮组转速增大。这种状况可对支承行星齿轮组中的啮合部件等部位造成损害，还可使 MG1 产生过量电能。如果转速传感器信号表明转速突然发生变化，HV ECU 确定 MG2 转速过大则施加制动力以抑制转速，保护行星齿轮组。如果只有一个驱动轮旋转过快，HV ECU 通过左右车轮的转速传感器监测它们的速度差，将指令输送到制动防滑控制 ECU，对转速过快的车轮施加制动，可以起到与制动控制系统的 TRC 同样的作用。

e. 雪地起步时驱动轮转速控制。如果驱动轮失去牵引力，MG2（驱动轮）的转速会有很大的变化，在这种情况下，由于转速变化较小的发动机无法随 MG2 转动，相关的整个行星齿轮组的转速增大。HV ECU 根据 MG2 提供的转速传感器信号监测转速突变，来计算驱动轮的打滑量。HV ECU 根据计算的打滑量，通过施加制动力来抑制 MG2 的旋转。

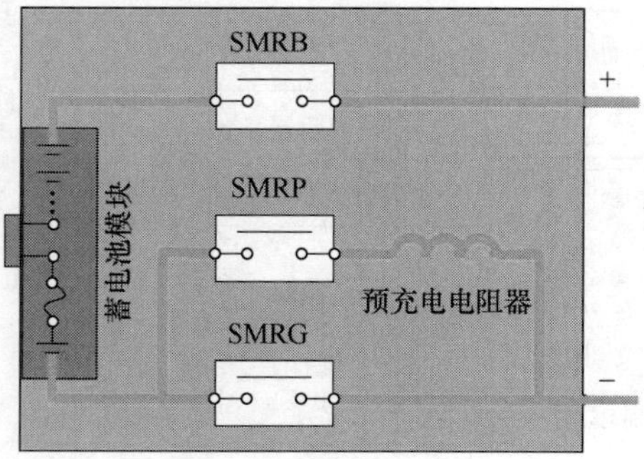

图 2-70　高压系统主继电器

f. 系统主继电器（SMR）控制。高压系统主继电器如图 2-70 所示，SMRB、SMRP（系统主继电器）为正极主继电器，SMRG 为系统负极主继电器。三个继电器的线圈部分由 HV ECU 控制（图中继电器线圈省略），为防止大的电流冲击，加电采用缓冲电阻，工作过程如下。

（a）电源打开。电路连接时 SMRP 和 SMRG 工作，而后 SMRB 工作而 SMRP 关闭，如图 2-71 所示。这种方式可以控制流过电阻器的电流，使电路中的触点受到保护，避免其受到强电流造成的损害。

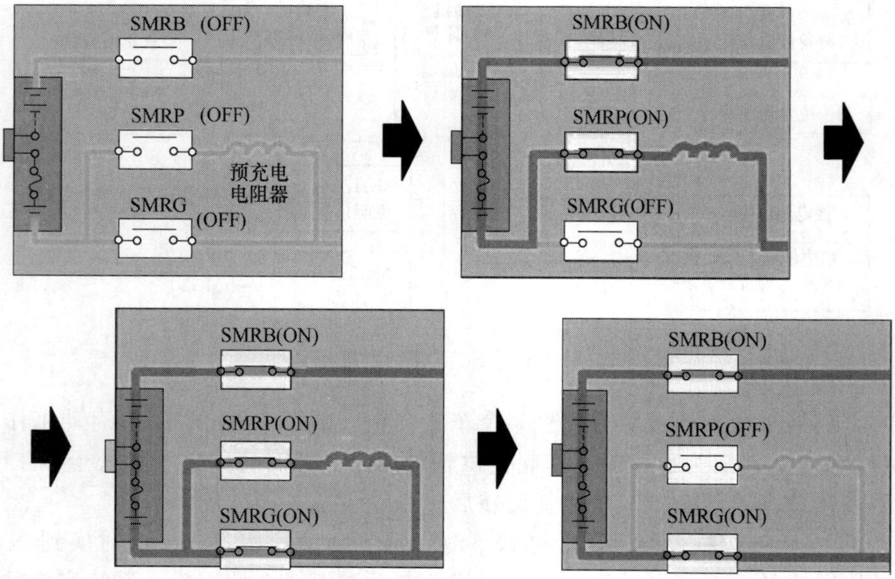

图 2-71　点火开关（一键启动开关）打开时 HV ECU 对三个继电器的控制

(b) 电源关闭。电路断开时的顺序与打开时相反，首先闭合 SMRP，然后断开 SMRB。HV ECU 可根据流过 SMRP 的电流判断 SMRB 是否卡住（如果 SMRP 电流很小，则表示 SMRB 卡住），确认没有卡住时，断开 SMRG。

② 发动机 ECU 控制。发动机 ECU 接收到发送来的目标发动机转速和所需的发动机动力信号后，控制 ETCS-i 系统、燃油喷射量、点火正时和 VVT-i 系统，如图 2-72 所示。

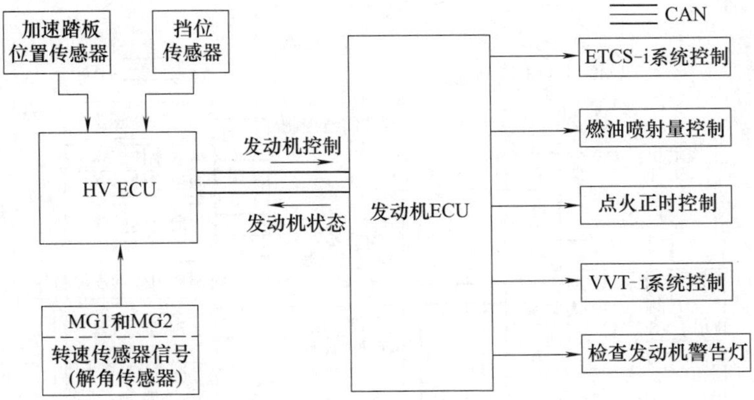

图 2-72　发动机 ECU 控制示意图

发动机 ECU 将发动机工作状态信号输送到 HV ECU。按照基本混合动力控制，在接收到 HV ECU 输送的发动机停止信号后，发动机 ECU 将使发动机停机。系统出现故障时，发动机 ECU 通过 HV ECU 的指令打开并检查发动机警告灯。

③ 变频器控制。变频器控制功能如图 2-73 所示。

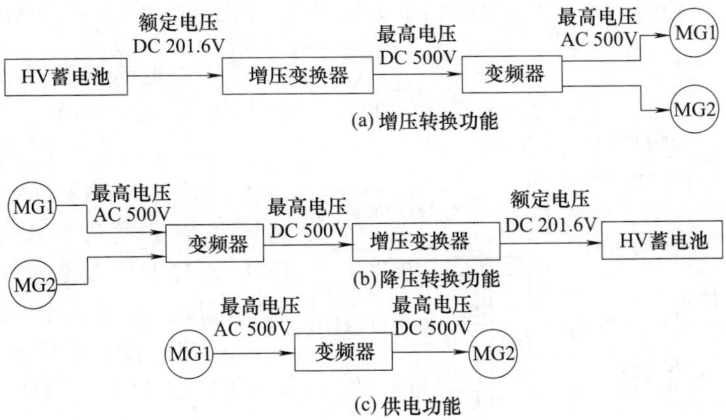

图 2-73　变频器控制功能示意图

根据 HV ECU 提供的信号，变频器将 HV 蓄电池的直流电转换为交流电向 MG1 供电，或执行相反的过程。此外，变频器将 MG1 的交流电提供给 MG2。由 MG1 向 MG2 提供电流时，电流在变频器内转换为直流电（DC）。

根据 MG1、MG2 输送的转子信息和从蓄电池 ECU 输送的 HV 蓄电池 SOC 等信息，HV ECU 将信号发送到变频器内部的功率晶体管来转换 MG1、MG2 定子线圈的 U、V 和 W 相。关闭 MG1、MG2 的电流时，HV ECU 输送信号到变频器。

④ 制动防滑控制 ECU 控制。制动防滑控制 ECU 控制如图 2-74 所示。

制动防滑控制 ECU 根据驾驶人踩下制动踏板时制动执行器和制动踏板行程传感器的制动总压力计算所需的总制动力。制动防滑控制 ECU 根据总制动力计算所需的再生制动力，将结果输送到 HV ECU。HV ECU 启动 MG2 进行反方向转矩控制，并执行再生制动功能。制动防滑控制 ECU 控制制动执行器电磁阀产生轮缸压力，这个轮缸压力是总制动力减去实际再生制动控制的数值。

在带 VSC＋系统的车型上，车辆在 VSC＋系统控制下工作时，制动防滑控制 ECU 输送请求信号到 HV ECU，实施电动机牵引力控制。HV ECU 根据当前的车辆行驶状态控制发动机、MG1 和 MG2。

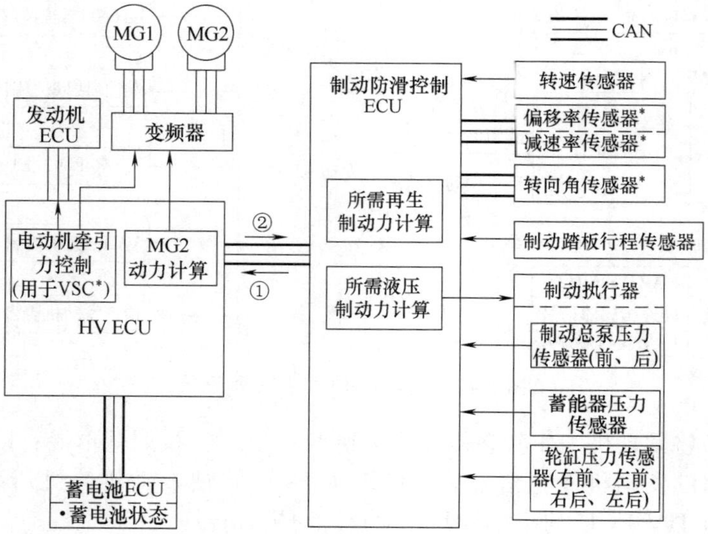

图 2-74　制动防滑控制 ECU 控制示意图

①—再生制动力请求；②—实际再生制动控制数值；③—仅用于带 VSC＋系统的车型

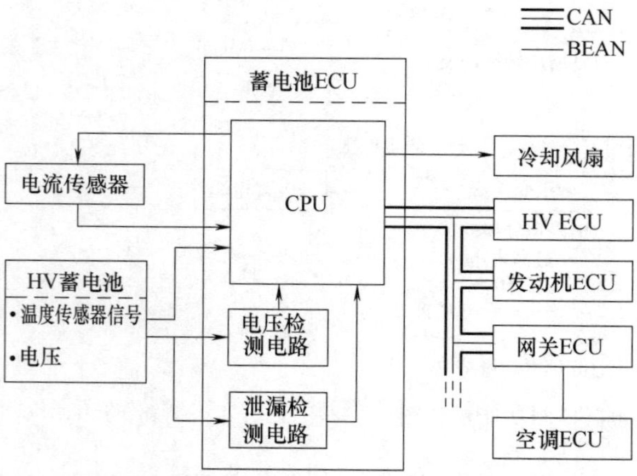

图 2-75　蓄电池 ECU 控制示意图

⑤ 蓄电池 ECU 控制。蓄电池 ECU 控制如图 2-75 所示。

蓄电池 ECU 检测 HV 蓄电池的 SOC、温度、电压以及其是否泄漏，并将这些信息发送到 HV ECU。蓄电池 ECU 通过 HV 蓄电池内的温度传感器检测其温度，并操作冷却风扇来控制温度。

a. HV 蓄电池状态监视控制。蓄电池 ECU 始终监视 HV 蓄电池的温度、电压、电流以及其是否泄漏，并将这些信息输送给 HV ECU。HV 蓄电池通过估计充电/放电电流来计算 SOC。

b. SOC 控制。车辆行驶时，HV 蓄电池在加速期间给 MG2 供电，减速时由再生制动充电，反复进行充电/放电过程。蓄电池 ECU 根据电流传感器检测到的充电/放电水平计算 SOC，并将数据输送到 HV ECU。HV ECU 根据接收的数据控制充电/放电，将 SOC 始终控制在稳定水平。

c. 冷却风扇控制。蓄电池 ECU 根据 HV 蓄电池内的 3 个温度传感器和 1 个进气温度传感器检测 HV 蓄电池温度是否上升。检测到上升后，蓄电池 ECU 在负载循环控制下连续启动冷却风扇，将 HV 蓄电池的温度维持在规定范围内，如图 2-76 所示。

空调系统降低车内的温度时，如果检测到 HV 蓄电池温度出现偏差，则蓄电池 ECU 关闭冷却风扇或将其固定在低挡转速。该控制的目的是使车内温度首先降下来，这是由于冷却系统的进气口位于车内。

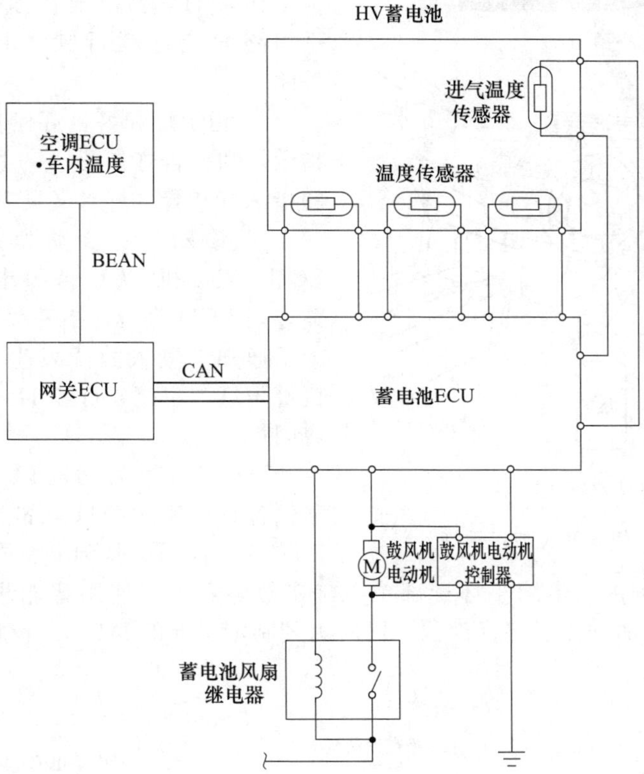

图 2-76　冷却风扇控制示意图

⑥ 碰撞时控制。车辆发生碰撞时，如果 HV ECU 接收到空气囊传感器总成发出的空气囊张开信号或变频器中断路器发出的执行信号，HV ECU 将关闭 SMR（系统主继电器），从而切断总电源以确保安全，如图 2-77 所示。

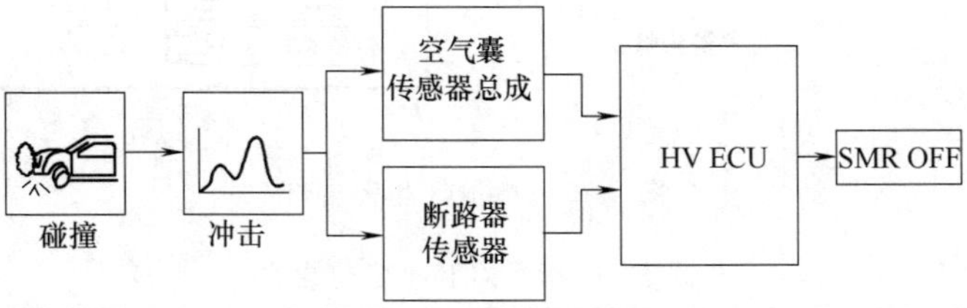

图 2-77　碰撞时控制示意图

⑦ 电动机驱动模式控制。为减小深夜行车、停车时的噪声和在车库中短时间减少废气排放，可以手动按下仪表板上的 EV 模式开关，使车辆只受 MG2 的驱动。打开 EV 模式开关后，组合仪表中的 EV 模式指示灯将点亮，如图 2-78 所示。

选择 EV 模式时，发动机停止工作，车辆在只有 MG2 工作的状态下继续行驶，除非车辆发生以下情形：

a. EV 模式开关关闭；

b. SOC 下降到规定水平以下；

c. 车速超过规定数值；

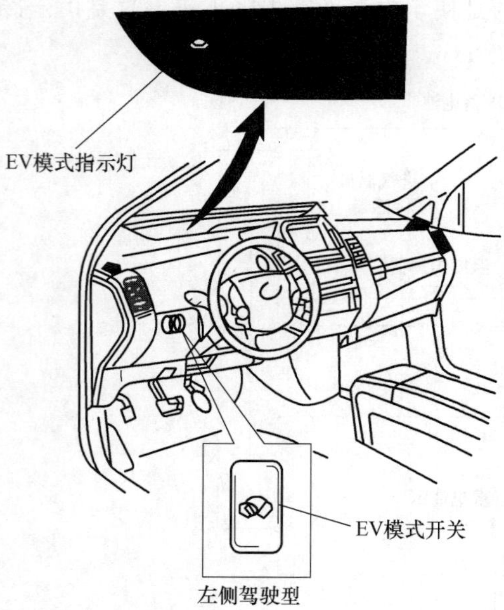

图 2-78　EV 模式开关与指示灯

d. 加速踏板角度超过规定数值；

e. HV 蓄电池温度高于正常工作范围。

如果 HV 蓄电池在标准 SOC 下，车辆在平坦路面上连续行驶 12km 后，EV 模式将关闭。

⑧ 指示灯和警告灯控制。THS-Ⅱ系统的指示灯和警告灯如图 2-79 所示。THS-Ⅱ系统的指示灯和警告灯含义见表 2-1。

⑨ 诊断。混合动力系统中，如果 HV ECU、发动机 ECU 或蓄电池 ECU 检测到故障，则 ECU 进行诊断并存储部分名称。此外，为了通知驾驶人故障发生，ECU 使检查发动机警告灯、主警告灯或 HV 蓄电池警告灯点亮或闪烁。

HV ECU、发动机 ECU 或蓄电池 ECU 将存储各自故障的 DTC（故障码）。其在常规的 DTC 5 位代码的基础上新添了 3 位数字信息代码，在故障排除时可进一步缩小怀疑部位以确定故障。可以使用智能测试仪Ⅱ读取 DTC。一些 DTC 较以往更加细化了怀疑部位，同时为其制定了新的 DTC，此外，还增添了和新增项目对应的 DTC。

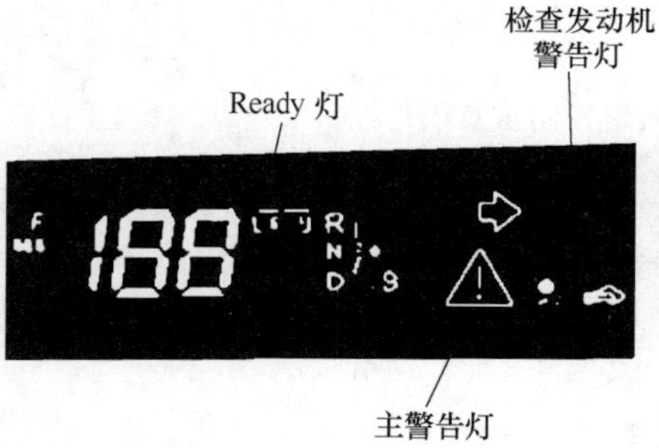

(a)

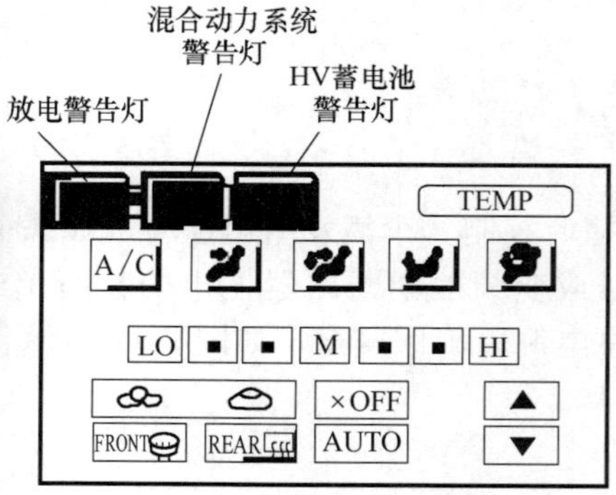

(b)

图 2-79　指示灯和警告灯

表 2-1　指示灯和警告灯含义

项　　目	说　　明
Ready 灯	车辆处于 P 挡时，如果驾驶人踩下制动踏板并同时按下启动按钮，此灯闪烁
主警告灯	此灯点亮时，提示驾驶人 THS-Ⅱ系统出现故障或 HV 蓄电池 SOC 低于标准数值等信息 此灯点亮且蜂鸣器鸣叫时，通知驾驶人车辆出现水温异常、油压异常、EPS 系统故障或变速器控制 ECU 故障
检查发动机警告灯	发动机控制系统出现故障时点亮
放电警告灯	DC 12V 充电系统（转换器总成）出现故障时此灯点亮。主警告灯将同时点亮
HV 蓄电池警告灯	此灯点亮时，通知驾驶人 SOC 低于最小标准数值。主警告灯将同时点亮
混合动力系统警告灯	此灯点亮时，通知驾驶人混合动力系统出现故障。主警告灯将同时点亮

⑩ 安全保护。如果 HV ECU 检测到混合动力系统故障，它将根据存储器中的数据对系统进行控制。

5. 丰田 PRIUS 混合动力发动机

（1）发动机技术参数 第一代和第二代丰田 PRIUS 混合动力汽车采用 1NZ-FXE 汽油发动机，其技术参数见表 2-2。该发动机使用高膨胀比 Atkinson（阿特金森）循环、VVT-i（智能可变气门正时）、ETCS-i（智能电子节气门控制系统）等技术，具有较高的动力性、燃油经济性和排放清洁性。

表 2-2 发动机技术参数

项 目	参 数
发动机类型	1NZ-FXE
气缸数与排列形式	四缸，直列
气门结构	16 气门，DOHC，链传动，VVT-i
燃烧室	屋脊形
节气门控制系统	ETCS-i
燃油系统	SFI
排量/cm^3	1497
（缸径/mm）×（行程/mm）	75.0×84.7
压缩比	13：1
最大输出功率(SAE NET)/[kW/(5000r·min^{-1})]	57
最大转矩(SAE NET)/[N·m/(4000r·min^{-1})]	115
点火顺序	1—3—4—2
燃油牌号	95 或更高
机油等级	API SJ、SL、EC 或 ILSAC
蒸发排放标准	欧Ⅳ
尾气排放标准	欧Ⅳ

（2）发动机控制系统

① 发动机控制系统的组成。发动机控制系统的组成如图 2-80 所示。发动机控制系统框图如图 2-81 和图 2-82 所示。

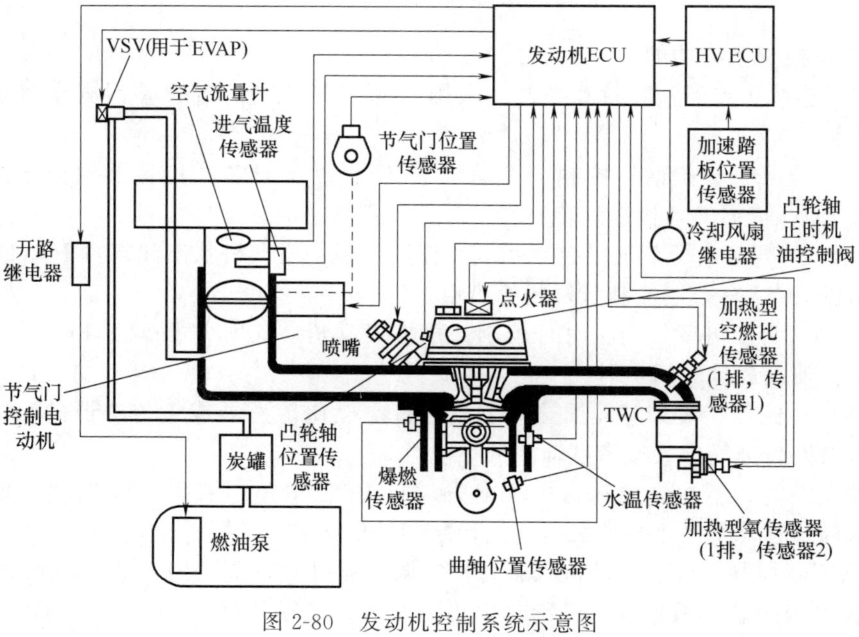

图 2-80 发动机控制系统示意图

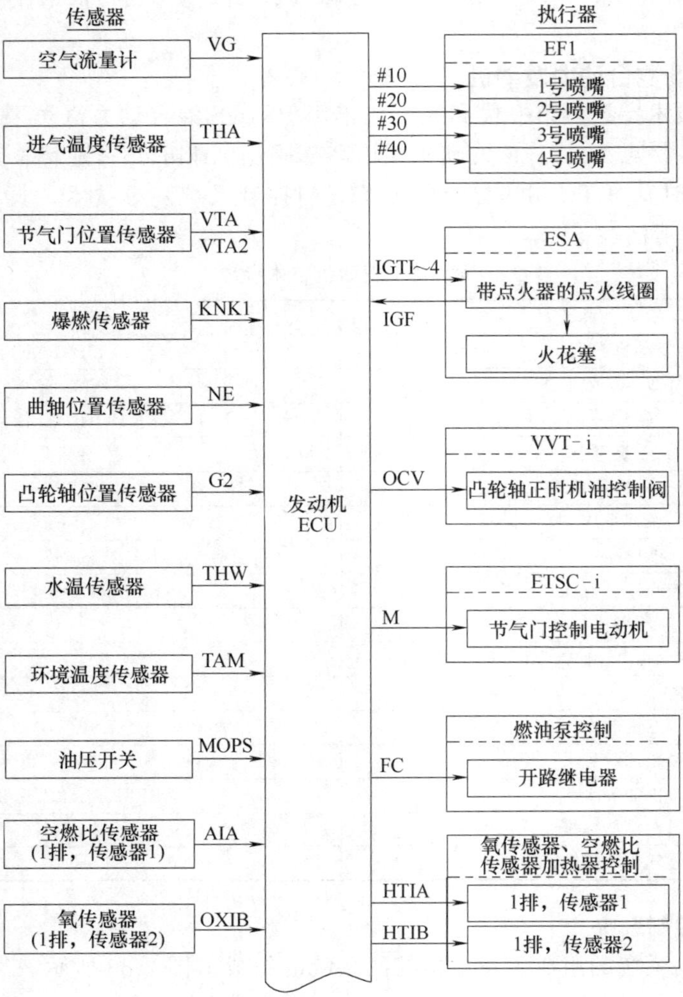

图 2-81　发动机控制系统框图（一）

② 发动机控制系统功能。

a. EFI（连续多点燃油喷射）控制。采用 L 型 EFI 系统，通过热线式空气流量计直接检测进气质量。

b. ESA（电子点火提前）控制。发动机 ECU 根据来自各个传感器的信号控制点火正时。发动机 ECU 依据发动机爆燃传感器信号校正点火正时。

c. ETCS-i（智能电子节气门控制系统）控制。根据发动机状态和来自 HV ECU 的控制请求，发动机 ECU 有效地控制节气门的开启。

d. VVT-i（智能可变气门正时）控制。根据发动机状态和来自 HV ECU 的控制请求，控制进气凸轮轴到最佳气门正时。

e. 空燃比传感器、氧传感器加热器控制。将空燃比传感器或氧传感器的温度保持在适当的水平，以提高排气中氧气密度检测的准确性。

f. 燃油泵控制。燃油泵的运行由来自发动机 ECU 的信号控制。在发生正面或侧向碰撞，空气囊打开时，将停止燃油泵运行以切断燃油供给。

g. 空调切断控制。根据发动机状态切换空调压缩机 ON 或 OFF，保持驾驶性能。

h. 冷却风扇控制。根据发动机冷却温度、车速、发动机转速和空调运行状态，发动机

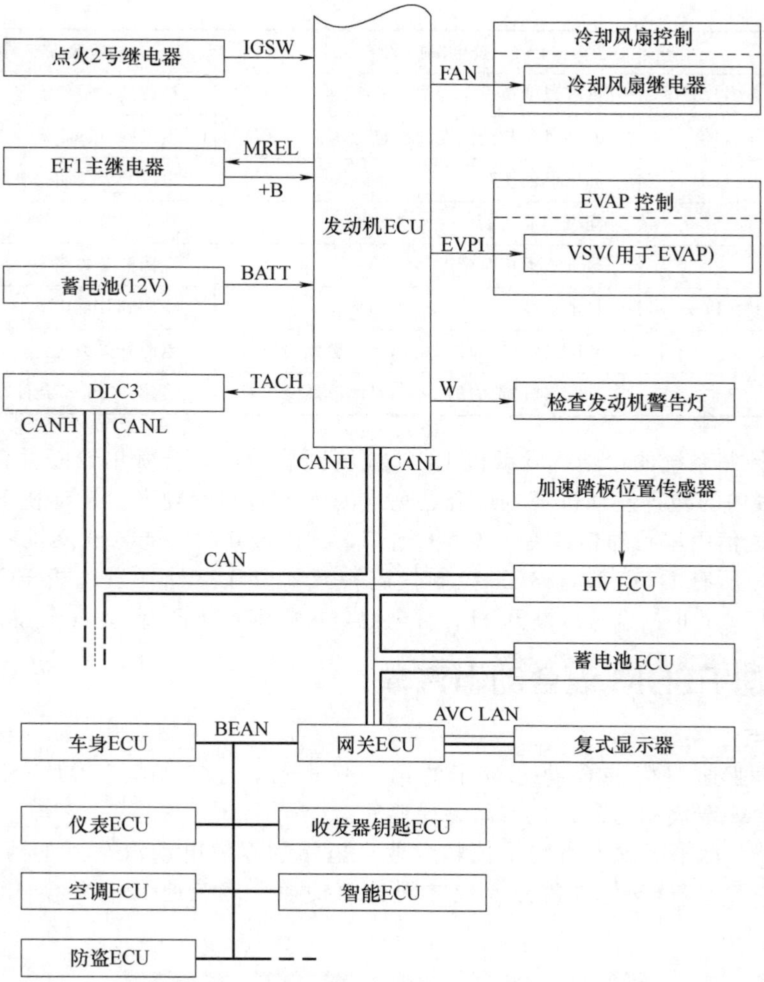

图 2-82　发动机控制系统框图（二）

ECU 无级控制风扇转速，提高了冷却性。

i. 蒸发排放控制。根据发动机状态，发动机 ECU 控制炭罐电磁阀，以便在合适的时机将炭罐中的汽油蒸气引入气缸。

j. HV 停机控制。如果用无效的卡式钥匙（点火钥匙）启动混合动力系统，则禁止输油、点火和混合动力系统的启动。

k. 诊断。发动机 ECU 检测到故障后，会对出现故障的部位进行诊断和 DTC 存储。所有 DTC 都与 SAE 控制代码一致。

l. 安全保护。发动机 ECU 检测到故障后，会根据已存储在存储器中的数据，调节或停止发动机。不同的 DTC 对应的安全保护操作及其解释条件见表 2-3。

表 2-3　安全保护表

DTC	安全保护操作	安全保护解除条件
P0031,P0032,P0037,P0038	关闭检测到异常的加热器电路	电源开关关闭
P0100,P0102,P0103	根据发动机转速和节气门角度计算点火正时	检测到“Pass”条件

续表

DTC	安全保护操作	安全保护解除条件
P0110,P0112,P0113	进气温度被设定为20℃(68℉)	检测到"Pass"条件
P0115,P0117,P0118	发动机冷却液温度被设定为80℃(176℉)	检测到"Pass"条件
P0120,P0122,P0123	间歇燃油切断	电源开关关闭
P0121	间歇燃油切断	检测到"Pass"条件,且电源开关关闭
P0325	最大点火正时延迟	电源开关关闭
P0351,P0352,P0353,P0354	燃油切断	检测到"Pass"条件
P2102,P2103	VTA被设定为约16%,且间歇燃油切断	电源开关关闭
P2119	VTA被设定为约16%,且间歇燃油切断	检测到"Pass"条件,且电源开关关闭

③ 发动机控制系统的诊断。发动机ECU检测到故障后，会做出诊断并存储故障信息。此外，组合仪表内的检查发动机警告灯会点亮或闪烁来通知驾驶人。发动机ECU同样会存储DTC。诊断通信由串行通信改变为CAN通信，须用最新的智能测试仪Ⅱ来读取发动机控制系统的DTC。所有DTC都与SAE控制代码一致。清除存储在发动机ECU中的DTC，可以使用智能测试仪Ⅱ，也可以断开HV蓄电池负极电缆或EFI熔丝1min以上。

二、比亚迪F3DM混合动力汽车

1. 基本特点

F3DM是比亚迪双模混合动力汽车的第一代产品，于2010年3月上市，继比亚迪F3DM之后的DM双模动力的二代产品为比亚迪秦。

F3DM将是全球第一款上市的不依赖专业充电站的双模电动汽车。车辆可以在纯电动(EV)和混合动力(HEV)这两种模式之间自由切换。比亚迪F3DM模式切换按钮如图2-83所示。

图2-83　比亚迪F3DM模式切换按钮

比亚迪F3DM的动力由一台371QA全铝汽油发动机和主副两台永磁同步电动机M1和M2组成，主电动机功率50kW，副电动机功率25kW，三台动力总成的动力总和达到了125kW。从数据上看，F3DM的动力与传统2.4L自然吸气发动机相近。F3DM低碳版的最高速度可以达到150km/h。纯电动模式的续驶里程达到60km，这样的距离已经足以满足日常城市生活的需要。

F3DM的动力电池采用比亚迪生产的磷酸铁钴锂电池，型号FADM07309，电池组标称电压330V，容量45Ah。电池单体标称电压为3.3V，电池组由100块电池单体串联而成。锂电池本身的稳定性在串联的情况下对一致性的要求更高，内耗更为严重。所有种类的电池，在低温条件下，性能会大大下降，极端条件下甚至接近50%，北方冬季室外的低温是个难以克服的障碍。炎热的夏季必须开启空调，寒冷的冬季需要热风加温座舱，电能损耗很大。

F3DM 标称的 100km 耗电是 16kW·h，50km/h 等速的巡航里程为 100km，这仅仅是理想状态下的最佳表现。F3DM 在充电站只需 10min 可以充满电池组的 50%，220V 慢充则需要 9h 充满。纯电动模式只能支持城市短途使用。中长途时，F3DM 大部分时间工作在混合动力模式下。

F3DM 在纯电动与混合动力模式下，都采用了交流—直流—交流的驱动方式。发电机或者充电插座提供的交流电，通过整流存储在锂电池中。驱动车辆的时候，再通过 IGBT 逆变器还原为交变电流，驱动高效的永磁同步交流电动机，为变速器提供动力。

比亚迪 F3DM 一次充电的续驶里程达到 100km，充满电和加满油后，综合行驶里程达到 580km。而在普通情况下不需启动发动机，纯电动状态即可以满足日常出行需要，也没有尾气排放。

2. 工作情况

比亚迪 F3DM 的混合动力有 4 种典型工作状况，即纯电动工况、减速工况、串联工况、加速工况，如图 2-84 和图 2-85 所示。

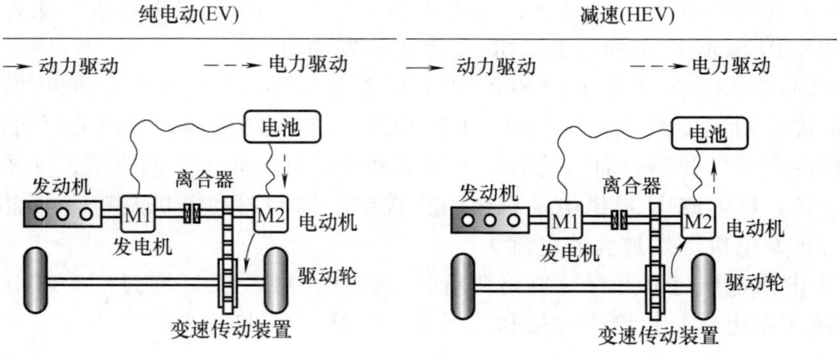

图 2-84　比亚迪 F3DM 纯电动工况和减速工况

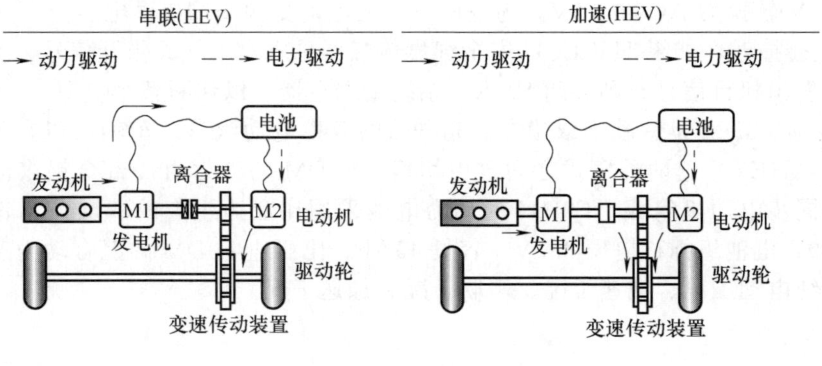

图 2-85　比亚迪 F3DM 串联工况和加速工况

（1）纯电驱动工况　在中短途、中低速行驶的路况下，主要采用纯电动驱动方式，仅靠电池供电，M2 提供动力。如果电量充足的话，也可以纯电动方式高速行驶一段时间。

（2）减速工况　带挡滑行或者制动等减速工况下，M2 不再消耗电能提供动力，此时电动机反转，回收一部分损失的动能，为电池充电。在缓慢驾驶、反复起停的城市路况中，大约可以降低20%的能量消耗。

（3）串联工况 在纯电动模式，电池接近耗尽，SOC到20%底线时发动机启动，带动M1发电为电池充电。然后通过IGBT逆变器为M2供电，驱动车辆行驶。

如果长途行驶，长期处于混合动力模式，M1在电池电量只剩50%时就将启动，充电到70%时停止工作。

（4）加速工况 在电量充足、超高速行驶或者急加速的情况下，M1、M2和发动机将协同工作，提供强劲的动力。

小结

① 丰田PRIUS混合动力汽车搭载的混联式混合动力系统，采用的是1.5L小型发动机和500V大型电动机。PRIUS混联混合动力系统由点燃式发动机和两台永磁三相交流异步电动机组成（THS-Ⅱ的两台电动机均为永磁同步电动机）。电动机也可以作为发电机运行。发动机与两台电动机通过行星齿轮机构相互连接。PRIUS混合动力系统的ECU通过一个加速踏板位置传感器来检测驾驶人的驾驶需求。ECU还要接收有关行车速度和变速器挡位的信息。利用这些信息，ECU就能确定车辆的行驶状况，从而对两台电动机/发电机以及点燃式发动机的驱动力进行调节。PRIUS混合动力系统的变频器由增压转换器、逆变整流器、直流转换器、空调变频器组成。PRIUS混合动力系统的HV ECU根据请求转矩、再生制动控制和HV蓄电池的SOC控制两台电动机/发电机和发动机。

② HV ECU监控HV蓄电池的SOC和HV蓄电池的温度、两台电动机/发电机，对这些项目实施最优控制。车辆处于N挡时，HV ECU实施关闭控制，自动关闭两台电动机/发电机。车辆在陡坡上松开制动而启动时，上坡辅助控制可以防止车辆下滑。如果驱动轮在附着力很小时空转，HV ECU提供电动机牵引力控制，抑制驱动电机旋转，进而保护行星齿轮组，同时防止发电机产生过大的电流。

③ 为防止电路电压过高并保证电路切断的可靠性，HV ECU通过三个继电器的作用实施SMR（系统主继电器）控制来连接和关闭高压电路。

④ 增压转换器根据HV ECU提供的信号，将额定电压DC 201.6V升高到最高电压DC 500V。DC/DC转换器将额定电压DC 201.6V转化为DC 12V，为电气设备供电，并为辅助蓄电池充电（DC 12V），将辅助蓄电池控制在恒定电压。空调变频器将HV蓄电池的额定电压DC 201.6V转换为AC 201.6V，为空调系统的电动变频压缩机供电。

⑤ 发生碰撞时，如果HV ECU安全气囊传感器总成发出气囊张开信号，或变频器中断路器传感器发出执行信号，则关闭SMR（系统主继电器）以切断整个电源。

⑥ 比亚迪F3DM是一款不依赖专业充电站的双模电动汽车。车辆可以在纯电动（EV）和混合动力（HEV）这两种模式之间自由切换。F3DM的动力由一台全铝汽油发动机和主副两台永磁同步电动机组成。F3DM的动力电池采用比亚迪生产的磷酸铁钴锂电池，型号FADM07309，电池组标称电压330V，容量45Ah。比亚迪F3DM的混合动力有4种典型工作状况，即纯电动工况、减速工况、串联工况和加速工况。

第三章 其他新能源汽车

第一节 燃料电池汽车

燃料电池汽车（FCV）是一种用车载燃料电池装置产生的电力作为动力的汽车。车载燃料电池装置使用的燃料为高纯度氢气或含氢燃料经重整所得到的高含氢重整气。与通常的电动汽车相比，其动力方面的不同在于 FCV 用的电力来自车载燃料电池装置，电动汽车用的电力来自由电网充电的蓄电池。因此，FCV 的关键是燃料电池。

通过本节相关知识的学习，应该具备以下能力：

① 能够简单描述燃料电池汽车的发展历史；

② 能够正确描述燃料电池的基本结构原理、特点及应用于汽车的燃料电池种类；

③ 能够正确描述质子交换膜燃料电池的组成、各组成部分的作用及基本工作原理；

④ 能够正确描述燃料电池组的组成及各组成部分的作用；

⑤ 能够正确描述以氢为燃料的燃料电池发电系统和以甲醇为燃料的燃料电池发电系统的组成及各组成部分的功能；

⑥ 能够正确描述燃料电池汽车采用的电源复合结构种类及各类型电源复合结构的特点；

⑦ 能够正确描述燃料电池汽车混合动力系统的类型及各类型系统的特点；

⑧ 能够正确描述车载氢气系统的安全装置种类及各类安全装置的作用；

⑨ 能够简单说明几款典型燃料电池汽车的特点。

一、燃料电池汽车发展状况简介

1. 国外燃料电池发展状况

燃料电池技术的基本原理在 19 世纪末就已被科学家发现了，而其被应用于车辆之上则是在 20 世纪 60 年代末。

20 世纪 90 年代初，质子交换膜燃料电池在实用化方面取得长足进步。采用铂金属作为催化剂的质子交换膜燃料电池具有发电效率高、输出功率高（高达 0.5～1.5W/cm^2，该数值越大表示产生一定的功率所采用的质子交换膜面积越小，燃料电池体积越小）、寿命长、噪声低、可室温启动等诸多优点，为该技术应用到汽车上铺平了道路。

戴姆勒-奔驰于 1994 年推出了燃料电池汽车 Necar 1，这款车型是基于奔驰 MB100 车型改造而来。由于车内安装了大量的实验用设备，所以还不能称之为真正的燃料电池汽车。

此后，丰田、本田、通用等汽车厂商用于展示其技术实力的燃料电池汽车产品如雨后春笋般涌现。2014 年 6 月 10 日，量产型的现代 Tucson FCV 正式登陆美国加州市场，于 2017 年 5 月份在英国上市。所以专家们将 2014 年定为燃料电池汽车的元年。

对于燃料电池的自主研发，丰田比戴姆勒-奔驰开始得更早。丰田在 1992 年就开始对燃料电池进行研究，这个研究项目几乎是与丰田普锐斯混动汽车项目同时展开的。经过六年多的量产化过程，丰田 Mirai 于 2014 年 12 月 15 日在日本本土正式上市。相比现代 Tucson FCV，丰田 Mirai 在动力性能和续驶里程上都有一定的优势。两车的动力系统输出功率已达到甚至超越 1.8L 自然吸气汽油发动机的水平，加上超过 400km 的续驶里程，使两车具备了较好的实用性。

随后，丰田向全球免费开放有关燃料电池技术的 5680 项专利技术，其中丰田 Mirai 采用的 1970 项关键技术，涵盖燃料电池、高压氢罐以及相关软件系统等。这一举措大力推动了燃料电池汽车在全球范围内的快速发展，如马自达、宝马等企业先后与丰田合作研发燃料电池汽车。日产、戴姆勒、福特 3 家企业强强联合，拟开发出燃料电池动力系统的标准化部件，降低各自开发燃料电池汽车的成本。这种强强联合的格局以及团队之间的竞争也将加速燃料电池汽车的量产化和普及化进程。

韩国也在 2006 年推出自主研发的第一代电堆，组装 30 台 SUV 和 4 辆大客车，进行示范运行。2009—2012 年开发第二代电堆，装配 100 台 SUV。2013 年开始生产车型为 is35 的千辆级燃料电池 SUV。2015 年推出第三代燃料电池 SUV 和客车。

2016 年底，丰田在日本建立 100 座氢燃料充注站。

2017 年，奔驰推出世界首款插电式燃料电池技术的量产车 GLCF Cell EQ Power，其续驶里程达 483km。

其实，研究燃料电池汽车的整车厂商远不止上面提到的几家，但凡有点实力的厂商都在燃料电池领域有所涉猎。不同的是，并不是所有厂商都能把研发成果推广至量产产品上。

燃料电池汽车零排放无污染，可以说是环保汽车的终极形态。但是在现阶段，燃料电池汽车所用的燃料（氢气）的大规模环保制备技术并未十分成熟。传统的制氢工艺是通过电解水来获得氢气的，如果用于电解水的电能来自烧煤发电，便存在碳排放，燃料电池汽车便失去了其存在的意义。

除此以外，基础设施建设落后也是制约燃料电池汽车发展的障碍。没有人会买一台没地方添加燃料的汽车。所以基础设施建设及氢气制备技术这两方面对燃料电池汽车的普及有着至关重要的影响。

2. 我国燃料电池发展状况

我国研究燃料电池的历史可以追溯到 20 世纪 50 年代，而真正规模化开展研究则是在 21 世纪初。2000 年，科技部的“973”基础项目研究投入了 3000 万元用于氢能的规模制备、存储和相关燃料电池的研究。

在 20 世纪末，上海神力科技公司和大连新源动力公司承担了国家九·五重点 863 科技攻关计划的“质子交换膜燃料电池动力系统”的研制，取得多项专利技术，并为同济大学和清华大学研制的燃料电池汽车配套燃料电池动力系统。

我国有很多企业正在进行燃料电池汽车的研发，其中研发乘用车的企业有上汽、上汽大众、上汽大通和长城汽车等；研发燃料电池客车的企业有上汽通用、北汽福田、宇通、五洲龙、厦门金龙等；研发燃料电池物流车的企业有江苏奥新、东风汽车等。

2003 年和 2004 年，同济大学和上海神力科技公司合作开发两款燃料电池汽车，即超越

1号和超越2号。超越1号是基于上海大众桑塔纳2000时代骄子车型改造而来；超越2号是基于桑塔纳3000车型改造，最高速度在118km/h，续驶里程可达168km。

福田汽车和清华大学共同研发的燃料电池客车曾在2008年作为“奥运节能与新能源示范车”用于接载来自全世界的运动员。该车最高速度达80km/h，续驶里程可达200km。

2006年，新一代燃料电池轿车动力系统技术平台研制成功，并应用于Passat领驭等车型。Passat领驭燃料电池汽车曾服务于2008年奥运会，最高速度达150km/h，续驶里程可达300km，百公里加速时间为15s。

2014年北京车展上，荣威950插电式氢燃料电池轿车正式发布，该车续驶里程可达400km。

总体来看，我国的燃料电池汽车研发其实是开展得比较早的，部分车企与高校合作也做出了一些展示车，包括轿车和客车，但最终形成量产产品的车型并不多。大多数展示车只作为大型会议的宾客接送车，普及程度较低。

二、燃料电池分类及特点

1. 概述

（1）燃料电池工作原理 简单地说，燃料电池（fuel cell）是一种将存在于燃料与氧化剂中的化学能直接转化为电能的发电装置。它从外表上看有正负极和电解质等，像一个蓄电池，但实质上它不能“储电”而是一个“发电厂”。

单元燃料电池由阳极、阴极、电解质、隔膜和附件构成，其发电原理如图3-1所示。燃料在阳极氧化，氧化剂在阴极还原。如果在阳极上连续供应气态燃料，而在阴极上连续供给氧气（或空气），就可以在电极上连续发生电化学反应，并产生电动势，如果接入负载，就会有电流产生。燃料电池与其他电池的发电机理不同，它的燃料和氧化剂不是储存在电池内，而是储存在电池外部的储罐内。它工作时需要连续地向电池内输入燃料和氧化剂，并同时排出反应生成物。

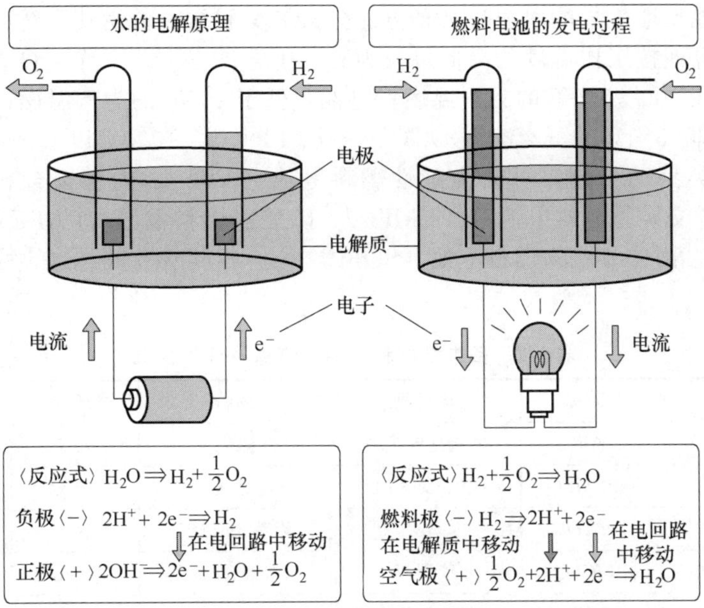

图3-1 水电解池、燃料电池的结构及原理示意图

燃料电池阳极的作用是为燃料和电解液提供公共界面，并对燃料的氧化反应产生催化作用，把反应中产生的电子传输到外电路或者先传输到集流板后再向外电路传输。燃料电池阴

极的作用是为氧气和电解液提供公共界面，对氧气的还原反应产生催化作用，从外电路向阴极的反应部位传输电子。电极上发生的反应为多相界面反应，电极一般采用多孔材料并涂有贵重金属铂作催化剂。电解质的作用是输送燃料电极和氧电极在电极反应中产生的离子，并能阻止电极间直接传递电子。隔膜的作用是传导离子，阻止电子在电极间直接传递和分隔氧化剂与还原剂。隔膜必须是抗电解质腐蚀和绝缘的物质，并且有良好的湿润性。

燃料电池的输出电压是阴阳电极的电势差。当外电路 $I=0$ 时，称为开路电压；当 $I\neq0$ 时，称为端电压。端电压低于开路电压的现象称为极化。电池输出电流时阳极电位的损失称为阳极极化，同理，阴极电位的损失称为阴极极化。一个电池的极化包括阴极极化、阳极极化和欧姆极化三部分。

（2）燃料电池的特点 燃料电池十分复杂，涉及化学热力学、电化学、电催化、材料科学、电力系统及自动控制等学科的有关理论。总的来说，燃料电池具有以下特点。

① 能量转化效率高。它直接将燃料的化学能转化为电能，中间不经过燃烧过程。目前燃料电池系统的燃料-电能的转换效率为 45%～60%，而火力发电和核电的效率为 30%～40%。

② 对环境污染小。有害气体 SO_X、NO_X 排放及噪声都很低，CO_2 排放因能量转化效率高而大幅度降低，无机械振动。

③ 燃料适用范围广。除氢气外，甲醇等一些含氧燃料均适用于燃料电池。

④ 使用方便。安装地点灵活，燃料电池电站占地面积小，建设周期短，电站功率可根据需要由电池堆组装，十分方便。

⑤ 负荷响应快，运行质量高。燃料电池在数秒钟内就可以从最低功率变换到额定功率，非常适合作汽车动力。

（3）燃料电池种类 燃料电池种类繁多，常见的分类方法是按参与反应的燃料制取方式分类，按此种分类方法，燃料电池可分为直接式、间接式和再生式 3 种。

直接式燃料电池的燃料（如氢和甲醇）直接与氧化剂作用；间接式燃料电池的燃料不是直接用氢或甲醇，而是通过某种方法把某种富氢化合物转变成氢后再供给电池；再生式燃料电池是把燃料电池反应生成的水通过某种方法分解为氢和氧，再使其重新进行反应。

直接式燃料电池按工作温度的高低可分为高、中、低三类。工作温度在 750℃以上的为高温燃料电池，在 200～750℃的为中温燃料电池，低于 200℃的为低温燃料电池。也有按温度分为四类的，即 25～100℃、100～300℃、500～1000℃、1000℃以上。

按照电解质类型的不同，可分为碱性燃料电池（AFC）、固态聚合物燃料电池（ES-PFC，又称“质子交换膜燃料电池”，PEMFC）、磷酸盐燃料电池（PAFC）、熔融碳酸盐燃料电池（MCFC）、固体氧化物燃料电池（SOFC）等。各类型燃料电池的特点及应用情况见表 3-1。

表 3-1 各类型燃料电池的特点及应用情况

类型	简称	电解质	燃料	氧化剂	应用
碱性燃料电池	AFC	氢氧化钾溶液	氢气	氧气	航天设备等
质子交换膜燃料电池	PEMFC	质子交换膜	氢气	空气	汽车等
磷酸盐燃料电池	PAFC	磷酸	天然气、氢气	空气	发电厂等
熔融碳酸盐燃料电池	MCFC	碳酸钾	天然气、石油气	空气	发电厂等
固体氧化物燃料电池	SOFC	固体氧化物	天然气	空气	发电厂、汽车等

从表 3-1 可见，应用于汽车的燃料电池有质子交换膜燃料电池和固体氧化物燃料电池。质子交换膜燃料电池由于具有工作温度低、功率密度大、启动快、使用寿命长、结构简单等

特点，因此得到迅速发展。

2. 质子交换膜燃料电池

质子交换膜燃料电池是指以质子交换膜作电解质和隔离材料的燃料电池。质子交换膜燃料电池的工作温度低于100℃，是电动汽车的理想动力电源。

质子交换膜燃料电池是最早被用于空间飞行试验的燃料电池。早期的质子交换膜燃料电池的发展一直受到昂贵的、必需的结构材料和含量高的铂催化剂的困扰，研究困难。后来在加拿大巴拉德（Ballard）公司的带动下，克莱斯勒、福特、通用、本田、丰田、日产、大众和富豪等汽车公司都投入了巨资进行此类燃料电池的研究。

（1）质子交换膜燃料电池的组成 质子交换膜燃料电池由燃料极（阳极）、空气极（阴极）、电解质膜（质子交换膜）及隔板等组成，如图3-2所示。燃料是氢，氧化剂为氧。质子交换膜的作用是双重的，作为电解质，为氢离子提供通道；作为隔离膜，隔离两极反应气体。质子交换膜脱水将会使氢离子形成水合物比较困难，燃料电池的电阻增加；水分过多则会淹没电极。这两种情况都将导致电池性能下降，因此，优化质子交换膜的质子传输性能及适当的水管理是保证电池性能的关键。

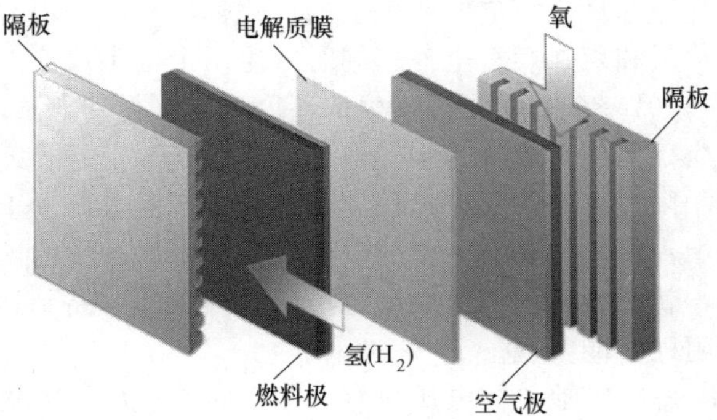

图3-2 质子交换膜燃料电池的结构示意图

（2）质子交换膜燃料电池的工作原理 如图3-3所示，氢气通过管道或导气板到达阳极，在阳极催化剂的催化作用下，氢分子离解为带正电的氢离子并释放出带负电的电子。氢离子以水合物 H_3O^+ 的形式穿过电解质到达阴极，电子则通过外电路到达阴极，电子在外电路形成电流。

氧气通过管道或导气板到达阴极，在阴极催化剂的催化作用下，氧与氢离子及电子发生反应生成水。

在质子交换膜燃料电池里，固态酸电解质被水饱和，其中含有游离 H^+，因此能完成氢离子从阳极转移至阴极的任务，但电子是不能穿越电解质膜的。H^+ 也叫质子，因而有“聚合物质子交换膜（PEM）”这个名称。从图3-4可以看到，氢燃料流入靠近阳极侧的双极板流道内，氧则流入靠近阴极侧的双极板流道内。

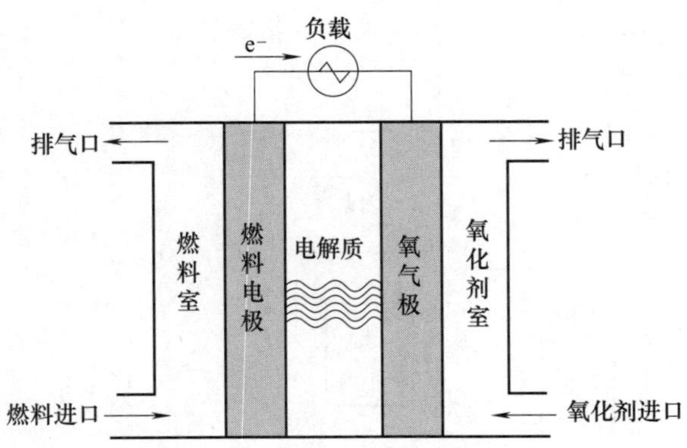

图3-3 质子交换膜燃料电池的工作原理

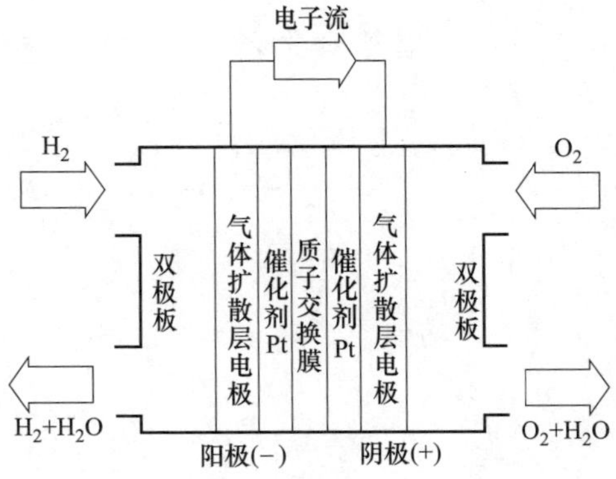

图3-4 质子交换膜燃料电池的结构

在阳极，氢分子首先会与电极表面的催化剂 Pt 接触，被分裂并键合在 Pt 表面，形成弱的 H—Pt 键。氢分子分裂后，使得氧化反应发生，每一个氢原子释放其电子，此电子沿外电路运动，到达阴极，在外电路形成电流。而剩下的氢离子黏附在膜表面的水分子上，形成水合氢离子 H_3O^+，这些水合氢离子离开 Pt 催化剂，穿越膜材料到达阴极，Pt 催化剂又获得“自由”，可以“接待”下一批氢分子。

在阴极，进入燃料电池的氧分子也是首先与电极表面的催化剂 Pt 接触，氧分子被分裂并键合在 Pt 表面，形成弱的 O—Pt 键，使得还原反应能够发生。然后每一个氧原子离开 Pt 催化剂，与来自外电路的两个电子和从交换膜穿过来的两个质子化合成一个水分子。至此，氧化还原反应完成，阴极上的催化剂再一次获得“自由”，等待下一批氧分子的到来。

氢和氧在燃料电池里同时发生两个“半反应”：一个是在阳极发生的氧化反应（失去电子），另一个是在阴极发生的还原反应（得到电子）。这两个半反应构成了一个总的氧化还原反应，反应生成物为水。

阳极发生的反应过程放出电子并产生氢离子 H^+，同时释放出能量；而在阴极反应的过程中，氧气与来自阳极的电子以及来自电解质的 H^+ 形成水。要使这两个过程连续不断地发生，就必须使阳极产生的电子通过一条外电路到达阴极，同时，H^+ 也必须穿过电解质膜到达阴极才能实现。

燃料电池单体电压只有 0.7V 左右，为了获得足够高的工作电压，需将多个燃料电池单体串联在一起，形成燃料电池堆。图 3-5 所示的燃料电池堆即可以产生兆瓦级电能。

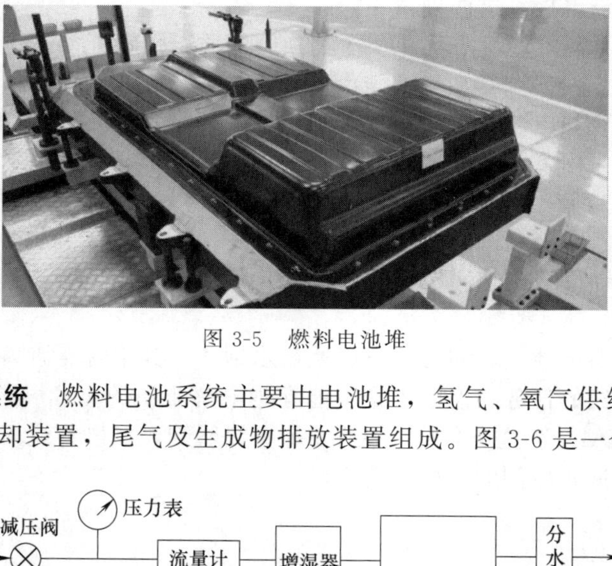

图 3-5 燃料电池堆

（3）燃料电池系统 燃料电池系统主要由电池堆，氢气、氧气供给装置，增湿器及去离子水供给装置，冷却装置，尾气及生成物排放装置组成。图 3-6 是一个燃料电池组试验系

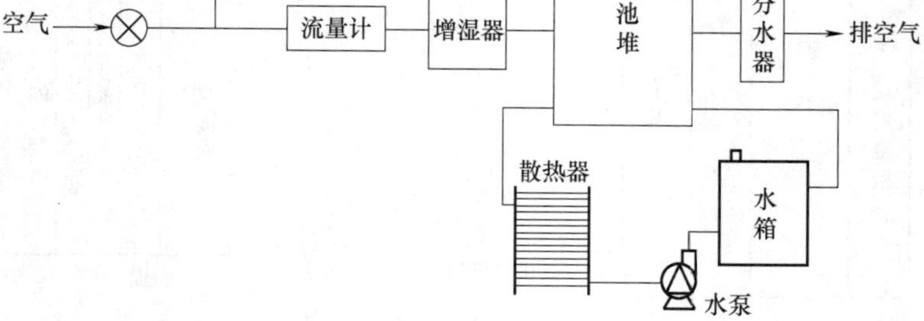

图 3-6 燃料电池组试验系统装置示意图

统装置示意图。其中，氢气由高压气瓶提供，氧气（空气）由鼓风机提供，氢气和氧气经减压再通过增湿器增湿之后，分别进入电池组的阳极和阴极进行反应发电。反应物随着尾气排出，水收集后排放，电池温度通过循环水量来调节。

电池组的性能取决于单个电池的性能，电池组的输出电压为组成电池组的各单体电池电压之和，电池组的寿命取决于先损坏的单体电池的寿命。因此，单个电池性能的均匀性对电池组影响很大，应设置检测装置在线检测各单体电池的输出电压，保证电池性能完好。

低温质子交换膜燃料电池根据输入空气的压力分为增压式和常压式两种类型。类似内燃机系统通过采用排气涡轮增压来提高发动机的功率密度，燃料电池系统也可通过提高反应气体压力的方法来增加它的功率密度。这种燃料电池系统称为增压式燃料电池系统。而反应气体的压力大约为 1 个大气压的燃料电池系统称为常压式燃料电池系统。

① 增压式燃料电池系统。在图 3-7 所示的增压式燃料电池系统结构示意图中，质子交换膜燃料电池堆有两个进口和两个出口，分别与氢回路（阳极）、空气回路（阴极）连接。来自储氢罐的氢经调压阀、射流泵进入阳极入口 In1，图示系统对氢采取过量供应，从阳极出口 Out1 排出的氢又重回到射流泵，实现氢的循环回收。

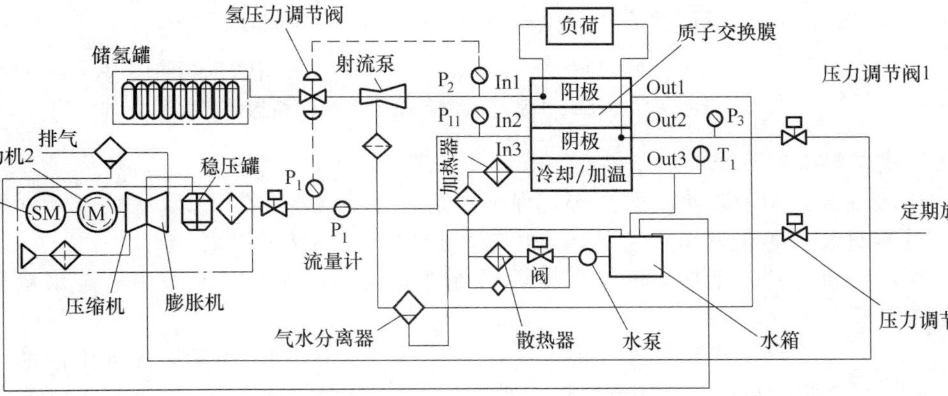

图 3-7　增压式燃料电池系统结构示意图

图 3-7 中的压缩机与膨胀机安装在同一根传动轴上，燃料电池启动时，压缩机由电动机 1 驱动（由启动电池供电），将空气经稳压罐压入阴极入口 In2。燃料电池启动后，压缩机转换为由燃料电池供电的电动机 2 驱动，电动机 2 比电动机 1 功率大、电压高。通过控制电动机 2 的转速调节空气流量，以满足过量空气系数和功率需求。

过量空气系数取得越大，压缩机消耗功率越大，燃料电池输出的净功率越小，效率越低。为了提高燃料电池系统的效率，除了根据燃料电池工作条件来合理优选过量空气系数外，还应使阴极出口 Out2 排出的气体进入膨胀机进口，利用排出气体中的剩余能量借膨胀机来驱动压缩机，实现能量回收。膨胀机排出的气体经气水分离器排入大气。

在增压式燃料电池系统里，压缩机是十分关键的部件，它可以选用的类型很多，有双螺杆式、罗茨转子式、叶片式等。

为了提高系统效率，将压缩机和膨胀机组合使用，在完成压缩空气的同时实现回收排气中的能量，降低功率消耗的功能。“压缩-膨胀机”系统动态响应时间快、尺寸紧凑、质量小、成本低。

空气加压是需要消耗功率的（这个功率叫作“寄生功率”），尽管可以在空气出口这一侧装一台膨胀器来回收膨胀功率，但是，即使技术优秀的巴拉德公司开发的系统，在 0.3MPa 的压力下工作时仍然有大约 20%的总功率消耗在辅助系统里，其中主要消耗在空气压缩机上。为了尽量减少寄生功率，压缩机的使用也限制了可以进入阴极的过量空气总量。

② 常压式燃料电池系统。通过增压虽然提高了功率密度，但系统的总效率却降低了。针对此缺点，美国 UTC 公司开发了常压式燃料电池系统。该系统的寄生功率仅为燃料电池发出功率的 5%左右。图 3-8 为这两种燃料电池系统的结构比较。

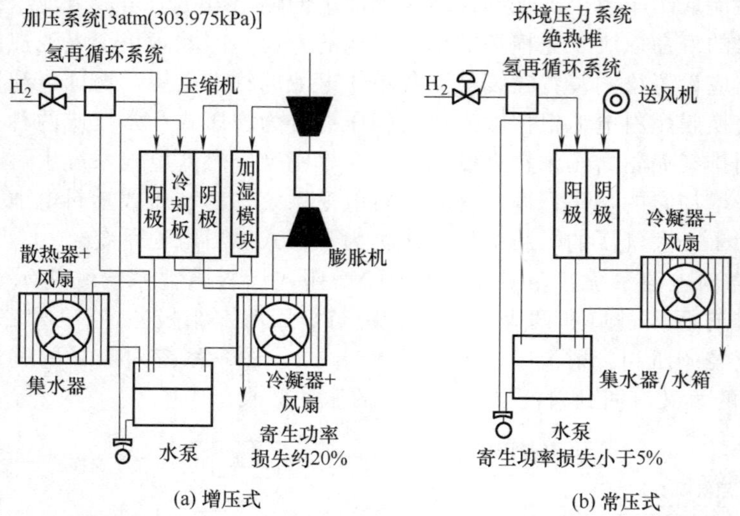

图 3-8 增压式和常压式燃料电池系统的结构比较

常压式燃料电池系统有以下特点。

a. 阳极处直接用液态水对膜加湿，保证电解膜充分含水。

b. 阴极处供应近似常压的空气，寄生功率损失小、系统效率高。

c. 对阴极供应的是不加湿的空气流，系统不需要加湿模块，流道中液态水量很少，所以压力降很低。

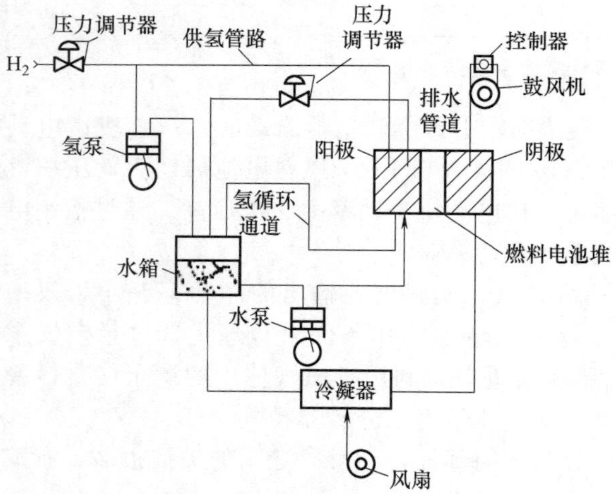

图 3-9 常压式燃料电池系统的基本结构

d. 为了去除阴极处生成的水，供应阴极的空气流量很大，所以不会积累大量的水。

e. 通过直接利用进入反应气体里的水使燃料电池堆冷却，使冷却系统大大简化。

f. 由于是低压系统，电池堆与系统的密封、管接头、管道等容易处理。

常压式燃料电池系统的基本结构如图 3-9 所示。

系统中膜片式水泵将水送到阳极的水道里，以便直接用液态水对电解质膜加湿。从理论上讲，供应水流量只需等于蒸发所需流量，但为了保持连续流动并除去气泡，可使水微微地循环。为了维持阳极处双极板上水通道内的压力略高于氢通道内的压力，防止水被氢替代，在出水管路上设有一只背压阀，使电堆内水压力大于氢管路中的压力。从图 3-9 中可以看到有一条氢循环通道，氢从电池堆出来后首先要经过水箱，然后经装在通道上的膜片式水泵回到阳极进口。膜片式水泵用来冲刷氢流道里的水冷凝物，否则堆内某些地方可能会缺乏要参与反应的氢。如果系统较大，也可采用巴拉德公司提出的办法——利用喷射泵来使氢循环，这种方法可利用压缩氢本身所含的能量。

三、燃料电池发电系统结构原理

单独的燃料电池堆是不能发电并用于汽车的，它必须和燃料供给与循环系统、氧化剂供给系统、水/热管理系统及一个能使上述各系统协调工作的控制系统组成燃料电池发电系统，简称燃料电池系统，如图 3-10 所示。

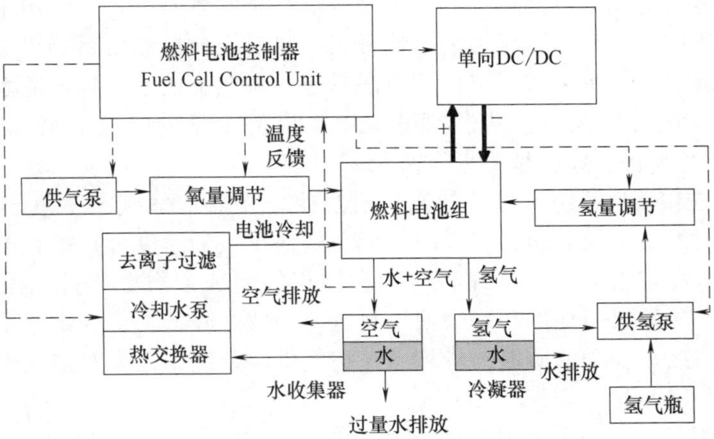

图 3-10　燃料电池系统示意图

燃料电池系统的运作一般采用计算机进行控制，根据 FCEV 的运行工况，通过 CAN 总线系统进行信息传递和反馈，并经过计算机的处理，以保证燃料电池正常运行。

燃料电池控制器根据车辆所需的电功率控制燃料电池组的燃料调节、电池的温度调节（冷却）、湿度调节从而控制发电功率，燃料电池发电后经单向 DC/DC 输出。

FCEV 是以燃料电池为主要电源和以电动机驱动为唯一驱动模式的电动车辆。目前，因受到燃料电池启动较慢和燃料电池不能用充电方式来储存电能的限制，在 FCEV 上还需要增加辅助电源来加速 FCEV 启动所需要的电能和储存车辆制动回馈的能量。FCEV 上的关键装备为 DC/DC 变换器、驱动电机及传动系统、蓄电池等。

1. 以氢为燃料的燃料电池系统

以氢为燃料的燃料电池系统包括氢气供应、管理和回收系统，氧气供应和管理系统，水循环系统，电力管理系统，等等，如图 3-11 所示。

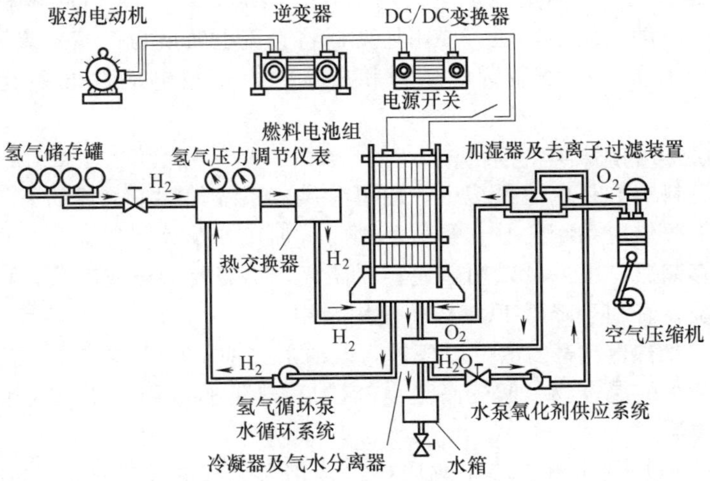

图 3-11　以氢为燃料的燃料电池发电系统

(1) 氢气供应、管理和回收系统 气态氢通常用高压储气瓶来装载，对高压储气瓶的品质要求很高。为保证燃料电池电动汽车一次充气有足够的行驶里程，就需要多个高压储气瓶来储存气态氢。一般轿车需要2～4个高压储气瓶，大客车上需要5～10个高压储气瓶。液态氢虽然比能量高于气态氢，但是由于液态氢处于高压状态，不但需要用高压储气瓶储存，还要用低温保温装置来保持低温，而低温的保温装置是一套复杂的系统。

在使用不同压力的氢气（高压气态氢和高压低温液态氢）时，需要用不同的氢气储存容器、减压阀、调压阀、安全阀、压力表、流量表、热量交换器和传感器等进行控制，并对各种管道、阀和仪表等的接头采取严格的防泄漏措施。从燃料电池中排出的水，含有未发生反应的少量的氢气。正常情况下，从燃料电池中排出的少量的氢气应低于氢气供给总量的1%，应用氢气循环泵将这些少量的氢气回收。

(2) 氧气供应和管理系统 氧气的来源有从空气中获取氧气或从氧气罐中获取氧气两种。空气需要用压缩机来提高压力，以增加燃料电池反应的速度。在燃料电池系统中，对配套压缩机的性能有特定的要求。压缩机质量和体积的增加会增加燃料电池发电机系统的质量、体积和成本，压缩机消耗的功率会使燃料电池的效率降低。空气供应系统的各种阀、压力表、流量表等的接头要采取防泄漏措施。在空气供应系统中还要对空气进行加湿处理，保证空气有一定的湿度。

(3) 水循环系统 燃料电池发电系统在反应过程中将产生水和热量，在水循环系统中用冷凝器、气水分离器和水泵等对反应生成的水和热量进行处理，其中一部分水可以用于空气的加湿。另外还需要装置一套冷却系统，以保证燃料电池的正常运作。

燃料电池是以燃料的电化学反应发电，只要不断提供燃料就可以不断发电，燃料电池的工作一般在60～100℃（燃料电池组的出口温度约为80℃），其排热方式有电池组本体外部冷却法、冷却介质通过电池组内部管道进行循环、电极气体通过外部冷却器进行循环、电解液通过外部冷却器循环等方法。电动机和控制器的允许冷却液温度为55～60℃，这和燃料电池的最佳工作温度相差较大，所以不能将电动机、电动机控制器和燃料电池的冷却系统串联，须设有专门的冷却装置。燃料电池汽车一般采用高低温两套冷却循环回路：一套称为高温回路，采用燃料电池串联汽车空调的加热器和散热器的结构，加热器在冬季用来为暖风供热，散热器用来冷却电池组；另一套为低温回路，用来冷却电动机和控制器。燃料电池的冷却介质为去离子水，这是由电池本身决定的，因此要有去离子装置。冷却水温度在100℃以下，与外界的温差小，导致燃料电池汽车用的散热器体积大。

(4) 电力管理系统 燃料电池产生的是直流电，需要经过DC/DC变换器进行调压，在采用交流电动机的驱动系统中，还需要用逆变器将直流电转换为三相交流电。以氢为燃料的燃料电池发电系统的各种外围装置的体积和质量约占燃料电池发电系统总体积和质量的1/3～1/2。

2. 以甲醇为燃料的燃料电池系统

在以甲醇为燃料的燃料电池系统中，用甲醇供应系统代替了上述的氢气供应系统。包括甲醇储存装置，甲醇供应系统的泵、管道、阀门、加热器及控制装置等。

(1) 甲醇储存装置 甲醇可以用普通容器储存，不需要加压或冷藏，可以部分利用内燃机汽车的供应系统，有利于降低FCEV的使用费用。

(2) 燃烧器、加热器和蒸发器 甲醇进入改质器之前，要用加热器加热甲醇和纯水的混合物，使甲醇和纯水的混合物一起受高温（621℃）热量的作用，蒸发成甲醇和纯水的混合气，然后进入改质器。

(3) 改质器 改质器是将甲醇用改质技术转化为氢气的关键设备。不同的碳氢化合物采用不同的改质技术，在改质过程中的温度、压力会有所不同，例如：甲醇用水蒸气改质法的温度为 621℃；用部分氧化改质法的温度为 985℃；用废气改质法的第一阶段温度为 985℃，第二阶段温度为 250℃。FCEV 在用甲醇经过改质产生的氢气做燃料时，就需要对各种改质方法进行分析，选择最佳改质技术和最适合 FCEV 配套的改质器。

（4）氢气净化器 改质器产生的氢气因为含有少量的 CO，因此必须对氢气进行净化处理。净化器中用催化剂来控制，使氢气中所含的 CO 被氧化成二氧化碳后排出，最终进入 PEMFC 的氢气中 CO 的含量不超过 10^{-5}。以甲醇经过改质后获得的氢气作为燃料时，燃料电池的效率为 40%～42%。

以甲醇为燃料的燃料电池系统中的氧气供应、管理系统，反应生成的水和热量的处理系统和电力管理系统与以氢为燃料的燃料电池系统基本相同。

3. 燃料电池汽车电源复合结构

纯燃料电池汽车只有燃料电池一个能量源。这种结构中燃料电池的额定功率大，成本高，对冷启动时间、耐启动循环次数、负荷变化的响应等提出了很高的要求。

为了提高燃料电池汽车的性能，采用了以下两种电源复合结构。

（1）燃料电池+ 辅助电池联合驱动（FC+B）结构 如图 3-12 所示，FC+B 结构中，有燃料电池和辅助蓄电池（或超级电容）两个动力源。通常，燃料电池系统输出车辆常规速度行驶时所需的平均功率，而辅助动力装置用来提供峰值功率以补充车辆在加速或爬坡时燃料电池输出功率能力的不足。这种结构使动力系统的动力性增强，运行状态比较稳定，因而它的总体运行效率得到提高。

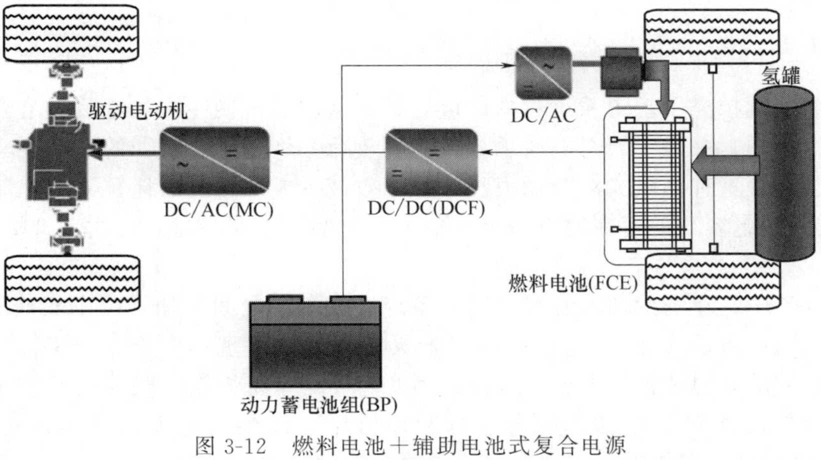

图 3-12 燃料电池＋辅助电池式复合电源

（2）燃料电池+ 辅助电池+ 超级电容联合驱动（FC+B+C）结构 现代 FCEV 上采用了燃料电池＋辅助电池＋超级电容器的混合电源，超级电容器具有大电流的充电和放电特性，恰好弥补了蓄电池的不足，可以避免在回收制动回馈的能量时，电流过大造成辅助电池热失控和发生安全事故。

4. 燃料电池汽车混合动力系统

燃料电池汽车混合动力系统有仅单向 DC/DC 燃料电池混合动力系统和单、双向两 DC/DC 燃料电池混合动力系统两种。

（1）仅单向 DC/DC 燃料电池混合动力系统 这种系统通常在燃料电池和电动机控制器之间安装了一个单向 DC/DC 变换器，燃料电池的端电压通过 DC/DC 变换器的升压或降压来与系统直流母线的电压等级进行匹配。尽管系统直流母线的电压与燃料电池功率输出能力之间不再有耦合关系，但 DC/DC 变换器必须将系统直流母线的电压维持在最适宜电动机系统工作的电压点（或范围）。仅单向 DC/DC 燃料电池混合动力系统也称为能量混合型动力系统，如图 3-13 所示。由于蓄电池组在使用中电压下降，这时能量主要由燃料电池来维持。

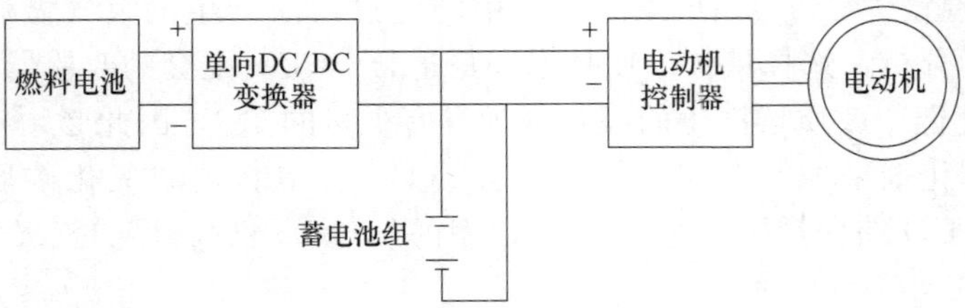

图 3-13　能量混合型动力系统

(2) 单、双向两 DC/DC 燃料电池混合动力系统　系统结构中采用的电力电子装置只有电动机控制器，燃料电池和辅助动力装置都直接并联在电动机控制器的入口，也称功率混合型动力系统，如图 3-14 所示。

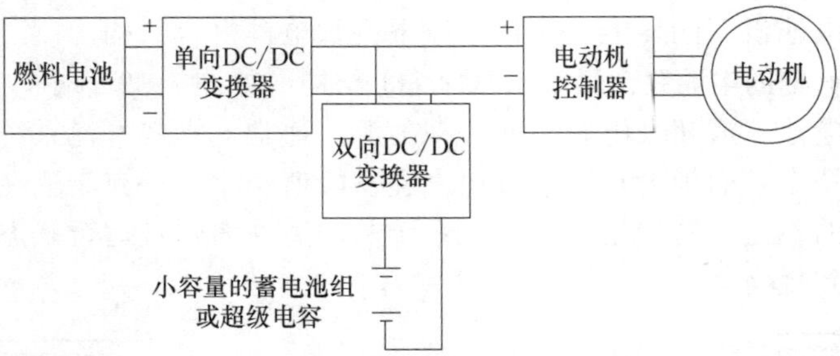

图 3-14　功率混合型动力系统

辅助动力装置扩充了动力系统总的能量容量，增加了车辆一次加氢后的续驶里程，扩大了系统的功率范围，减轻了燃料电池承担的功率负荷。许多插电混合的燃料电池汽车也经常采用这样的装置，这种插电式混合动力汽车将有效减少氢燃料的消耗。另外，辅助动力装置（蓄电池组或超级电容）的存在使得系统具备了回收制动能量的能力，并且增加了系统运行的可靠性。

在系统设计中，在辅助动力装置和动力系统直流母线之间添加了一个双向 DC/DC 变换器，使得对辅助动力装置充/放电的控制更加灵活、易于实现。由于双向 DC/DC 变换器可以较好地控制辅助动力装置的电压或电流，因此它还是系统控制策略的执行部件。燃料电池和辅助动力装置之间对负载功率的合理分配还可以提高燃料电池的总体运行效率，双向 DC/DC 可使电动机的工作电压维持在高压，提高电动机的效率。

5. FCEV 的多电源电力总成控制策略

FCEV 的多电源电力总成的管理是一个多层次的管理系统，FCEV 的最高层次的管理是整车管理，整车管理策略是以整车性能、节能、环保等方面管理为核心，以控制多电源电力的匹配和电流的流向为基本方法。蓄电池、燃料电池、DC/DC 变换器、电动机和电动机控制系统等属于第二层次的子管理系统。电力驱动的空调系统、线控转向系统和线控制动系统等属于第三层次的子管理系统。FCEV 的电力系统和驱动系统的基本组成如图 3-15 所示。

燃料电池的特点是冷启动的性能较差，输出功率在 20%～60%时系统效率最高，随着输出功率增大，效率逐渐降低。为了弥补以上缺点，在 FCEV 上采用辅助电源，在 FCEV 启动时，辅助电源可以加速燃料电池的启动，为压缩机和加热等装置提供所需要的功率。在 FCEV 加速或爬坡时，辅助电源提供辅助电力，调整燃料电池的输出峰值功率，保持燃料电池在经济区域内运行。燃料电池是不可以充电的电池，因此，在 FCEV 上还需要装置辅助电源来回收制动回馈的能量。

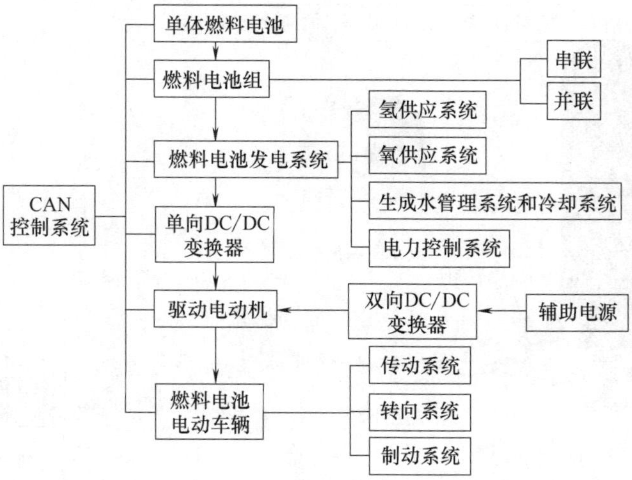

图 3-15　FCEV 的电力系统和驱动系统的基本组成

四、车载氢气系统安全措施

1. 对车载氢气系统的要求

氢气很容易从小孔中泄漏，对于透过薄膜的扩散，氢气的扩散速度是天然气的 3.8 倍。另外，氢气在空气中的体积分数很低时即可燃烧。所以车载氢气系统应采取相应的安全措施，以避免发生事故。对车载氢气系统的具体要求如下。

① 应有压力过高安全报警等措施，不允许发生诸如下游压力升高的现象。

② 燃料电池电动汽车的燃料系统中应设有低压保护装置，当氢气瓶内部压力低于要求的压力时，其防护装置应能够及时切断燃料的输出。

③ 在启动、行车、停车、关闭等常规操作中，应保证释放、吹扫和其他溢出等情况下，与氢气有关的危害不会发生。

④ 汽车排气时，不能导致汽车周围、乘客舱及其他舱中氢气浓度超过限值。

⑤ 当发生故障或意外事故时，燃料系统需要通风放气。

⑥ 气体流动的方位、方向应远离人、电、点火源。

⑦ 放气装置应安装在汽车的高处，且应防止排出的氢气对人员造成危害，避免流向汽车的电气端子、电气开关器件或点火源等部件。

⑧ 在可能发生泄漏的部位，都应合理地安装氢气泄漏探测器。

⑨ 燃料电池系统部件的导体外壳应同电平台连接，确保在氢气泄漏时，不会因静电而引燃氢气。

⑩ 所有的燃料系统应安装牢固，避免因汽车振动而导致损坏、泄漏等故障。

⑪ 所有燃料系统的部件都要采取适当的保护措施，且不应放置在汽车的最外端，压力释放装置（PRD）和排气管除外。

⑫ 可能排出或泄漏氢气的出口应远离可能产生火花或高热的器件。

总的来说，车载氢气系统安全措施应从预防与监控两方面着手。图 3-16 所示的是从预防的角度给出的车载氢气安全实例。

选择合适的氢气瓶材料，可以有效地解决氢气泄漏的问题。例如用塑料内胆或铝内胆，外部用碳纤维缠绕的高压氢气瓶，因其质量小，单位质量储氢密度高，与钢制容器相比更好地解决氢脆问题，同时也大大降低了成本。氢气瓶应使用符合国家相关标准规定的车用储氢压力容器，在无国家标准之前，可参考相关的国际标准执行。储氢系统应有反映氢气瓶内温

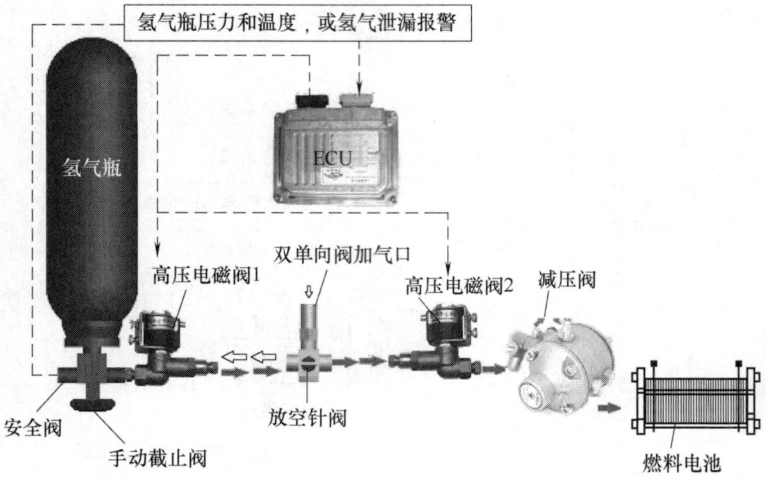

图 3-16　车载氢气安全实例

度的传感器，能够反映氢气瓶内气体温度。

燃料供给系统应包含能够保证燃料加注时切断向燃料电池系统供应燃料的功能。燃料加注口应具有能够防止灰尘、液体和污染物等进入的防尘盖。防尘盖旁边应注明燃料加注口的最大加注压力。燃料加注口应设置在汽车侧面。燃料加注口应有消除汽车静电的措施。燃料加注口应能够承受来自任意方向的 670N 的载荷，不应影响到燃料系统气密性。

气体流动的高压管路的材质一般会选用不锈钢，耐压要大于 35MPa。

2. 车载氢气系统的安全装置

在燃料电池轿车上有多个装置保证车载氢气系统的安全性。具体包括以下几种。

（1）氢气瓶电磁阀　氢气瓶电磁阀由 12V 直流电源驱动，无电源时处于常闭状态，主要起到开关氢气瓶的作用，与氢气泄漏传感器系统联动，一旦泄漏氢气浓度达到保护值该电磁阀能自动关闭，从而达到切断氢气源的目的。驾驶人离开车时，此电磁阀断电，管路截止。

（2）管路电磁阀　放在减压阀前部，当外界给氢气瓶充气时，可有效防止气体进入电池。

（3）减压阀　位于管路电磁阀和电池堆之间，可以将氢气的压力调节到电池所需要的压力。

（4）手动放气针阀　当出现危险的时候，针阀可以将氢气瓶中的残余氢气安全放空。

（5）安全阀　位于氢气瓶上，当氢气瓶中氢气压力超过设定值后，能通过氢气瓶安全阀自动泄压，例如在氢气瓶体温度由于某种原因突然升高造成氢气瓶内气体压力上升，当压力超过安全阀设定值时，安全阀自动泄压，保证氢气瓶在安全的工作压力范围之内。

（6）单向阀　当注气接头出现损坏情况时可防止气体向外泄漏并提高受气头的使用寿命，通常采用两单向阀串联以提高可靠性。

（7）手动截止阀　手动截止阀通常处于常开状态，当氢气瓶电磁阀失效时能手动切断氢源。气罐电磁阀和手动截止阀联合作用，有效地避免了氢气泄漏。加气口在加注的时候与加气机的加气枪相连，从而达到加注的目的，同时具有单向阀的功能。加气口应与未遮蔽的电气接头、电气开关和其他点火源保持至少 200mm 的距离。

（8）温度传感器和压力传感器　位于氢气瓶上，用于检测氢气瓶内的温度和压力，并将温度、压力等信号传到控制单元用以控制系统运行，避免系统工作在不正确的温度与压力下并可实现报警功能。温度传感器是用来检测氢气瓶内气体温度的部件，可以将气体的温度信号发送到驾驶室仪表盘上，通过气体温度的变化来判断外界是否有异常情况发生。例如在气体温度突然急剧上升时，若已排除温度传感器故障，则在氢气瓶周围可能有火警发生。压力传感器主要用于判断氢气瓶中氢气量，保证车辆的正常行驶，当压力低于某值时可以提示驾驶人加注氢气。

（9）氢气泄漏传感器 由于不同氢气传感器的测量原理不同，造成了其测量灵敏度及测量范围的差别，主要有半导体式、催化燃烧式、电化学式以及光化学式等。根据传感器的量程不同，又可以分为低量程 TGS821（1000～5000ppm[1]）传感器和高量程 TGS813（1000～10000ppm）传感器，低量程的灵敏度比较高并且两种传感器在低浓度时反应比较明显。传感器可以等效于两个电阻，一个是可变电阻，另一个为固定电阻。可变电阻随着氢气浓度、湿度、温度变化而变化，其中氢气浓度和湿度对它的影响比较大。传感器的可变电阻随着氢气浓度变大而变小（即信号端的输出电压也变大）。固定电阻是用来加热的。根据不同的要求，对氢气传感器类型、数量以及布置的位置均有一定的要求。一般来说，出于对安全性能的考虑，氢能汽车总共要求安装 4 个氢气泄漏传感器，而所有传感器信号需直接传送到仪表盘的醒目位置，及时通知驾驶人。

一般在行李箱布置两个氢气泄漏报警仪，报警值设置为三级。

一级：氢气浓度达到 1000ppm（2.5% LEL）时报警，系统自动切断氢气供应，由驾驶人将车移至指定的安全区域，由专人检查整个系统。

说明：LEL 是指爆炸下限，它是针对可燃气体的一个技术词语。可燃气体在空气中遇明火爆炸的最低浓度，称为爆炸下限，其英文缩写为 LEL。空气中可燃气体浓度达到其爆炸下限值时，称这个场所可燃气环境爆炸危险度为 100%；如果可燃气体含量只达到其爆炸下限的百分之十，称这个场所此时的可燃气环境爆炸危险度为 10%。

二级：氢气浓度达到 5000ppm（12.5% LEL）时报警，红色报警，建议驾驶人切断氢气供应，将车开至指定的安全区域，由专人检查整个系统。

三级：氢气浓度达到 10000ppm（25% LEL）时报警，黄色报警，建议提醒驾驶人及时停机，用氢气检漏工具检查供氢系统。

在车内布置两个报警仪，报警值设置在 1000ppm（2.5% LEL）和 5000ppm（12.5% LEL），报警级别为一级和二级，分别安装在后座的左右两侧。

报警系统需要自带蜂鸣器，氢气泄漏传感器需要常供电，在不开车的情况下如果测到氢气泄漏，蜂鸣器可以发出报警声音。

（10）碰撞传感器 在车辆发生碰撞的情况下，整车控制系统能通过车上安装的碰撞传感器关闭储氢罐电磁阀。

五、典型的氢燃料电池汽车

国内外燃料电池汽车市场已趋近商业化运用阶段，日韩、北美、欧洲等的燃料电池相关技术发展迅速，已完成基本性能的开发，部分核心技术问题得到解决。各国车商已经开始生产燃料电池汽车，如丰田 Mirai、本田 Clarity、奔驰 F-Cell EQ Power、通用 Equinox 等。各国政府加快加氢站建设，燃料电池汽车市场逐步开启。

1. 现代 NEXO

2013 年 2 月，世界第一辆量产版氢燃料电池车 ix35 FCV 在现代汽车韩国蔚山工厂正式下线。在 2018 年举办的亚洲消费电子展（CES Asia）上，现代汽车以“未来氢社会”为主题，展示了最新一代 NEXO 氢燃料电池汽车（图 3-17）。

[1] 1ppm＝10^{-6}

图 3-17　现代 NEXO 氢燃料电池汽车

现代 NEXO 的整备质量相比以往的 ix35 燃料电池车整体减重 20%，同时搭载在现代 NEXO 上的第四代氢燃料电池技术的动力效率提高 20%、燃料电池堆功率密度增加 30%。这就使得其电机最大功率达到 120kW，峰值转矩 395N·m，其 0～96km/h 加速时间为 9.5s，最高车速 160km/h。

新车一改此前 ix35 氢燃料电池车的双储氢罐设计，取而代之的是由 3 个相同尺寸储氢罐组成的储氢装置。通过对塑料内衬结构的创新设计等，使现代 NEXO 的储氢罐的容量达到了 156L，比 ix35 氢燃料电池车的储氢罐减重了 13%，同时容量增加了 12%。

NEXO 的 NEDC 工况续驶里程可达约 805km，其加注燃料的过程仅需 5min，相比普通汽油车型也不相上下。

此外，新车的结构经过优化，在燃料堆中融入现代独有的技术，比如 MEA（Membrane Electrode Assembly）和双极板，确保汽车能在－30℃时顺利启动并降低成本。

2. 本田系列氢燃料电池汽车

本田燃料电池汽车首次亮相于 1999 年，目前其燃料电池汽车的发展已经发生了很大的变化。本田新一代的燃料电池汽车 FCX Clarity（图 3-18），于 2015 年在东京车展首发，以本田独创的燃料电池堆“V Flow FC Stack”技术为核心，实现了燃料电池汽车特有的 CO_2 零排放。

本田 FCX Clarity 的电动机为永磁交流同步电动机，可从燃料电池获取 100kW 的电功率，在 13500 r/min 的转速时可提供 98kW 功率及 256N·m 的转矩，能够以大约 9.2s 的时间驱动一辆中型轿车由零加速至 60mile/h（96.6km/h）。这和装备了 130kW 功率、2.4L 直列四缸发动机的 2008 款本田 Accord 轿车的加速时间一致。氢消耗量约为 30km/L。

（1）动力系统布置结构　本田 FCX Clarity 的结构布置如图 3-19 所示，燃料电池布置在车身的下方，氢燃料存储装备则放置在车尾部。锂电池作为辅助的动力电池布置在车身后部，通过驱动电机直接驱动车辆的前轮。

图 3-18　本田 FCX Clarity 外形

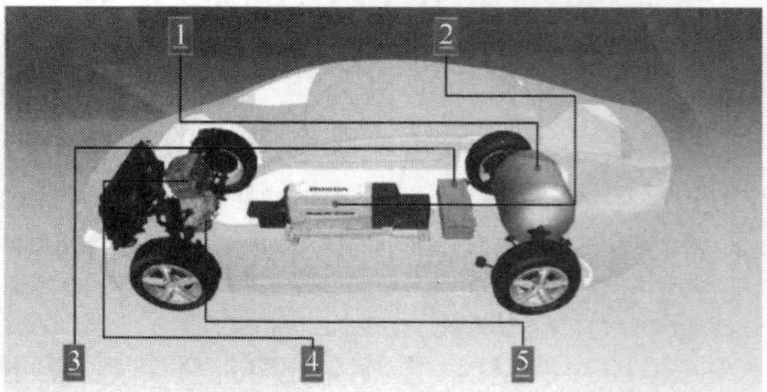

图 3-19　本田 FCX Clarity 动力结构透视图
1—储氢罐；2—燃料电池堆；3—锂离子电池；4—能量驱动单元；5—驱动电机

(2)燃料电池堆 FCX Clarity 搭载的燃料电池堆如图 3-20 所示，采用 Honda 独创的氢气和空气竖直流动的 V Flow 电池单体结构，还采用使氢气和空气波状流动的“波状隔板”。新型燃料电池堆的最高功率可提升至 100kW，与上一代燃料电池堆相比，体积功率密度提高 50%，质量功率密度提高 67%，低温启动性能提升至−30℃以下。Clarity 燃料电池堆的直角造型使它便于安装在轿车上。垂直结构还可以更有效地提升燃料电池冷却、氢电转换和低温下的工作性能。因为电池是垂直分布的，因此表面的水分会向下排出，不会使电池结冰。来自燃料电池的电流对 288V 的锂电池组进行充电或者驱动电机进行工作。

(3)动力电池组 本田 FCX Clarity 燃料电池电动汽车以锂离子电池作为一个补充电源，取代了在早期 FCX 原型车中的超级电容，其体积适合安放在车辆后部，从而节省了空间。

(4)驱动电机 FCX Clarity 采用功率达 100kW 的永磁交流同步电动机，最大输出转矩为 189N·m。与上一代相比，其整体动力单元的质量功率密度提高 1 倍，体积功率密度提高 1.2 倍，实现了轻质小型化和高功率的高度统一。此外，节能性提高 20%，续驶里程提高 30%。

据报道，最新一代本田 FCX Clarity 充能 3min，续驶里程达 750km。

3. 奥迪 Q5 HFC

奥迪 Q5 HFC（图 3-21）是 2010 年公开亮相的试验车型，HFC 三个字母代表的是 Hybrid Fuel Cell，即混合燃料电池。两个 70MPa 高压罐可以储存 3.2kg 氢气。低温氢燃料电池的功率可达 98kW。锂离子电池容量为 1.3kW。靠近车轮的两个电动机最高功率可达 90kW，最大转矩可达 420N·m。

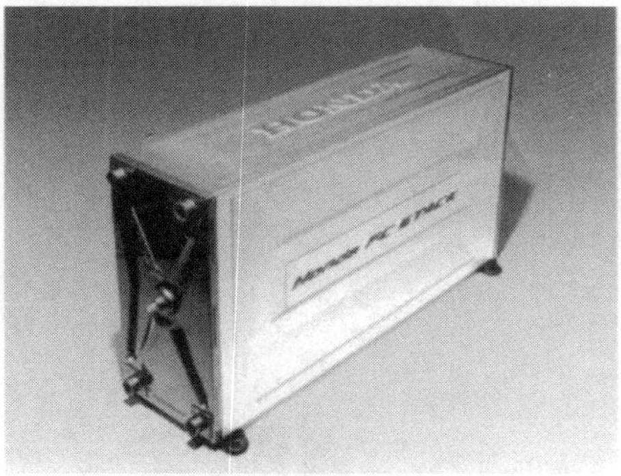

图 3-20 燃料电池堆

图 3-21 奥迪 Q5 HFC 动力结构透视图

奥迪 Q5 HFC 可在 13.4s 之内加速到 100km/h，最高速度可达 160km/h。氢气的利用非常节约和高效，燃料电池的能量转换效率可以达到 50%以上。该车型实现了 500km 的最长行驶里程，而且其“加油”时间也不比采用传统驱动系统的车型长。

如图 3-22 所示，奥迪 Q5 HFC 采用氢燃料电池和锂离子电池共同为前轮驱动提供电能，这款车与传统前驱车不同，采用轮毂电动机，因此可以实现左右前轮的动力分配，而后轮不参加驱动。

奥迪最新款氢燃料电池汽车为奥迪 h-tron quattro 概念车。据报道，其百公里加速时间在 7s 内，最大续驶里程可以达到 600km。

4. 奔驰 B 级燃料电池汽车

从 1994 年开始，奔驰就推出了第一台氢燃料原型车 Necar 1。奔驰 B 级 F-Cell 于 2011 年出现在上海车展会上。

图 3-22 奥迪 Q5 HFC 动力结构布置图

1—燃料电池系统和驱动电机；2—燃料电池堆；3—氢气供应系统；4—动力电池组；5—储氢罐

奔驰 B 级 F-Cell 动力系统（图 3-23）的性能要优于 2.0L 发动机，并且拥有良好的燃油经济性，其燃料消耗相当于每百公里消耗柴油 3.3L。其最大输出功率可达 100kW，峰值转矩可达 290N·m，最高速度可达 170km/h。这款车可以在－25℃的寒冷条件下实现启动，其最大续驶里程为 400km，只需要 3min 就能完成其氢燃料的补充。

因为这些动力装置安装在车底夹层之中，所以不会影响到这款车的内部空间。这款车标配了普通奔驰车的所有设置，如真皮内饰、自动空调系统以及 Command 系统等。还可以通过显示屏来查看燃料的使用状况。

在 2017 年法兰克福车展上，奔驰发布了首款氢燃料电池动力车型——GLC F-Cell，在欧洲 NEDC 标准下达到 437km 的续驶里程。

5. 丰田 Mirai

Mirai 是丰田首款量产的氢燃料电池车（图 3-24）。Mirai 被丰田汽车视为“未来之车”，于 2014 年 12 月在日本开始销售，随后从 2015 年秋季开始将销售范围扩大至美国和欧洲。

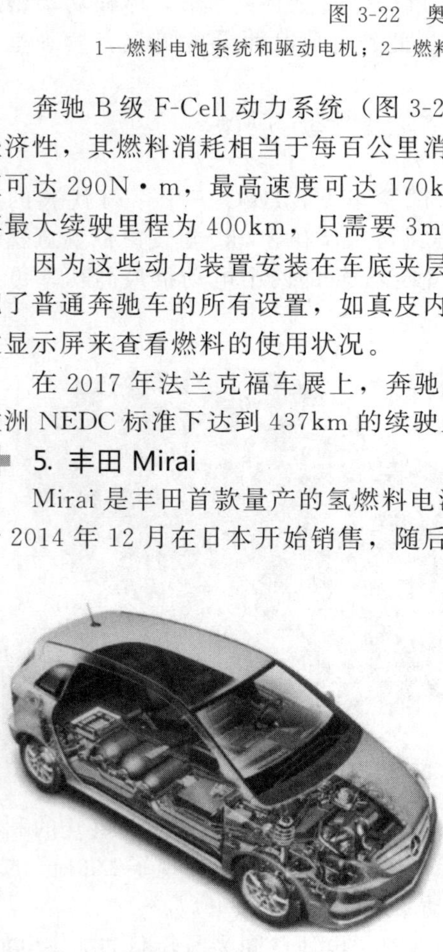

图 3-23 奔驰 B 级 F-Cell 燃料电池汽车动力结构透视图

图 3-24 丰田 Mirai 氢燃料电池汽车

电机通过燃料电池堆生成的电力和来自驱动电池的电力进行驱动，可以实现 113kW 最大功率，335N·m 最大转矩的动力输出。该车的最高车速可以达到 175km/h。

位于前排座椅下方的燃料电池是整个车辆的电力来源，其体积功率密度达到 3.1kW/L，最大功率达到 114kW。在新一代燃料电池系统中，发出的电能还需要经过 FC 升压变频器的升压才能供给电机使用，最终可将 FC 电池堆的电压升至 650V。

据报道，该款车一次充气最大续驶里程可以达到 500km，仅需要 5min 就可以将车内的氢气罐注满。

为了在 21 世纪 20 年代实现氢燃料电池车的真正大规模普及，丰田计划在 2020 年前后将 Mirai、氢燃料电池大巴等氢燃料电池车的销量扩大至每年 3 万辆以上。

6. 超越系列燃料电池汽车

同济大学、上汽等早在 21 世纪初就开始了燃料电池汽车的研发，技术领先程度并不逊于国外同行。2002 年，其研制的超越 1 号氢燃料电池汽车露面，随后几年，诞生了超越 2 号、超越 3 号以及上海牌燃料电池汽车，其搭载的氢燃料动力系统不断提升。

超越 2 号和超越 3 号燃料电池汽车，分别参加了 2004 年和 2006 年世界必比登新能源汽车挑战赛，与美国通用、福特，德国大众、戴姆勒-克莱斯勒以及日本的汽车公司研制的燃料电池轿车同场竞技，在 7 项技术测试中分别取得 5 项和 4 项技术 A 级奖，综合成绩名列前茅，而且燃料经济性和车外噪声测试指标位列第一。

与超越 1 号燃料电池汽车不同的是，超越 2 号燃料电池汽车的所有关键零部件都由我国自主开发。超越 2 号燃料电池汽车采用桑塔纳为原型车装配而成，每 100km 氢消耗量从超越 1 号的 1.39kg 下降到 1.03kg。与超越 1 号相比，超越 2 号起跑爆发力大有提高，从起步加速到 100km/h 只需 26.7s，比超越 1 号缩短了约 20s，最高速度 118km/h，续驶里程达到 197km。超越 2 号采用了完全由我国自主开发的电动机，替代超越 1 号的进口电动机。整车质量减轻 150kg，燃料电池发电机功率提高 6kW，且可靠性和稳定性都超过了进口发电机。

超越 3 号的最高车速达到 123km/h，0～100km/h 的加速时间为 19s，一次加氢的续驶里程为 230km，燃料经济性为 1.132kg/100km。

超越系列燃料电池汽车动力系统平台有两大特点：第一，主动力源 FCE 提供持续的平均驱动功率，辅助动力源（锂离子电池）提供加速所需的瞬态附加功率，从而可大大降低燃料电池的容量，降低对燃料电池发电系统的瞬态响应要求，并可实现再生制动能量回馈，提高运行经济性；第二，采用恒流控制的 DC/DC 转换器与 FCE 串联，实现 FCE 与锂离子电池输出功率的汇流，可按 FCE 实际输出能力较精确地控制 FCE 的能量输出，很好地实现燃料电池输出阻抗与驱动电机逆变器输入阻抗的匹配，并可大大增加整个动力系统的可靠性。超越系列燃料电池汽车动力系统结构如图 3-25 所示。

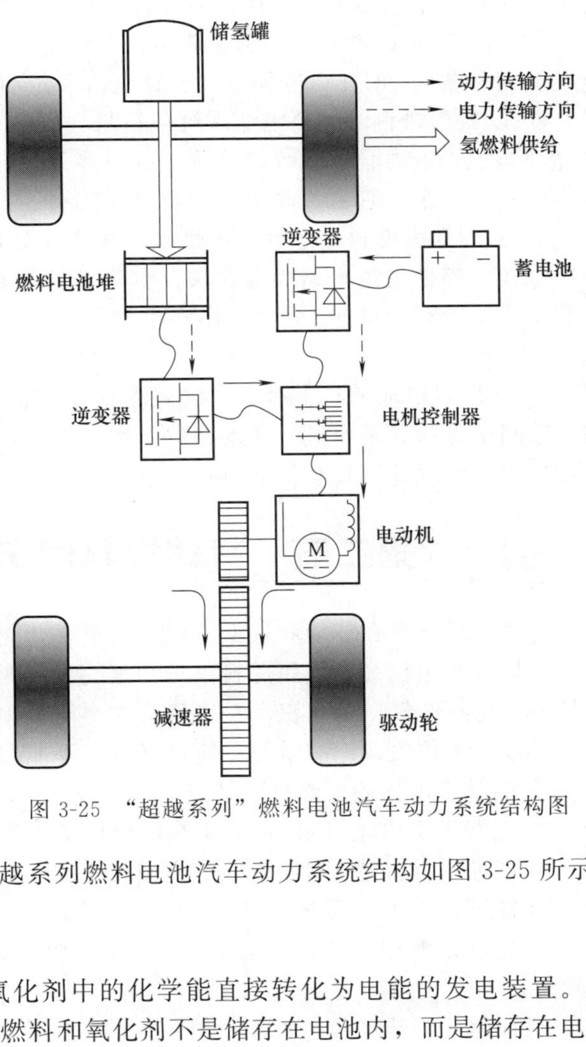

图 3-25 “超越系列”燃料电池汽车动力系统结构图

小结

① 燃料电池是一种将存在于燃料与氧化剂中的化学能直接转化为电能的发电装置。燃料电池与其他电池的发电机理不同，它的燃料和氧化剂不是储存在电池内，而是储存在电池

外部的储罐内。

② 燃料电池的特点有：能量转化效率高、对环境污染小、燃料适用范围广、使用方便、负荷响应快、运行质量高。

③ 按参与反应的燃料制取方式分类，燃料电池可分为直接式、间接式和再生式 3 种。直接式燃料电池按工作温度的高低可分为高、中、低三类。

④ 燃料电池按照电解质类型的不同可分为：碱性燃料电池、固态聚合物燃料电池、磷酸盐燃料电池、熔融碳酸盐燃料电池和固体氧化物燃料电池等。

⑤ 应用于汽车的燃料电池有质子交换膜燃料电池和固体氧化物燃料电池。质子交换膜燃料电池是指以质子交换膜作电解质和隔离材料的燃料电池。质子交换膜燃料电池的工作温度低于 100℃，是电动汽车的理想动力电源。质子交换膜燃料电池由燃料极（阳极）、空气极（阴极）、电解质膜（质子交换膜）及隔板等组成。低温质子交换膜燃料电池根据输入空气的压力分为常压型和增压型两种类型。

⑥ 燃料电池单体电压只有 0.7V 左右，为了获得足够高的工作电压，需将多个燃料电池单体串联在一起，形成燃料电池堆。燃料电池系统主要由电池堆，氢气、氧气供给装置，增湿器及去离子水供给装置，冷却装置，尾气及生成物排放装置组成。

⑦ 燃料电池系统的运作一般采用计算机进行控制，根据 FCEV 的运行工况，通过 CAN 总线系统进行信息传递和反馈，并经过计算机的处理，以保证燃料电池正常运行。

⑧ FCEV 是以燃料电池为主要电源和以电动机驱动为唯一驱动模式的电动车辆。FCEV 上的关键装备为 DC/DC 变换器、驱动电机及传动系统、蓄电池等。

⑨ 以氢为燃料的燃料电池系统包括氢气供应、管理和回收系统，氧气供应和管理系统，水循环系统，电力管理系统，等等。以甲醇为燃料的燃料电池系统主要由甲醇储存装置，甲醇供应系统的泵、管道、阀门、加热器及控制装置等组成。

⑩ 为了提高燃料电池汽车的性能，采用了燃料电池＋辅助电池联合驱动（FC＋B）和燃料电池＋辅助电池＋超级电容联合驱动（FC＋B＋C）两种电源复合结构。燃料电池汽车混合动力系统有仅单向 DC/DC 燃料电池混合动力系统和单、双向两 DC/DC 燃料电池混合动力系统两种。

⑪ 在燃料电池轿车上有多个装置保证车载氢气系统的安全性。具体包括：氢气瓶电磁阀、管路电磁阀、减压阀、手动放气针阀、安全阀、单向阀、手动截止阀、温度传感器和压力传感器、氢气泄漏传感器和碰撞传感器等。

第二节　气体燃料汽车

气体燃料汽车在节能和环保方面均优于常规燃料汽车，所以将其归类于新能源汽车中。气体燃料汽车包括气体代用燃料汽车和氢气汽车两类。气体代用燃料种类很多，常见的有天然气和液化石油气。氢气汽车是以氢为主要能量驱动的汽车。

通过本节相关知识的学习，应该具备以下能力：

① 能够正确描述天然气的特点；

② 能够正确描述 CNG 动力系统的组成及工作原理；

③ 能够正确描述 CNG 动力系统采取的安全措施；

④ 能够简单说明天然气汽车的发展趋势；

⑤ 能够正确描述预混式氢发动机、缸内喷射式氢发动机和内外组合式氢发动机的工作原理；

⑥ 能够正确描述液氢汽车供氢系统的工作原理。

一、天然气汽车

1. 天然气及其在汽车上的应用

天然气是一种以甲烷（CH_4）为主要成分的矿物燃料。根据产地的不同，天然气中甲烷的质量含量高达80%～99%，其余成分是二氧化碳、氮气和低分子量烃。天然气在汽车上可以以液态形式存储，或者以气态压缩的形式存储。以液态形式存储是指在－162℃时，作为液化天然气（LNG）存储。以气态压缩的形式存储时，压缩天然气（CNG）的压力高达20MPa。由于存储液化天然气成本高，所以一般都将天然气以压缩的形式存储。天然气的抗爆性极好（RON约为140），从而可使用13∶1的压缩比。然而，在两用燃料发动机上，如汽油和天然气组合使用的发动机上，由于压缩比必须按照汽油来调整，所以，这个优点不能得到很好的利用。国内改装的两用燃料汽车，因要兼顾燃油、燃气两种条件，对原发动机压缩比和燃烧结构等均不做变动，发动机功率、汽车最高车速、加速性能不低于原车的90%。所以汽车输出功率约有细微的下降，但城区地势较为平坦，不会影响驾驶效果。

1m^3天然气可代替1kg以上的汽油，一次充气可行驶200km左右，排放达欧Ⅱ标准。

天然气用于点燃式发动机和压燃式发动机有以下优点：具有优异的燃烧特性和CO_2、NO_X、CO低排放特性，废气中不含颗粒物和含硫排放物；火花塞无积炭，减轻了机油的污染。天然气用于点燃式发动机和压燃式发动机有以下缺点：由于天然气的热值低，所以发动机功率降低；天然气存储费用高；在同样的燃料箱容量的情况下，续驶里程缩短。

天然气汽车发动机动力性下降的原因有混合气热值低和分子变更系数小以及充气效率低等诸多因素。混合气热值低和分子变更系数小是由于燃料分子中含氢比例较大造成的，对于天然气，其分子结构是固定的。要提高天然气发动机的动力性，只能从增压、缸内直喷、降低进气温度、大负荷工况减气增油等方面进行。天然气辛烷值为115～139，比汽油高出50%，抗爆性能强，提高压缩比、增大点火提前角是提高天然气发动机功率简单易行的有效方法。CNG发动机的转矩除在高转速时略有下降外，呈现出较好的低速特性，这是由于CNG抗爆性能好，低转速时不需要推迟点火。

目前，国内天然气汽车的开发中采用的主要是CNG技术，在实际应用中遇到了诸如车辆行驶里程短，动力性、经济性不够理想，安全性能较差等问题，从而限制了其应用范围。

在点燃式发动机上，天然气动力系统一般将天然气驱动与汽油驱动相结合（所谓的两用燃料动力装置）。

有的汽油/CNG两用燃料汽车在中、小负荷工况下，发动机燃用纯CNG。当发动机负荷达到50%以上时，减少CNG供气量并加入少量汽油掺烧，或在大负荷工况下完全切断CNG供气，改为纯汽油供给方式。

2. CNG动力系统工作原理

如图3-26所示，高压的压缩天然气从储气钢瓶出来，经过天然气滤清器过滤后，经高压电磁阀进入高压减压器。高压电磁阀的开闭由ECM控制，高压减压器的作用是将高压的压缩天然气（工作压力20～30MPa）经过减压加热将压力调整至7～9MPa。高压天然气在减压过程中由于减压膨胀，需要吸收大量的热量，为防止减压器结冰，将发动机冷却液引出到减压器对燃气进行加热。经减压后的天然气进入电控调压器，电控调压器的作用是根据发动机运行工况精确控制天然气喷射量。天然气与空气在混合器内充分混合，进入发动机缸内，经火花塞点燃进行燃烧，火花塞的点火时刻由ECM控制。氧传感器实时监控燃烧后尾气的氧浓度，推算出空燃比，ECM根据氧传感器的反馈信号和控制MAP来及时修正天然气喷射量。图3-27所示为CNG发动机电控系统组成。图3-28所示为玉柴CNG（增压）发动机控制原理图。

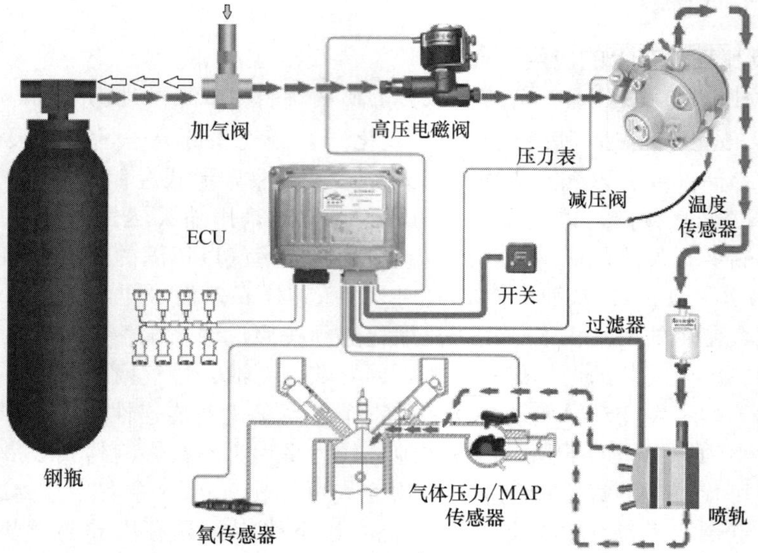

图 3-26　CNG 动力系统工作原理示意图

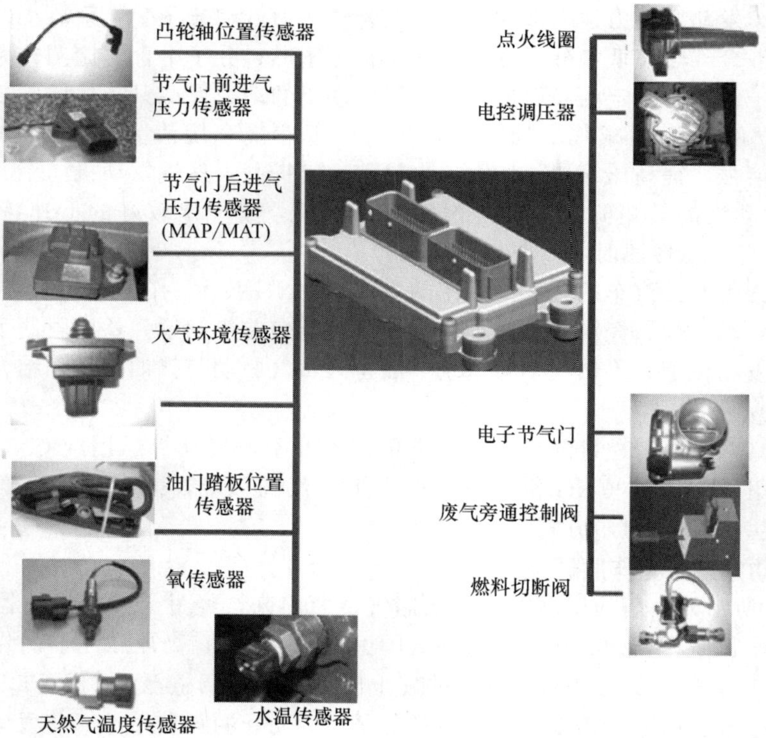

图 3-27　CNG 发动机电控系统组成

3. CNG 动力系统安全措施

CNG 动力系统会对环境构成一定的威胁，例如，气体泄漏未被检查出来或者是储存压力的提高存在爆炸的危险，为此，CNG 动力系统必须采取多种安全措施。

① 止回阀位于充气接头内的截止阀上，其作用是防止天然气经过充注阀倒流。

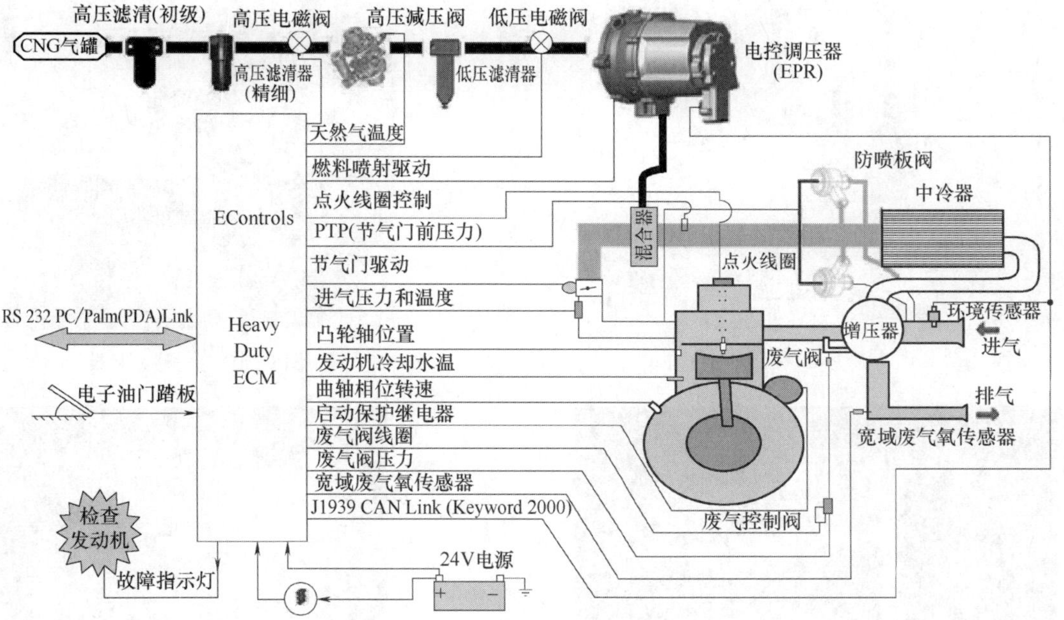

图 3-28　玉柴 CNG（增压）发动机控制原理图

② 在车内布置的管路和部件上，包缠密封护套。

③ 螺纹套管接头采用双卡环螺纹套管接头。

④ 天然气储气瓶由钢或 CFRP 制成，每个储气瓶都要通过两个护圈安装到汽车上。钢瓶的爆炸压力约为 40MPa，而 CFRP 气瓶的爆炸压力约为 50MPa。储气瓶上安装有易熔塞和热熔断器，这些装置可以防止过高的压力增长，从而可防止起火引起的储气瓶爆炸。电磁截止阀安装在天然气储气瓶上，在转换成汽油模式的情况下、在发生电源故障时、发动机停机后或者在发生碰撞事故时，此阀关闭。另有一个截止阀安装在调压器上。

⑤ 限流器可以防止管路破裂造成的天然气突然大量泄漏。

⑥ 在低压侧管路上采用软管（如调压器与气体喷射器之间的管路），使用这样的软管可以防止疲劳损伤引起的断裂现象。

⑦ 过压调节器安装在调压器上，可防止低压侧出现过高压力。

4. CNG 汽车主要相关零部件

（1）高压燃料切断阀　如图 3-29 所示，高压燃料切断阀由 ECM 控制其开合，停机状态下处于常闭状态。其作用是及时切断或恢复燃料供给。

（2）高压减压器　如图 3-30 所示，高压减压器用来控制减压后的天然气压力，通过节流和加热，使高压的压缩天然气减压至 7～9MPa 的低压天然气。

（3）低压电磁阀　如图 3-31 所示，低压电磁阀由线圈驱动阀芯，由 ECM 控制其开合，停机状态下处于常闭状态，有及时切断或恢复燃料供给的作用。

（4）电控调压器（EPR 阀）　如图 3-32 所示，电控调压器内部有一个控制芯片，该控制芯片接收来自 ECM 的控制指令，以控制天然气供气量，从而实时有效地控制空燃比。

（5）混合器　混合器将天然气和中冷后的空气充分混合，使燃烧更充分、柔和，有效降低 NO_X 排放和排气温度。

（6）电子节气门　电子节气门通过控制蝶阀的开度，控制进入缸内的混合气的量，从而控制发动机的转速和负荷。驾驶者通过加速踏板（内置位置传感器），将动力需求传送给

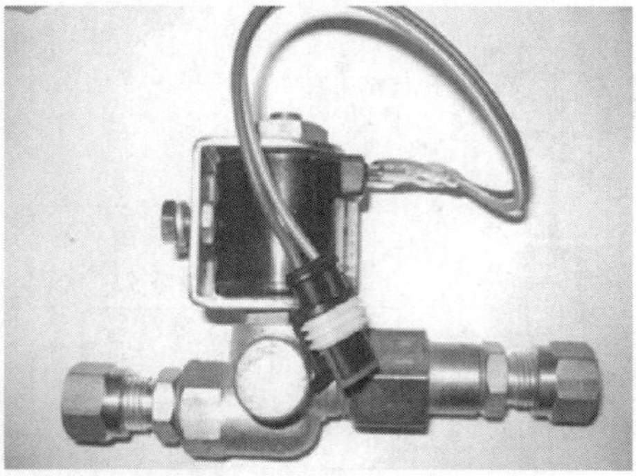

图 3-29　高压燃料切断阀

图 3-30　高压减压器

图 3-31　低压电磁阀

图 3-32　电控调压器

ECM，ECM 接收到此信号后，根据发动机运行工况控制电子节气门开度。

（7）点火线圈　如图 3-33 所示，点火线圈接收来自 ECM 的点火指令，产生高电压并将高电压传递给火花塞，产生火花，点燃混合气。点火线圈能根据 ECM 指令控制点火时刻，使发动机实现低排放、低气耗。

（8）防喘振阀　如图 3-34 所示，防喘振阀是当发动机突然减速时，通过喘振阀通气软管将节气门后的低压压力传递到防喘振阀压力反馈接头上，打开喘振阀单向截止膜片，使增压器压气机前后压力平衡，避免增压器喘振，保护增压器。

该零件共有三个接口。一个接口连通节气门后方，用于感知节气门后方的进气压力；另外两个接口分别连接增压器前进气管和增压器后进气管。6G 系列 CNG 发动机使用两个防喘振阀，两个防喘振阀安装时进出气口刚好相反，使气流能相互流通。4G 系列 CNG 发动机只需要一个防喘振阀即可满足要求。

图 3-33　点火线圈

图 3-34　防喘振阀

（9）火花塞 火花塞接收来自点火线圈的高电压，产生火花，点燃天然气。

（10）废气旁通控制阀 如图 3-35 所示，通过控制废气旁通控制阀的占空比，控制废气旁通控制阀的出口压力，从而控制发动机的增压压力。采用该技术能有效提升发动机低速转矩，满足公交车频繁起步的工作要求。

（11）氧传感器 如图 3-36 所示，氧传感器检测排气中氧分子浓度，从而判断燃烧时的空燃比，ECM 根据计算所得的空燃比修正燃气供给量。

图 3-35 废气旁通控制阀

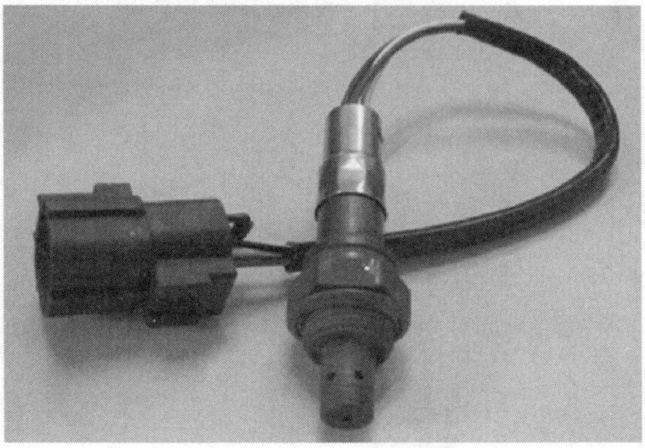

图 3-36 氧传感器

（12）大气环境传感器 如图 3-37 所示，通过测量进气压力、温度、湿度来修正实际控制空燃比和天然气供给量，使发动机运行在最佳状态。

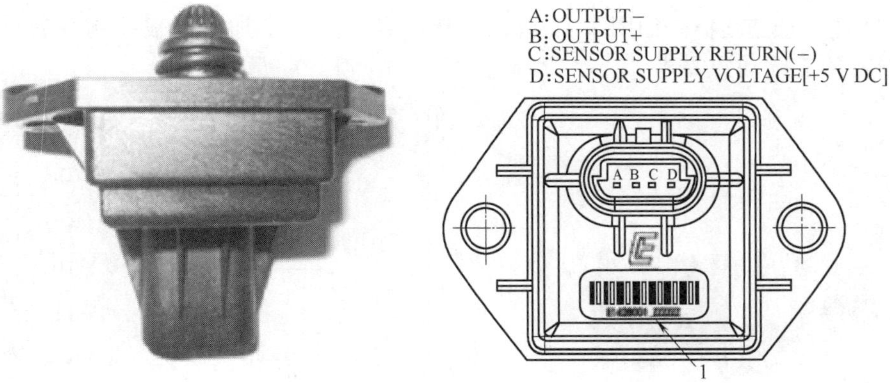

图 3-37 大气环境传感器

（13）进气压力温度传感器 如图 3-38 所示，通过测量中冷后的压力、温度，结合发动机转速、排量、充气效率，计算出混合气流量。

（14）凸轮轴位置传感器 如图 3-39 所示，通过信号轮的触发信号，将第一缸活塞压缩上止点位置及时准确地传递给 ECM，同时有测量曲轴转速的功能，ECM 根据触发信号及 MAP 来控制发动机的点火提前角、空燃比、增压压力等参数。

（15）水温传感器 水温传感器将发动机的冷却液温度信号及时准确地传递给 ECM，ECM 根据冷却液温度修正点火提前角、空燃比及怠速转速等参数，同时在水温失控的情况下限制发动机的功率，从而保护发动机。

（16）天然气温度传感器 如图 3-40 所示，天然气温度传感器实时测量电控调压器出口处的天然气温度，ECM 根据测量到的温度、压力等参数以及所需要的目标空燃比计算出需

(a) 进气压力温度传感器外形　　(b) 进气压力温度传感器针脚定义

图 3-38　进气压力温度传感器

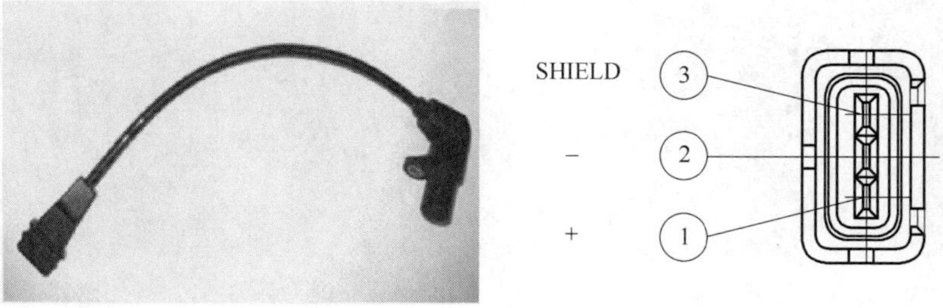

(a) 外形图　　(b) 针脚定义

图 3-39　凸轮轴位置传感器和接插件针脚定义

要提供给发动机的天然气供给量。

（17）电子加速踏板　如图 3-41 所示，驾驶者通过电子加速踏板控制发动机运行工况，反映驾驶者的实际动力需求。

图 3-40　天然气温度传感器

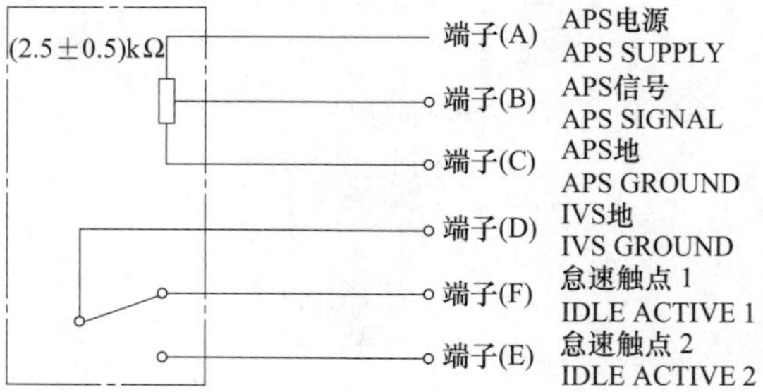

图 3-41　电子加速踏板端子布置

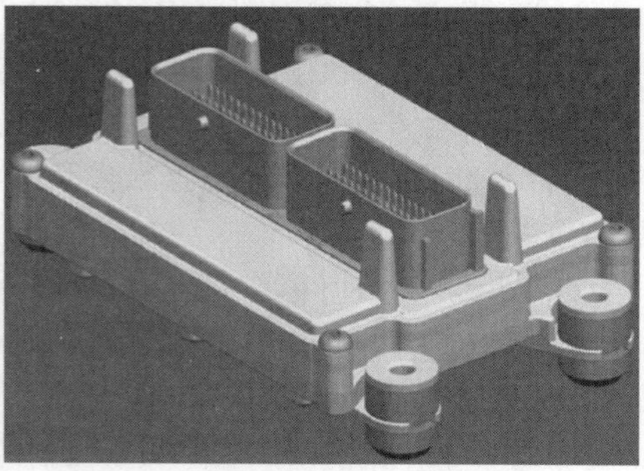

图 3-42　电控 CNG 电子控制模块

（18）电子控制模块　如图 3-42 所示，电子控制模块是电控 CNG 发动机管理核心，通过各种传感器监控发动机运行工况，并根据发动机运行工况和控制 MAP 控制各执行器，通过 CAN 总线与汽车各子系统通信。

5. 天然气汽车的发展

CNG 汽车发动机历经了几代产品的演变和发展之后，呈现出如下发展趋势。

① 燃料供给系统从机械式混合器发展到电子控制喷射系统。

② 电子控制喷射系统由单点开环控制发展到多点闭环控制喷射系统。

③ 喷射方式从缸外预混合发展到复合供气、缸内直接喷射。

为从根本上解决以往预混合供气方式中，CNG 气体燃料挤占进气空气体积，造成充气效率下降的问题，研制出了 CNG 缸内直喷发动机。与常见的缸外混合 CNG 发动机不同，该发动机将空气的吸入和 CNG 的喷射分开进行，先将纯净空气吸入气缸，在接近压缩行程上止点时将 CNG 喷入汽缸，借助高温（约 1300℃）的电热塞使天然气压燃。

CNG 缸内直接喷射技术综合了柴油机和汽油机的优势，从根本上解决了预混合方式中，天然气燃料挤占进气空气体积，造成充气效率下降的问题，实现了 CNG 非均质混合气扩散燃烧，燃烧效率高，能有效提高天然气发动机的动力性。

④ 燃料的使用从两用燃料、双燃料发展到单一燃料。

⑤ 燃料存储方式从 CNG 向 LNG 方向发展。

LNG 燃料开发和应用的难点之一在于天然气常温下难以液化，因此 LNG 的制取比 CNG 要复杂，而且 LNG 在常压下只有保持在－162℃以下才能呈现为液态，故 LNG 的气瓶和传输管路需要具有良好的绝热性能，其设计制造相当复杂，成本较高。

与 CNG 相比，LNG 具有更多的优点，主要体现在以下几个方面。

a. 可提高发动机的压缩比。LNG 通过深冷前的净化处理几乎除掉了天然气中的全部杂质，深冷净化处理过程中又分离出不同液化点的重烃类成分和其他气体成分，因此 LNG 的纯度很高，甲烷含量为 97.5%～99.5%，而 CNG 中的甲烷含量只有 81.3%～97.5%。LNG 燃料成分的单一性和一致性有利于发动机压缩比等设计参数的确定，避免了乙烷、丙烷等成分的爆燃对发动机及其部件造成的不良影响。

b. 燃料经济性好。LNG 的能量密度是 CNG 的 3.5 倍，这表明 LNG 储存效率更高，可以使车辆获得较长的行驶里程，或者说在相同行驶里程的情况下可以使车辆的总质量更小，从而比使用 CNG 有更好的燃料经济性。同时储存效率高也使 LNG 更利于运输，扩大了 LNG 使用的地域范围。

c. 安全性好。LNG 的储气瓶为具有绝热夹层的压力气瓶，储存温度为－162℃，储存压力稍高于 1.0MPa，而 CNG 通常以 20～25MPa 的高压储存在高压气瓶中，因此使用 LNG 更安全。

d. 发动机热效率高。应用 LNG 发动机的汽车可以充分利用 LNG 的低温特性降低混合气的温度，从而降低燃烧温度，提高发动机的热效率，同时降低 NO_X 的排放。

e. 对负荷变化响应快。使用 LNG 易于使发动机对负荷变化获得更好的响应性。

LNG 作为后起之秀，具有无与伦比的优势，发展前景看好。随着 LNG 低温液化技术的不断成熟，LNG 的制取、气瓶、传输管路等的价格将不断下降，届时 LNG 将成为天然气汽车发动机的主要发展方向。

图 3-43 所示为玉柴 LNG 发动机原理图。

6. 典型的天然气汽车

（1）一汽 CA6100URN1 城市客车 CA6100URN1 车型是一汽客车开发的一款天然气城市客车，其外形如图 3-44 所示。该车型匹配 CNG 后置 CA6SE1-21E4N 型直列 6 缸增压中冷电控天然气发动机，尾气排放达到欧Ⅸ标准，更加环保。

（2）东风雪铁龙新爱丽舍 如图 3-45 所示，东风雪铁龙的新爱丽舍 CNG 车型承袭了新爱丽舍系列车型承载式车身结构，拥有全新外形以及独有的后轮随动转向技术。新爱丽舍 CNG 两用燃料车是国内第一家燃气供给系统采用原厂流水线一体化设计制造、非线外改装的 CNG 两用燃料车。该车设计和制造要求完全符合国家标准，同时工艺规范比较严格，更主要的是完善了天然气与原发动机的匹配问题，提高了整车的质量稳定性和安全性，因而避

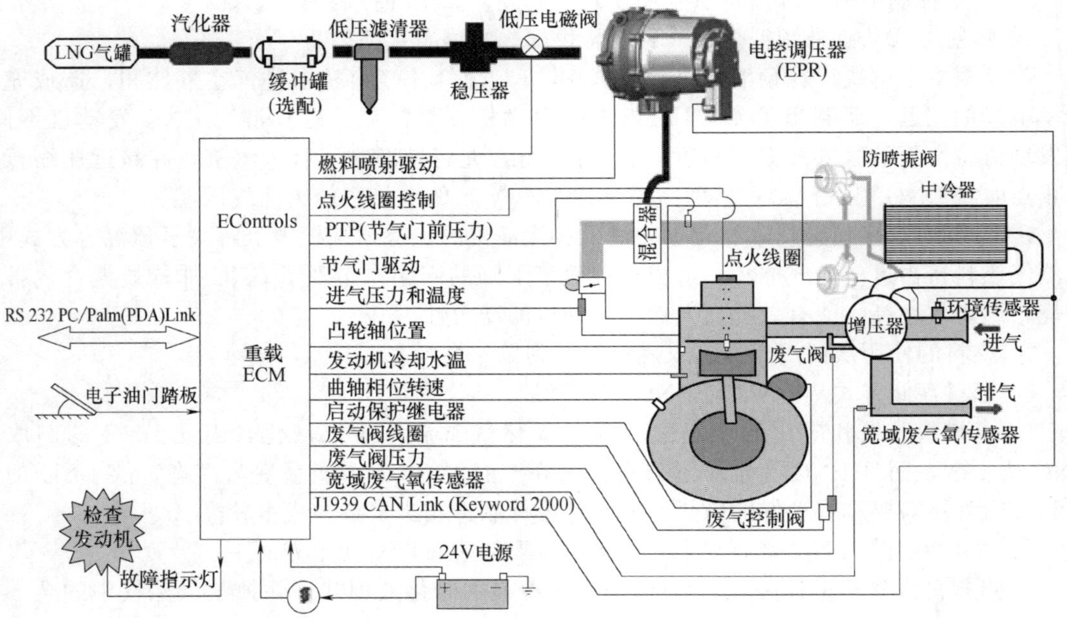

图 3-43　玉柴 ECI EPR 系统增压 LNG 发动机工作原理

图 3-44　一汽 CA6100URN1 城市客车

图 3-45　东风雪铁龙新爱丽舍轿车

免了其他线外改装车型可能会遇到的质量难以控制、出现问题后索赔难等诸多问题。

新爱丽舍 CNG 两用燃料车型是在新爱丽舍标准型轿车的基础上，采用汽油及压缩天然气电控多点喷射燃料供给系统的 1.6L 小型高能的两用燃料发动机，其汽油喷射系统选用与新爱丽舍系列车型相同的 Bosch ME7.4 汽油电控单元，更安全、科技含量更高。其中，CNG 系统适配 PSA 认可的意大利 Lovato 最新一代的 CNG 压缩天然气多点喷射系统，该系统处于国内汽油与 CNG 两用燃料轿车市场上的领先水平。

先进的设备带来了良好的燃料经济性。新爱丽舍 CNG 车型的能量损耗低。CNG 双燃料车型在汽油和 CNG 两种燃料之间进行转换时，由于两种燃料固有的特性，会存在 12%～30%的动力损失。新爱丽舍 CNG 两用燃料车动力损失仅为 14.1%，是各车型中动力损失最少的一款。

新爱丽舍 CNG 汽车是国内唯一一款加气口外置的两用燃料车，与国内其他品牌的 CNG 双燃料车将加气口和压力表设置于发动机舱内相比，最大的好处就是每次加气无需打开发动机盖，既做到了加气便利，又防止高温环境下发动机舱加气的安全风险。

二、氢发动机汽车

1. 氢发动机

氢气与石化燃料不同，其不含碳，燃烧之后生成的是水和少量的一氧化氮，没有CO和HC，也不会产生造成温室效应的二氧化碳，符合减缓全球变暖的时代需求，所以它是一种清洁燃料。目前车用氢能主要有两种方案：一种是燃料电池，它是通过氢的离子化转化成电能；另一种是氢内燃机，它通过氢的燃烧使化学能转化为机械能。

氢燃料内燃机工作原理和点燃式内燃机相同，只需在结构上对传统内燃机做局部修改即可，如供氢系统、喷氢系统等。

氢气在常温、常压下是无色、无味、无毒的气体。氢气本身的天然储量不大，而且自然界中的氢绝大部分以化合态的形式存在。但作为其来源之一的水，却是十分丰富的。而且氢气燃烧后生成的物质还是水，故能形成资源的快速循环。

(1) 氢发动机的分类与工作原理 氢发动机属于点燃式发动机，根据氢燃料储存的压力和形态分为压缩氢、液态氢和吸附氢3种。根据混合气形成方式不同可分为外部混合（预混式）、内部混合（缸内喷射式）和内外组合式3种方式。

① 预混式氢发动机。预混即缸外混合技术，是使气态氢与空气在发动机外部形成混合气，然后通过进气道在进气行程送入气缸，由火花塞或电热塞引燃，也可以用柴油引燃。这是使用氢燃料最简单的技术，所以目前国内外研发的氢发动机大部分都采用这种形式。采用预混式燃烧形式对传统发动机结构不需要做很大改动，而且该类型发动机各缸燃料分配均匀，所以混合气形成和燃烧较易组织。但是，预混式氢发动机在运行中无法避免爆燃、早燃和进气管回火等异常燃烧现象，输出功率一般也较低。一旦出现异常燃烧，发动机性能将会急剧下降，甚至无法正常工作。为避免这些异常燃烧的现象，可以采用下列措施。

a. 避免回火措施。回火一般是由早燃引起的，所以首先需要保证气缸清洁和减少热点。采用在进气歧管加引管喷射的方式，将减压后的氢气喷射到进气门处以减少进气歧管内的氢气量，也可以很好地减少回火程度。另外，还可以采用进气管喷水的方法，但是这种方式要求有较大的喷水率，才会有明显的效果，并且还会对气缸产生腐蚀，使功率下降。

b. 避免早燃措施。为了抑制早燃的产生，氢发动机必须采用各缸独立点火系统，而不能采用分组式电子点火系统。为了避免早燃，还应该根据氢气的燃烧特性选用冷型的火花塞和较狭小的火花塞间隙。为了克服极稀混合气状态下（130：1～180：1）火焰传播速度显著下降引发的断火，应采用双火花塞点火。另外，在混合气中添加甲烷、氮气等可抑制早燃，而且在其中添加甲烷还可以弥补使用氢气燃料带来的功率不足，并解决燃烧过快和过慢的问题。

c. 其他措施。通过调整喷氢提前角和点火提前角以及它们之间的匹配，也可以在一定程度上消除氢发动机的异常燃烧。采取废气再循环方式也可防止异常燃烧现象，不过若要有明显效果，需要保证EGR率在25%以上。

② 缸内喷射式氢发动机。缸内喷射是指在进气门关闭后将氢燃料直接喷入缸内。压缩行程开始后，气缸内气体压力是逐步上升的，在压缩行程的不同时期，喷入缸内氢气的压力必须是不同的，压力高低需要与缸内气体压力相匹配。氢气在压缩行程初期喷入的称为低压喷射型，在压缩行程末期将压力为8MPa以上的氢气喷入气缸的称为高压喷射型。采用缸内喷射，氢气不再占据气缸容积，这样就避免了预混式氢发动机气缸内可燃混合气总量较少的缺点。另外，由于换气过程中新鲜空气对燃烧室的冷却作用，大大减少了表面点火的发生，发动机工作平稳可靠。低压喷射型虽可控制回火，但喷入常温下的氢气时易发生早燃等异常燃烧，功率只能与汽油机水平相当。而喷入低温（－50～0℃）氢气虽可抑制早燃和提高发

动机功率（功率比汽油机高 20%），但是运行成本上升，还受到发动机运动副的耐冻能力和循环工作情况的限制。高压喷射型由于氢气和空气混合不良，指示热效率稍低，但不会发生回火和早燃等异常燃烧，并可提高压缩比，从而提高输出功率和补偿热效率，改进发动机的整体性能。但是高压喷射对喷氢系统有很高的要求，具体情况如下所述。

a. 为了使氢喷束贯穿整个燃烧室，喷射压力必须大于 8MPa，这么高的压力只有通过采用液氢泵来获得。

b. 氢极易通过喷射阀和阀座间的狭缝泄漏，因此这些偶件要求加工得十分精密，并需使用少量润滑油。这些特殊的低温防泄漏设备的采用增加了发动机的成本。

c. 与汽油相比，氢的密度很小，因而在高压空气中，氢喷束的喷射速度较低，且射程较短，不利于及时形成混合气。因此，要实现快速燃烧，必须合理组织燃烧室内的气流运动。

d. 氢的喷射正时、点火正时及循环喷氢量均应精确控制。

③ 内外组合式氢发动机。在采用缸内高压喷射时，由于氢喷入缸内会吸热，氢的自燃温度又高，导致着火困难。采取缸内喷射与进气道喷射相结合的方式喷氢，使得少量氢和空气在进气管预混后进入气缸，其余大部分氢在压缩末期高压喷入气缸，可以有效改善发动机的着火性能，从而降低了 NO_X 的排放。日本古滨庄一等人采用缸内喷射（喷射压力为 5MPa）和预混（过量空气系数为 4）相结合的方式进行试验，结果表明，与全部预混的方式相比，这种方式更有利于氢在过量空气系数为 1 附近正常燃烧，并能获得较低的 NO_X 排放量。

（2）关键零部件 典型的液氢汽车供氢系统如图 3-46 所示。由直流电动机驱动的液氢泵将液氢箱的氢抽出，氢迅速由液态变为气态，经高压输氢管送入热交换器，提高氢的温度，然后保持在室温左右。氢气由储氢筒，经喷氢器在高压作用下喷入发动机的燃烧室中。其中最主要的两个关键部件为液氢泵和喷氢器。

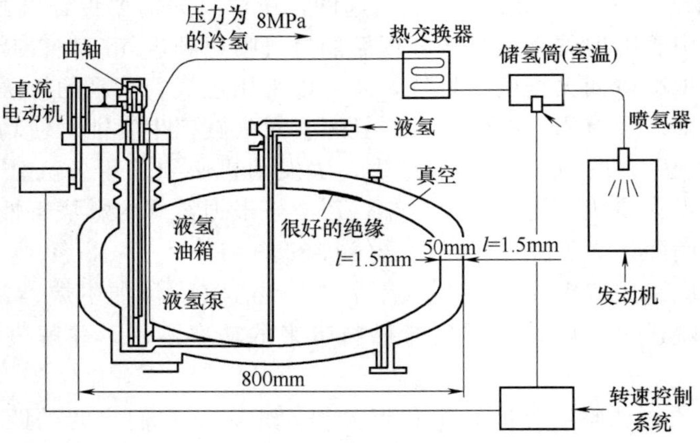

图 3-46 典型的液氢汽车供氢系统

① 液氢泵。液氢泵的局部结构及工作原理如图 3-47 所示，图中画有阴影的部分是固定在液氢箱体中不动的。在泵送液氢的过程中，图 3-47（a）中未画阴影部分表示的钢筒向上提起，吸氢阀被关闭，并将缸筒中的氢气压上去，经过打开的供氢阀将汽化的氢在一定压力下，经高压输氢管送入热交换器。液氢泵吸氢行程如图 3-47（b）所示，缸筒向下运动，供氢阀关闭，而吸氢阀打开，将液氢箱中的氢吸入缸筒的空腔内。这种泵的特点就是通常做往复运动的活塞不动，而外面的缸筒做上下运动，这样受力情况由压缩变成拉伸，也提高了泵的工作效率。

② 喷氢器。喷氢器结构如图 3-48 所示。喷氢器在燃烧室中布置的情况如图 3-48（a）

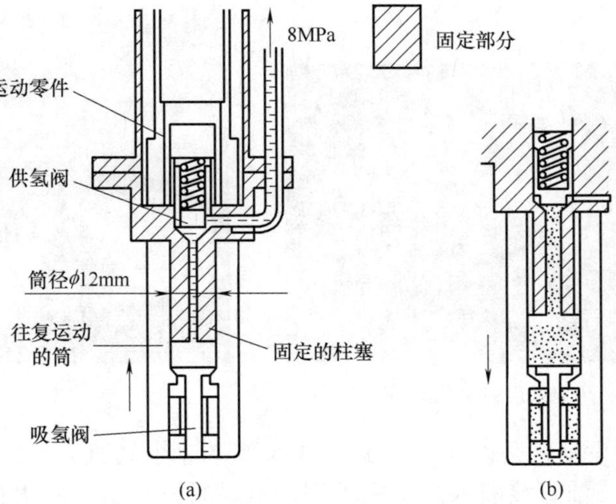

图 3-47　液氢泵局部结构及工作原理图

所示，利用了通常柴油机采用的喷油泵及喷嘴。此时被喷油泵压入喷氢器的柴油是作为工作液体起作用的，它推动喷氢器上端的针阀向下压，如图 3-48（b）所示，将氢气阀打开，氢气便通过喷氢器下端喷头上的孔喷入燃烧室。

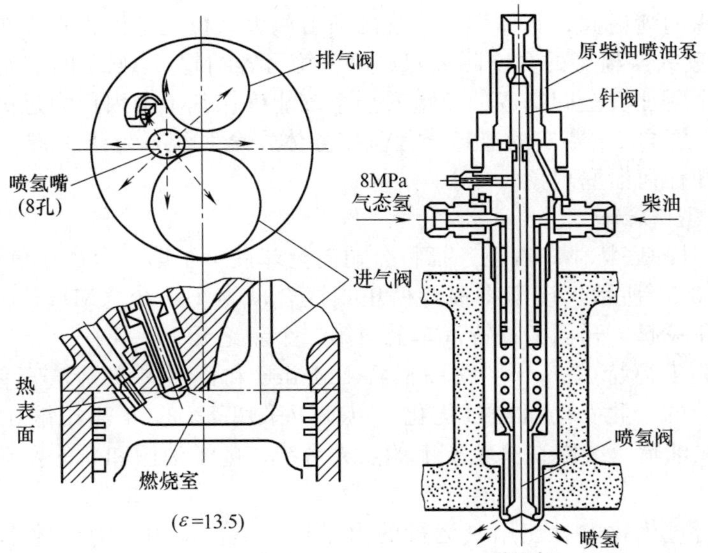

图 3-48　喷氢器

2. 典型车型

（1）宝马

① 7 系氢发动机轿车（图 3-49）。7 系氢发动机轿车上装备的 6.0L V12 发动机的最大输出功率为 191kW，相对同款发动机的汽油车，功率有所降低。这款氢发动机可使用氢/汽油双燃料，使用氢时与采用汽油时的运行模式相同，由活塞压缩，火花塞点火燃烧。车上的燃料罐可容纳约 8kg 的液态氢，同时保留了容量为 74L 的普通油箱。

② H2R 氢燃料研究车（图 3-50）。2004 年 9 月，宝马 H2R 氢燃料发动机汽车在法国 Miramas 高速试车场创造了 9 项速度纪录，显示了采用氢发动机汽车的无限潜力。

图 3-49　宝马 7 系氢发动机轿车

图 3-50　宝马 H2R 氢燃料研究车

H2R 搭载的氢发动机是以宝马 760i 6.0L V12 汽油发动机为基础改造而成的，与改造前的量产型发动机将燃油直接喷入燃烧室不同，氢燃料发动机的喷射阀直接安装在进气歧管内。由于氢没有以往油/混合气那种润滑效应，阀和弹簧等部件均采用特殊材料制成。

由于氢/空气混合气更高的燃烧速度能产生比汽油发动机更高的燃烧温度，因此，其发动机管理系统经过特殊改进，将点火过程推迟到活塞到达上止点时才开始，从而确保了最大的输出功率。

尽可能推迟向进气歧管内喷射氢燃料的需要对喷射阀提出了很高的要求。宝马为该发动机开发了一个特殊的喷射阀，其体积比传统的喷射阀大，覆盖范围也得以扩大。

H2R 位于驾驶人座椅旁的真空隔离双层燃料箱可容纳超过 11kg 的液态氢，燃料箱上由一个工作阀和两个附加安全阀组成的双重安全系统能确保其不会因压力过高而发生爆炸。

该车还装备了源自 F1 赛车的遥感全程监控整体安全系统，位于关键位置的 4 个传感器可实时监测并告知任何泄漏现象。

（2）福特 U 型概念车

在 2003 年 1 月的底特律车展上，福特公司向全球展示了第一台增压氢燃料发动机汽车，即 U 型车，如图 3-51 所示。该车将福特模块式混合动力车系统（MHTS）、远程信息处理与先进材料结合在一起，开创了福特汽车公司第二个新纪元。

氢内燃机是基于福特 Ranger、欧洲福特 Mondeo 和许多马自达汽车使用的福特 2.3L Ⅰ-4 发动机而设计的。此发动机经过优化，以便于采用 12.2∶1 高压缩比活塞、专门设计用来处理氢气的注油嘴、线圈在火花塞上的点火系统、电子油门和新的发动机管理软件来燃烧氢气。

U 型车由进行过优化的、使用氢运行的内燃机来提供动力。为使效率、功率和里程范围最大化，发动机采用了增压、内冷技术。其全部污染物包括二氧化碳的排放几乎为零。其发动机比汽油发动机节省燃料 25%。氢电混合的变速系统进一步提高了燃烧效率。

U 型车可携带的氢质量达 7kg，储氢罐是由 3mm 厚的铝和碳纤维制成的，其额定工作压力能达到 70MPa。

（3）马自达

① RX-8 氢转子发动机跑车（图 3-52）。马自达是全球唯一成功生产转子发动机的公司，它不仅一直坚持开发和研究这种独特内燃机，在 2003 年，马自达还在其使用氢气与汽油两种燃料的“RX-8Hydrogen RE”上安装了 RENESIS 氢转子发动机。这是马自达自 1991 年开发第一辆氢转子发动机原型车 HR-X 以来，在开发氢能源发动机上取得的又一成果。

配备 RENESIS 氢转子发动机的 RX-8 在 RENESIS 发动机外壳上安装了 4 个氢气喷嘴。使用汽油为燃料行驶时与 RX-8 完全一样，采用两侧进排气；使用氢气为燃料行驶时，通过

图 3-51　U 型概念车

图 3-52　RX-8 氢转子发动机跑车

安装在 RENESIS 外壳上的喷嘴直接喷射氢气（氢以气态喷射）。由于氢气密度小，喷射量比汽油多得多，因此每个转子配备两个喷嘴。

结构设计上，将进气室和燃烧室分开，这样有效地避免了在吸入燃料的行程中产生燃烧的回火现象，从而实现稳定燃烧。同时，由于双氢喷射器带有对高温敏感的橡胶密封件，分开的进气室也为这种安装提供了更安全的温度。对于传统的往复式发动机，由于存在结构上的限制，不能在燃烧室上安装喷射器。而转子发动机则在进气室上为双氢喷射器安装提供了足够的空间，从而能够输出足够大的功率。

② Premacy 氢混合动力 RE 概念车。马自达 Premacy 是日本马自达公司自 1999 年起生产的多功能休闲车，第一代使用的名称为马自达 Premacy，自第二代生产以来，日本地区仍沿用此名，而其他区域则称为马自达 5。

图 3-53　马自达 Premacy 氢混合动力布置图

马自达 Premacy 氢转子发动机混合动力车是继马自达 RX-8 氢转子发动机车型之后，第二款投入商业实用化的氢动力转子发动机车型，如图 3-53 所示。它是一款采用（氢气/汽油）双燃料转子发动机，并匹配了混合动力系统的概念车。该车采用发动机与混合动力系统横向前置的驱动型式，即 FF。而且，在第二排座椅下方与第三排座椅位置安装了高压镍氢蓄电池及大容量高压储氢罐。这种混合方式可以实现优异的环保性能与舒适的驾乘空间的平衡。

小结

① 气体燃料汽车包括气体代用燃料汽车和氢气汽车两类。气体代用燃料种类很多，常见的有天然气和液化石油气。氢气汽车是以氢为主要能量驱动的汽车。

② 天然气是一种以甲烷为主要成分的矿物燃料。天然气在汽车上可以以液态形式存储，或者以气态压缩的形式存储。由于存储液化天然气成本高，所以，一般都将天然气以压缩的形式存储。

③ 国内改装的两用燃料汽车，因要兼顾燃油、燃气两种条件，对原发动机压缩比和燃烧结构等均不做变动，发动机功率、汽车最高车速、加速性能不低于原车的 90%。

④ CNG 动力系统会对环境构成一定的威胁，例如，气体泄漏未被检查出来或者是储存

压力的提高存在爆炸的危险，为此，CNG 动力系统必须采取多种安全措施。CNG 汽车特有的主要相关零部件包括：高压燃料切断阀、高压减压器、低压电磁阀、电控调压器（EPR 阀）、混合器、防喘振阀和天然气温度传感器等。

⑤ 与 CNG 相比，LNG 具有的优点是：可提高发动机的压缩比、燃料经济性好、安全性好、发动机热效率高、对负荷变化响应快。

⑥ 氢燃料内燃机工作原理和点燃式内燃机相同，只需在结构上对传统内燃机做局部修改即可，如供氢系统、喷氢系统等。氢发动机属于点燃式发动机，根据氢燃料储存的压力和形态分为压缩氢、液态氢和吸附氢 3 种。根据混合气形成方式不同可分为外部混合（预混式）、内部混合（缸内喷射式）和内外组合式 3 种方式。液氢汽车供氢系统中最主要的两个关键部件为液氢泵和喷氢器。

第三节　液体代用燃料汽车

汽车的液体代用燃料主要有煤制液体燃料和生物燃料两大类。目前实际应用于汽车的煤制液体燃料主要是甲醇，生物燃料包括乙醇和生物柴油。

通过本节相关知识的学习，应该具备以下能力：

① 能够正确描述甲醇燃料的特性；

② 能够正确描述甲醇燃料对发动机结构的影响和性能的有利影响；

③ 能够正确描述甲醇燃料特点及应对措施；

④ 能够正确描述乙醇的特点及这些特点对其作为燃料的优势；

⑤ 能够正确描述汽油机改用乙醇燃料后，发动机结构方面需要做出的变动和改进；

⑥ 能够正确描述生物柴油的优缺点。

一、甲醇混合燃料汽车

1. 甲醇燃料特性

甲醇是一种无色、透明、易燃、易挥发的有毒液体，略有酒精气味，可混合溶于水、醇、醚等多种有机溶剂，遇热、明火或氧化剂易燃烧。

甲醇可单独作为汽车燃料，也可与汽油、柴油混合作为混合燃料。

醇的理化性质表明，可以在内燃机中掺烧或全部烧醇，并可获得较好的性能。醇的辛烷值较高，有一定的挥发性，又较易和汽油混溶，较适合作汽油机的燃料。醇的十六烷值低，虽不易在柴油机中燃烧，但由于柴油机热效率高，利用现代技术也可在柴油机中掺烧醇，从而获得满意的结果。为了发动机利用甲醇燃料时能有良好的效果，要根据不同掺烧方式的需要调整燃料性质、改进发动机结构以及设计良好的掺烧及控制装置。

在燃料性质方面，例如调整汽油的组分或加入添加剂，以改善发动机的启动性能和避免气阻；在甲醇燃料中加入着火改善剂，以改善在柴油机中使用时的着火性能。

2. 甲醇燃料对甲醇汽车的影响

（1）对发动机结构的影响　甲醇汽车是指以甲醇作为发动机燃料的汽车。根据掺混的比例不同，可以分为低中比例甲醇汽车和全甲醇汽车。低中比例甲醇汽车一般指的是使用 M3/M5/M10/M15/M30/M40/M50 类型甲醇燃料的汽车，其掺混比小于等于 50%。使用这种燃料不需要改变发动机的结构，但是甲醇特性与汽油机不适应，需要改变甲醇的特性变成燃料甲醇，使之可与汽油搭配使用。使用 M85～M100 类型甲醇燃料的汽车称为全甲醇汽车，全甲醇汽车需要对发动机进行重新设计制造。

（2）对整车性能的有利影响　各种不同掺烧比例的甲醇汽油对于汽车性能的影响各不相

同，具体特性见表 3-2。

表 3-2　不同配比的甲醇燃料的特性比较

特　　性	方案一	方案二	方案三	方案四
	低比例掺混 (M3、M5、M10、M15)	中比例掺混 (M30、M40、M50)	高比例掺混 (M85)	纯甲醇 (M100)
燃油经济性	一般	中	良	优
材料适应性	良	差	良	优
低温启动性	良	中	差	优
低温排放性	良	差	差	优

由于甲醇与汽油的理化性质与燃烧特性的一些不同，将会对传统汽油汽车带来一些有利的变化和改进，主要是降低排放和提高发动机热效率。

① 降低排放。甲醇是含氧燃料且其含碳量比汽油低，在燃烧过程中有自供氧效应，在内燃机中燃烧较均匀，减少了局部富氧或缺氧的概率，CO、HC 和炭粒的产生量减少，排放量降低。

② 提高发动机热效率。使用甲醇燃料可提高发动机热效率，主要原因有以下 3 个方面。

a. 甲醇的辛烷值比汽油高，因此可以提高发动机的压缩比，发动机的热效率明显提高。甲醇的燃烧速度和火焰传播速度比汽油快，所以燃烧的定容性较好，燃烧持续期短，过后燃烧程度小，也有利于热效率提高。

b. 甲醇的汽化热比汽油高两倍多，当其进入气缸后，能吸收沿途管壁面及周围高温零件壁面的热量而使自己蒸发，利用了废热余热而使自身的能量提高，又降低了气缸、燃烧室和气缸盖的温度，从而减少了外传热量，提高了热效率。

c. 甲醇的着火燃烧浓度界限比汽油的相应范围宽得多，所以比汽油更容易稀燃，稀燃是一种节能燃烧和完善燃烧的形式，它有利于热效率的提高，而且，压缩比愈高，负荷愈大，愈容易稀燃。

（3）针对甲醇燃料汽车常见问题的应对措施　甲醇燃料本身的特性也给甲醇汽车带来了一些问题，常见的几种情况和相应的改进措施如下。

① 腐蚀性。甲醇以及甲醇燃烧反应过程中产生的甲醛、甲酸、大量水蒸气、未燃甲醇等均对金属表面有腐蚀性，造成燃烧室周围机件的腐蚀及快速磨损，如进排气门座、进排气门、气门导管、活塞环、缸套等。一般通过添加抗腐蚀的化学添加剂来解决这个问题，不过抗腐蚀添加剂对抗电化学腐蚀的作用有限，尤其是考虑到燃料的燃烧性能，所以添加剂的选择范围受到限制，且不能使用含有硅、磷以及金属元素的添加剂。另外，改变发动机的机件材质和热处理工艺，也可以有效解决腐蚀性问题，如将气门材料由铁类合金改为镍类合金、气门座烧结材料中添加硬质微粒并作铅熔渗处理、活塞环镀铬等。

另外，非金属材料也会受到甲醇燃料的腐蚀作用，主要是对橡胶材料的腐蚀。因此必须开发新型的橡胶材料或对现有的胶种进行改进。新型丁腈橡胶和氟橡胶经过改进后，基本可以达到长期耐甲醇汽油腐蚀的要求。

② 溶胀性。甲醇是一种良好的极性溶剂，汽油是一种良好的非极性溶剂，它们对发动机的弹性胶体、密封件等有不同程度的溶胀作用。解决甲醇汽油溶胀性的办法有两种：一是改用不被甲醇腐蚀的氟橡胶；二是在燃油中添加溶胀抑制剂，如羧酸或酰氯与芳胺反应制得的溶胀抑制剂，添加少量即能达到要求。

③ 冷启动性差。甲醇的初沸点比汽油高，甲醇的汽化潜热是汽油的 2 倍多。甲醇在进气管道内汽化时要吸收大量的热，使进气管温度降低，造成甲醇汽化困难，并且混合气温度

很低，进入气缸后造成缸温很低，使甲醇汽化量少，难以着火启动。不同掺烧比例的甲醇燃料，冷启动性能也有所不同。中低比例甲醇汽油的饱和蒸气压比纯汽油的大，容易蒸发，冷启动没有问题；高比例甲醇汽油冷启动困难，特别是在北方寒冷的冬季。以全甲醇汽油（M100）为例，其饱和蒸气压仅为32kPa，而冬季93号汽油的饱和蒸气压为86kPa，在0℃下M100的饱和蒸气压更低。M100甲醇汽油是很难蒸发的，同时M100的蒸发潜热是汽油的4倍，也就是说甲醇在蒸发的时候吸收大量的热，温度的降低使得M100更难蒸发，造成发动机不易启动。

对于高掺烧比甲醇汽油的冷启动难现象，常用的解决办法有以下几种：加大供油量，通常电喷车通过发动机ECU来控制加大燃油喷射量，但是加大供油量也会增加发动机的磨损及排放；调整空燃比，减少空气量；增高加热器，在喷油器前或进气道合适的位置加装水温控制型的空气或混合气的加热器，此加热器的表面工作温度不应高于200℃，否则有起火的危险；安装电加热火花塞及电热塞。

④ 常规排放物高。甲醇燃烧反应过程中，产生的甲醛、甲酸等非常规污染物的排放量比汽油燃烧时的排放量要多，用专用催化器处理后可以达到尾气排放标准要求。

⑤ 甲醇和汽油的互溶性差。特别是含有少量水分时，分层现象更为严重。当采用低比例甲醇掺烧时，可以用加入添加剂的办法解决。

⑥ 溶水性。甲醇极性很强，与水可以无限互溶。水分对甲醇汽油的稳定性影响很大，水分的存在会使甲醇与汽油的临界互溶温度提高，甚至在某些情况下从空气中吸收的水分，也会导致稳定均一的甲醇汽油重新分层。改进甲醇汽油的溶水性，其本质还在增加甲醇与汽油的相容稳定性。目前，改善甲醇汽油稳定性所用的助溶剂有醚类、高级醇及脂肪烃、低碳杂醇、芳香族化合物等，例如MTBE、异丁醇、叔丁醇等。

⑦ 高温气阻性。汽车的气阻是指输油管因高温而使燃油汽化产生气泡，堵塞油路导致发动机供不上油甚至熄火的现象。汽油沸程很宽（30～200℃），如果其馏程曲线合理，汽车的输油管通风良好或在输油管与发动机之间有隔热垫片（板），隔开了发动机产生的热辐射，一般不会产生气阻。甲醇沸程单一（64.8℃），大量加入后，甲醇汽油馏程严重偏离汽油原馏程曲线，因而需要添加高沸点的组分以调整馏程曲线，确保甲醇汽油在输油管中不汽化；另外，如果燃烧不完全，烃类物质裂解，氧化聚合而产生炭渣的沉积，也会阻塞汽化室喷嘴，发生气阻。因此，应促进甲醇汽油充分燃烧，抑制高温下的氧化聚合，添加抗阻沉积剂以抑制甲醇汽油气阻的发生。

3. 甲醇汽车发动机的结构特点

甲醇燃料的一些性质会对发动机造成影响。汽油机在使用甲醇燃料时，发动机上的一些参数要在考虑甲醇的理化、燃烧特性的基础上进行选择，如甲醇的辛烷值、汽化潜热、着火温度等。

（1）压缩比的调整 汽油机在使用甲醇燃料时，其压缩比可进一步提高，因为甲醇燃料辛烷值高、抗爆燃性好。一般汽油机的压缩比可以提高到（12：1）～（14：1），同时要考虑燃烧室的形状、缸内气流运动方向及强度、与火花塞的位置配合、能否实现最佳的燃烧过程。提高压缩比时，应有较强的气流运动，使甲醇燃料与空气更有效混合。较强的扰动会使激冷层范围减少，激冷层变薄，同时在提高压缩比、改变燃烧室形状及尺寸时，应尽量减少有害缝隙容积，在高压缩比及高功率情况下，要注意甲醇早燃及爆燃的可能。

（2）改善燃油分配均匀性及供油特性 甲醇的容积耗量在功率相等时比汽油大一倍多，因此选用甲醇燃料时，采用喷油器的汽车要考虑其流量特性是否满足要求及材料的相容性。由于甲醇的汽化热高，每循环供应量大，在发动机实际运转时很难完全汽化，如用单点喷射，各缸间分配不均匀性比汽油突出；如果采用使各缸进气管长度及阻力尽可能一致、对混合气进行预热等措施，则有可能改善混合气的形成并使其均匀分配。甲醇混合气的预热可以提高中低负荷特性时的燃油经济性，降低排放，但预热过度则会使最大功率下降。

（3）混合气空燃比的调整　甲醇燃料混合气的可燃界限范围宽，通常汽油机改用甲醇燃料后会提高压缩比，提高了缸内气流运动速度及压缩行程终点的缸内温度，这都有可能使用更稀的混合气。因此汽油机改用甲醇燃料后，需要调整混合气空燃比，使用更稀的混合气工作。

（4）火花塞及点火时间的选择　甲醇容易因炽热表面而着火，最大火花塞温度也低于汽油机的火花塞温度，所以需要较冷型火花塞。尽管甲醇的着火界限宽，但是由于其汽化潜热大、蒸气压低及各缸间混合气较大的不均匀性，在发动机较冷的状态下，难以稳定着火。可能改善的措施包括：增加点火能量、延长点火时间、采用多电极及电极局部侧面有屏障的特种火花塞等。

4. 典型甲醇燃料汽车

（1）华普海锋甲醇轿车（图 3-54）　海锋甲醇动力轿车是吉利旗下上海华普耗资数亿元精心研发生产的轿车。其动力明显优于同排量汽油发动机，且比同排量汽油机燃料消耗节省 40%以上。它搭载 1.5L 直列四缸水冷双顶置凸轮轴 16 气门多点电喷发动机，在 6000 r/min 时最大功率达到 55kW，在 3400 r/min 时达到最大转矩 140N · m，0～100km/h 加速时间为 14s，百公里甲醇消耗量为 9.4L，排放达到欧 IV 标准。这款甲醇动力发动机可以灵活使用纯甲醇燃料（M100）或汽油燃料，使用甲醇燃料的输出功率较同排量汽油车高 0～15%，较同排量汽油车节省燃料费用 40%以上。

图 3-54　华普海锋甲醇轿车

（2）奇瑞旗云甲醇燃料汽车（图 3-55）　旗云甲醇燃料汽车是由奇瑞公司潜心研发成功的一种甲醇燃料汽车（出租车型），是在旗云车基础上研发的环保节能型轿车，延续了旗云车经济实用的特点，可使用甲醇和汽油双燃料。由于采用甲醇作为主要燃料，使得该车型在作出租车运营时，实现了更低的运营成本和更优的排放指标。另外，经过多次试验证明，旗云甲醇燃料汽车动力性和可靠性达到原汽油发动机汽车的水平。

（3）安凯 HFF6104GK39 汽油/甲醇双燃料城市公交客车（图 3-56）　安凯公司自主研发的 HFF6104GK39 汽油/甲醇双燃料城市公交客车配备 CA6102N1 双燃料发动机、安凯 153 车桥、哈齿变速器，排放达到欧Ⅱ标准，具有经济、清洁、环保等特点。

图 3-55　奇瑞旗云甲醇燃料汽车

图 3-56　安凯 HFF6104GK39 汽油/甲醇双燃料城市公交客车

二、乙醇混合燃料汽车

将燃料乙醇掺入汽油可以作为车用燃料，常规使用的是E85燃料，由15%的汽油和85%的生物乙醇燃料混合而成。既可以使用此种混合乙醇燃料又可以使用常规汽油的汽车，通常也称为灵活燃料汽车（FFV）。燃料乙醇是一种绿色可再生资源，随着科学技术的发展，粮食和各种植物纤维都可以加工生产出燃料乙醇，燃料乙醇的原料来源相当丰富，而且可以循环再生。

1. 乙醇的特点

乙醇是无色、透明、具有特殊香味的易挥发液体，密度比水小，能跟水以任意比互溶，是一种重要的溶剂，能溶解醚、甘油等多种有机物和无机物。

乙醇和甲醇有很多共性，同样可单独作为汽车燃料，也可与汽油混合作为混合燃料。乙醇有以下特点。

① 热值比汽油低。乙醇的热值约为汽油的61.5%，但含氧量高，存在自供氧效应，减少CO生存条件，使CO大多数转变成CO_2，CO和HC排放量明显小于汽油，但NO_X排放量与汽油相当。

② 辛烷值远高于汽油。当汽油中加入一定量的乙醇后可提高混合燃料的辛烷值。

③ 着火性差、十六烷值低。在压燃式发动机中采用乙醇燃料要困难得多。

④ 沸点比汽油低。这一点对形成燃油与空气的混合气有利，但缺少高挥发性成分，对发动机冷启动不利。

⑤ 汽化潜热高。乙醇的汽化潜热是汽油的3倍，高汽化潜热和低蒸气压对发动机冷启动不利，但可提高充气效率。

⑥ 着火极限比汽油宽。能在较稀薄混合气状况下工作。

另外，乙醇的理化性质较接近汽油，又容易与汽油混溶，国外首先以低比例（一般小于1%～5%体积比）的乙醇与汽油形成混合燃料用于汽车上，其动力性能比仅用汽油时略有减少，为了用户方便，无混合燃料供应时，仍可只用汽油保持原来发动机性能，所以对发动机结构基本不做调整。当需要以较多的乙醇代替汽油时，可以在汽油中掺入中比例或高比例的乙醇，如E20、E40、E50、E60及E85等，但是需要对混合气空燃比及点火提前角进行调整，这一点和甲醇混合燃料是类似的。

生产乙醇的原料及资源非常丰富，当前在以谷物及含糖类植物为主生产的同时，有的国家早已研究用其他原料如饮料业、造纸业的废液，林业、农业的残余物，城乡固体垃圾等生物质生产乙醇。由于世界上粮食危机一直存在，必须研究、开发用粮食作物以外的原料生产乙醇。有代表性及有发展前景的部分乙醇原料有：玉米、小麦、薯类、甘蔗、甜菜、高粱及糖蜜等淀粉及含糖类原料，山区及林区的野生植物的果实、根茎及嫩叶等野生植物原料。目前我国主要以谷物为原料生产乙醇，不仅成本高，而且涉及粮食安全问题。应该加大用生物质生产乙醇的研究开发力度。

2. 乙醇燃料发动机的结构调整

汽油机改用乙醇燃料后，发动机结构方面需要做一些变动和改进，这取决于乙醇燃料的理化性质、燃烧特点等。乙醇与甲醇同属于醇类燃料，在性质特点方面类似，所以发动机结构方面的变动和改进也与甲醇汽车类似，在此不再阐述。

3. 典型车型

（1）通用汽车公司 由于美国全境分布着众多的E85燃料加油站，因此此种类型的汽车在美国的应用十分广泛，得到了良好的发展。目前，美国有超过800万的灵活燃料汽车正在使用。

美国通用汽车公司旗下有多款可以使用 E85 燃料的发动机，涵盖四缸、六缸和八缸系列，排量从 2.4L 到 6.0L，其应用的品牌涵盖了通用汽车旗下所有的品牌系列，如雪佛兰、别克、凯迪拉克和 GMC。

雪佛兰 Impala 2012 款轿车，采用可变气门正时技术，使用 E85 燃料的 206kW 3.6L V6 DOHC SIDI 发动机，EPA 估计燃油经济性在高速公路上为百公里 7.8L（常规汽油）、10.69L（E85）。其车身油箱加注口有明显的标识，表明此车可以加注 E85 燃料。

（2）福特汽车公司 美国福特汽车公司开发了多款可以使用 E85 燃料的发动机，其中 2013 款福特福克斯轿车搭载 2.0Ti-VCT GDII-4 发动机，EPA 估计燃油经济性在高速公路上为 17km/L（常规汽油）、14km/L（E85）。

（3）沃尔沃汽车 沃尔沃于 2006 年秋季在欧洲市场上投放了生物乙醇燃料的车型，C30 也推出了相应的“绿色”车型。

沃尔沃 3 个系列（C30、S40、V50）的 9 种车型可以提供多种燃料车型。4 气门自然吸气发动机可以产生 92kW 的动力，生物乙醇和汽油可以同时注入一个 55L 的油箱内。由于乙醇燃料具有腐蚀性，发动机的油管、阀门和衬垫都经过了改良，燃油喷嘴也得到加固且较原来型号有所增大，目的是使更多的燃料同时注入发动机。同时还对发动机管理系统做了相应的调校，该系统将会严格监测油箱内的混合燃料比例，自动调节燃油泵入量。

（4）奇瑞汽车 奇瑞 A5 灵活燃料＋CNG 多燃料轿车是一款能混合燃烧乙醇、汽油、CNG 气体燃料的清洁能源汽车，具有燃料价格便宜、排气污染小、安全性能高等众多优点。作为新型的节能型轿车，奇瑞 A5 灵活燃料＋CNG 多燃料轿车在节能环保方面具有极大的优势，其为发展汽车替代燃料技术、打造汽车能源多元化格局起到了急先锋的作用。

三、生物柴油汽车

1. 生物柴油的特点

生物柴油（bio-diesel）通常是指利用植物油、动物的油脂及废烹调油等作为原料，进行酯化反应生产的柴油。生物柴油的性质与柴油很接近。美国材料与试验协会（ASTM）对生物柴油的含义做了如下的叙述：生物柴油是由植物油、动物油等可再生油脂原料所衍生的长链甲基脂肪酸，可用于柴油发动机。生物柴油是生物质能的一种，它是生物质利用热裂解等技术得到的一种长链脂肪酸的单烷基酯。生物柴油是含氧量极高的复杂有机成分的混合物，这些混合物主要是一些分子量大的有机物，几乎包括所有种类的含氧有机物，如醚、酯、醛、酮、酚、有机酸、醇等。生物柴油是一种优质清洁柴油，可从各种生物质提炼，因此可以说是取之不尽、用之不竭的能源，在资源日益枯竭的今天，有望取代石油成为替代燃料。

生物柴油具有以下优点。

① 生产工艺简单。生物柴油由动植物油脂及废烹调油转化的技术已基本成熟，不需要复杂的设备。生物柴油的储存、运输及分配供应系统，可使用原来用于柴油的容器及设备，对材料没有特殊要求。

② 具有优良的环保特性。生物柴油和石化柴油（石油化工生产）相比，含硫量低，使用后硫化物排放大大减少（硫化物的排放量可降低约 30%）。生物柴油不含对环境造成污染的芳香族化合物，燃烧尾气对人体的损害低于石化柴油，同时具有良好的生物降解特性。和石化柴油相比，生物柴油车尾气中有毒有机物排放量仅为 10%，颗粒物为 20%，二氧化碳和一氧化碳的排放量仅为 10%。

③ 低温启动性能好。和普通柴油相比，生物柴油具有良好的发动机低温启动性能，冷滤点达到－20℃。

④ 生物柴油的润滑性能比石化柴油好。可以降低发动机供油系统和缸套的摩擦损失，增加发动机的使用寿命，从而间接降低发动机的成本。

⑤ 具有良好的安全性能。生物柴油不属于危险燃料，在运输、储存、使用等方面的优点明显。

⑥ 具有优良的燃烧性能。生物柴油的十六烷值比柴油高，在使用时具有更好的燃烧抗爆性能，因此可以采用更高压缩比的发动机以提高其热效率。虽然生物柴油的热值比柴油低，但生物柴油中所含的氧元素能促进燃料的燃烧，可以提高发动机的热效率，这对功率的损失会有一定的弥补作用。

⑦ 具有可再生性。生物柴油资源丰富，是一种可再生能源，不像石油、煤炭那样会枯竭。

⑧ 具有良好的经济性。使用生物柴油的系统投资少，原用柴油的发动机、加油设备、储存设备和保养设备无须改动。

⑨ 可调和性。生物柴油可按一定的比例与石化柴油配合使用，降低油耗，提高动力，降低尾气污染。

⑩ 可降解性。生物柴油具有良好的生物降解性，在环境中容易被微生物分解利用。

由于生物柴油燃烧时排放的二氧化碳远低于该植物生长过程中吸收的二氧化碳，从而可改善由于二氧化碳的排放导致的全球变暖这一有害于人类的重大环境问题。因而生物柴油是一种真正的绿色柴油。

目前在应用生物柴油作燃料时，主要存在以下问题。

① 价格尚高于常规柴油。

② 在大量生产时，还需要保证原料的供应：如用可食用植物油作燃料，就需要较多土地，这与我国的粮食紧缺状况是矛盾的；如用野生植物油，则还有待于开发；如用废烹调油，则需组织采购工作。

③ 使用生物柴油的发动机尚需进一步优化，解决可能产生的新问题。

2. 生物柴油汽车概况

使用生物柴油无需对原有柴油机进行较大调整，而且燃油本身良好的自润滑性能使其有利于降低磨损，相比于醚类和醇类代用燃料，有一定的优势。世界各国对生物柴油汽车的研究都得出了它能显著降低发动机污染物排放的结论。生物柴油汽车的排放性能不仅包括传统的排放物 CO、HC、NO_X 等，还包括非常规排放物如醛酮类、芳香烃、硫化物等。多环芳烃（PAHs）最突出的特点是致癌、致畸及致突变性，并且致癌性随着苯环数的增加而增加。当 PAHs 与—NO_2、—OH、—NH_2 等发生作用时，会产生致癌性更强的 PAHs 衍生物。目前大多数国家都将多环芳烃列为环境监测的重要内容之一，中国政府列出的“中国环境优先监测黑名单”中包括了 7 种 PAHs，汽车发动机尾气排放已成为 PAHs 污染的主要来源之一。对生物柴油汽车排放的研究中也包括了多环芳烃。

一些研究机构和人员对生物柴油发动机的排放性能进行了研究，得出了一些具体的实验数据和结论。简要总结如下。

① 油耗及排放的影响。因生物柴油燃料热值的下降使得比油耗上升 12%左右，但污染物排放明显下降，除 NO_X 比排放增加 5.6%外，CO、HC 和颗粒物（PM）比排放分别降低了 41.4%、38.3%和 38.7%，烟度比排放降低了 43.16%。另外，随着燃油中生物柴油掺混比例的增加，甲苯呈逐渐下降趋势。生物柴油与普通柴油可以以任意比例混合燃烧而不会改变它们各自的排放特性，因此可以通过不同比例的掺混来找到排放和油耗的平衡点。

② 随着负荷的增加，发动机燃用纯生物柴油、柴油、B20 燃油时的甲醛和乙醛排放均呈下降趋势。纯生物柴油的甲醛排放则明显高于柴油。纯生物柴油的乙醛排放在中低负荷低

于柴油，在高负荷时高于柴油及B20燃油。随着负荷的增加，发动机燃用B20燃油和纯生物柴油时的丙酮排放要高于柴油，但排放量均较低。

③ 随着负荷增加，发动机的二氧化硫排放逐渐上升。随着燃油中生物柴油掺混比例的增加，二氧化硫排放呈逐渐下降趋势，纯生物柴油的二氧化硫排放大幅降低。

④ 随着生物柴油掺混比例的增加，发动机的二氧化碳排放略有降低，表明了生物柴油对降低温室气体有利。若考虑到其作为一种可再生燃料，可以实现二氧化碳排放的闭式循环，其对降低温室气体的效果更为显著。

⑤ 在大多数工况下，燃用生物柴油后，PAHs的排放浓度均有下降。生物柴油的PAHs平均排放浓度比柴油低26.9%，比B20燃油低10.0%。以BaP（苯并芘）为标准，柴油、B20燃油、生物柴油的毒性当量分别为0.0052、0.0030和0.0016，生物柴油PAHs排放的毒性大大低于柴油，仅为柴油的30.8%。

3. 典型车型

在生物柴油汽车研发方面，目前，世界各国基本上都是将低掺烧比的生物柴油应用于现行的柴油汽车，在车辆改造方面做的工作很少。如美国福特汽车公司推出的多款重型载货汽车，如F250/F350/F450等，均可使用生物柴油混合燃料。F450属于福特F系列载货汽车中的Super Duty（重载）车型，有着强大的车辆载货与牵引车辆的能力，其装备可使用生物柴油的6.7L 8缸涡轮增压柴油发动机，其最大功率达到295kW，最大转矩1084N·m，在6挡自动变速器的协助下可以在9s内完成0～100km/h的加速。

2013年，上海就开始研究生物柴油，并且在公交车和环卫车上使用这种生物柴油。2017年，上海中石化奉贤庄行加油站和中石化浦东机场纬三加油站新加入了由“地沟油”生产出的B5生物柴油（5%左右的生物柴油与95%左右的石化柴油混合而成的调和燃料），这是继公交车和环卫车使用生物柴油之后，首次正式面向社会，不仅可以把“地沟油”变成有效资源，而且能有效解决“地沟油”回流餐桌问题。

小结

① 汽车的液体代用燃料主要有煤制液体燃料和生物燃料两大类。目前实际应用于汽车的煤制液体燃料主要是甲醇，生物燃料包括乙醇和生物柴油。

② 甲醇可单独作为汽车燃料，也可与汽油、柴油混合作为混合燃料。

③ 为了发动机利用甲醇燃料时能有良好的效果，要根据不同掺烧方式的需要调整燃料性质、改进发动机结构以及设计良好的掺烧及控制装置。

④ 甲醇汽车是指以甲醇作为发动机燃料的汽车。根据掺混的比例不同，可以分为低中比例甲醇汽车和全甲醇汽车。使用M85～M100类型甲醇燃料的汽车称为全甲醇汽车，全甲醇汽车需要对发动机进行重新设计制造。汽油机在使用甲醇燃料时，其压缩比可进一步提高，因为甲醇燃料辛烷值高、抗爆燃性好。汽油机改用甲醇燃料后，需要调整混合气空燃比，使用更稀的混合气工作。

⑤ 将燃料乙醇掺入汽油可以作为车用燃料，常规使用的是E85燃料，由15%的汽油和85%的生物乙醇燃料混合而成。既可以使用此种混合乙醇燃料又可以使用常规汽油的汽车，通常也称为灵活燃料汽车（FFV）。

⑥ 乙醇的特点包括：热值比汽油低，辛烷值远高于汽油，着火性差，十六烷值低，沸点比汽油低，汽化潜热高，着火极限比汽油宽。

⑦ 乙醇与甲醇同属于醇类燃料，在性质特点方面类似，所以发动机结构方面的变动和改进也与甲醇汽车类似。

⑧ 生物柴油通常是指利用植物油、动物的油脂及废烹调油等作为原料，进行酯化反应

生产的柴油。

⑨ 生物柴油的优点有：生产工艺简单，具有优良的环保特性，低温启动性能好，润滑性能比石化柴油好，具有良好的安全性能，具有优良的燃烧性能，具有可再生性，具有良好的经济性、可调和性、可降解性。使用生物柴油无需对原有柴油机进行较大调整，而且燃油本身良好的自润滑性能使其有利于降低磨损，相比于醚类和醇类代用燃料，有一定的优势。

⑩ 在生物柴油汽车研发方面，目前，世界各国基本上都是将低掺烧比的生物柴油应用于现行的柴油汽车，在车辆改造方面做的工作很少。

第四节　其他清洁能源汽车

压缩空气动力汽车（air powered vehicle，APV），简称气动汽车，利用高压压缩空气为动力源，将压缩空气存储的压力能转化为其他形式的机械能，从而驱动汽车运行。

太阳能汽车是一种靠太阳能来驱动的汽车。相比传统热机驱动的汽车，太阳能汽车是真正的零排放。

二甲醚汽车是指以二甲醚为能源的汽车。

压缩空气动力汽车、太阳能汽车和二甲醚汽车由于排放污染物均比传统燃料车少，因而均被列入清洁能源汽车。

通过本节相关知识的学习，应该具备以下能力：

① 能够正确描述压缩空气动力发动机工作原理；

② 能够正确描述压缩空气动力发动机动力分配方式；

③ 能够正确描述压缩空气动力汽车气动回路高压减压段减压原理；

④ 能够正确描述太阳能电池及太阳能电池板的结构原理；

⑤ 能够正确描述太阳能发电系统的工作原理；

⑥ 能够正确描述太阳能汽车的优点和缺点；

⑦ 能够正确描述二甲醚的特点及其应用于汽车可带来的益处。

一、压缩空气动力汽车

压缩空气动力汽车属于气动汽车，除压缩空气动力汽车外，以液态空气和液氮等吸热膨胀做功为动力的其他气体动力汽车，也属于气动汽车的范畴。

1. 压缩空气动力发动机

气动发动机是气动汽车的核心，是减压到工作压力的高压空气进入气动发动机气缸内膨胀做功。

除动力来源的不同，压缩空气动力汽车工作原理与传统汽车基本相同，其发动机的总体结构形式还是借鉴传统汽车现有的结构模式，主要还是往复活塞式、旋转活塞式等形式。图3-57所示为法国MDI公司的压缩空气动力发动机的外观图。其中往复活塞式可用于小型车，旋转活塞式主要用于客车。

压缩空气动力发动机的动力分配方式有串联式、并联式和混合式。

① 串联式。串联分配方式的气缸之间的空气动力管道是串联的，上一级缸的剩余压力是下级缸的初始动力。该方式的下级作用缸的结构尺寸较大，但动力利用率较高，热交换较充分。

② 并联式。并联分配方式是气缸之间的空气动力管道是并联的，不同缸的初始动力相同。并联方式的气缸的结构尺寸相同、动力输出平稳，但剩余压力稍高。

③ 混合式。混合方式是将部分工作缸空气动力管道并联，然后再串联。这种动力分配

图 3-57　往复活塞式和旋转活塞式压缩空气动力发动机

方式兼有并联和串联的特点。

由于压缩空气动力发动机的工作类似于内燃机在燃料爆炸燃烧产生高温高压气体后推动活塞对外做功的过程，因此，在基本结构上也接近内燃机，包括机体、气缸、活塞、连杆、曲轴和配气机构等部分。但气动发动机的工作循环为简单的两冲程，即高压压缩空气进入气缸膨胀的做功冲程和将膨胀后的低压气体排出气缸的排气冲程。由于没有燃烧过程，气动发动机机体不承受高温和超高压，机体强度也可减小，结构简单，质量小，发动机不再需要冷却系统，制造及使用维护成本低。

气动发动机进气为高压气体，且进气道压力始终高于气缸内压力，类似内燃机气门向气缸内开启的配气结构，进气门将始终承受高压气体很大的背压。在压力超过气门弹簧的预紧力情况下，即使进气门处于关闭状态，高压气体也会将进气门顶开，发生泄漏，造成耗气量增大、排气冲程缸内气压升高、负功增加、整体功率和效率下降等负面效果。因此，在结构上，气动发动机的配气机构必须适应高压进气的要求。

气动发动机的工作具有启动及低速转矩大，随发动机转速升高输出转矩逐渐减小，而耗气量逐渐增大的特点。通常情况下，进气阀打开后发动机即可运转并输出最大转矩，直接驱动汽车起步行驶。因此，在气动汽车的集成中，传动系统适宜采用低减速比设计。

典型的气动汽车气动回路如图 3-58 所示。回路的一端接高压储气罐，接触压力为超高压，另一端为中高压，接发动机的工作腔，两者之间压差非常大，因此必须实行分级减压。

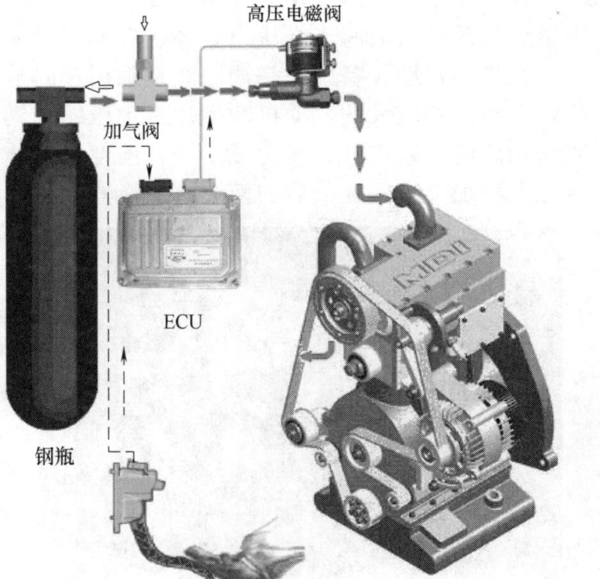

图 3-58　压缩空气动力汽车气动回路示意图

常规气动系统的减压控制都采用气动减压阀进行节流减压方式。在节流减压过程中，由于通过节流口高速流动的气体的摩擦作用，能量损失较大，而且压力越高，损失越大。而对于气动汽车来说，车载的压缩空气存储的总能量是有限的，要保证汽车有足够的续驶能力，在提高车载储气量的同时，必须尽可能减小压缩空气在气动回路传输过程中的能量损失，因此，普通的节流减压方式不适合压缩空气动力汽车气动回路高压减压段。

压缩空气动力汽车的转速和转矩由压缩空气进气压力及流量的变动调节。压缩空气动力汽车气动回路高压减压段采用了高压容积减压方式，使用气体膨胀减压的方法使压力降低到设定值。该减压方式是在回路中设置了一个一定容积的减压气罐，设定好减压气罐的控制压力范围后，使用压力传感器检测气罐气压，当罐内气压低于设定压力下限时，控制器发出控制信号，开启高压大流量高速气动开关阀，让储气罐中的超高压气体通过大截面的阀口冲入减压罐，膨胀减压。而当气罐中进入足够的高压气体，罐内压力升高到设定压力上限时，控制器根据压力传感器的反馈关闭高压大流量高速气动开关阀。通过开关阀的断续开启，维持减压气罐中的压力在设定压力范围内，保证次级气动系统的正常工作。高压大流量高速气动开关阀减小了阀口节流过程中的摩擦能耗损失，所以，对于高压气动动力系统的节流是一种很好的减压方式。

在压缩空气动力汽车的气动回路中，次级减压后的气体将作为发动机的进气与发动机进气道连接，所以，对发动机进气压力和流量的调节将在次级减压过程中完成。为方便调节，在次级减压环节使用了比例流量调节阀，同时在气动汽车的集成中，考虑到一般驾驶人驾驶习惯，设计连接机构将发动机进气流量调节阀与汽车加速踏板连接，按驾驶人踏下加速踏板的角度提高发动机进气压力及流量，以提升发动机转矩和功率，满足不同工况的需要。

在气动回路的设计中，考虑到高压气体在减压后温度大幅降低，与环境温度将形成较大温度差。如果低温的气体从环境中吸收热量，根据热力学规律，气体的温度和压力将升高，能量增大，最终使发动机输出更多的机械能，整车效率提高，也将获得更长的续驶能力。因此，集成到汽车上的气动回路在两级减压环节后都设置了热交换器，让减压后的气体尽可能充分地从环境中吸热，并可充当制冷空调的冷源，减少发动机动力的消耗。

2. 典型辅助设备

在压缩空气动力汽车的辅助设备中，主要的电气设备与普通汽车相同，但在仪表盘上，由集成气源压力表和进气压力表替代燃油指示表。

在汽车辅助设备中，空调已经是乘用车的基本配置之一，而普通车用空调使用压缩机制冷，需要消耗较大的发动机功率。对于压缩空气动力汽车来说，因为发动机排出的尾气是膨胀做功后的压缩空气，压力减小了，温度也远低于环境温度，通过热交换器可以为汽车提供冷源，再加上减压环节后的两个热交换器，在整车的集成中合理配置，完全可以满足制冷的需要，而不再额外消耗发动机功率。同时，室外新鲜空气由热交换器冷却后作为冷气供给室内，带来自然清新的效果。当需要在严寒环境使用时，只需再选装电热空调即可，成本较低。

图 3-59　压缩空气动力汽车

3. 典型压缩空气动力汽车

图 3-59 所示为法国 MDI 的气动汽车，在加气站 3min 可加满气（家用机加气要 4h）。加一次气约合 14 元人民币，以 96km/h 速度可行驶 300km。一般 1 罐 300L、30MPa 压力的压缩空气，可以行驶 200km，最大速度达 100km/h。随后又推出了最大速度达 110km/h，一次充气行驶 300km 的压缩空气动力汽车。

二、太阳能汽车

1. 太阳能电池

太阳发射到地球大气层的阳光，被反射回太空的约 30%，被大气吸收的约 24%，被地面吸收的约 46%。经研究计算，每天、每平方米地面约接收 157W 的太阳辐射。太阳每天提供给地球的能量是地球上任何能源都不能达到的，太阳能是取之不尽、用之不竭的能源。从 20 世纪 70 年代开始，太阳能被应用到汽车上，迄今为止，世界上举办了多次太阳能电动汽车竞赛。

太阳能电池，也称为光伏电池，其基本结构如图 3-60 所示。在 n 型半导体的表面形成 p 型半导体，构成 p-n 结即形成太阳能电池，形成的 p 型层仅有 1～3μm，太阳光照射到它的表面，透过 p 型层到达 n 型层 p-n 结处，就能够产生电动势，产生的电压约 0.5V。太阳能电池的电流大小与太阳光照射强度的大小和太阳能电池面积的大小成正比。

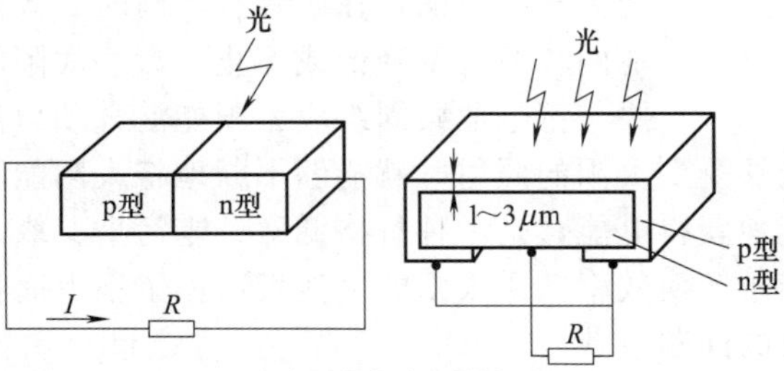

(a) 太阳能电池的结构

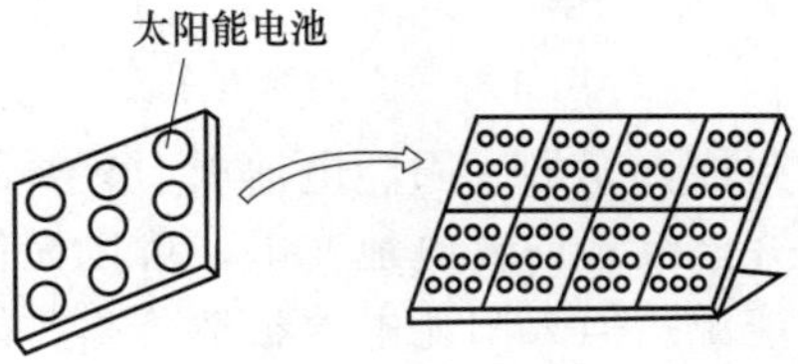
(b) 太阳能电池板

图 3-60　太阳能电池的结构和太阳能电池板

太阳能电池的形状有圆形和方形，将很多个太阳能电池排列组合成太阳能电池板（也称为太阳能电池方阵），就能产生所需要的高电压和大电流。太阳能电池的转换效率约为 10%。由于太阳能电池对能量的转换效率较低，需要进一步采用新材料和新技术来提高。在美国加利福尼亚州的海滩，阳光充足，设有太阳能充电站，能够同时为 7 辆 EV 充电，太阳能充电站已经得到广泛的推广。太阳能电动汽车除太阳能电池外，需要配置电池组、电动机、控制器和自动阳光跟踪系统等。

太阳能电池有非晶硅、单晶硅和多晶硅，一般在太阳能电动汽车的顶棚上装置转换能力较强的单晶硅电池板组，电池板组光电转换效率可达到 14.9%～15.2%，可产生 166～175V 的电压、2.3～2.5A 的电流和 360～380W 的功率。每天按 8h 的日照，太阳能电动汽车可获得 2.5～3kW・h 的电能，可供太阳能电动汽车行驶 40～60km，最高车速可达到 60～80km/h。

瑞士洛桑联邦理工学院迈克尔・格雷策尔研发出的二氧化钛太阳能电池，在二氧化钛薄膜上涂了一层感光层，当感光层受到光子撞击时，释放出自由电子并形成电流，用无定型有机材料代替电解液将电流输出。

到目前为止，太阳能在汽车上的应用主要有两个方面：一是作为驱动力，二是作为汽车辅助设备的能源。作为驱动力这一应用方式，一般采用特殊装置吸收太阳能，再转化为电能驱动汽车运行。而作为汽车辅助设备的能源，主要用在电气设备上。

2. 太阳能汽车基本原理

以太阳能电池接收阳光照射后产生的电能来驱动行驶的汽车，称为太阳能汽车。

一般情况下，汽车在运动时，太阳能转换后的电能被直接送到电动机控制系统。但有时提供的能量要大于电动机需求的电力，那么多余的能量就会被蓄电池储存以备后用。当太阳能电池方阵不能提供足够的能量来驱动汽车时，蓄电池内的被储存的备用能量将会自动补充。当然，当太阳能汽车不运动时，所有能量都将通过太阳能光伏阵列储存在蓄电池内。也可以利用一些回流的能量来推动汽车。当太阳能汽车开始减速时，换用通用的机械制动，这时电动机将变成一个发电机，能量通过电动机控制器反向进入蓄电池内进行储存。回充到蓄电池中的能量是非常少的，但是却非常实用。

图 3-61　太阳能汽车

太阳能汽车的关键技术装备是太阳能电池板，目前，由于硅晶体的太阳能电池板的转换效率比较低，能够提供的电能比较少，因此，太阳能电池板占据了很大面积，并且必须装置在太阳能汽车的顶部，如图 3-61 所示。而且大多数太阳能汽车只能承载一个驾驶人。由于太阳能电池的能量较小，而且受天气的影响，在阴天、下雨时，太阳能电池的转换效率降低或停止，有些太阳能汽车要与蓄电池共同组成太阳能混合动力汽车。

太阳能汽车的太阳能电池板，只要能够受到太阳的照射，就能够不断地将太阳能转换为电能，并连续地向蓄电池充电，可以无偿地获得电能，是一种价格低廉、零污染、取之不尽的理想能源。但太阳能电池板造价高、能量转换效率低、太阳能电池板占据了很大面积、整车布置较困难是目前太阳能汽车需要解决的问题。

太阳能汽车耗能少，只需采用 3～4m^2 的太阳能电池组件便可使太阳能汽车行驶起来。内燃机汽车在能量转换过程中要遵守卡诺循环的规律来做功，热效率比较低，只有 1/3 左右的能量消耗在推动车辆前进上，其余 2/3 左右的能量损失在发动机和驱动链上；而太阳能汽车的热量转换不受卡诺循环规律的限制，90％的能量用于推动车辆前进。

由于太阳能电池板输出的是直流电能，而蓄电池也是直流充电，两者的结合更能提高整个系统的效率。太阳能发电系统原理如图 3-62 所示，太阳能电池板产生的直流电流流入控制器，会以某种方式给蓄电池充电。蓄电池的充电完全通过太阳能来实现，以确保最大限度使用太阳能。太阳能电池板的输出端首先经过一个开关管（MOS 管）连接到 DC/DC 转换器，此 DC/DC 转换器的输出端连接到蓄电池两端（实际电路里会先通过一个保险丝再连到蓄电池上）。加上开关管有两个作用：一是防止太阳能电池输出较低时由蓄电池过来的反充电流；二是当太阳能电池板极性接反时起到保护电路的作用。控制系统不仅考虑太阳能电池板最大功率点电压和蓄电池最大电压，而且同时得兼顾效率和成本。

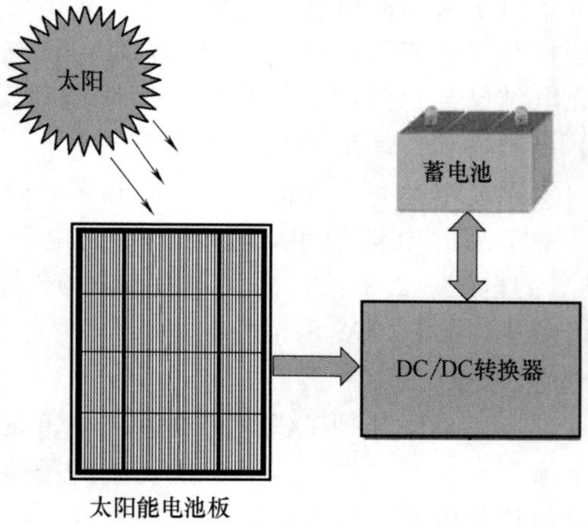

图 3-62　太阳能发电系统工作原理

太阳能汽车由太阳能电池板将太阳能转换为电能后，通过充电器向动力电池组充电，也可以由太阳能电池板直接提供电能，通过电流变换器将电流输送到驱动电动机，带动驱动系统驱动汽车行驶，其驱动模式类似于串联式混合动力汽车（SHEV）。一般采用智能控制系统来控制其运行。

在太阳能汽车上使用的蓄电池可以是铅酸蓄电池、镍氢蓄电池、锂电池等。

在太阳能汽车上最重要的组件部分就是电力系统，其基本功能是控制和管理整个系统中的电力。电力系统包括峰值电力监控仪、电动机控制器和数据采集系统。峰值电力监控仪所需的电能来源于太阳能光伏阵列，光伏阵列把能量传递给蓄电池用于储存或直接传递给电动机控制器用于推动车辆行驶。当太阳能光伏阵列正在给蓄电池充电时，峰值电力监控仪会保护蓄电池组不因过充而被损坏。电动机控制器控制电动机的启动，而电动机启动信号来自驾驶人的加速踏板。对电动机控制器的电力管理是通过程序来完成的。很多太阳能汽车使用精确数据检测系统来管理整个太阳能汽车的电力系统，其中包括太阳能光伏阵列、蓄电池组、电动机控制器和电动机。从监控系统获得的数据常常用来判断太阳能汽车的状况，并用来解决太阳能汽车出现的问题。

3. 太阳能汽车的发展

对于太阳能汽车，只需踩踏加速踏板便可启动，利用控制器使车速变化。不需换挡、踩离合器，简化了驾驶的复杂性，避免了因操作失误而造成的事故隐患，特别适合妇女和老年人驾驶。太阳能汽车结构简单，除了定期更换蓄电池以外，基本上不需日常维护。在减速停车时，可以不让电动机空转，大大提高了能源使用效率和减少了空气污染。

1996 年，清华大学研制了“追日”号太阳能汽车。质量为 800kg 左右，最高车速达 80km/h，造价为 7.8 万美元。其采用的电池板是我国第五代产品。该车使用转换效率为 14%的矩形单晶硅电池阵列，在光照条件良好的状况下（地面日照强度为 1000W/m^2），向直流永磁无刷电动机提供 800W 的动力。结构上采用前二后一的三轮式布置，后轮驱动。“追日”号是我国第一代参加国际大赛的太阳能赛车。2001 年，上海交通大学设计制造了“思源”号太阳能电动车。该车长、宽、高分别为 2100mm、860mm、800mm，满载质量 400kg。其结构、动力系统与“追日”号相仿。但由于使用的是串联电阻的调速方式，其能量利用率低，车速仅 20～36km/h，续驶能力也有限。在 2005 年举办的第九届全国大学生“挑战杯”赛上，上海交通大学的又一太阳能汽车参加了比赛。这些尝试都预示着太阳能汽车正逐渐走向成熟。

要使太阳能汽车真正走进大众生活，还有很多难题需要解决，比如太阳能的采集与转换问题和造价太高问题。

太阳能转换率只能达到 20%左右，难以满足汽车高速行驶所需要的足够动力，而 7～8m^2 的太阳能电池板也导致车身过大，转动不够灵活，内部空间过于狭小。除此之外，电动机、电力控制系统也是太阳能汽车发展的关键技术。用于电动汽车的电动机有很多类型，目前太阳能汽车用电动机多数为直流电动机，其工作效率也有待提高。

为了使车体轻、速度快，太阳能汽车普遍采用质轻价贵的航空、航天材料，造价昂贵，所以开发新的、经济的替代材料迫在眉睫。以清华大学的“追日”号为例，其造价很高，为得到 1W 的电量需要花费 100 元人民币。

虽然太阳能汽车的发展仍存在着很多技术上的挑战，但不可否认的是在不可再生能源日益匮乏的今天，太阳能汽车是未来新能源应用的佼佼者。相信在不久的将来，太阳能定会在汽车上逐渐应用普及，利用太阳能驱动汽车完全可行。

三、二甲醚汽车

1. 二甲醚的特点

二甲醚（DME）又称甲醚，是由氢气和一氧化碳通过化学反应合成的，化学式为 CH_3OCH_3。DME 在常温常压下是一种无色气体，具有轻微醚香味。此外 DME 作为一种含氧燃料，压缩性高，常温时可在 0.5MPa 时液化，具有与液化石油气相似的物理特性。

DME 具有良好的燃烧性能，可以替代柴油用作清洁的汽车燃料。DME 具有相当高的十六烷值，能在发动机缸内与空气迅速混合形成可燃混合气，因此发动机爆发力大，机械性能好，非常适合于压燃式发动机，可应用在城市公交车、出租车、家庭用车上，其动力性能与 93 号汽油相当，有优良的性价比，燃料成本可降低 10%。

DME 的排放性能优于 LPG。由于 DME 分子结构中无 C—C 键的存在且其本身含氧量高达 34.8%，使得 DME 容易氧化燃烧，并在燃烧过程中基本无炭烟形成，CO、NO_X 排放较少，不需要任何特殊处理即可达到相关排放标准，因此是一种理想的清洁燃料。

以 DME 作为燃料的柴油机与直喷式柴油机热效率几乎相同，运转柔和。DME 作为超低排放代用燃料已经引起国内外行业的关注。DME 作为燃料时不需要辅助点火装置在低燃油喷射压力下即可很好地燃烧，并且 DME 发动机的噪声低于普通柴油机，接近汽油机。

同时，DME 在燃料体积上相比其他替代燃料有很大的优势。在行驶相同里程数下，所花费的燃料体积是柴油的 1.7 倍，但比乙醇、LNG 等体积都小。

DME 相变潜热比柴油高，液相 DME 蒸发而吸收热量的效果比柴油更加显著，因而可以降低燃烧室内混合气的温度，有利于减少 NO_X 的排放。

DME 的饱和蒸气压力比液化石油气低，DME 装置的设计承载压力为 1.2MPa，而液化石油气的承载压力为 1.77MPa。DME 在空气中的爆炸下限比 LPG 高出 1 倍。所以 DME 在储存、运输、使用上比 LPG 更加安全。

DME 可以和传统石油燃料以任何比例混合成高十六烷值的燃料。混合 10%左右 DME 可使炭烟排放降低接近 30%，NO_X 和 HC 排放也略有减少，柴油和 DME 混合可获得良好的润滑和雾化性能。

与多种燃料比较，DME 具有以下特点。

① 十六烷值高。作为柴油发动机的燃料，发动机热效率高，排放低。

② 自燃温度与柴油基本差不多。所以 DME 在柴油发动机本身结构无须变动的情况下，就能够压燃。

③ 热值比柴油低。其热值仅为柴油的 70%。

④ 黏度低。与液化天然气相当。

⑤ 尾气排放清洁。DME 发动机能够同时实现多种排放物浓度的降低，不需要尾气后处理，很容易达到排放法规要求。

2. DME 汽车的基本结构

现阶段，DME 一般用在柴油机上，因此 DME 汽车一般在载货汽车或者大客车的基础上改制而成。例如，以上海申沃客车有限公司 SWB6115-3 系列城市公交客车为基础进行改制，在设计上主要采取以下措施。

① 采用两只 DME 储罐，其中一只为主燃料罐，布置在车辆左侧前后轮之间纵梁旁，另外一只辅燃料罐布置在车辆右前轮后、中客门之间的纵梁旁，如图 3-63 所示。

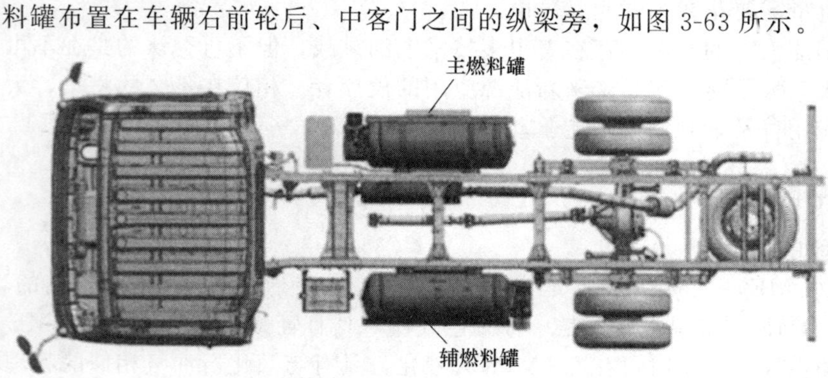

图 3-63　典型 DME 汽车底盘布置

② 仪表板上增加了泄漏报警器。在每只DME储罐上方和发动机上方设燃气泄漏报警传感器，以便及时发现可能发生的DME泄漏。

③ 在仪表板上增设DME管路压力指示灯并调整发动机启动电路。当车辆电路接通后电动增压泵首先工作，当DME管路压力达到要求后，压力指示灯亮，发动机方能启动。

④ 拆除原燃油箱和供油管路，适当调整蓄电池位置。

⑤ 为满足燃料电动增压泵对12V工作电压的要求，增加DC/DC转换器。

国外研究二甲醚汽车的院校及科研单位，主要将使用DME的柴油机用作轻型载货汽车或重型载货汽车的动力。日本五十铃的一款DME轻型载货汽车的设备布置原理如图3-64所示。

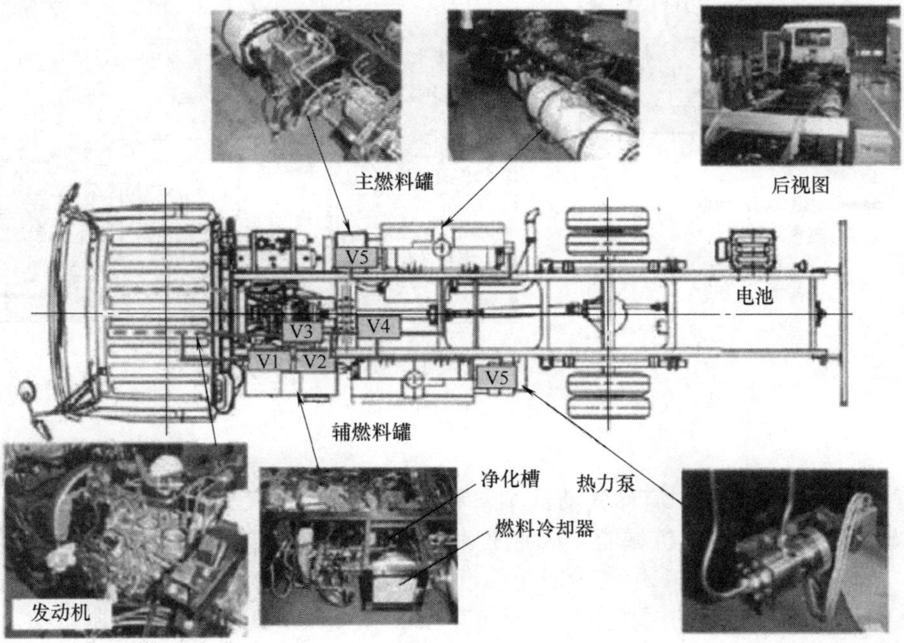

图3-64　DME轻型载货汽车设备布置原理图

3. DME发动机

DME发动机作为DME汽车的核心，研究其结构改进有着重要意义。

DME十六烷值高，具有很好的压燃性，是非常适合压燃式发动机使用的代用燃料。

国内外关于DME作为柴油机代用燃料的研究重点集中在如何开发适合DME燃料特性的发动机，实现高效清洁燃烧。丹麦技术大学、AMOCO、AVL和AIST等在柴油机上先后进行了燃用DME的试验研究，结果表明，燃用DME燃料的发动机，在保持原柴油机效率和动力性的前提下，NO_X显著下降，颗粒物排放几乎为零。

4. 二甲醚汽车的燃油供给系统

在20世纪90年代初提出DME作为柴油的替代燃料之后，国内外首先试验研究如何改进原柴油机的供油系统，使其参数优化，并验证获得的性能及排放指标。由于采用了现代的试验鉴别技术及计算机数值模拟分析方法，在对DME燃料的供油参数的优化及燃烧过程的分析等方面获得了大量的试验研究成果。

从图3-65中可以明显看到，DME汽车的供油系统主要由液化DME燃料罐、油泵压力调节器、燃油冷却器、燃油过滤器、喷油泵、截止阀和回油冷却器等管路系统组成。

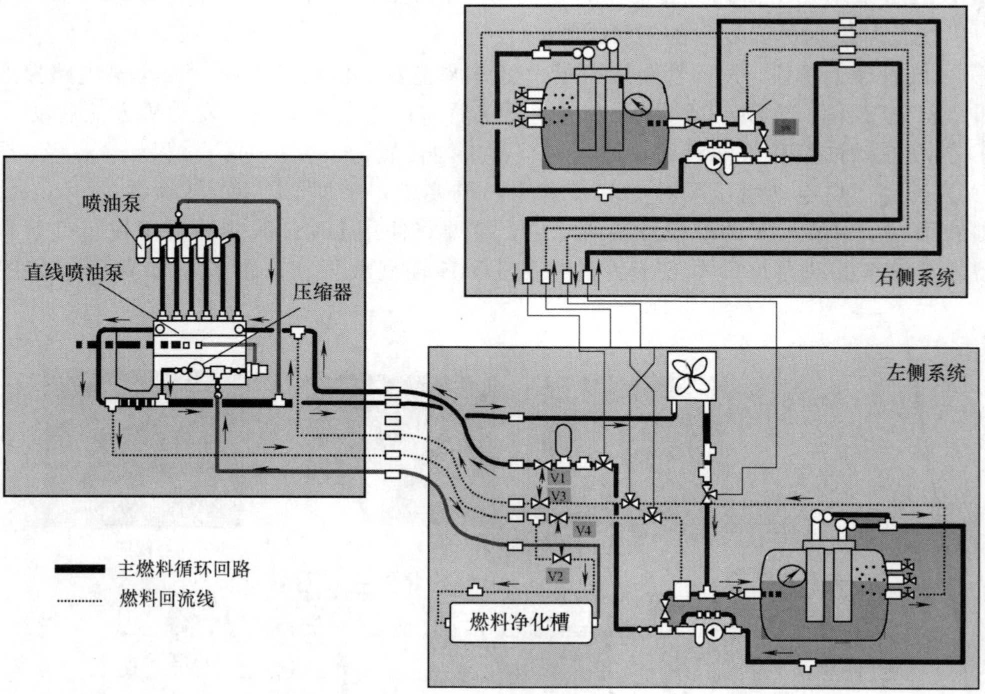

图 3-65　二甲醚汽车的燃油供给系统

小结

① 压缩空气动力汽车，简称气动汽车，利用高压压缩空气为动力源，将压缩空气存储的压力能转化为其他形式的机械能，从而驱动汽车运行。太阳能汽车是一种靠太阳能来驱动的汽车。二甲醚汽车是指以二甲醚为能源的汽车。

② 气动发动机是减压到工作压力的高压空气进入气动发动机气缸内膨胀做功。

③ 压缩空气动力发动机的动力分配方式有串联式、并联式和混合式。

④ 在气动汽车的集成中，传动系统适宜采用低减速比设计。

⑤ 在压缩空气动力汽车的辅助设备中，主要的电气设备与普通汽车相同，但在仪表盘集成气源压力表和进气压力表，替代燃油指示表。对于压缩空气动力汽车来说，可利用发动机排出的尾气，通过热交换器为汽车提供冷源。当需要在严寒环境使用时，只需再选装电热空调即可。

⑥ 太阳能电池的电流大小与太阳光照射强度的大小和太阳能电池面积的大小成正比。太阳能电池的形状有圆形和方形，将很多个太阳能电池排列组合成太阳能电池板（也称为太阳能电池方阵），就能产生所需要的高电压和大电流。太阳能电池有非晶硅、单晶硅和多晶硅，一般在太阳能汽车的顶棚上装置转换能力较强的单晶硅电池板组。太阳能电池板造价高、能量转换效率低、太阳能电池板占据了很大面积、整车布置较困难是目前太阳能汽车的缺点。

⑦ 太阳能在汽车上的应用主要有两个方面：一是作为驱动力，二是作为汽车辅助设备的能源。

⑧ 对于太阳能汽车，只需踩踏加速踏板便可启动，利用控制器使车速变化。太阳能汽车结构简单，除了定期更换蓄电池以外，基本上不需日常维护。

⑨ DME 具有良好的燃烧性能，可以替代柴油用作清洁的汽车燃料。DME 具有相当高

的十六烷值，能在发动机缸内与空气迅速混合形成可燃混合气，因此发动机爆发力大，机械性能好，非常适合于压燃式发动机。DME 可以和传统石油燃料以任何比例混合成高十六烷值的燃料。与多种燃料比较，DME 具有以下特点：十六烷值高、自然温度与柴油基本差不多、热值比柴油低、黏度低、尾气排放清洁。

⑩ 现阶段，DME 一般用在柴油机上，因此 DME 汽车一般在载货汽车或者大客车的基础上改制而成。

⑪ DME 汽车的供油系统主要由液化 DME 燃料罐、油泵压力调节器、燃油冷却器、燃油过滤器、喷油泵、截止阀和回油冷却器等管路系统组成。

参考文献

[1] 殷承良，张建龙. 新能源汽车整车设计 [M]. 上海：上海科学技术出版社，2013.

[2] 许崇良，张传发. 电动汽车与混合动力 [M]. 济南：山东大学出版社，2013.

[3] 曹振华. 混合动力汽车原理与维修技术从入门到精通 [M]. 北京：电子工业出版社，2014.

[4] 蔡兴旺. 新能源汽车结构与维修 [M]. 北京：机械工业出版社，2014.

[5] 崔胜民. 新能源汽车技术 [M]. 北京：北京大学出版社，2014.

[6] 徐艳民. 电动汽车动力电池及电源管理 [M]. 北京：机械工业出版社，2015.

[7] 段敏. 电动汽车技术 [M]. 北京：北京理工大学出版社，2015.

[8] 中国汽车工程学会，丰田汽车公司. 中国汽车技术发展报告：2017 [M]. 北京：北京理工大学出版社，2018.

[9] 李伟. 新能源汽车构造原理与故障检修 [M]. 北京：化学工业出版社，2015.

[10] 王庆年，曾小华. 新能源汽车关键技术 [M]. 北京：化学工业出版社，2017.

[11] 银石立方科技（北京）有限公司. 新能源汽车概论 [M]. 北京：人民交通出版社，2016.

[12] 吴晓斌，刘海峰. 新能源汽车概论 [M]. 北京：人民交通出版社，2017.

[13] 包科杰，徐利强. 新能源汽车维护与故障诊断 [M]. 北京：人民交通出版社，2017.

[14] 赵金国，李治国. 新能源汽车高压安全与防护 [M]. 北京：人民交通出版社，2017.

[15] 朱学军. 混合动力汽车结构与检修 [M]. 北京：人民交通出版社，2018.

[16] 唐勇，王亮. 新能源汽车电气技术 [M]. 北京：人民交通出版社，2017.

[17] 官海兵. 新能源汽车高压安全及防护 [M]. 北京：人民交通出版社，2018.

[18] 钱锦武. 新能源汽车储能装置与管理系统 [M]. 北京：人民交通出版社，2018.

[19] 侯涛. 纯电动汽车结构与检修 [M]. 北京：人民交通出版社，2018.

[20] 李丕毅. 新能源汽车电子电力辅助系统 [M]. 北京：人民交通出版社，2018.

[21] 张利，缑庆伟. 新能源汽车驱动电机与控制技术 [M]. 北京：人民交通出版社，2018.